헤겔의 정신현상학 II

장 이뽈리뜨/이종철 역

文藝出版社

GENÈSE ET STRUCTURE
DE LA
PHÉNOMÉNOLOGIE
DE L'ESPRIT
DE HEGEL

Jean Hyppolite

차 례

* 이 책에서 原註는 1)2)3)으로, 譯註는 *****으로 하였음.

V.
정신 : 정신적 실체에서 정신의 自己知로

서 론

《정신현상학》은 스스로 이중적인 과제를 설정하고 있다. 즉 한편으로는 소박한 의식을 철학적 인식(知)에로 인도하고, 다른 한편으로는 개별적인 의식을 정신에로 고양시키기 위해 그것을 그 가상적 고립상태——그 배타적인 대자적 존재——로부터 벗어나도록 인도하는 것이다. 개별적인 의식은 그 스스로의 대자적 존재의 중심부 자체 속에서 다른 대자적 존재와 존재론적 관계를 맺고 있는 것으로 드러날 것이다. 따라서 개별적 의식은 인정투쟁, 주인과 노예의 대립, 그리고 마지막으로 스스로의 주관성을 외화시킴으로써 우리를 이성에로 인도한 불행한 의식을 통하여 자기 자신을 보편적 자기인식에로 고양시켰다. 헤겔은 이미 자기의식 장을 시작하는 곳에서 자기의식의 변증법적 전개의 도달점을 지적했었다.

자기의식이 대상일 경우, 그 대상은 대상인 동시에 나(자아)이다. 이럼으로써 정신의 개념이 이미 우리에게 현전하는 것이다. 뒤에 가서 의식은 정신이 무엇인가를 경험할 것이다. 다시 말해서 의식은 이 절대적인 실체, 즉 그 대립물들 저마다 대자적(자립적)으로 존재하는 다양한 자기의식들의 완전한 자유와 자립성 속에서 그것들의 통일을 이루는 것——우리인 나와 나인 우리——을 경험할 것이다(PE, I, 154 ; PG, 140 ; 정신현상학, I, 246).

정신은 여기서 더 이상 한낱 cogito의 경험으로서가 아닌 cogitamus의 경험으로서 나타난다. 그것은 개별적인 의식들의 초월과 동시에

7

실체 안에서 그것들의 다양성의 보존도 전제한다. 우리가 개별적인 의식이 다른 개별적인 의식들과 맺는 필연적인 관계를 발견하는 것은 그 개별적 의식 자체 속에서이다. 다시 말해서 각각은 대자적인 동시에 대타적이다. 의식은 저마다 존재하기 위해서 타자로부터의 인정을 요구하며, 그리하여 상호적으로 저마다 타자를 인정하지 않으면 안 되는 것이다. 제 의식의 존재를 가능케 하는 이러한 갈등은 정신의 차원에서 보존되면서 동시에 초극된다. 따라서 정신은 이성의 진리이다. 즉 보편적 자기의식은 그 자체가 즉자대자적인 존재가 되었다. 역으로 이러한 존재는 우리에게 역사의 차원으로 전개되면서 그것이 지닌 활력적인 내용을 드러낸다. 따라서 정신은 처음에는 자연과 마찬가지로 직접적이다. 다음으로 정신은 자기 자신에 대립하며 타자가 되었다가 다시금 그 자신을 획득한다. 그러나 이와같이 반성적으로 재획득하는 과정에서 그것은 그 자신을 내면화시켜 정신의 자기知가 된다. 헤겔이 《정신현상학》 속에서 「정신(Geist)」이라 부르는 것은 절대정신으로 생성해 가는 객관정신의 경험이다. 우리는 이제 헤겔이 《정신현상학》의 서설에서 썼던 것을 이해할 수가 있다. 정신은 최초에는 직접적이다. 그런데 「그것이 그 자신의 정신적 내용을 산출하는 한」, 즉 그것이 그 자신의 역사를 창출하고 또 그 자신의 전개인 한, 그것은 즉자대자적이다. 그러나 그것은 아직은 자기 자신에 대해서는 즉자대자적이 아니다. 그것은 아직은 「정신에 의한 정신의 知」(PE, Ⅰ, 23 ; PG, 24 ; 정신현상학, Ⅰ, 79)는 아닌 것이다. 이러한 정신의 자기知가 곧 철학 자체이다. 다시 말해서 그것은 확실성(확신)으로 화한 진리, 자기 자신을 인식한 생동적 진리이다. 고유한 의미의 정신을 취급하는 《정신현상학》의 장들의 제목들, 즉 「참된 정신」, 「자기소외된 정신」(외화와 대립의 일반적 운동), 「자기확신적 정신」은 이러한 변증법의 운동과 의미를 드러내 준다. 이러한 운동의 방향은 언제나 실체로부터 주체로, 한낱 실존할 뿐인 정신으로부터 정신의 자기知로 진행된다. 《정신현상학》의 근본적인 주제, 즉 「절대자는 주체이다」가 여기서 재평가되고 있다. 그러나 이 주제가 그 충분한 의미를 획득하기 위해서는, 헤겔은 오직 그 자신의 존재의 역사성 위에서만 역사를 발견하여 보편적인 자기의식의 실재성에 도달할 수 있는 그런 개별적인 자기의식을 넘어서지 않으면 안 되었다. 이성은 물론 보편적인 자기의식이다. 그러나 그것은 어떤 현실적 작용 속에서가 아니라 단지 잠재적으로만 그렇다. 현실적 작용 속에서 그 이성은 세계, 즉 정신이나 혹은 인간 역사의 세계가 된다. 이러한 역사 속에서 정신은 그자신의 자기를 인식하지 않으면 안 된다. 다시 말해서 그것은 진리로부터 확신에로 전진해야만 한다.

정신이란 곧 「우리」이다. 즉 우리는 cogito에서가 아니라 cogitamus에서 시작해야만 한다. 정신은 역사이다. 즉 그것은 오직 그 자신의 역사적 전개를 통해서만 그 자신인 바로 된다. 왜냐하면 정신의 각 계기들은 스스로를' 본질로 만드는 과정에서 스스로를-근원적인 세계로 실현해야 하며 또한 정신의 존재는 정신이 그 자신을 정립하는 바의 행동과 구분되지 않기 때문이다.[1] 정신은 자신의 역사 속에서 획득하는 자기 자신에 대한 의식이다. 즉 정신은 그런 역사를 통한 또 그런 역사에 의거한 자기 자신에로의 복귀, 다시 말해서 정신 속에서나 정신에 대해서나 소원한 것이란 전혀 남아 있지 않으며 그리하여 정신은 그 자신을 그 자신인 바로서 (그것의 본래적인 모습대로) 인식하고 또 정신은 그 자신을 존재하는 것(이러한 정신의 존재는 그의 행동 자체에 다름 아니다)으로 인식하는 그런 복귀이다. 이런 것들이 헤겔적 관념론의 세 가지 근본적인 주제들이다. 우리는 뒤에 가서 세번째를 논의할 것이다. 그것은 가장 커다란 난제를 야기시키는 것이다. 왜냐하면 그것은 《정신현상학》을 존재론에로 인도함으로써, 모든 초월의 초월과 그리고 역사의 영속적인 불안 및 동요 속에서 이룩한 가장 완벽한 평정으로 귀착되겠기에 말이다. 지금으로서는 단지 앞서의 두 가지 주제들만을 고찰해 보자.

자기의식의 수다성의 문제는 언제나 제 철학의 장애물이 되었었다. 실재론자에 따르면, 나는 타자를 처음에는 나의 감각경험 속에 유일하게 주어진 그의 신체나 그의 대타적 존재를 통해서만 안다. 이에

---

1) 「각 계기는, 그것이 곧 본질의 계기이기 때문에 스스로가 본질로서 나타나야 한다」 (PE, Ⅰ, 293 ; PG, 259 ; 정신현상학, Ⅰ, 426). 이것은 헤겔 특유의 방법을 지적한 것이다. 즉 정신의 각 특수한 계기——부, 국가 권력, 가족 등등——는 스스로 본질로서 나타나야 한다. 그리고 이러한 현현(때때로 역사적 시기 속에 구현된)의 진행 과정에서 각 계기가 극복되는 것이다.

반해 칸트의 《순수이성비판》 속에서, 타자의식의 문제는 발생하는 것 같지 않다. 칸트와 같은 관념론자는 모든 경험의 보편적 조건들에 관심을 갖고 주관성의 일반적 법칙들——이는 동시에 나에게 대상으로서 제시될 수 있는 일체의 법칙들이다——을 확립하고자 애쓴다. 그러나 어떻게 나의 경험의 대상이 다른 측면에서 주체가 될 수 있는가? 확실히 「나는 생각한다」는 칸트적 체계의 절정이다. 그러나 그런 cogito는 cogito 일반, 개별적 의식의 공통본질이다. 따라서 선험적 상호주관성의 문제는 실제로 제기된 것이 아니다. 그렇지만 타자 역시 나의 경험 속에 등장하며 그것도 특수한 대상으로서 그렇다. 다시 말해서 그것은 객체적 주체(un objet-subjet)인데, 칸트는 그 가능성의 조건들을 탐구하지 않았다. 이와는 대조적으로 우리는 예를 들어 우리 시대의 훗설이 자기의식의 수다성의 문제에 부여했던 중요성을 인식하고 있다. 그는 세계——나에 대한 객체적 세계——가 소원한 주체성들에로 소급되었음을 보여 주고자 했다. 훗설에 따르면 세계를 바라보는 제 관점의 상보성만이 세계의 객체성이라는 관념을 가능케 한다. [2] 이러한 상호주관성은 또한 우리의 경험의 근원적 「현상」으로서 간주되었는데, 하이데거는 그것을 공동존재(Mitsein)로 불렀다. 하이데거에 따르면, 이 공동존재는 인간 실재를 구성하며 그것의 일부인 것 못지 않게 세계 내 존재이다. [3]

우리가 이러한 현대의 저작들을 상기시키는 것은 단지 《정신현상학》 속에서 대자적 존재들 사이의 관계의 중요성을 보다 잘 지시하기 위해서이다. 헤겔은 칸트의 자아 일반을 개별적인 자기의식으로 출발함으로써 재발견하고자 한다. 한 자기의식의 「나는 존재한다」는 또 다른 자기의식의 「나는 존재한다」를 통해서만 가능하며 그리하여 타자가 나에 대해서 있고 내가 타자에 대해서 있다는 것은 나의 존재 자체의 조건이다. [4] 각기 서로에 대해 객체이면서 또한 그들 자신을 경험 속

2) Husserl, 《Mèditations cartésiennes》, 제 5 성찰.
3) Heidegger, 《Sein und Zeit》(Max Niemeyer 1941), pp. 117 ff.
4) 헤겔의 해결방식(자기의식들간의 투쟁과 공통적인 인간 작품을 논의하는 과정에서 우리가 이미 강조했던)의 독창성에 주목해 보자. 즉 나는 오직 타인의 대상이 됨으로써만 나 자신에 대해서 있다. 「자기의식의 이중화는 정신의 개념에서 본질적이다.」 자기知는 그것이 정립하는 동시에 배척하는 그런 他者를 전제하고 있다.

에서 각기 서로에 대해 주체로서 드러내지 않으면 안 되는 자기의식들 간의 조우는 선험철학을 구성하는 데 절대 필수적인 것이다. cogito, 즉 이성은 오직 그러한 관계의 토대 위에서만 가능하다. 보편적 사유의 가능성은 상호인정의 지반 속에서 나타난다. 이성의 차원에서 등장하는 진리는 자기의식의 존재를 전제한다. 그것은 우리의 연구가 밝혀냈듯이 자기의식의 현상학이 없다면 존재하지 않을 것이다.

이성의 현상학 속에서 잊혀졌을 법한 이러한 전제는 이성에서 정신으로 이행하는 과정에서 그 중요한 의미를 다시금 획득한다. 진리는 정신적 실체, 즉 만인과 각인의 작품으로 나타나지 않으면 안 된다. 이런 이유에서, 이성의 현상학은 그 나름대로 고유한 의미의 정신의 현상학으로 귀착되어야만 한다.

그런데 헤겔이 도달한다고 주장하는 보편적인 자기의식은 칸트의 「나는 생각한다 일반」이 아니라 상호주관성으로서의 인간 현실, 즉 유일하게 구체적인 우리이다. 정신이란 그것이 자아들의 통일과 분리를 동시에 야기시키는 한에서 엄밀히 바로 이러한 우리인 것이다.[5] 보편적인 자아는 이성을 지향하지만 아직은 그 자체가 이성은 아니다. 달리 말하자면, 그것은 이미 즉자적으로 그것인 바가 되지 않으면 안 된다. 그 자신을 존재로서 정립하기 위해, 그것은 대자적인 것과 즉자적인 것, 자아와 존재의 직접적인 통일을 넘어서야만 한다. 엄밀히 말해서 정신이란 바로 이 실존하는 이성, 역사로서 전개되는 범주이다. 「이성은 실재 전체라는 그 자신의 확신이 진리로 고양되고 따라서 그것이 자기 자신을 세계로서, 그리고 세계를 자기 자신으로서 의식할 때 정신이 된다」(PE, Ⅱ, 9 ; PG, 313 ; 정신현상학, Ⅱ, 7). 이러한 세계가 곧 정신의 자기(le Soi de l'esprit)인데, 이는 그것이 그 자신을 생기시키고 전개시키는 동시에 발견한다는 것을 의미한다. 왜냐하면 자기는, 그것이 그 자신을 자기로서 아는 한에서만 존재하기 때문이다. 우리는 이제 헤겔의 관념론의 두번째 주제, 즉 「정신

---

5) 사르트르는 헤겔이 「존재론적 낙관주의」를 표방하고 있다고 비판했는데, 이러한 주의는 헤겔이 대립시키고 통일시키는 다양한 자기의식들 위에 스스로를 정초시킨 점에서 나타난다. 「개별적 의식들은 전체의 계기들, 즉 그 자체만으로는 비자립적인 (unselbständig) 계기들이며, 전체는 의식들간의 매개자이다」(J.P. Sartre, 《L'Être et le Néant》, Gallimard, 1943, p. 299).

은 역사이다」를 이해할 수가 있다. 우리는 현대철학의 용어를 빌어, 만일 자기의식이 역사성이었다면 정신은 이제 하나의 역사라고 말할 수 있겠다. 헤겔은 자신이 정신을 서술하는 방식에 관한 머리말 속에서 그 점에 이르기까지의 논의를 빠른 속도로 요약하고 있다. 이성은 개별자와 보편자의 첫번째 화해에 지나지 않았다. 불행한 의식에 의해 제기된 시험을 통과함으로써 자유로운 자기의식이 된 자기의식은 보편성의 자격을 갖출 수 있게 되었다. 그런데 자기의식에 대해, 대상은 더 이상 순수하고 단순한 즉자태가 아니라「세계」, 말하자면 자기의식이 그 안에서 본능적으로 그 자신을 추구하는 우주이다. 오성의 범주는 실현되지 않은 요구나 권리상에서가 아니라 실제적인 사실 속에서 이성의 개념이 된다. 왜냐하면 그 세계는 학문에게 이성 자체로서 드러나기 때문이다. 확실히 이러한 결과는 적절하지가 못하다. 자연으로서 세계는 진정으로 이성 자체를 표현하지 못한다. 이성은 이러한 타자 속에서 한낱 자기 자신을 발견할 뿐으로, 이것은 그 자신이 존재 속으로 상실·소외되었음을 뜻한다. 헤겔이 적고 있듯이「정신이란 그 자신을 상실된 것으로 발견하며 또 전제하는 것이다.」자연이란 이와같이 탈자적인 정신, 자기 자신에 소원한 정신이다. 따라서 즉자라는 말의 두 가지 의미에 있어 이성은 자기 자신을 자연 속에서 즉자로서 발견한다. 이성은 자신이 즉자적인 것, 말하자면 그 자신에 대해 전혀 투시할 수 없는 존재임을 발견한다. 그러므로 우리는 정신이 두개골이 존재하는 방식으로 존재한다고 말하게 된다. 그러나 이성 역시 이러한 자연은 잠재적 상태의 정신, 즉자적인 정신, 다시 말해서 그것을 알고 또 그러한 인식 속에서 그 대상의 본질을 파악하여 그것을 알려질 수 있는 것으로 드러내는 정신에 대해서 있는 정신으로 발견한다. 그렇지만 자기의 이러한 직접적인 발견은 직접적인 동시에 매개적이기도 한 범주의 오직 한 계기일 뿐이다. 그러므로 매개의 측면만을 전개시키는 과정에서, 이성은 존재하는 것을 대립시킴으로써 자기 자신을 정립하고 그리하여 자연에 의해 이루어진 것으로서의 그 자신의 직접적인 진리는 부정한다. 「직관된 범주, 발견된 사물은 따라서 자아——즉 이제는 스스로를 대상적 본질 속에서 자기로서 인식하는 자아——의 대자적 존재로서의 의식 속으로, 다시 말해

서 자기자신을 반성하고 언제나 타자 속에서 그 자신에로 복귀하는 것
으로서의 의식 속으로 들어온다」(PE, Ⅱ, 9 ; PG, 313 ; 정신현상학, Ⅱ, 7).

　　그러나 반대로 대상적 본질의 이와 같은 연속적 부정은 좌절되고
만다. 마침내 범주는 즉자적인 것과 대자적인 것의 통일로서 파악된
개체성의 행위와 작품 속에서 파악된다. 범주는 이로써 사상 자체
(die Sache Selbst), 즉 인간적 작품이 되었다. 사실상 그것은 앞서의
의미(1권 제Ⅵ부 5절 참조)에서의 즉자대자적인 것이지만, 그러나 또
한 그것은 나에 대해서 있을 뿐 아니라 타자에 대해서도 있다. 그것은
정신적 본질이요, 더 이상 자연의 사물이 아닌 인간적 사실이다. 따라
서 정신은 자기의식이 이성으로서 도달했던 그러한 보편성의 진정한
전개인 것이다. 정신으로서의 이성은 우리(Nous)가 되었다. 그것은 더
이상 자기 자신을 직접적으로 존재 속에서 발견하거나 또는 그 존재
를 부정함으로써 그 자신을 정립하는 주관적 확신이 아니다. 다시 말
해 그것은 스스로를 이 세계로서, 즉 인간 역사의 세계로서 인식하고
또한 반대로 이 세계가 곧 자기임을 인식한다.

　　보편사의 세 시기(희랍과 로마의 고대 세계, 봉건시대로부터 불란
서 혁명에 이르기까지의 근대 세계, 그리고 나폴레옹 및 헤겔 당시의
독일로서의 현대 세계)에 해당하는 단계(직접적 정신, 자기소외된 정
신, 그리고 자기 자신을 확신하는 정신)에 걸친 이러한 세계의 변증
법적 전개는 해석상의 심각한 어려움을 나타내고 있다. 왜 헤겔은 정
신의 이러한 전개를 희랍의 도시국가로부터 시작하는가? 우리는 그
것을 진정한 역사적 전개로 보아야 하는가, 아니면 정신의 상이한 제
계기의 노정으로 보아야 하는가? 혹은 우리는 《정신현상학》을 집필
할 당시 헤겔이 초기의 국가관, 즉 그가 베를린 시대의 《법철학》에서
되돌아가고자 했던 국가관을 포기했다는 로젠쯔바이크의 견해에 동의
해야 하는가?[6]

　　이러한 질문은 헤겔의 사유가 모호한 상태로 남아 있고 또 그에 해

---

6) Rosenzweig, 《Hegel und der Staat》(Oldenburg, 1920). 앞으로 계속 우리가 논
의하게 될 로젠쯔바이크의 테제로부터 도출되는 《정신현상학》에 대한 해석에 따
르자면, 이 책에서보다 「헤겔이 그의 국가 절대주의로부터 멀어진 적은 결코 없었
다.」

당하는 《정신현상학》의 구절들이 다양한 해석의 여지를 남겨 놓고 있
다는 바로 그런 이유에서 답변하기가 어렵다. 그러나 비록 우리가 이
러한 근본적인 문제들에 대하여 완벽할 정도로 명확한 해결책에는 도
달할 수 없을지언정, 그럼에도 불구하고 우리는 헤겔의 초기 저작들
의 발전과정을 검토함으로써 어떤 해석들은 거부하고 애매한 상태로
남아 있는 것은 보다 명확하게 규정할 수 있다. 무엇보다도 먼저 로
젠쯔바이크의 주장을 우리로서는 받아들이기가 어려운 것 같다. 그는
다음과 같이 적고 있다. 「《정신현상학》에서 국가는 더 이상 가장 중
시되는 것이 아니다. 국가는 그 자리를 도덕에게 물려주었고 또한 반
대로 도덕은 곧 그것을 종교에게 내주게 될 것이다.」[7] 만약 그렇다면
우리는 《정신현상학》과 헤겔의 후기 저작 사이에서뿐 아니라 초기 저
작과 《정신현상학》 사이에서도 단절이 있었음을 동의해야 할 것이다.
이 견해에 따르면, 〈인륜성의 체계〉 및 〈자연법의 학적 취급방식에 대
하여〉 속에서 개진된 인국(Cité humaine)의 이상은 신국(Cité de Dieu)
을 위해 포기된다. 그 논의는 계속해서, 비록 우리가 한편으로 객관
정신 및 민족의 보편사와 다른 한편으로 예술, 종교, 그리고 철학으
로서의 절대정신 사이의 관계를 명확하게 지적할 수 없을지라도, 나
중에 헤겔은 그의 국가의 신격화 사상으로 되돌아갔다고 주장한다.
로젠쯔바이크의 논거는 단지 《정신현상학》의 제 장의 순서에 의해서만
뒷받침되고 있다. 헤겔은 인륜성(Sittlichkeit)에서 시작하는데, 사실
상 이것은 대자적 존재로서의 자기가 그 속으로 흡수·통합되어 가는
바의 정신의 실체이다. 그리하여 헤겔은 자기가 어떻게 이 조화로운
총체성을 벗어나 그 자신의 운명이 되는가를 보여 준다. 그러나 이처
럼 직접적이며 보편적인 자기는 더 이상 그 자신을 찾을 수가 없다.
즉 그것은 역사의 불행한 의식인 것이다. 이 세계는 외화와 교양(문
화)의 세계, 즉 근대 세계인데, 그것은 18 세기에 전개된 자유화의
거대한 운동을 거쳐 불란서 혁명에서 정점에 도달한다. 그러나 불란
서 혁명은 공포정치로 인해 좌절되었다. 천상과 지상을 조화시키려
는, 다시 말해 국가를 구체적으로 일반의지로서 실현하고자 한 민중

7) Rosenzweig, *op. cit.*, Ⅱ, p.19.

의 숭고한 노력도 사실상 역사적 대실책이었다. 그리하여 정신은 「또 다른 지상」(PE, Ⅱ, 141 ; PG, 422 ; 정신현상학, Ⅱ, 182)으로 도피하여 도덕 적 정신이 된다.[8] 루소의 일반의지는 외형상으로 칸트의 도덕주의 및 독일 관념론에 의해 성취된 내면적 혁명으로 계승되었다. 이 혁명은 정신의 자기知에서 정점에 도달하고 또한 이 자기知는 종교라는 새로 운 지반, 즉 역으로 그 진리를 절대知, 철학 속에서 발견하도록 운명 지어진 지반 속에서 표출된다. 만일 우리가 이러한 계열을 글자 그대 로 해석하려고 한다면, 우리는 헤겔이 인륜적 이상을 포기했다는 결 론을 내리지 않을 수 없다. 다시 말해서 그는 객관정신 속에서 모든 소외를 극복하고자 한 불란서 혁명이 실패한 사실에 주목하여 절대이 념을 현현할 수 없는 국가 너머로 먼저 도덕적 세계관을, 다음으로 종교를 고양시켰다는 것이다. 이 견해에 따르면, 민중 속에서 스스로 를 실현시키고자 한 일반의지의 열망이 실패로 돌아가자 이어서 유일 하게 정신의 자기知를 구현할 수 있는 종교공동체가 출현했다. 그리 하여 시민은 먼저 도덕적 주체로 다음에는 종교적 정신으로 계승되었 다는 것이다.

그러나 이러한 해석은 우리가 보기에는 《정신현상학》의 텍스트 자 체에 위배되는 것 같다. 종교는 한 역사적 사건이 다른 역사적 사건 에 이어지는 것과 동일한 방식으로 객관정신을 계승하지는 않는다. 객관정신이 그 자신을 주체로서 파악하여 창초적 정신——역사를 통 해 그리고 그 자신의 역사의 한가운데서 무한자와 유한자, 보편적 자 아와 특수적 자아를 화해시키는 자——임을 자각하게 될 때, 《정신현 상학》 속에서 「우리」라고 말하는 철학자는 이러한 화해 속에서 새로 운 인식의 요소, 즉 정신의 자기知를 발견한다. 그 계기에서 새로운 역사, 말하자면 종교의 역사가 역사 속에 등장한다. 헤겔이 종교의 현상학 속에서 연구하는 것은 바로 이러한 자기知의 전개이다. 그러 나 그가 이럼으로써 그 자신의 역사를 창출하는 정신을 부정한다고 주장하는 것은 아니다. 이것은 절대知에 관한 논의, 즉 그 압축적 성 격으로 인해 모호해진 논의 속에서 명백히 보여질 수가 있다. 거기서

---

8) 니이담머에게 보낸 편지(1814년 4월 28일)에서, 헤겔은 이러한 「반전」을 그가 「예 나 전투가 벌어지기 바로 전날 끝마쳤던」 책에서 예측했음을 자랑하고 있다.

헤겔은 종교 속에서 그 자신을 표상하는(représente) 정신과 역사 속에서 전개하는(fait) 정신을 화해시킬 필요성이 있음을 역설한다. (타자로서의) 신적인 것에 대한 직관은 신적인 것(역사를 만드는 주체로서의 정신)(PE, Ⅱ, 299 ; PG, 554 ; 정신현상학, Ⅱ, 390)⁹⁾의 자기직관과 화해되어야 할 것이다. 기독교에서 신은 주체로서 표상되지만, 그것은 여전히 표상일 뿐이다. 그러한 표상에서 개념에로, 즉 자기 자신을 역사 속으로 외화시키는 동시에 그런 외화 속에서 자기 자신을 그 자신으로 인식하는 주체로서의 정신「자신의 진리 속에 있는, 즉 자신의 외화와의 통일 속에 있는 개념」(PE, Ⅱ, 299 ; PG, 554 ; 정신현상학, Ⅱ, 390)¹⁰⁾에로 나아갈 필요가 있다. 바로 이러한 개념이 된다는 것이 그야말로 철학에, 절대知에 이르는 것이다. 이러한 주장은 구체적으로 무엇을 의미하는가? 그것은 종교가 휴머니즘에로 소멸됨을 함축하는가? 신의 문제와 관련시켜 볼 때 그것이 함축하는 바는 무엇인가? 우리는 이러한 문제들을 나중에 여러 가지 구절들을 해석하는 가운데 논구하게 될 것이다. 로젠쯔바이크가 외견상 그렇게 생각하고 있듯이 당분간 《정신현상학》은 국가사상으로부터 종교사상으로의 이행이 아니라는 것이 우리에게 증명된 것처럼 보인다.

정신의 다양한 계기들의 전개는 역사적 전개와 대응하는 하나의 방향을 명백히 지니고 있다. 최초에 정신은 실체로서 고찰된다. 그 전개의 도달점에서 그것은 주체로서, 사실상 그 자신의 역사를 창출하는 주체로서 간주된다. 그런데 플라톤의 공화국이 말하자면 그 이상을 이루는 바의 도시국가는 이러한 주관성에 대해 무지했다. 정신의 자기반성은 근대 세계에 의해 그 부르조아 문화(여기서「부르조아」는 고대적 의미의「공민」과 대립된다) 및 그 종교(현세와 근본적으로 단절되어 있으면서 그 기초를 이루는 피안에 대한 신앙) 속에서 발견된다. 정신은 참으로 그것이 단지 즉자적이기만 했었던 것으로 되기 위해, 즉 자신의 존재를 가정하고 또 스스로를 그 자신의 창조자로서 발

---

9)「신적인 것에 대한 직관뿐만 아니라, 그 신적인 것의 자기 직관도」(PE, Ⅱ, 299 ; PG, 554 ; 정신현상학, Ⅱ, 390).

10) 만일「교회와 국가, 神的 봉사와 生, 정신적 행동과 세계 안에서의 행동이 일치하지 않는다」(Nohl, *op. cit.*, p. 342)는 것이 기독교의 운명이라면, 헤겔이「절대知」에서 이룩하려는 화해는 모든 것 중에서도 가장 어려울 것이다.

견하기 위해 자기반성을 하지 않으면 안 되었다. 이러한 반성은 역사 속에서 수행되었다. 다시 말해 그것은 고대 세계로부터 근대 및 현대 세계로의 이행이다. 오늘날 국가는 더 이상 희랍의 도시와 같이 실체적인 것만은 아니다. 그것은, 각 사람이 자신을 위해 일한다고 생각하지만 사실상 만인을 위해 일하는 바의 부르조아 세계가 여전히 존속할지라도, 나폴레옹의 역사적 행위를 통해 표출된 것처럼 자기 자신을 확신하는 정신이 되었다. 실체에서 주체로, 참다운 정신에서 자기 자신을 확신하는 정신으로의 이러한 이행은 곧 《정신현상학》이 제시하는 바이다. [11] 만일 헤겔이 정신에 관한 마지막 장 속에서 실제로 국가를 언급하지 않는다면, 그것은 국가가 세계정신의 최상의 형태로 소멸되어 그 자리를 도덕적 주체나 정관적 영혼에 양보했기 때문이 아니라 오히려 그 장 속에서 헤겔은 정신이 스스로를 주체로서 파악할 때 그것이 취하는 새로운 측면만을 고찰하기 때문이다. 따라서 우리는 로젠쯔바이크의 해석보다는 마틴 뷔세의 최근의 해석을 받아들인다. 뷔세는 《정신현상학》의 주장들을 《법철학》의 그것들과 대립시키기보다 오히려 두 저작의 차이점이 관점의 차이에 기인한다는 것을 입증하고자 노력했다. 《엔치클로패디》가 개념의 즉자대자적인 전개로 제시한 것을 《정신현상학》은 그 개념의 자각(prise de conscience)으로 제시한다. 「《정신현상학》과 체계는 둘 다 절대정신에 대한 서술이지만, 그러나 그것들은 상이한 서술이다.」[12] 체계의 한 계기인 《법철학》 속에서 각각의 절은 절대적인 지반 속에서 등장한다. 본질과 인

---

11) 우리는 이념의 절대적 형식으로서의 대자적 존재(아직 그러한 형식 속으로 흡수·통합되지 못한 객관성으로서의 즉자적 존재와 대립된)와 모든 변증법의 두번째 계기로서의 대자적 존재(첫번째 계기로서의 즉자적 존재와 대립된)를 구별하지 않으면 안 된다. 따라서 첫번째 의미에서, 객관정신은 즉자적으로 주관정신과 대립되어 있다. 그러나 두번째 의미에서 주관정신은 즉자태(변증법의 첫번째 계기)이다. 첫번째 의미를 통해 우리는 《정신현상학》을 즉자에서 대자로, 실체에서 주체로의 이행으로 이해할 수 있다. 반면 두번째 의미를 통해 우리는 이념의 절대적 형식을 파악하여 모든 실체를 그것으로 환원시킨다. 「대자적 존재는 자기 자신에 대한 순수한 확신, 대자적으로 존재하는 무한한 보편성으로서의 순수개념이다」(《Encyclopädie》, III, p. 439).

12) M. Büsse, 《Hegels Phänomenologie des Geistes und der Staat》(Berlin, 1931), p. 84.

식 사이의 대립은 여기서는 하등의 역할도 담당하지 못하며《정신현
상학》의 차각적 성격은 더 이상 변증법의 추진력이 되지 못하고 있다.
추상법, 도덕, 국가는 내용이면서 형식이고 대상적 본질이면서 자기
知(인식)이다. 물론《정신현상학》속에서, 개념의 모든 계기들은 즉
자와 대자, 본질과 인식 사이의 내적인 대립에 따라 서술된다. 정신
의 계기들 전체가《정신현상학》속에서 서술되지만, 그러나 그것들은
정신이 자기 자신에 관해 획득하는 인식(知)과 관련해서, 즉 차각과
관련해서 그 등장의 순서대로 서술되고 있다. 이러한 이유에서 전개
과정의 마지막, 즉 자기 자신을 확신하는 정신은 실체적 국가가 부정
되어 새로운 형태의 세계정신 속으로 매몰되는 것이 아니라 그 실체
성으로부터 정신의 자기의식이 출현하는 것, 말하자면 일반의지로서
언제나 국가를 이루고 있는 즉자태의 대자적 측면이 출현하는 것이
다. 헤겔 자신도 이 전개가 자각의 발전과정에 따름을 지적하고 있다.

　　정신이란, 그것이 직접적인 진리——세계로서의 개별자——인 한 민중의
　　인륜적 生이다. 정신은 직접적인 상태의 자기 자신에 관한 의식에로 발전하
　　지 않으면 안 된다. 다시 말해 그것은 일련의 형태들을 통해 그처럼 아름다
　　운 인륜적 生을 지양하여 자기인식에 도달하지 않으면 안 된다(PE, Ⅱ, 12 ;
　　PG, 315 ; 정신현상학, Ⅱ, 10~11).

이 구절은 헤겔의 논거의 원환적 운동과도 조화된다. 정신은 직접
적인 상태의 그 자신으로 생성되어 간다. 아름다운 인륜적 生, 즉 고
대 도시국가는 헤겔에게 있어 최초의 진정한 형태의 인국의 조화로
운 조직체인 까닭에 헤겔은 이로부터 시작하지만 그것은 또한 그것에
못지 않게 역사가 추구하는 목표이다. 그러나 그것의 즉자적인(본래적
인) 상태로 생성되어 가기 위해서 정신은 직접성을 거부하지 않으면
안 된다. 다시 말해 그것은 그 자신을 다시금 회복해야 하고 자기 역
사의 주체로서 심화시켜야만 하는 것이다. 고유한 의미의 정신의 현상
학은 직접적 정신에서 주체적 정신에로의 이와 같은 이행을 전개한
다. 그러나 우리가 살펴보았듯이 이러한 전개의 제 형태는 역사적인
의미를 지닌다. 헤겔은 다음과 같이 분명하게 말하고 있다.

　　이와 같은 형태들은 그것들 자체가 실제적인 정신들, 진정한 현실태들,

따라서 한낱 의식의 형태들이라기보다는 세계의 형태들이라는 점에서 그 이전의 형태들과 구별된다(PE, Ⅱ, 12 ; PG, 315 ; 정신현상학, Ⅱ, 12).

고대, 근대 및·현대 세계와·정신의 차각의 변증법의 제 계기——인륜적 세계, 차안과 피안으로 분열된 세계, 도덕적 세계관——사이의 대응은 자의적인 것이 아니다. 여기서의 변증법의 의미는 곧 역사의 의미이다. 차각은 역사이다. 또한 헤겔의 초기 저작들은 이 점을 우리에게 극명하게 보여 주고 있다.

예나 체류시절 초기에는, 헤겔은 절대이념을 인국의 가장 아름다운 조직체로 제시하고자 노력했다. 다시 말해 가장 위대한 예술작품이 곧 유기적 국가이다. 〈인륜성의 체계〉와 〈자연법의 학적 취급방식에 대하여〉라는 그의 논문 속에서 창조적 정신은 셸링의 직관에서처럼 자신을 절대적으로 정립하기 위해 그 자신을 잊지 않으면 안 된다. 헤겔의 이러한 저작들은 그 흥망성쇠와 관계없이 역사에 떠오르는 국가의 이상을 제시한다. 인간의 삶의 모든 계기들——욕구, 향유, 노동, 도구, 언어 등——은 철학이 제시해야 할 그런 총체성의 맥락에서만 참으로 의미를 지니게 된다. 특정한 구절들의 아름다움과 타당성에도 불구하고, 헤겔의 이러한 저작들은 기묘할 정도로 고풍스런 느낌을 준다. 도시국가와 플라톤적 이상은 전혀 비역사적인 설명방식으로 18 세기의 국가와 통합된다. 여기서 우리가 대하는 것은 민족정신(Volksgeist)의 이념이지만, 이는 아직 역사의 진행 속에서 생성된 이념이 아니다. 헤겔은 그 당시 다음과 같이 적었다.

철학은 절대 도덕적 이념에 대해 가장 아름다운 형식을 요구한다. 그리고 절대이념은 직관이므로 정신은 거기서 직관과 무관한 자기 자신에 대해 아무런 반성도 없이 그 자신을 확인한다. 이러한 이유에서 그것은 절대정신이며 완벽한 도덕이다. [13]

헤겔은 아직 이러한 첫번째 설명 속에서 스스로를 발견하지 못했다고 말할 수 있겠다. 다시 말해 그는 여기서 그의 최초의 신학적 저작

---

13) Éd. Lasson, Ⅶ, p. 416. 이러한 「절대정신」은 헤겔에게 있어 민족정신의 완전한 형태 속에서 실현되지 세계주의나 추상적 인권, 즉 인륜적 활력과 대립되는 보편적 공화국(op. cit., p. 415)의 몰형태성(Gestaltlosigkeit) 속에서는 실현되지 않는다.

들의 수준에까지도 미치지 못했던 것 같다. 그러나 점차적으로 그가
셸링과 관련해서 자신의 독창성을 발견함에 따라, 자각의 필요성을
깨닫게 되었고 또 그 개념을 직관에 대립시켰다. 그 순간부터 고대
도시의 이상은 과거로 격하되었다. 고대의 실체적 정신은 근대 정신이
되고 역사는 더 이상 절대이념에 소원해 보이지 않았다. 이러한 역사
와 자각으로서의 정신관은 1803~4년과 1805~6년의 《실재철학》속
에서 싹텄다. 「정신은 자연보다 고차적이다.」 그것은 개념, 즉 직관
——거기서 그것은 철저히 자신의 작품 속에 빠져 있었다——너머로
고양된 주체이다. 세계정신은 민족정신을 초월한다.[14] 고대 세계와 근
대 세계의 차이는 확인되었을 뿐만 아니라 판단되었다. 「자기의 자유
는 희랍인들에 의해, 플라톤이나 아리스토텔레스에 의해 진정으로 인
식되지 못했다.」 그리고 기독교의 무한한 주관성은 고대의 도시국가
처럼 한 도시에로의 복귀를 불가능하게 만들었다.[15] 이러한 발전은
역전이 불가능했다. 따라서 정신은 역사와 불가분적이다. 왜냐하면
정신 자체가 역사이기 때문이다. 그것은 그 자신의 존재를 산출하는
가운데서만 존재하는 것이다.

만일 우리가 예나 시절의 저작들 속에 나타난 발전에 관한 우리의
연구를 《정신현상학》의 구절들에 관한 우리의 연구와 비교해 본다면,
우리는 왜 헤겔이 그의 정신의 변증법을 고대 도시국가에 대한 서술
로 시작하고 또한 그에게 있어 왜 그 변증법의 방향——실체에서 주
체로, 참된 정신에서 자기확신적 정신으로——이 실제적인 역사적 발
전과 대응하는가의 이유를 이해할 것이다. 정신이 자기 자신을 스스
로의 역사의 주체로서 단언하여 가장 심대한 대립——그것의 본질과
그것의 현존재, 그것의 피안과 그것의 차안 사이의 대립——을 통해
자기 자신을 확보했던 것은 사실상 이러한 역사적 발전의 진행 속에서
였다.[16] 자기내 반성의 마지막에 이르면 한낱 참다울 뿐인——한낱
객관적일 뿐인——정신은 주관적 정신이 된다. 《정신현상학》은 엄밀

---

14) Éd. Lasson-Hoffmeister, t. xx, pp. 272~3.
15) *Ibid.*, p. 251.
16) 헤겔의 1805~6년의 강의안에서, 철학은 종교와 현존하는 정신의 이원론을 극복
하고 있는 것 같다. 《정신현상학》에서 절대知는 이러한 화해를 창출하는 것 같다.
「철학은 곧 인간 일반이다」(*op. cit.*, p. 273).

히 말해서 개념의 이러한 실재성, 즉 경험의 내용 전체가 자기의 작품으로 나타나기 위한 이러한 가능성을 확립하고자 하는 것이다. 그렇기 때문에 정신 장의 마지막에 이르러 정신은 그 자신의 외화 속에서도 자신으로 머물러 있는 것으로서, 즉 역사의 주체로서 등장하게 될 것이다. 생성의 부동 속에서도 정신의 (자기 자신에 대한 그 자신의) 동등——보편적 자기와 특수적 자기 사이의 생동적인 화해——으로 구성될 것은 바로 이러한 역사이다.

그러나《정신현상학》의 난해함뿐만 아니라 그것이 갖는 관심은 그 일반적인 주장에서보다는 그것이 제시하는 세부적인 해석 속에 놓여 있다. 일반적인 운동이 비교적 쉽게 판별될 수 있다 해도——사실상 헤겔은 그것을 매번 새로운 조명하에 보여 주면서 끊임없이 새롭게 진술하고 있다——세부적인 분석은 여전히 뒤얽혀 있다. 때때로 헤겔은 전체를 망각한 채 지나치게 오랫 동안 특수적 계기들에 연연하고 있는 것처럼 보이기도 한다. 그는 다양한 역사적 사건들을 해석하고 그 의미를 정화시켜 마치 하나의 계기가 절대적 본질인 양 제시하고자 노력한다. 그러므로 우리는 정신의 전개의 제 계기(인륜적 정신, 자기소외된 정신, 그리고 자기확신적 정신)의 각각을 그 자체를 위해 분석해야 하면서도, 그러나 진리는 전체이며 이러한 계기들 각각은 그것이 일반적 변증법 속에서 자리매김됨으로써만 의미를 갖는다는 것을 잊어서는 안 된다.

1

직접적 정신

직접적 정신 ; 自己의 출현

최초에 정신은 직접적으로 존재한다. 그것은 역사적 소여로서, 즉 민중의 실존——스스로를 민중의 구체적 총체성 속에서 살아가는 것으로 자각한 개별자들의 공동체——으로서 현존한다.[1] 우리는 개별자가 자기의식으로서의 오직 자신의 내면 속에서 발견된 이상을 구체적으로 실현하고자 노력하면서 그의 세계와 대립해 있던 그런 추상적인 계기를 넘어서 왔다. 이제 세계는 실현된 이성이고 또 자기의식은 그 세계에 대립해 있지 않다. 반대로 자기의식은 이제 그 자신을 세계 속에서 직접적으로 확인한다. 《정신현상학》을 시작할 때처럼 확신과 진리는 동일한 것처럼 보인다. 정신은 실존한다. 다시 말해 그것은 실체이다. 그리고 특수한 확신, 그 실체에 관한 의식은 자신의 목표이며 즉자인 이 보편자와의 대립을 제시할 뿐이다. 확실히 의식 자체에 의해 함의된 구별이 있다. 그러나 특수자와 보편자, 개체와

1) 이러한 「역사적 소여」는 인간 개체성이 시초에 자기 자신 안에서 발견하는 「원초적 본성」, 즉 그 자신이 창출하지 않은 것과 유사하다. 게다가 개체성의 문제는 민중과 관련해서 새롭게 제기되고 있다. 그러나 헤겔이 개념의 생동성과 비견될 수 없다고 언제나 비난한 세계적 인물의 부재는 아닐지라도, 이제 개인은 그 자체가 세계 즉 총체성이다. 이러한 개체성은 부정의 부정을 거친 보편자로 나타날 것인데, 이것이 민중에게는 곧 전쟁의 계기이다.

類 사이의 구별은 대립이 아니다. 「보편적 본질로서 그리고 목적으로서의 실체는 개별화된 일자로서의 자기 자신에 대해 어떤 대립을 제시한다.」 그러나 정신이란 개체들의 실체일 뿐 아니라 그에 못지 않게 그것은 그것들의 작품이다. 이러한 이유에서 개별적 의식은 실체를 그 자신의 작품으로 만드는 과정에서 그것을 실현하고, 또 반대로 최초에는 한낱 즉자적인 것(추상적인 보편적 정신)에 지나지 않는 실체가 인륜적 행위 속에서 현실성과 생동성을 띠게 되는 것이다. 따라서 「자기와 실체의 통일」이 실현된다(PE, Ⅱ, 14 ; PG, 316 ; 정신현상학, Ⅱ, 11).

헤겔은 여기서 나타나는 내용상의 구별들을 설명하고 정당화하고자 한다. 우리는 그의 논거의 대략만을 전달하는 데 한정하겠다. 첫번째 계기, 즉 직접성은 자기가 아직 부정적인 것의 위력, 그것의 존재에 대립된 것으로 등장하지 않았다는 사실로서 특징지워진다. 인륜적 자기의식, 예를 들어 안티고네*나 크레온**의 자기의식은 단적으로(직접적으로) 그 행동에, 즉 그것이 실현코자 하는 내용에 집착한다. 여기서 자기는 인륜적 본성, 즉 성격(caractère)이다. 행위가, 그리고 오직 행위만이, 자기를 그 추상적 자립성 속에 등장하도록 유인하고 여타의 구체적인 내용을 벗어난 인격체(personne)로서 정립할 것이

---

* 안티고네 : 소포클레스[1]의 비극(B.C. 441 상연). 테베의 왕 오이디푸스의 딸 안티고네는 테베를 공격하다가 전사한 오빠 폴리네이시스[2]의 장례를 금지시킨 숙부 크레온**의 명령을 거역한 채 오빠의 장례를 몰래 지냈다. 이것이 탄로나자 안티고네는 숙부 앞에 끌려 나아가 인간인 왕의 法보다 신의 法이 더 높으며, 그 높은 法을 따랐을 뿐이라고 항변한다. 그러자 크레온은 안티고네를 동굴 속에 유폐시킨다. 한편 그녀의 약혼자이며 크레온의 아들인 하이몬이 안티고네의 석방을 간청하나 부왕의 마음을 움직일 수가 없다. 지배의 화신인 크레온은 예언자의 말을 듣고 나서야 마음이 움직여 안티고네를 석방시키려고 하나, 이미 때는 늦어 안티고네와 하이몬은 자살을 하고 그 비보를 들은 하이몬의 모친이며 왕비인 크레온의 아내 에우리디케도 스스로 목숨을 끊어 크레온을 절망의 구렁텅이에 빠뜨린다. 이 작품의 성공으로 소포클레스는 사모스 원정군의 장군으로 임명되었다.
[1] 소포클레스 : 이 책의 p. 25 역주 참조.
[2] 폴리네이시스 : 이 책의 p. 52 역주 참조.
** 크레온 : 메노이케우스(Menoikeus)의 아들. 이오카스테의 형제. 오이디푸스의 뒤를 이어 테베의 지배자가 되었으며, 에테오클레스[1]의 사후 다시 그 지위를 이었다. 아르고스 편 장수(폴리네이시스)의 매장을 금지시키려 했으나 테세우스로부터 저지되었다.
[1] 에테오클레스 : 이 책의 p. 58 역주 참조.

다. 이 변증법의 도달점은 「아름다운 인륜적 生」이 그 자체 속에서 또 그 자체로서 타당한 추상적 인격체들의 세계 속에서 해소되는 것이다. 그로부터 실체는 인격체들의 영역으로 해체되고 정신은 자기 자신과의 외면성 속에서 정립된다. 근대 세계의 外化 속에서 정신은 더 이상 그 자신인 바가 될 수 없다. 다시 말해 그것은 언제나 그 자신과 대립하지 않으면 안 되는 것이다.

첫번째 계기, 즉 아름다운 인륜적 生은 차이를 결여하고 있지는 않으나 이러한 차이는 아직 대립이 아니다. 우리가 이미 지적했던 것처럼 실체는 목적과 의식, 類와 개별자(개체)로 분열된다. 그러나 의식의 분열을 결정하는 법칙은 또한 실체에까지 확대되고, 그리하여 실체의 내용은 인간의 법과 신의 법, 특수성의 요소와 보편성의 요소로 나타난다.[2] 헤겔은 여기서 희랍의 도시국가를 묘사하고 있으며 또한 고대 비극의 연구를 통해 그 도시국가의 몰락을 나타내고 있다. 인간의 법은 도시국가의 명시적 법과 민중의 사회·정치적 삶에 대응한다. 반면 신의 법은 가장 중요하고 사실상 이 세계의 잠재력이기도 한 가정과 가족에 대응한다. 헤겔은 의식의 법에 따른 실체의 이와 같은 구분을 자기의식의 활동 자체가 이미 도시국가와 그것을 통치하는 가운데 현전해 있음을 보여 줌으로써 설명하고자 한다.

이러한 類의 정신은 그것이 본질적으로 자기의식적인 현실성의 형식을 띠고 있는 까닭에 인간의 法으로 명명될 수 있다(PE, Ⅱ, 16 ; PG, 319 ; 정신현상학, Ⅱ, 16).

도시국가의 법은 공공성을 띤다. 다시 말해 만인이 그것을 인지하고 있고 또 그것은 시민들의 공통 의지의 표현으로서 외부로 표출된다. 《안티고네》에서 우리가 볼 수 있듯이 「인간은 법을 도시국가에 부여했다.」 그리하여 민중의 정신은 밝은 빛 속에 나타난다. 그것은 이미 자기정립적인 것으로 나타난다. 따라서 마치 나무가 그 뿌리를 대지에 박고 있는 동안에도 성장하여 외부로 스스로를 드러내는 것처

---

2) 의식의 법칙에 따른 분열(Entzweiung)이 계속 나타난다. 개별자는 보편자와 대립하지만, 실체 역시 동일한 법칙에 따라 분열된다. 그리하여 가족과 도시국가는 서로 반영하면서 대립하는 것이다.

럼 민중의 정신은 그것의 타자, 즉 그것으로부터 스스로를 유리시킨 것과 대립해 있다. 인간의 법과 신의 법, 명시된 법과 은폐된 법으로 실체를 구분하는 것은, 타자와 대비해서만 존재를 파악하고 또 의식의 형태를 무의식을 배경으로 하여 돋보이게 하는 의식의 운동에 의해서 야기되었다. 인간의 법과 신의 법, 인간의 도시국가와 가족은, 비록 그것들 각각이 서로에 대해서 타자일지언정 상보적이다. 인간의 법은 자기의식의 현실적 행위를 표현한다. 그러므로 신의 법은 직접적 실체의 형식이나 혹은 존재의 지반 속에서만 정립된 실체의 형식을 지닌다. 전자는 이미 행동이고, 후자는 그 행동이 부각되고 또 그것이 출현하는 배경이다. 「또 다른 힘, 즉 신의 법이 이러한 공개적 현시와 대립한다」(PE, Ⅱ, 17 ; PG, 319 ; 정신현상학, Ⅱ, 16). 따라서 가족은 순수하고 단순한 직접성으로서의, 즉 자연으로서의 인륜적 生의 실체이다. 「정신은 자연의 심연으로부터 출현한다」 그리고 인륜적 정신, 즉 도시국가의 정신은 가정 및 가족생활의 심연으로부터 출현한다. 따라서 당분간은 구별에 불과할 뿐인 두 가지 대립, 즉 특수자와 보편자의 대립 및 가족과 민족의 대립이 나타난다. 헤겔은 먼저 직접적 정신의 이러한 계기들──그것들의 통일이 아름다운 총체성, 총체성 내지 무한성으로서의 참다운 정신을 이루게 될 것이다──사이의 상보적 관계를 보여 준다. 나중에 우리는 어떻게 「유일하게 실체의 안정을 뒤흔들어 놓는」(PE, Ⅱ, 244 ; PG, 508 ; 정신현상학, Ⅱ, 316~7) 행동이 자기를 그 부정적인 위력 속에 등장하도록 유인하는가를 알 것이다. 희랍의 비극, 이를테면 아이스킬로스*와 소포클레스**의 비극은 인륜

---

* 아이스킬로스 : 희랍의 3 대 비극 시인 중의 한 사람(525~456 B.C.). 아테네의 눈부신 발전 시대에 성장했으며, 페르시아 전쟁 때에는 마라톤(Marathon, 490 B.C.), 살라미스(Salamis, 480 B.C.)의 그 대회전에 참가하여 분전했다. 그의 깊은 종교적 침잠과 애국적 정열은 이러한 체험에서 기인한 듯하다. 26 세 때(499~498 B.C.)에 처음 연극을 상연하여 이후 90편의 작품을 썼으며, 기원전 484 년(41 세)에 처음으로 연극 경연에 승리한 후로 총 13 회의 승리를 거두었다. 현존 작품으로는 《애소하는 여인들(Hiketides)》, 《페르시아 인(Persai)》(427 B.C.), 《결박당한 프로메테우스》, 《테베를 공격하는 7 人(Hepta epi Thebas)》(467 B.C.)과 《오레스테이아(Oresteia)》(458 B.C.) 등으로 이루어진 3 부작 《아가멤논(Agamemnon)》, 《코에포로이(Choephoroi)》, 《에우메니데스(Eumenides)》의 7 편이다. 그의 비극은 전체의 통일은 부족하나 신들의 지배의 정의에 대한 신념, 즉 기품이 높은 종교심으로 가득 차 있다.

** 소포클레스 : 496~406 B.C. 아이스킬로스, 에우리피데스와 함께 아티카 3 대 비극

적 자기의식과 아름다운 인륜적 총체성의 소멸을 담고 있는 운명 사이의 대립을 표상하고 있다.

사실상 이 운동을 통해 인륜적 실체는 현실적인 자기의식이 된다. 다시 말해 이-자기는 즉자대자적인 것이 된다. 그러나 인륜적 질서는 파괴되었다 (PE, Ⅱ, 15 ; PG, 318 ; 정신현상학, Ⅱ, 14).

인륜적 질서는 직접적이기 때문에, 그것은 해체되었을 것이다. 그러나 그러한 직접성은 정신의 전개과정에 있어서의 아름다운 계기이기 때문에 정신은 언제나 그것을 재발견하고자 하고 또 그것을 반성적으로 재구성하고자 한다. 정신이 직접적으로 존재한다고 말하는 것은 그것이 여전히 자연(본성)이라는 것, 도덕은 관습(ἔθος)이라는 것, 자기는 직접적으로 자신의 행위의 법을 알고 있다는 것을 말하는 것이다. 행위의 실체적인 내용은 소여되어 있다. 주관성은 자신의 대자적 존재라는 무한성에 근거하여 그것에 대립하지는 않는다. 헤겔은 자신의 초기 저작들 및 예나 시절의 철학 속에서 칸트에 반대하여 직접성은 도덕적 행위의 필요조건이라고 주장했다. 왜냐하면 어떠한 결정도 행동으로 옮겨져야만 하는 것——실존적인「이것」——의 일정한 현존이 없이는 불가능하기 때문이다. 형식적 의식의 입법활동은 결코 행위에까지 이르지 못하며, 법의 심리는 이미 비도덕에로의 일탈이다. 그러나 우리가 방금 근대의 도덕과 준별했던 인륜적 세계 속에서 정신은 스스로를 자연으로서 인식하고 자연은 정신으로서 인식된다. 다시 말해 내용이 형식에 대립하는 것이 아니라 오히려 정신적 의미를 갖는다. 우리는 자연과 문화를 대립시켰던 루소의 사상이 헤

시인의 한 사람. 디오니소스 제례(祭禮)의 비극 경기에서 선배인 아이스퀼로스를 누르고 처음으로 승리하여(468 B.C.), 이후 24 회의 승리를 거두어 당시 아테네의 우상이 되었다. 기원전 5 세기의 고전 시대의 한 상징인 그의 작품은 비극이 123 편이라고 하며, 그 중에서 제목과 그 단편이 전하는 것이 90 여 편이고 그 중에서도 작품이 전하는 것은 《아이아스(Aias)》, 《안티고네》, 《엘렉트라》, 《오이디푸스王》, 《트라키스의 여자들(Trachiniai)》, 《필로크테테스(Philoktetes)》(409 B.C.), 《콜로노스의 오이디푸스》(401 B.C.) 등의 비극 7 편이 있다. 이밖에 파피루스에서 발견된 사티로스 극 《추적자(Ichneutai)》 대단편이 오늘날 전한다. 또 산문으로 《합창대론》을 썼다고도 한다. 그는 완전무결한 극의 구성으로 아티카 비극을 기교적으로 완성했다.

겔의 세대에 영향을 미쳤던 여러 가지 방식들을 알고 있다. 물론 헤겔과 횔더린에게 있어서는 「자연상태」, 즉 문명 이전의 야만적 시기는 아무런 문제가 되지 않는다. 오히려 그들은 정신과 그 세계 사이의 실현된 조화, 즉 자기와 그 生의 내용, 자기의 무한한 요구와 그 행위의 유한한 소여 사이의 고통스러운 대립이 없이 자연적이면서도 동시에 정신적인 生의 조화를 요청했다. 헤겔의 동시대인들과 헤겔 자신은 회랍을 실락원, 정신의 청년기로 보았다. 그들은 괴테가 《이피게니아》*에서 「Das Land der Griechen mit der Seele suchend」라고 썼듯이 영혼의 눈을 가지고 희랍의 땅을 추구했다.

민중의 삶의 유기적인 이상, 즉 헤겔이 예나에서 골몰했었던 이상은 희랍의 도시국가를 모델로 한 것이었다. 그리고 《정신현상학》에서처럼, 훨씬 뒤에 《역사철학강의》에서 헤겔은 희랍적 성격의 본질을, 자연을 그 자신의 표현으로 변형시킨 정신에 의해 산출된 「아름다운 개체성」으로 제시했다.

> 희랍인들을 특징짓는 천재는 돌에서 예술품을 창조해 내는 유연한 예술가이다. 그 제작에 있어서는 돌이 다만 돌 그대로 있어 그 돌에 대해서 단지 외면적으로 형식이 부여된다는 것이 아니다. 돌은 그 돌의 자연성까지도 무시되어 정신적인 것의 표현으로 되는 것이며, 그 의미에서 변용되는 것이다. 반대로 또 예술가는 그 정신적 구상에 대해서는 이념을 표현하기 위한 돌이라든가 색이라든가 그밖의 감성적인 여러 형식을 필요로 한다. 이와 같은 요소 없이는 예술가 자신이 이념을 의식할 수 없을 뿐만 아니라, 또 그 이념을 대상화하여 타인에게 알게 할 수도 없다. 왜냐하면 그 경우에 이념은 예술가의 사유의 대상이 될 수 없기 때문이다.[3]

자연이라는 대상성 속에서 의미로 존재하는 정신의 이러한 완전한 실현을 통해 그 정신은 참다운 정신, 즉 주관성의 심연으로 아직 내

---

* 이피게니아 : 괴테의 5막 희곡(1787). 초고는 산문으로 썼으나 몇 번의 추고를 거쳐 약강5 보격(弱强五步格)——1행에 다섯 Jambus를 가진다는 뜻——으로 완성, 이듬해에 발간했다. 에우리피데스의 《이피게네이아》에서 취재했으며 줄거리도 거의 같다. 그러나 사건 진행과 처리가 외면적인 것이 아니라 심리적으로 심화된 점이 그 특색이며, 동시에 질풍노도운동을 극복하여 고전주의로 전향한 그 첫걸음을 보여 주는 작품이다. 이른바 〈영혼의 희곡〉의 효시이다.

3) 《Leçons sur la Philosophie de l'Histoire》, traduction française de Gibelin, Vrin, t. Ⅱ, p. 18.

려가 보지 못했거나 혹은 그 자신을 절대적인 부정성으로서 정립하지 못한 정신이 된다. 「그러므로 인륜적 정신으로서의 희랍 정신은 정치적인 예술작품이다.」 $\overset{\prime}{\epsilon}\theta o s$ 는 거기서 영혼과 특수한 주관성의 존재 자체나 의지로서 존재한다. 개인은 아직 절대적인 개체성으로서 존재하는 것이 아니다. 다시 말해 그는 자유로운 민중, 즉 아름다운 개체성, 「정치적인 예술작품」으로서의 구체적인 도시국가라는 한정된 테두리 안에서 그 자신을 정립하는 민중의 시민으로서만 존재한다. 그러한 민중은 사실상 개체성이다. 무정형의 동방의 전제주의는 더 이상 위력을 발휘하지 못한다. 또한 국가의 지배와 추상적 인격체로서의 개인의 자유 사이의 로마 제국식의 대립도 아직 일어나지 않았다. 이러한 이유에서 희랍의 국가는 본질적으로 민주주의 국가이다. 국가는 그 시민들의 작품인 것이다. 그렇지만 그것은 아직 그 추상적 필연성 속에서 시민들의 운명이 된 것은 아니다.

  희랍인들은 정의를 관습이나 습관의 형식에서 의욕하고 실행하기 때문에, 그 형식은 단단하고 확고한 것으로서 아직 직접성의 敵인 반성이나 의지의 주관성을 포함하고 있지 않다. 따라서 공동체의 이해를 시민들의 의지와 결단에 내맡겨 둘 수가 있다. 실제로 이 점이야말로 희랍의 政體의 근저가 된다고 말할 수 있을 것이다. 인륜적 의지에 대립하여 그 실현을 방해하는 원리가 거기에는 아직 존재하지 않기 때문에 이 의미에서 희랍의 정치체제는 민주적일 수밖에 없다. 시민은 아직 이기적인 관심을 가지지 않고, 따라서 악이라는 것을 알지 못한다. 객관적 의지는 시민 속에서 손상되어 있지 않다. 여신 아테네는 아테네 그 자체, 다시 말해서 시민의 현실적이며 구체적인 정신인 것이다. 의지가 자기 안에, 즉 지식과 양심의 知性殿에 들어박혀 주관적인 것과 객관적인 것의 무한한 분리가 나타날 때 비로소 신은 시민들 안에 더 이상 거주하지 않게 되는 것이다.[4]

이 구절에 이어지는 페이지 속에서 헤겔은 근대 세계가 그러한 민주주의, 즉 일반의지와 개별의지 사이의 그와 같은 직접적인 연계를 되살릴 수 없는 까닭을 설명한다. 「우리 사회 속에서 자유의 특수한 형식과 원리를 이루고 있으며 또한 우리의 국가 및 종교생활의 절대

---

4) *Ibid.*, p. 32.

적 기초를 이루는 주관적 자유는 희랍 속에서 단지 파괴로서만 나타
날 수 있었다.」 내면성은 희랍 정신에 극히 소원한 것이 아니었다.
그것은 곧 획득되었지만 또한 그것은 희랍 사회를 파멸로 이끌었다.
왜냐하면 희랍의 사회구성체는 내면성이라는 규정을 깨닫지 못했으
며, 그것과 관련해서는 아무것도 예측하지 못해 그것을 위한 대비책
도 마련하지 못했기 때문이다. 「우리는 희랍인들이 누린 자유의 최초
이며 참다운 형식 속에서 그들은 도덕적 의식(Gewissen ; 양심)이 없
다고 주장할 수가 있다. 다시 말해 조국을 위해 산다는 습관이 거의
무반성적으로 그들을 지배했다.」[5] 《역사철학강의》 속에는 헤겔이 《정
신현상학》을 집필하기 바로 앞서 이룩한 발견을 재현하고 있는 구절,
다시 말해서 참다운 정신의 직접성과 신앙과 지식의 분열 사이의 대
립, 근대 문화를 특징짓는 국가와 개인 사이의 대립에 관해 시사해
주는 구절이 있다.

　　(희랍인들은) 우리가 생각하기에는 본질적인 것이라고 할 국가라는 추상태
　　에 대해 무지했다. 그들의 목적은 생동하는 조국, 이 아테네, 이 스파르타,
　　이 사원들, 이 제단들, 이 공존방식, 이 시민들의 환경, 이 습속들, 이 습
　　관들이었다. 희랍인들에게 있어 그의 조국이란 그것을 벗어나서는 살 수가
　　없는 하나의 필연성이었다.

《정신현상학》 속에서 이루어진 인륜적 정신의 서술은 두 가지 정신
적 총체성, 즉 가족과 도시국가에 관한 서술을 담고 있는데, 우리가
살펴보았듯이 이것들은 그림자가 빛에 대립되듯 서로 대립되어 있다.
헤겔의 재구성은 여기서 아이스퀼로스의 연극과 특히 소포클레스의
《안티고네》 속에 등장하는 인간의 법과 신의 법 사이의 거대한 대립
에 기초해 있다. 그러한 대립은 사실은 남성적인 것과 여성적인 것
사이의 대립이다. 「시원적 자연」, 즉 자아가 창출한 것이 아니며 또
한 최초에 성적 구별이라는 단순한 소여로서 나타나는 그 자연(본성)
은 엄밀히 말해 그와 같은 소여성 덕택으로 정신적인 의미를 획득한
다. 인륜적 정신의 직접성에 따라 위대한 자연의 구별들이 의미를
갖는다. 게다가 그것을 발견하는 의식에 있어서 그러한 의미는 구별 속

---

5) *Ibid.*, p. 33.

에 내재해 있다. 그렇지만 이렇게 해서 자연은 초극된다. 왜냐하면 자연이 아니라 자연 속의 의미에 가치가 부여되기 때문이다. 자연적 요소는 단지 인간을 자극할 뿐이다. 인간은 그가 자연으로부터 형성했던 정신적 요소만을 고찰할 수가 있다. 희랍인들은 자연에 의해 야기된 수수께끼들을 해결한 것이다. 「감지하고, 경험하고, 열심히 의미를 파악하는 태도는 우리들에게 판(Pan)*의 이미지를 통해 대변된다.」[6] 자연은 정신에 의해 파악되며, 또한 정신은 비록 그와 같은 스스로의 행동을 명확히 인식하지는 못할지언정 자연 속에서 자기 자신을 발견한다.

이렇게 해서 두 性은 그들의 자연적 본질을 극복하여 그들의 인륜적 의미 속에서 인륜적 실체가 그들 자신에게 부여한 차이성들을 그들 사이에 공유하고 있는 다양성으로서 나타난다. 따라서 인륜적 세계의 두 가지 보편적 본질, 즉 신의 법과 인간의 법은 자연적으로 구별된 자기의식들 속에서 그것들 고유의 개체성을 취한다. 왜냐하면 인륜적 정신은 실체와 자기의식의 직접적인 통일, 다시 말해 자연(본성)상의 구별의 현존으로서 실재와 구별 속에 동시에 나타난 직접성이기 때문이다(PE, II, 26 ; PG, 327 ; 정신현상학, II, 28~9).

자연적 차이는 정신적 차이가 된다. 크레온이 남성이듯 안티고네는 여성인 것이다. 남성은 가족이라는 실체적 場에서 실정법으로서의 인간의 법에로 고양된다. 그는 도시를 건설하고 그 속에서 그 자신의 자기의식적 본질을 찾는다. 「그러나 누이나 아내는 가정의 관리자와 신의 법의 수호자가 되거나 혹은 그것으로 남는다.」 다시 말해 여성의 법은 그녀 자신의 본성에 따르면 실정법 내지 성문법이 아니다. 그것은 인간의 작품에 관계하는 것이 아니라 오히려 존재할 뿐인 실체적 요소의 직접성에 관계하는 것이다. 따라서 이 법은 불문법이고 또 그 기원은 알려져 있지 않다. 「어제 오늘이 아니라 언제나 이 법은 존속했으며, 누구도 그것이 언제 나타났는지를 모른다.」[7] 이러

---

* 판 : 희랍 신화에 등장하는 삼림, 목축, 수렵의 신이며, 특히 牧人의 음악을 관장한다. 그의 몸은 인간이나 발과 귀와 뿔은 산양의 모습을 하고 있는데, 이는 동물 숭배의 자취를 나타내는 것이다. 그는 로마 신화의 파우누스와 같다. 목양신.

6) *Ibid.*, p. 14.

7) 헤겔에 의해 인용된 《안티고네》에서(PE, I, 359 ; PG, 311 ; 정신현상학, I, 514).

한 두 법은 서로 서로를 보완하여 그것들의 관계 속에서 무한한 총체
성으로서의 인륜적 실체의 운동과 生을 이루고 있다.

인간의 법은 그의 생동적인 운동을 통하여 신의 법으로부터, 지상에서 통
용되는 것은 지옥으로부터, 의식적인 것은 무의식적인 것으로부터, 매개는
직접성으로부터 나온다. 또한 마찬가지로 인간의 법은 그것이 처음 출발했
던 곳으로 되돌아간다(PE, Ⅱ, 27 ; PG, 328 ; 정신현상학, Ⅱ, 29).

그것들의 합일은 남자와 여자의 합일과도 같다. 따라서 그러한 합
일처럼 그의 총체성에 있어서의 인륜적 실체란 자연인 동시에 정신
인 것이다.

헤겔은 가족과 도시국가 및 그것들의 정신적 의미를 조명하기 위해
전자로부터 후자로의 이행을 탐구했다. 그러면 먼저 개체성으로서의 인
국을 고찰해 보자. 그것은 만인의 자기로서의 정부 속에서 표출된다.[8]
관습과 공식적으로 인지된 법이 보편성의 지반을 구성하는 데 반해
단순하고 불가분적인 개체성은 정부로서의 정신이다. 이러한 전체의
生은 팽창과 수축의 이중적인 운동을 통해 자기 자신을 현시한다. 특
별한 개인들은 전체의 힘이 그들 내부로 유입되어 이를테면 별개의
가족들로 분리되기 때문에 그들의 대자적 존재를 자각할 수 있다. 그
러나 사회적 정신이라는 단순한 개체성, 즉 정부를 부정하는 데서 정
점에 도달하게 될 이러한 팽창이란 반대로 전쟁에 의해 부정된다. 전
쟁은 그것의 부정적인 행위를 통해 전체로부터 유리된 채 분열의 과
정 속에 있는 특수한 체계들을 수축시킨다. 전쟁이 없을 경우 개별
자들은 향유와 부의 획득을 통해 순수하고 단순한 자연상태로 복귀
할 것이다. 그러나 부정의 부정으로서의 전쟁은 그들로 하여금 다시
그들의 비자립성을 깨닫게 해 준다.

그것들(각기 고립된 체계들 ; 역자)이 스스로 고립된 상태 속에 뿌리내림으
로써 고착되지 않도록 하기 위하여, 다시 말해 전체가 산산조각으로 해체되

8) 이러한 정부는 나중에 자기확신적 정신, 역사의 행동하는 정신이 될 것이다. 하지
만 여기서 그것은 여전히 실체로서만 제시되고 있다. 그의 1805~6년의 〈정신 철학〉
에 대한 강의안에서, 헤겔은 엄밀히 근대 국가에서의 정부는 자기 자신을 확신하는
정신이라고 말한다(éd. Lasson-Hoffmeister, XX², pp. 262~3).

어 정신이 무산되지 않도록 하기 위하여, 정부는 시의적절하게 전쟁을 통해 그것들의 긴밀한 유대를 뒤흔들어 놓아야 하며 기존의 모든 질서를 혼란에 빠뜨려 그것들의 자립성에 대한 권리마저도 찬탈하지 않으면 안 된다. 이러는 가운데 기존 질서와 그 속에서 주어진 기득권에 연연하여 전체로부터 유리된 상태에서 인격체의 신성불가침한 대자적 존재와 안전만을 도모하는 개인들은 정부로부터 강요된 노동을 통해 그들의 주인, 즉 죽음을 실감하지 않을 수 없는 것이다(PG, Ⅱ, 23 ; PG, 324 ; 정신현상학, Ⅱ, 24).[9]

이럼으로써 정신은 추상적인 형식 속에서가 아니라 민중의 개체성으로서 존재한다. 부정은 여기서 이중적인 형식으로 제시된다. 즉 민중의 개체성으로서, 정신은 규정된 민족정신이다. 또한 모든 규정은 부정이다. 그러나 그의 현존재 속에서 파악된 부정으로서의 개체성의 규정이란 그의 행위 속에서 스스로를 부정성으로 현시한다. 전쟁은 자연을 극복하는 부정성이다. 그것은 「인륜적 현존재에 소원한 자연적 현존재 속으로 침잠되는 것을 방해한다. 그것은 의식의 자기를 보존하여 그것을 자유에로 고양시키고 또 그 힘을 계발해 준다.」 정신적인 개체성 속에서 정신의 자기는 그 규정 너머로 고양되지만, 그러나 그것은 이미 하나의 운명이다. 앞으로 우리가 보게 되겠지만 한 민족의 특정한 개체성은 그것을 보존하는 부정을 통해 소멸・몰락한다. 정신적 실존이 연출하는 이러한 비극성은 지금으로서는 단지 안정상태의 인륜적 질서에 대한 묘사를 통해 예시되었지만, 그것은 곧 세계 속에서 행위를 통해 현시될 것이다. 사실상 비극이란 정신 자체의 특성에 다름 아니다. 비극은 절대 긍정의 표현이다.[10]

따라서 시민들은 그가 건설한 공동체에 봉사하는 가운데 자신의 노동의 결실을 맺는다. 그의 삶의 노동은 그의 보편적 생성으로서의 그의 죽음이다. 그러나 그러한 죽음은 우연성으로서, 즉 자연의 사실로서 그것의 정신적 의의가 분명히 드러나지 않은 것으로 나타난다. 가족의 역할, 신의 법의 역할은 죽음을 자연으로부터 구해 내어 본질적으로 그것을 「정신의 행위」로 만드는 것이다. 여기서 헤겔이 지적하

---

9) 우리는 어떻게 헤겔이 보편적 개체성을 부정의 부정으로 파악하고 그리하며 범비극주의에서 범논리주의로 이행하는가를 알고 있다.

10) 이 구절은 헤겔의 예나 시절의 자연법에 관한 논문, Ⅶ, pp. 384~5 에서 인용되었다.

고 있듯이 가족의 인륜적 기능이란 죽음에 대한 책임을 떠맡는 것이
다. 《정신현상학》의 근본 문제는 정신이 「떠맡아야」 하는 바가 무엇
인지를 아는 것이다. 즉, 「최초에 그것은 아무것도 아닌 것으로 나타
났지만, 그러나 마지막에 가서 우리가 보게 되듯 그것은 모든 것이
다.」[11] 가족은 자연공동체이다. 「남자는 그의 삶의 살을 여자 속에서
찾지만, 그러나 그의 정신의.정신은 도시국가 속에서 찾는다.」[12] 남자
와 여자의 결합 속에서, 즉 사랑이라는 직접적인 인정 속에서 자연은
이미 도시국가의 정신을 예상하고 있다. 그러나 가족은 단지 자연의
사실만은 아니다. 오히려 인륜적 실체로서 가족은 자연적 계기를 초
월하는 정신적 의미를 지닌다. 그러므로 그것은 情이라는 직접적인
규정 속에 근거해 있는 것이 아니다. 「가족 성원들간의 인륜적 관계
는 정이나 사랑으로 맺어진 관계가 아니다」(PE, Ⅱ, 18 ; PG, 320 ; 정신현
상학, Ⅱ, 18). 가족의 인륜적 본질은 그 속에서 등장할 수 있는 여러 가
지 많은 규정들로 이루어지는 것이 아니다. 이들 규정 가운데 어떤 것
은 지나치게 자연에 유착되어 있다. 반면 다른 것은 가족에서 도시의
질서에로의 이행을 예시하며 따라서 가족과 관련해서는 단지 부정적
인 의미만을 갖는다. 예를 들어 재화의 생산과 보존 그리고 향유는 필
요에 관계하며 그것도 단지 생생한 욕구에 관계한다. 물론 가족이란
그것을 실체적 총체로서 규정해 주는 가족 재산이 없다면 생각하기 어
려울 것이다. 그러나 그러한 재산은 우연적인 개인들의 생생한 필요
를 충족시키는 데 기여한다. 반면 경제 생활 역시 그의 고차적인 목적
을 통해 비록 매개된 방식이기는 해도 개별자(개인)가 전혀 자각하지
못한 상태에서 보편자와 연결된다. 개인은 그가 자신을 위해서나 혹
은 자신의 가족을 위해서 노동을 한다고 믿는다. 그런데 사실상 그는
전체의 맥락 속에서만 의미를 갖는 행위에 참여하는 것이다. 가족의
본질이 경제 생활에 의해 정의되지 않는다면 그것은 유아 교육에 의
해서도 정의되지 않는다. 사실상 「개인을 하나의 총체로서 취급하여
일련의 노력을 통해 그를 하나의 소산으로서 산출하는」(PE, Ⅱ, 19 ;
PG, 321 ; 정신현상학, Ⅱ, 19) 교육이란 모름지기 가족의 해체에서 정점에

11) E. Bréhier, 《Histoire de la Philosophie》, t. Ⅱ, p. 739.
12) Hegel, 《Werke》, éd. Lasson, Ⅶ, p. 465.

도달한다. 그것은 가족의 성원을 시민으로 바꾸어 놓는 것이다. 우리는 다른 곳에서 가족의 인륜적 행위가 개별자에 미치는 영향을 발견해야 한다. 만일 가족이 인륜적 실체라는 전체를 벗어나 하나의 계기로서가 아니라 자율적인 정신으로 간주된다면 개별자, 즉 개인은 참으로 가족의 목표가 될 것이다. 개인이 자연에 따라서가 아니라 인륜적 정신에 따라서 고찰되기 위해서, 말하자면 그가 자신의 실존에 따라서 고찰되지 않기 위해서는——그가 더 이상 가족에 속하지 않는 한——그는 보편적 개인이 되어야 할 것이다. 「가족의 목표란 개인 그 자체이다.」 그러나 인륜태란 그 자체가 보편적이기 때문에 그것이 生의 모든 우연사들로부터 자유로울 때 그것은 더 이상 우연적인 개체성이 아니라 단지 개체성의 관념, 즉 개체성이 하나의 그림자가 되는 것에만 관계할 수 있을 뿐이다. 인륜적 행위는 「산 자가 아니라 죽은 자, 즉 지금까지 지탱해 온 산만하게 흐트러진 상태에 있던 오랜 삶의 과정을 벗어나 단순한 보편성이라는 平安에로 고양된 자에 관계하는 것이다」(PE, Ⅱ, 19 ; PG, 321 ; 정신현상학, Ⅱ, 19). 그것은 개인에 관계하지만, 그러나「그 자체로서 마침내 영원한 변화와도 같은(Tel qu'en lui-même enfin l'éternité le change)」(말라르메) 개인에 관계한다. 다시 말해 그것은 시민의 적극적인 자기가 아니라 가족의 자기에 관계하는 것이다. 따라서 가족이란 자연적인 결사라기보다는 종교적인 결사에 가깝다. 가족이 지닌 여타의 기능들 가운데 어느 것도 진실로 가족을 인륜적인 총체성으로 특징지을 수가 없다. 가족은 죽은 자에 대한 숭배이다. 그것은 죽음의 정신적인 의미를 드러내 준다.

　죽음이란 개별자가 보편자로 되어 가는 운동이다. 한낱 생동하는 자연 속에서 類는 개별자를 지양하되 이러한 부정이 외면적인 것으로 나타나게끔 지양한다. 개별자는 자기 자신의 내부에서 스스로의 죽음을 수행하지는 못한다. 따라서 죽음이란 자연적인 부정이다. 「죽음은 자연적인 부정성이며 존재자로서의 개별자가 겪는 운동인데, 이 운동이 진행되는 과정에서 의식은 자체 내로 복귀하여 자기의식이 되지는 못한다」(PE, Ⅱ, 20 ; PG, 322 ; 정신현상학, Ⅱ, 20~1). 따라서 죽음은 정신세계에서 나타나는 순수한 자연의 사실일 것이다. 죽은 자는 순수한 사물이 된다. 그는 요소적 개체나 대지 혹은 그밖의 다른 생물

체의 제물이 된다(PE, Ⅱ, 21 ; PG, 323 ; 정신현상학, Ⅱ, 22). 크레온은 말
한다. 「그를 새나 개의 먹이가 되도록 묻지 않은 채로 버려 두라.」
그러나 죽음은 정신의 生이 시작함을 알리는 서막이다. 이러한 보편
자에로의 운동은 공동체 내부에서 일어난다. 「죽음은 곧 완성이며 개
인 그 자체가 공동체를 위해 걸머지는 최상의 노동이다」(PE, Ⅱ, 20 ;
PG, 322 ; 정신현상학, Ⅱ, 20). 이러한 이유에서 가족이 지니는 최고의 기
능이란 죽음의 참된 의미를 되살려 그것의 자연성을 제거함으로써 그
것을 정신적인 행위로 만드는 것이다. 「죽음은 직접적이며 자연적인
생성의 결과이지 의식의 행위는 아니다. 따라서 가족 성원의 의무는
그의 궁극적 존재 즉 보편적 존재(죽음)가 자연에만 귀속되어 비이성
적인 어떤 것으로 남는 것이 아니라, 오히려 의식의 권리가 마땅히 그
속에서 주장되어야 할 행위의 산물이라는 측면을 부가해야 하는 것이
다」(PE, Ⅱ, 20 ; PG, 321 ; 정신현상학, Ⅱ, 20). 가족은 자연의 행위를 그
자신의 것으로 대체시킨다. 다시 말해 가족은 그의 성원을 $\delta\alpha\acute{\iota}\mu\omega\nu$(다
이몬)으로 변형시킴으로써 그를 대지의 품과 합일시키는 것이다. 인
륜적 세계에 등장하는 바의 가족공동체는 죽음에 의미를 부여해 준
다. 개별적 자기가 보편성에로 고양되었다(즉 그 개별적인 자기는 죽
은 이것이지만, 그러나 그것은 정신으로서 계속적으로 존재한다). 우
리는 어떻게 헤겔이 고대적 $\gamma\acute{\epsilon}\nu o\varsigma$(類)의 본질을 재발견하여 그것을
그 자신의 체계 속에서 해석하는가를 알고 있다. 그가 서설에서 적고
있듯이 「죽음을 감내하면서 바로 그 죽음 속에서 자신을 견지하는 生
이란 곧 정신의 生이다」(PE, Ⅰ, 29 ; PG, 29 ; 정신현상학, Ⅰ, 98). 또한
인간 상호간에 대립하는 인정투쟁에 관해 적으면서 헤겔은 죽음이
그것이 부정하는 만큼 보존하지 못하는, 다시 말해 정신적인 지양
(Aufhebung)이 되지 못하는 한낱 자연적인 부정에 지나지 않음을 지
적하고 있다. 가족은 여기서 자연을 대신하여 죽은 자를 정신의 보편
성에로 고양시킨다. 사실상 고대인들에게 있어서 그가 (개별자로서)
부여받을 자격이 있는 최고의 명예를 받지 못하는 것만큼이나 끔찍스
러운 일이란 없다(PE, Ⅱ, 20 ff. ; PG, 322 ff. ; 정신현상학, Ⅱ, 20 ff). 헥토
르는 그의 적(아킬레스)에게 자신의 시신을 묻지 않은 채로 내버려 두
지 말기를 간청한다. 「나의 시신을 트로이 사람들이 화장할 수 있도

36

록 되돌려 주시오.」

　이러한 것이 가족의 인륜적 본성이다. 그러나 도시가 그런 것처럼 구체적 총체성으로서 가족은 의식의 분열에서 기인하는 특수한 계기들을 포함하고 있다. 여기서 우리는 가족의 정신적 의미를 모색하는 동안 방치해 두었던 몇몇 규정들을 맞는다. 남녀간의 사랑은 자연적 生이 맞이하는 최고의 계기이다. 그것은 하나의 자기의식이 다른 자기의식에 의하여 자연적이며 직접적으로 인정받는 것을 표현한다. 가족이란 타자 속에서의 이러한 직접적인 자기知, 헤겔이 그의 초기 단편 속에서 사랑으로 간주했고 또《정신현상학》속에서 기술된 인간에 의한 인간의 힘겨운 인정과 대립해 있는 자기知만은 아니다. 가족은 이에 못지 않게 또한 상호인정 상태의 파악인 데 따라서 이러한 상호인정이 가족생활의 실체적 지반을 이루는 것이다. 그러나 이러한 인정은 한낱 예시적인 것일 뿐으로, 말하자면 현실적 정신의 모상에 지나지 않는다. 그런데 모상의 실재성은「그와는 다른 것 속에 놓여 있다」(PE, Ⅱ, 24 ; PG, 325 ; 정신현상학, Ⅱ, 25). 부모들 사이의 사랑은 외부적으로, 즉 자식들 속에서 실현된다. 헤겔은 1805〜6년의 예나 시절의《실재철학》속에서,「자식들의 성장은 곧 부모들의 죽음이다」[13]라고 적고 있다.「그들의 사랑은 타자(자식들)로 바뀌어, 이들의 성장이 곧 사랑 자체이고 또 이들 속으로 그 사랑이 소멸하는 것이다. 한 세대로부터 다른 세대로의 교체 현상은 민족 속에서 영속성을 띤다」(PE, Ⅱ, 24 ; PG, 325 ; 정신현상학, Ⅱ, 25). [14] 훗날《법철학》에서 헤겔은 동일한 생각을 표현했다.

　결혼이라는 통일——실체적인 것으로서는 내면성이고 감정이지만, 실존으로서는 두 대상으로 분리되는——은 자식 속에서 대자적인 실존이 되나 통

13) Hegel,《Werke》, éd. Lasson-Hoffmeister, t. XX², p. 202.「사랑은 자기 자신에게 대상이 되었다.」그것은 그것의 부정인 타자 속에서 자기 자신을 직관한다.「북미의 원주민들은 그들의 부모를 살해한다. 우리도 마찬가지의 일을 하고 있다.」

14) 이 인륜적 세계에서 자기는 하나의 그림자로서가 아니고는 아직 존재하지 않는다.「그것은 지양된 이것이며 그리하여 보편적 자기이다. 하지만 그것의 부정적 의미는 아직 이러한 긍정적 의미로 전화되지는 못했다.」우리는 자기의 첫번째 유형인 인격체 속에서 그것의 실현의 단초를 보게 될 것이다(PE, Ⅱ, 204 ; PG, 474 ; 정신현상학, Ⅱ, 264).

일로서는 하나의 대상이다. 부모는 자식을 그들의 사랑으로서, 그들의 실체
적 존재로서 사랑한다. 자연적인 관점에서 본다면 부모라는 인격체의 직접
적인 실존은, 여기서 하나의 결과 즉 서로서로를 재생산하고 전제하는 세
대들의 무한한 연쇄 속에서의 지속적인 계기가 된다. 이럼으로써 가정의
정신적 단순성은 種으로서의 유한한 본성 속에서 자신의 실존을 정시하는 것
이다. [15]

그럼에도 불구하고 이러한 다양한 관계들——남편과 아내 사이, 부
모와 자식 사이——은 순전히 정신적인 것만은 아니다. 그것들 속에
는 여전히 하나의 간극이 현존해 있기 때문에 인정은 자연성이라는
요소에 의해 영향을 받는다. 남편과 아내의 사랑은 자체 내로 복귀하
지 않는다. 그것은 그 자체를 벗어나 자식이라는 타자에로 옮겨 간다.
자식에 대한 부모의 애착이란 것 역시 「자신의 현실성을 타자(자식)
속에서 깨닫고 또 그 타자 속에서 대자적 존재가 성장함을 보면서도
——그것이 자기세계를 밀어내는 소원한 현실로 남기 때문에——결코
그것을 되돌릴 수 없다는」 감회에 의해 영향받는다(PE, Ⅱ, 24 ; PG, 325
; 정신현상학(Ⅱ, 25). 진정한 정신적 관계는 자체 내로의 복귀를 간직
하고 있다. 즉 그것의 대자화는 동시에 그 자신의 보존인 것이다. 그
러나 부모의 사랑 속에서는, 자연은 어쩔 수 없는 타자성으로서 나타
난다. 그러한 타자성은 열정, 정신적인 보편성 내의 특수성이다. 만
일 부모에게 있어 자식이란 그들의 밖에 서 있는, 즉 그들의 사랑을
받아들이는 대자적 존재라면 반대로 자식은 그들의 비유기적 자연,
그들의 즉자태를 그들의 부모의 모습 속에서 발견할 것이다. 그들은
오직 「그 자신을 낳게 한 원천으로부터 분리됨으로써, 즉 그 원천이
고갈되어 가는 분리과정 속에서 대자적 존재와 그들 자신의 자기의식
을 획득한다.」
　이와는 대조적으로 소포클레스의 《안티고네》를 묘사하면서 헤겔은
오누이의 관계를 순수하고 혼탁하지 않은 것으로 본다. 오라비와 누
이는 서로에 대해서 자유로운 개체성이다. 「그들은 동일한 혈통을 타
고났는데 오히려 이 혈통이 그들로 하여금 안정과 균형에 도달하도

15) 《Principes de la Philosophie du Droit》, trad. française Gallimard, 1940, p.
147.

록 해 준다.」 이러한 이유에서 누이는 인륜적 본질을 즉, 한 자기의식
의 다른 자기의식에 대한 자유로운 관계를 가장 적확하게 예감해 준다.
그러나 그녀가 가질 수 있는 것이란 예감 이상이 아니다. 왜냐하면
여성이 수호자의 역할을 하는 가족의 법은 대낮의 광명 속에 등장하지
않기 때문이다. 다시 말해 그것은 명시적 知가 아니라 오히려 현실로
부터 한 발짝 물러선 채 신적인 요소로 남는 것이다. 인륜적인 관점에
서 본다면 아내는 그녀의 남편과 자식 속에서 단지 그녀의 보편성만을
발견한다. 개별성의 관계는 그녀에게 있어 쾌락이나 우연과 결부된 채
로 남아 있으며 따라서 그 자체가 인륜적인 것은 아니다. 인륜성의
측면에서 가정을 본다면 문제는 이 남편이나 이 아이들이 아니라 남
편과 아이들 일반이다. 「여자의 갖가지 관계는 감각적인 것이 아니
라 보편적인 것에 기초해 있다」(PE, Ⅱ, 25 ; PG, 326 ; 정신현상학, Ⅱ, 27).
이에 반하여 남자는 전체에 대한 헌신을 통해, 즉 자신의 보편성을
도시국가 속에서 발견함으로써 욕구할 수 있는 권리를 획득한다. 가
족 내에서 그는 스스로의 자기를 더 이상 보편자가 아닌 개별자로서
발견한다. 그러나 만일 개별성이 여자와의 관계에 들어간다면, 그것
은 순전히 인륜적인 것은 아니다. 여자의 개별성이 순전히 인륜적인
것인 한 그것은 전혀 관심 밖의 일이다. 따라서 여자에게는 자신을
타자 속에서 이-자기로서 인정하는 자기인정이 차단되었다. 여기서
여자에게는 자연성이 섞이지 않은 순수한 인정이 그녀의 오라비와의
관계에서 발생한다. 「누이에게는 오라비를 잃는 것이야말로 그 무엇
으로도 대체할 수 없는 큰 손실이며, 또한 오라비에 대한 의무가 누
이에게는 가장 고귀한 의무이다.」 헤겔은 여기서 안티고네의 말을 인
용한다. 「만일 남편이 죽는다면 다른 사람이 그를 대체할 수가 있다.
또 만일 아들이 죽는다면, 나는 다른 아들을 가질 수가 있다. 그러나
나는 오라비가 다시 태어나기를 바랄 수는 없다.」

　누이가 개별적인 자기를 깨닫게 되는 것은 오라비에게서이다. 그러
나 이 경우 가족의 정신은 보편성의 의식으로 옮겨 간다. 오라비는 구
체적인 인륜성, 즉 도시국가의 자각적인 정신을 획득하고 산출하기
위하여 가족의 원초적이며 부정적인 영역을 지배한다. 이렇게 해서
우리는 소포클레스의 비극에 대한 헤겔의 세밀하고 때로는 (설득력 있

기보다는) 기발한 해석들을 살펴보는 데 충분한 시간을 할애했다. 여
기서 직접적인 형식 속에 제시된 가족과 도시국가는 정신의 生으로부
터 사라질 수가 없다. 이러한 계기들이 계속되는 전개과정 속에 다시
등장하지 않는다는 것은 정신의 자기 자신에 대한 자각——참된 정신
이 자기확신적 정신으로 되어 가는 과정——이 더 이상 그 속에서는
특별히 주목될 필요가 없음을 의미할 뿐이다. 우리는 단지 이러한 출
발점에서 주목된 제 대립을 전개시킴으로써, 대자의 측면을 번역하는
정신의 역사 속에서 그러한 계기들에 관해 따져 볼 것이다. 이러한
계기들이란 추상적 인격체, 문화 그리고 자기확신적 정신이다. 따라
서 헤겔의 가족의 변증법 및 도시국가의 변증법 대부분——팽창과 수
축, 경제 생활과 전쟁——은 그것들이 그 가장 적합한 형식 속에서 등
장했던 역사적 계기에 관계없이 그에게 타당성을 유지한다. 시민이
직접적으로 보편성에로 고양되는 희랍의 도시국가와 개별적 자기가
죽음 자체로부터 구원되어 그의 보편적 개별성 속에서 보존되는 희랍
의 가족은 보편자와 개별자가 아직은 대립해 있지 않은 아름다운 총
체성을 형성한다. 이러한 총체성 속에서 실체는 하나의 민족으로서
개별적인 실체이며 아직은 운명——개별자들에 대립해 있는 추상적 보
편성——으로서 나타나지 않는다. 또한 자기는 하나의 그림자로서 즉,
가족의 혈통으로서만 나타나며 아직은 부정적인 개별성, 타자 전체의
배척으로서 나타나지는 않는다. 이 두 계기는 그것들이 서로 대립할
때까지 전개된다. 다시 말해 운명은 인륜적 영역의 제 개체성을 송두
리째 장악하게 되고, 또 제 개체성은 그의 직접적인 성격을 상실하여
제 인격체라는 추상적인 자기가 되는 것이다. 그 지점에서 인륜적 실
체는 붕괴되었다. 운명과 인륜적 세계의 개별적인 자기가 지닌 이러
한 이중적 의미는《정신현상학》의 후반부에서 개진되었다.

　　인륜적 세계에서 우리는 하나의 종교, 그것도 冥府의 세계의 종교를 보았
다. 이러한 종교는 운명——보편성의 형식을 띤 순수한 부정성——이라고
하는 가공할 미지의 밤에 대한 신앙과 그리고 정신이라고 하는 에우메니데
스(복수의 여신)——개별성의 형식을 띤 순수부정성——에 대한 신앙이다.
후자의 형식에 비추어 볼 때, 절대 본질이란 바로 자기일 뿐더러 더우기 이
러한 자기는 현재 속에 그 모습을 드러내는 것이기도 하다. 그러나 이 개별

40

적인 자기는 운명이라는 보편성을 그 자신으로부터 떼어 버린 개별적인 그
림자이다. 그것은 사실상 그림자, 지양된 이것이며 따라서 보편적인 자기이
다. 그러나 그것이 지닌 부정적인 의미는 아직 이러한 긍정적인 의미로 전
화되지는 못했다(PE, Ⅱ, 204 ; PG, 474 ; 정신현상학, Ⅱ, 264). [16]

　나아가서 헤겔은 비극 자체의 본질을 검토하게 될 것이다. 인륜적
세계에 관한 그의 연구는——더 이상 직접적인 아름다운 총체성에 그
치지 않고 비극적인 대립이 그의 내부에서 행위의 결과로 발생하는
한에서——구체적인 실체가 비록 자기와 관련해서 부정적이기는 해도
어떻게 전능하고 절대 공정한 운명이 되는가와 또한 자기가 어떻게
그것이 한낱 지양된 이것으로서 존재한 冥府의 세계로부터 등장하는
가를 보여 줄 것이다.

　인륜적 세계에 관한 이러한 정태적 표상을 떠나 그것이 참다운 행
위의 비극 속에서 무엇이 되는가를 고찰하기 앞서, 우리는 그것이「개
별적인 자기의식의 실현」[17]의 선행적 계기들 전체를 포함하고 있다는
사실에 주목해 보자. 그것이 추상적인 한 이 자기의식은 그 자신을
자연 속에서 발견할 수가 없었다. 이제 인륜적인 生(습속)은 그러한
개별적 이성의 진리이다. 왜냐하면 여기서 이러한 습속들은 이성이 발
견하는 바이기 때문이다. 그러나 동시에 그것들은 그것들을 발견하는
의식의 활동이며 산물로서의 존재이다. 자기향유에 대한 열성적인 모
색, 모든 마음의 법칙, 덕성——이것들은 그의 참된 의미를 부여받는
다. 가족 속에서 단일한 개인은 자기 자신을 또 다른 자기의식으로
발견한다. 다시 말해 그를 가족으로부터 추방시킨 운명이란 도시국가
의 법칙인 것이다. 이러한 모든 마음의 법칙은 각자가 시민으로서 참
여하는 바의 보편적 질서이다. 따라서 덕성은 이제 한낱 공허한 추상
만은 아니다. 그것은 그것이 지향하는 바를 실현시킨다. 덕성은 그
자신이 개인(개별자)에게 요구하는 희생을 통하여 본질을 현존하는

16) 헤겔이 국가를 공통 의지의 표현으로, 그리고 나중에 권력으로 해석하고 있는 것
　보다는 운명으로 해석하고 있는 것(Rosenzweig, op. cit., I, pp. 88 ff., pp. 102 ff.)
　을 참조하라.
17) 이러한 계기들 전체(직접적 향유, 마음의 법칙, 덕성)에 대한 논의로는 제 I 권 제
　Ⅳ부 제 4 장을 참조하라. 스스로를 본질로 만드는 이러한 계기들 각각은 인륜적 총
　체성 속에서 하나의 계기로 다시금 취해지고 있다.

실재로 만든다. 그러므로 덕성은 그것이 관조하는 보편적 生 속에서
자신의 희생을 즐긴다. 형식적 이성은 그것이 법을 제정하거나 심리
할 때 회피했던 생동적인 내용을 $\overset{\text{˝}}{\epsilon}\theta o\varsigma$ 에서 발견한다. 실체의 총체성
에 있어서처럼, 사실상 그것은 인간의 법과 신의 법으로 양분되지만
그러나 그 법들 각각은 상대방을 확증하는 것 같다. 인간의 법은 개
별자를 절대적 주인인 죽음의 시험을 통해 보편자에로 인도한다. 즉
그것은 빛을 벗어나 어둠에로 이동하는 것이다. 신의 법은 죽음에 관
계하여 그것을 비현실로부터 현실로 고양시킨다. 그것은 어둠으로부
터 빛으로 이동한다. 인간의 법은 남자에 부과되고, 신의 법은 여자
에 부과된다. 이러한 총체성은 자기완결적인 상태로 남아 있다. 그
것은 척도이고 평화이다. 다시 말해 그것은 정의, 즉 스스로 현시되
는 총체성 너머의 초월적인 법도 아니고 또한 그의 평형상태가 무분
별한 우연성의 메카니즘에 의해 보장되는 순수한 자의성도 아닌 그런
정의이다. 개별자가 감수했던 위해를 보상하는 복수는 그 개별자 자
신으로부터, 그의 에르니에스(Erinney)*로부터 나온다. 그의 개체성
과 그의 혈통은 가족을 통해 존속한다. 당분간 개별자가 이 세계 속에
서 진실로 겪을 수 있는 유일한 위해란 정신적 의미를 결여한 자연적
사실로부터 유래한 것일 뿐이다. 그러나 자연은 이 세계로 변형되어
정신에 의해 속속들이 침투당한다. 죽음 자체가 의식의 행위가 된 것
이다. 종교에 관한 장에서 헤겔은 이 아름다운 계기를 정신의 生 속
에서 명명할 것이다. 다시 말해 그것의 자기 자신에 대한 표상이 곧
예술종교이다. 사실상 아름다움(美)이란 자연과 정신의 이러한 직접
적인 통일인 것이다.

비극적 행위 ; 행동으로서의 自己

  헤겔은 그의 초기 작품들 및 예나 시절의 저작들 속에서 정신——

---

* 에르니에스 : 우라노스의 男根이 크로노스에 의해 끊기었을 때 대지에 떨어진 그 피
    에서 태어난 여신. 혈족에 대한 죄, 일반적으로는 살인, 기타 자연법에 어긋난 죄를
    추구하거나 복수한다. 대지와 관계가 있으며, 이 점에서 에우메니데스(호의 있는 자)
    또는 셈나이(Semnai ; 엄숙한 자)라고도 불리며, 대부분 그러한 형상으로 숭배의 대
    상이 되어 있다.

절대자――을 비극적인 것으로 생각했다. 자연법에 관한 예나 시절의 논문 속에서 인륜적 세계 곧 민족의 生을 절대자의 최상의 발현으로 특징지우고 나서 헤겔은 비극이 「절대 정립의 표상」이라고 적고 있다. 이와는 반대로 희극――아리스토파네스의 신적 희극이나 근대 부르조아의 희극――에서 정신은 모든 대립 너머로 고양되어 나타난다. 다시 말해 제 대립은 희극 속에서 잠시 그림자로 나타났다가는 그의 순수한 자기확신 속으로 사라지거나, 혹은 희극 자체가 제 대립 속에 즉 유한자 속에 사로잡혀 희극에서의 절대자는 無나 가상으로 드러나든지 한다.[18] 이러한 이유로 운명이 들어설 자리가 없는 희극이란 언제나 개별성, 자기 자신 속으로 떠밀려 들어가는 주관성의 승리를 표현한다. 그러므로 그것은 한낱 무능의 웃음소리일 뿐이다. 또한 그것은 자신의 비극적 운명을 자체 내에서 즉 자기 자신의 불일치 속에서 찾는다. 따라서 우리는 다시금 비극이 정신의 生 자체를 표현하는 것임을 안다. 인륜적 세계, 즉 우리가 위에서 보았던 바의 평온한 지속은 비극이 그 속에서 드러났다는 이유만으로도 정신인 것이다. 비극은 실체를 운명으로 나타나게 만들 것이다. 그리고 이러한 운명의 진리는 자기의 출현, 대자적 존재라는 주관성(달리 말하면 「제 대립과 유한자가 본질을 결여한 그림자처럼 있는」 고대 희극)의 출현이다. 이러한 주관성의 출현의 진리는 반대로 정신의 외화 속에서, 즉 유한자가 그 자체로 입언되어 가상적인 자립성을 주장하는 바의 근대 희극 속에서 나타난다. 근대 부르조아 사회, 문화(교양)*의 세계는, 헤겔이 그의 자연법에 관한 논문에서 설명했던 것처럼 고대적 문명이 자기에로 소멸하는 것의 진리이다. 그런데 희극은 두 개의 인륜적 영역을

---

18) 첫번째 경우는 고대 희극(아리스토파네스)에 대응하며, 두번째 경우는 근대의 부르조아 희극에 대응한다. 후자에 있어 자기는 하나의 성격으로서 한낱 유한한 것――예를 들어 돈――을 절대적인 것으로 간주하기 때문에 곤혹스러운 변증법에 사로잡힌다. 비록 그가 헛되이 유한자를 고착시켜 그것을 즉자로서 정립하고자 해도, 그것은 그 자체의 내적 법칙에 따라 그로부터 달아나 버리고 만다. 고대 희극에서는 자기가 무대 위의 자기 자신을 보고 웃는다. 반면 근대 희극에서는 단지 관객만이 웃는다(다음을 참조하라. éd. Lasson des OEuvres, Ⅶ, pp. 384 ff.).

* 문화 : Bildung(culture)은 극히 포괄적인 의미를 지니고 있다. 개인적 의식·정신의 발전과정에서는 형성과 도야의 의미가 강하지만 자기소외된 정신의 외화의 단계에서는 교양과 문화로 규정된다. 따라서 일의적으로 해석하기보다는 문맥에 비추어 다양하게 번역했다.

분리시켜 그 각각에게 제 나름마다의 타당성을 부여한다. 한 영역에
서는 제 대립과 유한자가 본질을 결여한 그림자이다. 반면 다른 영역
에서는 절대자가 가상이다. 본래적이며 절대적인 관계는 각각이 진지
하게 타자 속에 등장하고 각각이 타자와의 생동적 관계에 들어가 타
자의 진정한 운명이 되는 관계이다. 따라서 절대적 관계는 사실상 비
극 속에서 표상된다. 종교에 관한 장에서 헤겔은 다시금 정신을 표상
함에 있어 비극과 희극이 제시하는 의의를 고찰한다. 우리는 이 구
절을 고대 비극에서 고대 희극에로의 이행 및 고대 희극에서 그것의
운명인 근대 희극에로의 이행을 통해 논급했다. 왜냐하면 그것은 헤겔
이 추적하고자 한 객관정신의 전개과정 전체에 대해 조명해 주기 때
문이다. 우리가 방금 논의했던 아름다운 인륜적 자연 속에서——여기
서 가족과 도시국가라는 두 계기는, 헤겔이 반복하고 있는 플라톤의
표현을 빌자면 총체성은 「영원한 生이다」는 식으로 「서로서로를 완
성시킨다」[19]——자기는 아직 개별적인 개체성으로서의 자신의 권리
를 누리지 못하고 있다. 사실상 여하한 행위도 행해지지 못했다. 그
러나 행위란 현실적인 자기이다. 행위와 더불어 비극적인 모순이 세
계 안으로 들어와 그 세계를 필연적인 몰락으로 이끈다. 그리하여 실
체는 자기의식에게 운명으로서 나타날 것이다. 특수한 형식(신의 법
내지 인간의 법) 속에 사로잡힌 자기의식과 스스로의 직접성으로부터
고양되어 추상적 보편자(운명으로서의 필연성)가 된 실체 사이의 이
러한 대립이야말로 그 전개과정을 우리가 연구하게 될 비극적 대립이
다. 물론 우리에게 있어 이러한 필연성, 이러한 운명의 진리는 자기
의식의 자기이다. 그러나 이 경우 인륜적 세계는 소멸되어 또 다른
——예나 시절의 논문 속에서 근대 희극에 의해 규정된——세계가 등
장하게 된다. 정신은 자기 자신으로부터 소외된 것이다. 이러한 전개
과정 전체가 다음의 구절 속에 요약되어 있다.

　　이러한 세계 내에서 그의 두 본질(개별적 개체성을 이루는 보편적 의지와
　가족의 혈통)——이들 각각은 서로서로를 확증하고 완성시킨다——의 질서
　와 조화로서 나타나는 것은 행위를 통해 대립자 상호간의 이행운동, 즉 그

―――――――――――

19) *Ibid.*, p. 389.

과정에서 대립자 각각이 자기 자신과 상대방의 확증보다는 오히려 무상성으로 나타나는 운동이 된다. 다시 말해서 그것들 각각은 부정적인 운동 내지 가공할 운명의 영겁의 필연, 즉 신의 법과 인간의 법뿐 아니라 이러한 요소들이 현존하는 힘으로 등장하는 두 자기의식을 그의 단순성이라는 심연으로 끌어들이는 필연이 된다. 그런데 그것은 우리에게는 순수한 개별적 자기의식의 절대적인 대자적 존재에로 이행하는 필연이다(PE, Ⅱ, 30 ; PG, 331 ; 정신현상학, Ⅱ, 34).[20]

《정신현상학》은 교향곡처럼 끊임없이 동일한 주제들을 상이한 형식들 속에서 제시한다. 근본적인 주제는 보편자와 개별자, 실체와 주관성, 존재와 자기의 대립이다. 우리는 보편자의 의식이 자기의식의 개별성 속으로 소멸되는 것을 보았다. 그러나 주관성으로서 자기의식은 실체를 상실한 불행한 의식이다. 우리는 그 불행한 의식을 인륜적 세계가 연출하는 비극의 도달점에서 다시 발견하게 될 것이다. 그것은 그의 객관적 형식 속에서, 정신의 역사 속에서, 로마 세계 속에서, 제국의 냉혹한 정치 속에서 그리고 인격체의 내면으로의 전향 속에서 등장할 것이며 나아가서는 근대 세계의 문화로 발전할 것이다. 거기서 정신은 자기소외된 정신이 될 것이다. 이러한 것이 객관적·사회적 및 정치적 질서로 나타난 불행한 의식의 대응물이다.[21] 주관성이 경험하는 이와 같은 고통의 의미는 나중에 종교에 의해 우리에게 허용된 절대자에 대한 전망 속에서 극명해질 것이다. 예술종교는 절대적인 자기확신에서 정점에 도달하게 되고 인간은 비극적 운명의 진리일 것이다. 그러나 불행한 의식의 경우에서처럼 그러한 무한한 자기확신은 자기부정을 통하지 않고서는 자기정립도 불가능하게 될 것이다. 기독교의 신적 인간은 스스로 죽어야만 할 것이다. 다시 말해 주관성은

---

20) 고대 세계에서 근대 세계로, 공민에서 부르조아 내지 기독교도로의 이행(필연적인 분열, 왜냐하면 부르조아는 유한성 내에 살면서 그의 본질을 그의 현실 너머에 정립하고 따라서 자기 자신에게 소원한 정신의 이중 세계를 산출하기 때문이다)은 고대 희극에서 근대 희극으로의 이행에 의해 잘 나타나고 있다. 이러한 이행은 이제 필연적으로 자기 자신으로부터 외화된 절대적 자기확신의 비극적 운명이다.

21) 여기서 우리는 《정신현상학》 속에서 단계적으로 전개된 것을 다음과 같이 요약해 볼 수 있다. 1) 자기의식의 변증법(제1권 제Ⅲ부를 참조) ; 2) 객관정신, 즉 역사 내지 자기소외된 정신의 불행한 의식의 전개(제Ⅴ부 참조) ; 3) 종교 즉, 기독교 내지 죽은 신의 계기의 전개(제Ⅵ부 참조).

실체가 스스로를 주관성에로 침잠시켜 들어갔던 것처럼 스스로를 심
화시켜 실체를 회복하는 경지에까지 이르지 않으면 안 될 것이다. 그
리하여 자기는 자기외화라는 비극 속에서 자기 자신을 재발견하는
절대적 주체, 즉 대상성(객체성) 속에서 그 자신을 보존하며 자체 내
에 安存하고 또 그의 주관성 속에서 그 자신에게 대상화되는 개념일
것이다. 실체는 참으로 주체가 된 것이다. 말하자면 보편자와 개별자
가 대립을 견지한 채 화해되었다. 그러나 이러한 대립(불행한 의식과
외화의 세계와 기독교는 모두가 동일한 주제를 상이한 차원에서 취하
고 있다)은 절대자의 生으로부터 사라질 수가 없다. 헤겔은 이미 이
점을 앞서 인용된 예나 시절의 논문 속에서 언급했었다. 「비극이 절
대 정립의 표상이다」는 이유를 설명하면서 그는 다음과 같이 적었
다. 「절대자는 영원히 이러한 비극을 자신에게 연출한다. 그것은 영
원히 자기 자신을 대상성 속에서 산출한다. 자신의 그러한 구체적 형
태 속에서, 그것은 열정과 죽음을 야기시키고 또 자신의 유해로부터
당당하게 일어선다.」[22] 이것은 신의 「죽음이요 생성」이며 따라서 인
간과 동일한 것이다. 신은 인간이 되며 또한 인간은 신이 된다. 신적
인간은 인간적 신이 된다. 그러나 주관성의 고통은 그야말로 자기의
고통인데, 이는 스스로를 절대적인 자기확신 속에 정립함으로써 단지
그 자신의 유한성만을 발견하여 유한자 속에 매몰되어 있다. 그렇지
만 이러한 외화는 자기가 그 자신이 직접적으로 존재하는 바가 되기
위하여 필요하다.

이제 우리는 운명과 그에 관련된 비극적 대립의 관념, 행위와 죄
그리고 知와 無知의 관념, 즉 헤겔 철학을 세련화하는 데 지대한 역
할을 담당하는 제 관념을 고찰할 것이다. 헤겔은 그의 초기 신학논집
들 속에서 특정한 민족이 그의 운명과 맺는 관계를 연구했다. 헤겔의
누이동생에 따르면 그가 유대 민족과 기독교의 운명을 연구했던 것
처럼, 그의 시대의 고뇌를 개인적으로 체험했던 것은 1787년에서 1800
년에 이르는 프랑크푸르트 시절이었다.[23] 베른에 머물던 초창기에 헤

---

22) Hegel, 《Werke》, éd. Lasson, Ⅶ, p. 384.
23) Rosenkranz, 《Hegels Leben》, p. 80 을 참조하라. 우리는 베른 시절의 헤겔이 역사
    적 경험, 즉 소여를 실정성(오늘날 우리는 「현사실성」이라고 말할 수 있겠다)으로 간
    주하여 그것을 추상적 이성에 대립시켰는데 프랑크푸르트 시절에 와서는 그 소여가

겔은 계몽주의의 순수한 이성종교에 대립했던 역사적 종교의 실정성을 파악하고자 했으며 또한 메마르고 협소한 인간 본성이라는 개념에 구체적인 生이 간직한 풍부한 내용과 역사적인 변혁이 지니는 폭넓은 소재를 희생시키기를 거부하고자 했다. 예나에서 그는 인간적 生의 비합리성과 그리고 추론적 오성의 규칙에 의거한 유한한 生으로부터 무한한 生으로의 이행의 사유불가능성을 깨닫게 되었다. 그렇지만 무한한 生, 즉 全—者(ἓν Καi πᾶν)는 유한한 生에 내재해 있기 때문에 그 어느 것도 상대방이 존재하지 않으면 존재할 수가 없다. 그러나 오성은 그것들을 대상성 속에 동결시키기 때문에 결코 그것들을 통일시킬 수 없다. 이제 운명의 개념이 풍부한 의미를 간직한 채 이성의 제 분석을 넘어서는 것 같다. 그러나 바로 이 사실로 인해 그것은 행위가 인간적 生 안으로 끌어들이는 대립을 사유하기 위한 수단이다. 인간을 그의 운명으로부터 분리시키고 또 사랑을 통해 그것과 화해시키려는 것은 유한한 生과 무한한 生의 관계를 파악하는 새로운 방식을 제시했다. 그리하여 헤겔은——그것을 지칭한다거나 혹은 그것을 명확하게 자각하지 않은 채——그의 청년기의 범비극주의로부터 그의 성숙기의 범논리주의로 이동했던 변증법적 철학을 다듬었다. 《정신현상학》에서 다시금 나타나는 이러한 운명의 관념은 헤겔의 정신에 관한 견해의 핵심 속에 위치해 있는 것 같다. 칸트는 운명의 이념이 경험과 이성의 관점으로부터 사물들을 판정하고자 하는 사람들에게는 전혀 적법성을 갖지 못한다는 점을 지적했다. 그러나 야스퍼스는 칸트의 말을 인용하면서 다음과 같이 덧붙인다. 「운명의 이념은 한계상황에 서 있는 사람들에게서 그 의미를 다시금 얻는다. 개념으로서의 운명의 타당성은 논증될 수는 없다. 그러나 운명은 체험될 수가 있다.」헤겔은 그의 프랑크푸르트 시절의 삶의 체험으로부터 시작하여 운명을 개념과 동일시하는 데까지 나아간다. 《정신현상학》 속에서 그는 다음과 같이 적고 있다.

개인적 운명이 되었다고 말할 수 있으리라. 운명 개념의 조탁과 더불어 그것이 실정성의 개념을 대체했던 것은 범비극주의를 향한 헤겔의 운동에 있어서 본질적인 계기들 중의 하나이다. 이러한 범비극주의에서 범논리주의로의 그의 이행은 새로운 일보 전진——어쩌면 일보 후퇴일지도 모르는——이었다.

모든 개별적인 신들과 실체의 속성들을 하나의 판테온*, 즉 그 자신을 정신으로서 의식하는 정신 속으로 모아들이게 하는 것은 비극적 운명의 정신이다(PE, Ⅱ, 262 ; PG, 524 ; 정신현상학, Ⅱ, 342).

헤겔이 인간 실존에 대한 비극적 견해, 다시 말해서 횔더린과 더불어 그리고 니체에 앞서서 희랍적 평온의 음울한 배경으로 감지한 견해로부터 빌어 온 이러한 운명이란 무엇인가? 우리는 운명 일반——현실(Wirklichkeit), 말하자면 헤겔에 있어 세계를 심판하는 법정으로 화한 세계사——을, 개인과 민족의 고유한 파토스를 실재적인 것으로 전화시키는 특수한 운명들로부터 구별하지 않으면 안 된다. 열정 없이는 어떤 위대한 것도 일어날 수가 없다. 다시 말해서 모든 인간적 행위는 유한성이라는 특성을 담지하고 있어서 무한한 生에는 부적합하다. 분리를 순수한 生 안으로 끌어들여 인간의 운명을 그 자신에게 소원한 것으로 드러내는 것은 행동(Tat)이다. 그러나 개인이나 민족의 이러한 운명——헤겔은 두드러진 개인들, 즉 아브라함과 그리스도를 통해 유대 민족과 기독교의 운명을 연구했다——은 이들 제 개인 내지 제 민족의 파토스가 현실 속에 나타난 것에 다름 아니다. 따라서 특수한 운명은 역사 속에서의 특정한 운명의 발현이다. 「운명이란 인간 자신인 바이다.」 그것은 인간 자신의 生이요 파토스이지만, 그러나 그것은 인간에게 「소원해진 것」으로 나타난다. 헤겔은 프랑크푸르트 시절에 다음과 같이 적고 있다. 「운명이란 자기 자신에 대한 의식이지만, 그러나 자기 자신을 적으로 간주하는 의식인 것이다.」[24] 또한 우리가 아직 연구하지 않은 《정신현상학》의 한 구절 속에서 그는 소포클레스의 말을 되풀이하고 있다. 「우리는 고통을 당함으로 해서 우리가 실패했다는 것을 깨닫는다.」 그러나 동일한 저작 속에서 헤겔은 이미 「운명은 내적인 근원적 규정으로서의 특정한 개체성의 본래적인 면모가 현시된 것에 지나지 않는다」(PE, Ⅰ, 261 ; PG, 231 ; 정신현상학, Ⅰ, 380).[25]고 지적했었다. 그리하여 현실적인 행위만이 개체성

---

* 판테온 : 萬神殿. 로마에 있는 것은 제국 창업을 기념하기 위해 27년 아그리파(Agrippa)가 세웠다. 뒤에 화재로 불타 없어졌는데, 120~124 년 하드리아누스(Hadrianus) 황제의 명령으로 재건했다. 6 미터의 두꺼운 벽체와 직경이 43 미터의 돔(dome)을 지탱하는 원형 평면의 사당이다. 로마 유적 가운데 가장 잘 원형을 보존하고 있다.
24) Nohl, *op. cit.*, p. 283 ff.

48

의 파토스를 대상성 속에서 드러낸다. 우리에게 외면성으로 나타나는
것은 우리 자신의 生이다. 또한 죄책감을 느끼기 위해서는 (다시 말
해 우리 자신의 유한성을 느끼기 위해서는), 우리는 우리를 단죄하
고 그 본성상 언제나 우리에게 소원한 까닭으로 우리와는 결코 화해될
수 없는 그런 법을 필요로 하지 않는다. 바로 우리의 행위를 통해 우
리는 우리 자신의 판결을 내리는 것이다. 확실히 우리의 운명은 그 자
신을 우리와 분리시킴으로써 우리가 결코 순수한 무한적 生, 순수한
존재와 일체를 이룬 것이 아님을 보여 준다. 그것은 우리의 비유기적
자연(본성) 즉, 무한적 生이 아닌 우리 속의 비유기적 본성이다. 그러
나 우리는 그것과 대결할 수 있고 또 사랑을 통해 amor fati*, 즉
「죽음인 동시에 생성」이고 그 속에서 인간이 운명 일반, 즉 세계사
와의 최상의 화해——이는 헤겔에 있어서는 최고의 자유의 의식이
다——를 발견하는 amor fati 를 통해 우리는 그것과 화해할 수 있
다.26) 나의 운명이 그 속에서 부정되는 동시에 보존되면서 운명 일반
에로 통합되는 바의 그러한 화해는 비극적 표상이 연출하는 궁극적인
조화이다. (다시 말해 그것은 운명을 그 총체적 위력 속에서 나타나게
하듯이, 현실 즉 실체를 그 필연성 속에서 나타나게 한다.) 물론 제 개
인이나 제 민족의 파토스도 존재한다. 안티고네와 크레온은 영원한 인
물상이다. 그러나 그들은 그들의 배타성을 박탈당했다. 그들은 지양된
(aufgehoben) 것이다. 고대 세계에서는 이러한 화해가 주는 진정적 효
과는 단지 망각으로서, 「현실의 소멸상태……전체의 자기 자신 속에서
의 안주, 운명이란 부동의 통일……단순한 제우스」(PE, Ⅱ, 253 ; PG,
516 ; 정신현상학, Ⅱ, 329)로서만 나타날 뿐이다. 그러나 기독교 세계에
서는 그 운명은 주체, 자기 자신을 정신으로서 의식하는 정신이 된다.
앞서 지적되었던 것처럼 헤겔의 운명관은 그의 동시대인들이 생각하
던 것과는 판이하다.

　개인주의적 사유로부터 역사적 사유에로의 이행은 운명의 개념 속에서 일

25) 헤겔이 여기서 제기하고 있는 문제는 그것이 함축하고 있는 폭넓은 의미에서 개체
　　성의 문제이다.
* amor fati : 운명에 대한 사랑.
26) 운명 개념의 발전에 대해서 그리고 生의 분리와 사랑을 통한 화해에 관해서는
　　Nohl, pp. 283 ff. 를 참조하라.

어난 그와 평행된 변화와 유사하다. 칸트주의자들 및 낭만주의자들 이전에
있어서 역사와 법이란 순수이성에게 가해진 일련의 고통, 내지는 감성과
의 일련의 타협에 지나지 않았던 것처럼, 쉴라이에르마허의 독백들 속에서
도 운명은 영원히 적대적인 자연의 진행으로서, 즉 스스로의 자유를 확신하
는 자아에 도전하고 조롱하는 전혀 외면적인 숙명의 냉혹성으로서만 나타
났을 뿐이다. [27)

그러나 헤겔의 초기 저작들 및 《정신현상학》 속에서 운명은 더 이
상 이러한 냉혹한 힘은 아니다. 그것은 외면성 속에서의 내면성이요,
자아의 외부에로의 발현인 것이다. 그리고 개인이 그의 운명에 복종
할 때, 정신은 그를 초월함으로써 자신의 자유를 다시 획득한다. 몰
락의 순간은 또한 해방의 순간이다. 우리는 이미 《정신현상학》에서 자
기 자신의 개별성을 존재 속에서 모색했던 개인, 직접적인 자기향유
를 모색했던 개인이 어떻게 냉혹한 필연성 속에서 그 자신을 확인하
는가를 살펴보았다. 마음의 법칙은 그것에 대립된 것 속에서 단지 자
기 자신만을 이해한다. 마찬가지로 덕성은 세계행정을 극복할 수 없
는데, 이는 그러한 행정이 맹목적이며 냉혹한 힘이기보다는 오히려
덕성에 대해 유일하게 의미를 부여할 수 있는 것이기 때문이다.

헤겔의 독특한 운명 개념에 대해 이와같이 논구한 우리로서는 신의
법을 인간의 법에, 안티고네를 크레온에 대립시키는 비극적 행위의 의
미를 보다 잘 이해할 수가 있다. 그들의 파토스의 충돌, 즉 자기의식
이 스스로를 동일시했던 그 충돌로부터 인륜적 현실태 즉 필연성으로
화한 실체의 전능한 권리들이 탄생된다. 그것들은 더 이상 성격으로
서의 개별자를 압도하는 법에 대한 가상적인 知가 아니다. 그러한 知
는 자신의 행위를 통해 그것에 못지 않게 無知이며 그럼으로써 자기
가 필연성에, 즉 운명이라는 부정성에 대립한다는 것을 발견한다. 그
러나 우리(철학자)에게 있어 그러한 운명의 진리는 보편적 자기, 단
순한 자기확신일 것이다. 직접적인 개체성으로서의 인륜적 실체, 특
정한 자연의 한가운데서의 정신의 현존은 소멸되고 무한한 주관성이
등장할 것이다. 「자기는 극중인물의 제 성격에 맞추어서 등장할 뿐,

---

27) P. Bertrand, 《*Le sens du tragique chez Hegel in Revue de Métaphysique et de Morale*》, p. 170(1940년 4월).

이들 제 성격이 서로 연관되는 운동의 매개적 중심으로 등장하지는 않는다. 그럼에도 불구하고 자기의식——단순한 자기확신——은 사실상 부정의 힘, 제우스의 통일, 실체적 본질과 추상적 필연성의 통일이다. 즉 그것은 모든 것을 그 속으로 환원시키는 추상적 통일이다」(PE, Ⅱ, 253 ; PG, 517 ; 정신현상학, Ⅱ, 331). 인륜적 세계는 주관성과 추상적 인격체들의 세계, 기독교와 로마 제국의 세계가 된 것이다.

헤겔은 도시국가의 生으로부터 로마 제국에로, 인륜적 세계로부터 추상적 인격체들의 세계에로의 이러한 이행을 희랍의 비극에 대한 일반적인 해석 내지 보다 특수하게는——에우리피데스의 극에서 비극과 운명에 대한 이해는 더 이상 그의 순수한 형태로 제시되지 않기 때문에——아이스킬로스 및 소포클레스에 대한 해석을 통해 파악한다. 헤겔은 우리가 이미 인용했던 자연법에 관한 논문 속에서《에우메니데스》*가 도시국가 속에서 신의 법과 인간의 법의 통일이라는 문제를 제기하고 또 해결한 것으로 해석한다. 극의 마지막에 이르러 에르니에스와 아테네 신들 사이에, 고대의 피의 법을 대변한 복수의 여신들과 아폴로 신 사이에 평화가 이룩되는 것으로 끝난다. 낡은 질서와 새로운 질서가 아테네 국가에 의해 창출된 정의의 장치를 통해 화해를 이룩한다. 분노의 신들과 올림피아의 신들 사이의 갈등은 명부의 세계와 지상세계 사이의, 고대의 계약과 도시국가의 새로운 질서, 즉 혈통보다 더욱 강한 유대가 존재하는 질서 사이의 갈등이다. [28] 이 두 세계는 불가분적으로 통일되어 있다. 「계시정신은 자신의 힘의 근원을 명부 속에 두고 있다. 그리하여 스스로에 대해 자신과 스스로에 대한 긍정으로 가득 찬 민중의 확신은 그의 모든 구성원들을 하나로 결속시키는 맹세의 진리(참뜻)를 오직 무의식적인 침묵으로 일관하는 모든 구성원들의 실체 속에, 즉 망각의 늪 속에 두고 있다」(PE, Ⅱ, 41 ; PG, 333 ; 정신현상학, Ⅱ, 47). 知는 그의 근원 속으로, 즉 無知 속으로 매몰

---

28) Éd. Lasson, Ⅶ, pp. 385 ff.
* 에우메니데스 : 희랍 신화에 등장하는 복수의 여신으로 「선의의 여자」라는 뜻. 헤시오도스에 의하면 우라노스의 피에서 태어나 에르니에스, 푸리아에, 셈나이 등의 이름으로 불리었다. 알렉토(Allekto), 메가이라(Megaira), 티시포네(Tisiphone)의 3인으로 되어 있으며, 특히 육친에 대한 죄의 복수를 맡고 있다. 날개가 있으며 때로는 뱀과 함께 표현된다.

되었다. 《정신현상학》의 이 장에서 문제가 되는 주된 텍스트는 《안티
고네》와 《오이디푸스王》이지만, 위대한 비극 《에우메니데스》도 배경
을 이루고 있다. 헤겔에 따르면 《안티고네》에서는 고대적 정신의 두 본
질을 이루는 두 법이 내용상으로 대립한다. 안티고네와 크레온으로
상징되는, 인륜적 세계에서의 힘들의 이러한 내용상의 대립은 知와 無
知라는 형식상의 대립, 즉 자기의식 전체에 내재하는 대립에 의해 극
복되지 않으면 안 된다. 예를 들어 《오이디푸스王》에서 나타나는 것,
그리고 운명에 대한 보편적 관념을 파악할 수 있게끔 해주는 것은 바
로 이러한 후자의 대립이다. 이러한 대립들을 통해, 헤겔은 인륜적
본질 일반의 몰락과 해체, 도시생활의 종말 그리고 정신이 자신의 역
사 속에서 끊임없이 복원시키고자 했지만——그것은 한낱 참될 뿐인
직접적인 정신에 지나지 않았기 때문에——소멸하지 않을 수 없었던
아름다운 총체성의 종말을 제시할 수 있는 것이다.

이러한 직접성이라는 규정 속에는 자연이 대체로 인륜성의 행위에 개입한
다는 의미가 내포되어 있다. 행위의 현실은 인륜적 정신의 아름다운 조화
와 안정된 균형에서 엿보이는 평화롭고 아름다운 것 속에 깃들여 있는 모순
과 파멸의 씨앗만을 노정할 뿐이다. 왜냐하면 직접성은 자연이라는 무의식
적인 평안과 정신이라는 자각적인 불안이라는 서로 모순된 의미를 갖고 있
기 때문이다(PE, Ⅱ, 43 ; PG, 342 ; 정신현상학, Ⅱ, 51).

우리는 처음으로 이러한 직접성이라는 규정을 인륜적 세계의 개체성,
즉 추상적 자기가 아니라 오히려 자연이며 그 말의 가장 심원한 의미
에서 성격(caractère)이라고 하는 개체성 속에서 발견한다. 「따라서
인륜적 실체의 이러한 몰락에 이은 또 다른 형태로의 이행은, 인륜적
의식이 본질적인 면에서 직접적으로 법칙을 지향한다는 사실에 의해
규정된다」(PE, Ⅱ, 43 ; PG, 342 ; 정신현상학, Ⅱ, 51). 고대적인 비극에서는
근대적인 드라마와는 달리 행위의 제 규정 너머로 고양되고 또한 우
연적인 선택의 문제가 제기되는 그런 독특한 개체성(개성)이 존재하
지 않는다. 자유의지가 다시 말해 「양자택일」의 형식을 지닌 문제가
전혀 존재하지 않는 것이다. 우리가 지니고 있는 것은 진정으로 인륜
적 실체의 제 계기 중의 하나를 표현하는 파토스이다. 후기 비극(헤겔

은 《에우메니데스》를 염두에 두고 있다)에서 「그러한 파토스는 열정
의 차원으로, 다시 말해 자기를 결여한 코러스가 찬미하기는 해도 주
인공들의 성격을 형성할 수 없으려니와 또한 그들이 그들의 본질로 언
명하거나 존중할 수도 없는, 우연적이며 비본질적인 계기들의 차원으
로 떨어진다」(PE, Ⅱ, 253 ; PG, 517 ; 정신현상학, Ⅱ, 330). 반면에 인륜적
성격——예를 들어 안티고네——은 자체 내에 그의 행위의 의미를 담
지하고 있어서, 직접적으로 그것이 해야 할 바를 알고 있는 개체성이
다. 그는 모름지기 그 자신의 본성(남자이거나 혹은 여자라는)으로
인해 신의 법이거나 혹은 인간의 법에 속한다. 그에게 있어, 그러한
특수한 법은 인륜적 법 자체이다. 그리하여 그는 그러한 법을 그 자
신의 본질로서, 나아가서는 본질 자체로서 파악한다. 그는 이른바 결
단적인데, 그러나 그의 결단은 그 자신 존재 자체와 혼일되어 있는 것
이지 의식적인 숙고를 통해 나온 것은 아니다. 「인륜적 의식이 내린
이러한 결단의 직접성은 하나의 즉자적 존재이며, 따라서 동시에 우
리가 앞서 보았던 자연적 존재라는 의미도 갖는다. 여성에게는 신의
법을, 남성에게는 인간의 법을 할당해 준 것은 상황 내지 선택의 우
연성이 아닌 본성인 것이다」(PE, Ⅱ, 31 ; PG, 332 ; 정신현상학, Ⅱ, 36). 성
격에 대한 이러한 規定 속에, 정신과 자연의 이러한 불가분적 통일에
사실상 정신의 향후 전개를 통해 상이한 형식 속에서 발견되어야만
할 인륜적인 美가 존재한다. 왜냐하면 그러한 .規定이 없다면 참다운
행위란 불가능하기 때문이다. 우리는 나중에 자기확신적 정신이 어떻
게 자체 내에서——더 이상 소원한 자연 속에서가 아니라 그 자신의
規定으로서——행위에 필요한 직접성을 발견하는지를 살펴볼 것이다.
거기에서 知와 無知의 문제가 분명한 형식으로 다시금 제기된다. [29] 그
러나 당분간, 행위에 앞서 그 문제는 아직 제기되지 않았다. 크레온은
주저없이 폴리네이시스(Polyneices)*를 비난한다. 그는 아무런 내면적

---

29) PE, Ⅱ, 168 ff. ; PG, 445 ff. ; 정신현상학, 121 ff. 를 참조하라. 그리고 우리의 해
석에 대해서는 제Ⅵ부 제2장을 참조하라.
* 폴리네이시스 : 테베의 왕 오이디푸스와 이오카스테의 아들. 장님이 된 아버지를 형
인 에테오클레스와 함께 학대했으므로 그 저주를 받았다. 형제는 1년마다 교대로 테
베를 통치하도록 되어 있었으나, 형이 처음 1년이 끝난 후에도 왕위를 내놓지 않았
다. 폴리네이시스는 아르고스로 가서 아드라스토스의 딸 아르게이아(Argeia)를 아내

갈등도 겪지 않는다. 또한 안티고네도 크레온 못지 않게 주저하지 않는다. 그녀는 그녀가 하고자 하는 바와 충분히 일체가 되어 있다. 즉 그녀는 신의 법에 속하는 것이다. 고대 비극에서 주저하는 행위가 나타날 경우에 그것은 도덕적 갈등을 보여 주는 증거라기보다는 행위에 직면해서 나타나는 나약함의 증거이다. 안티고네와 마찬가지로, 오레스테스(Orestes)도 그가 해야만 할 바에 대해 따지지 않는다. 즉 그는 그것을 바로 빛의 신(아폴론)을 통해 알고 있다. 비극적 갈등의 본질을 명확히 안다는 것은 중요하다. 「이제 한편으로 인륜성은 본질적으로 이러한 직접적인 결단 속에 있으며——그러므로 의식에게는 단지 하나의 법칙만이 본질이다——다른 한편으로 인륜적인 힘들은 의식의 자기 속에서 현실성을 띠므로, 그 힘들은 서로 배척하고 서로 대립한다는 의미를 지닌다」(PE, Ⅱ, 32 ; PG, 332 ; 정신현상학, Ⅱ, 36). 대립은 필연적이다. 왜냐하면 성격으로서 자기의식은 법들 가운데 하나를 법 자체로 고집하기 때문이다. 인륜적 의식 안에서의 대립은 의무와 열정 내지 두 의무 사이의 대립(절대자를 그 자신과의 대립으로 보여 줌으로써 가히 희극적이라고 할 충동)이 아니라 「의무와 무법적 현실」 사이의 대립이다. 「대립이란 의무와 법 부재의 현실 사이의 불운한 충돌이다. 」 그리하여 인륜적 의식은 한편에서는 正을 보고 다른 편에서는 否를 보며 힘이나 교활한 술책을 통해 그 자신의 법을 그가 마주치는 현실에 강요하고자 한다. 안티고네는 크레온의 명령 속에서 단지 우연적인 인간적 폭력만을 볼 뿐이며, 크레온은 안티고네의 행위 속에서 단지 범죄자의 불복종과 여성의 고집만을 볼 뿐이다. 비극이란 악한 의지에 대립된 선한 의지라는 비극이 아니라 서로가 철저히 법을 고집함으로써 서로 인정을 거부하거나 그러한 인정에 이르는 데 실패하는 두 의지의, 즉 두 자기의식의 공존이라는 비극인 것이다. 그런데 이러한 상호인정은 행위로 이어져 이전의 無知를 드러내 준다. 결국 자기의식은 그의 편파성을 포기하여 자신의 운명 속에서 스스로를 인식하게 되고 나아가서는 운명이 실체의 통일이라는 현실임을 발견하게 되는 것이다.

　　로 삼고 그의 장인과 여러 장수의 원조를 받아 테베를 공격했다. 이것이 테베로 향한 七將의 싸움이었으나, 아르고스 군은 패하고 폴리네이시스는 형과 싸우다가 죽었다.

행위를 한 후에 타자에 대한 인정이 가능하기 위해서, 또한 이러한 인정이 한낱 외면적으로 부과된 결과가 아닌 의식의 작업이기 위해서 자기의식은 행위를 할 때 스스로 모순을 야기시키지 않으면 안 된다. 즉 그 모순이란 자기의식의 행위 결과임에 틀림없다. 이로써 우리는 행동함의 본질에 이르렀다. 무엇보다도 자기의식은 행하지 않으면 안 된다. 행동함으로써 자기의식은 묵시적으로 실제적인 것의 권리를 인정한다. 「행동의 목적은 곧 목적의 현실성이다.」그러나 자기의식에 있어 그러한 실재적인 것은 더 이상 소원한 세계가 아니다. 즉「인륜적 의식은 절대적 실체라고 하는 술잔으로부터 대자적 존재가 지닌 모든 일면성의 망각을 마셔 버렸다」(PE, Ⅱ, 33 ; PG, 333 ; 정신현상학, Ⅱ, 37). 그러므로 자기의식은 현실을 그의 행위를 왜곡시키고 그 의미를 전도시키며 또한 세계가 지닌 악의를 통해 인륜적인 기획을 비인륜적으로 실현시킬 수 있는 어떤 것으로 보지 않는다. 이 단계에서 자기의식은 행위를 단지 사유된 것으로부터 존재하는 것으로의 필연적인 이행으로만 본다. 자기의식의 절대적 권리는 자기 자신을 실재 속에서 발견하는 것이다. 「인륜적 의식의 절대적 권리란, 그 인륜적 의식의 실현 형태인 행위가 모름지기 그 의식이 파악하고 있는 것에 다름 아니라는 것이다」(PE, Ⅱ, 33 ; PG, 333 ; 정신현상학, Ⅱ, 38). 행위는 필연적이다. 왜냐하면 그것은 「목적 즉 한낱 사유되었을 뿐인 실체를 완성에로 인도하기 때문이다.」그러나 행위는 이행에 지나지 않는다. 즉 행위를 통해서 즉자적인 것은 이른바 하나의 작품(oeuvre)이 되는 것이다. 그렇지만 知와 無知의 대립이 끌어들여지는 것은 아직은 행위를 통해서이다. 행위를 통해 「인식된 것과 인식되지 않은 것 사이의 대립이 의식 속에 나타나며 또한 의식적인 것과 무의식적인 것 사이의 대립이 실체 속에 나타난다. 따라서 인륜적 자기의식의 절대적 권리는 본질의 신적 권리와 충돌하게 된다」(PE, Ⅱ, 33 ; PG, 332 ; 정신현상학, Ⅱ, 38). [30] 자기의식의 절대적 권리는 그가 그의 행위의 결과 속에서 인식하는 것만을 발견하고자 한다. 그러나 다른 법을 배척하는 대신 하나의 법에 집착하

---

30) 행동의 본질적 계기를 이루고 있으며, 또한 초기의 제 단계(개체성에 관한 장 전체)에서 제시·극복되었던 대립이 여기서 새로운 형식으로──본질의 신적 권리(無知)와 자기의식의 권리(知)간의 대립으로──재현되고 있음을 주목해야 할 것이다.

여 그 법을 법 자체로서 받아들였기 때문에 그는 필연적으로 그 첫번
째 법과 밀접하게 연관되어 있는 다른 법을 불러들인다. 의식은 세계가
그 자체로서 그에게 드러난다고 믿는다. 그러나 그 세계는 실재이며,
그리하여 그것은 이중적이다. 다시 말해 세계는 對의식적일 뿐 아니라
즉자적이기도 하다. 따라서 자기의식이 행위할 때 두 법으로 양분될
수 있는 의식의 권리도 나타나지 않을 수 없다. 여기서 다시금 우리는
행위에 내재하고 또한 「즉자대자적으로 실재하는 개체성」과 관련하여
그의 기본적인 형식에서 등장했던 변증법을 발견한다. 그래서 우리
는 비록 모든 행동하는 의식이 스스로는 그 자신의 기획을 존재의 지
반에 옮기고 있다고 믿을지라도, 사실상 그는 그의 작품 속에서 기획
자체가 변형되어 감을 체험했고 또한 그 작품을 통해 그 자신 그가
생각했던 것과는 다르다는 것을 발견했다는 것을 보았다. 비록 자기
의식의 도덕적이며 인륜적인 성격이 이러한 변증법의 내용을 변화시
킨다 해도 그것은 그 구조까지 변화시키지는 못한다. 「행위란 모름
지기 不動者를 움직이게 하는 것이며 아직 가능성 속에만 갇혀 있는
것을 구체화하는 것이며, 따라서 무의식적인 것을 의식적인 것과,
존재하지 않는 것을 존재하는 것과 결합시키는 것이다」(PE, Ⅱ, 36 ;
PG, 336 ; 정신현상학, Ⅱ, 42). 그러나 인륜적 행위에 이르러서야 나타나
는 이러한 본질의 권리는 어떤 다른 곳에서가 아니라 바로 자기의식
자체 속에서 찾아져야만 한다. 행동함으로써 자신의 직접성 너머로
고양되어 분열을 정립하는 것은 자기의식이다. 자기는 활동적인 지반
이 됨으로써 그 자신에게 대립된 현실의 권리를 부정하는 동시에 인
정하기도 한다. 왜냐하면 자기는 자신의 기획을 그러한 현실 속에 각
인시키고자 하기 때문이다. 「행위의 목적이란 곧 현실성이다.」 無知
가 의식 속에 존재하는 것에 대응하여 무의식적 요소가 실체 속에 존
재하는 것은 오이디푸스의 이야기를 통해 예증된다. 현실은 의식에게
그의 즉자대자적인 모습 그대로 나타나지는 않는다. 말하자면 아들
(오이디푸스)은 자신을 공격한 낯선 자가 그의 아버지이며 그가 결혼
한 여인이 그의 어머니인 사실을 깨닫지 못한다. 헤겔은 그의 초기 저
작 속에 들어 있는 탁월한 분석을 통해 인간 실존에 붙박혀 있는 비
극을 다음과 같은 방식으로 통찰한다. 즉 인간은 자신의 권리를 주장

해야 하며 그렇게 함으로써 실재에 대립하게 된다. 그러나 이때 인간
은 실재의 가치——나의 권리와 상응하는 타인의 권리 즉 비극적 모순
의 가능성을 포함하여——를 인정해야만 하거나 또는 실재 속에서 자
신의 권리를 주장하기를 단념해야만 한다. 그런데 후자의 경우는 더
이상 그러한 권리의 실재성을 믿기보다는 오히려 그것의 비현실성을
인정하는 격이어서 전자의 경우 못지 않게 비극적인 모습이다.[31] 행
동하는 가운데 인륜적 자기의식은 직접성을 떠나 분열을 초래한다.
다시 말해 자신의 결단이 유한적이며 일면적이라는 사실을 자각하게
됨으로써 인륜적 자기의식은 필연적으로 그 자신이 죄인임을 경험하
는 것이다.

「우리는 고통을 당함으로써 우리가 잘못을 저질렀다는 것을 인정
한다.」 이러한 죄는 고대적 성격이 (근대적) 자유의지와 구별되어야
하는 것처럼 근대인들이 말하는 「도덕적 책임」과는 구별되어야만 한
다. 사념으로부터 그 순수성을 변화시키면서 소원한 환경으로 이행
했던 것은 여기서 그러한 환경이 사념에 덧붙였던 것과 구별될 수가
없다. 「행위 자체가 이러한 분열, 다시 말해 자기를 자기 자신에 대
해서 정립하고 또한 그 행위에 대립하는 소원한 외적 현실을 정립하
는 활동인 것이다」(PE, Ⅱ, 35 ; PG, 334 ; 정신현상학, Ⅱ, 40). 이 현실이
엄밀히 소원한 項으로 존재한다는 것은 행동한다는 사실 자체에 달려
있으며 그 행동의 결과이다. 그렇기 때문에 모든 인간적 행동은 죄
이며 「결백하다는 것은 어린 아이의 상태에도 훨씬 못 미치는, 그저
존재하는 돌처럼 행동하지 않는 것이다」(PE, Ⅱ, 35 ; PG, 334 ; 정신현상
학, Ⅱ, 40).[32] 행동과 결부되어 있는 이러한 죄책은 또한 하나의 범죄
(Verbrechen)이다. 왜냐하면 행동은 마찬가지로 본질적인 또 다른 법
을 위반하기 때문이다. 행위는 실체의 제 법 가운데 다른 법을 일체
부정한 채 오직 배타적으로 한 법에만 집착함으로써 그 다른 법을 위
반한다. 그러나 그 두 법은 본질 속에서 결합되어 있기 때문에 「하

---

31) 이는 《초기신학논집》에서 보여지는 「아름다운 영혼」의 변증법이다. Nohl, op.
   cit., pp. 284 ff. 를 참조하라.
32) 우리의 유한성과 결부되어 있기 때문에 불가피한 이러한 죄는 보다 높은 정신의 변
   증법에서 재현되고 있다(이 책 제Ⅵ부 제2장과 《초기신학논집》; Nohl, op. cit.,
   pp. 276 ff. 를 참조하라).

나의 법을 수행한다는 것은 그의 행위로 인해 적대적인, 그리하여 복수를 요하는 침범당한 본질로서의 다른 법을 동시에 수반한다.」자기의식이 신의 법에 집착하건 인간의 법에 집착하건 그 자기의식은 그의 행위 속에서 스스로를 인정한다. 그러나 그러한 인정이란 예기치 않았던 결과를 빚는다. 왜냐하면 그것이 단언된 것으로 본 것은 현실로서의 실체의 제 권리, 즉 절대화되었던 계기의 일면성과 배타성을 부정한 권리들이기 때문이다.[33] 그러나 이 경우 인륜적 목표와 현실은 더 이상 분리되지 않는다. 게다가 상호인정이라는 것은 고결성만이 가치를 지님을 깨닫는 비활력적인 인륜적 정조(Gesinnung)에로의 복귀에 지나지 않는다. 그것이 성격이었던 한에서 인륜적 개체성은 그가 자기를 이루었던 바의 인륜적 힘이 그와 대립된 힘의 수중에서 겪는 몰락·쇠락을 견뎌 낼 재간이 없어 소멸한다. 이러한 두 법——그 각각은 상이한 자기를 통해 표현되는데, 이는 자기의 통일성과 모순된다——은 각기 동일한 운명을 겪어야만 한다. 「이들 모두가 굴복당할 때 비로소 절대적 권리가 충족되며, 그리하여 인륜적 실체가 이들 모두를 흡수해 버리는 절대적인 위력으로서, 전능하고도 정의로운 운명으로서 등장하는 것이다」(PE, Ⅱ, 38 ; PG, 337 ; 정신현상학, Ⅱ, 45).

우리는 이러한 변증법이 비극, 성격 및 인간 행위의 제 조건에 대한 헤겔의 가장 탁월한 분석들의 몇 가지를 포함하고 있기 때문에 그것을 상론했다. 순수한 부정적 통일(개별적 개체성)로서의 자기와 운명(더 이상 아름다운 개별적 총체성으로서가 아니라 필연성 및 부정적 통일로서의 실체)——이것들은 단지 잠재적으로만 인륜적 세계 속에 현존할 뿐 이 운동, 즉 성격의 일면성이 해소되는 바의 운동의 도달점에 가서야 등장한다. 자기와 운명 사이의 이러한 대립은 인륜적 세계의 몰락과 그에 따른 다른 세계로의 이행을 나타내 준다. 그러면 이전의 변증법과 밀접하게 연관된 이 변혁과정의 의미를 간략하게 제시해 보자.

에테오클레스(Eteocles)*와 폴리네이시스의 이야기가 인륜적 세계 내

---

33) 이러한 「배타성」은 결단 자체에 知와 無知, 빛과 어둠의 필연적인 분리로서 함축되었다. 「결단이란 타자, 소원한 어떤 것을 知로서의 그 결단에 대립시키는 그 자체에 있어 (즉자적으로) 부정적인 것이다」(PE, Ⅱ, 36 PG, 335 ; 정신현상학, Ⅱ, 41).

에서의 모순의 맹아에 관한 훌륭한 예이다. 모든 구체적 소여태에 대한 형이상학적 의미를 부여하기를 원하면서, 헤겔은 두 형제들 사이의 권력투쟁을 자연과 자기의식 사이의 대립의 예로서, 그리고 신의 법과 인간의 법 사이의 대립을 위한 출발점으로서 해석한다. 청년은 가족이라는 무의식적 존재(상태)를 벗어나 공동체 속에서 발견되는 개체성에로 성장해 간다. 그러나 이러한 개체성이 두 형제의 모습으로 나타난다는 것은 자연의 우연성이다. (왜냐하면 출생의 선·후는 도시라고 하는 순전히 인간적인 질서에서는 전혀 납득할 만한 의미를 지닐 수 없기 때문이다.) 이 우연성이 자기의식 이상의 권리를 갖는다. 왜냐하면 여기서 정신은 자연과의 직접적인 통일 속에서만 현존하기 때문이다. 다시 말해 그것은 아직 참된 정신이 아니다. 그럼에도 불구하고 인간적인 관점에서 본다면 사실상 권력을 장악하고 도시를 수호하는 자가 정당한 반면 그 도시를 공격하는 자는 부당하다. 그리하여 인간의 법을 대변하고 인간적 통치의 명령자인 크레온이 무덤에 묻힐 수 있는 명예를 한 형제에게는 베풀고 다른 형제에게는 부인하는 행위를 한 것은 정당한 것이다. 그러나 비록 공동체의 정신이 이처럼 개별성이라는 모반의 원리에 대해 승리를 누린다 해도 그러한 원리가 전혀 무방비 상태에 있는 것만은 아니다. 다시 말해 개별성의 존재는 가족 속에 그리고 신의 법 속에 있는 것이다. 「자기의식적 정신은 무의식적 정신과 전쟁을 벌인다」(PE, Ⅱ, 40 ; PG, 339 ; 정신현상학, Ⅱ, 47). 확실히 안티고네는 도시를 현실적으로 지배하는 법에 복종하지 않을 수 없다. 왜냐하면 그녀는 한낱 冥府의 법, 처음에는 단지 「무혈의 그림자」——나약하고 비실제적인 개별성——에 의해서만 지탱되던 법을 대변하기 때문이다. 그러나 여하튼간에 이러한 冥府의 법은 현실적 정신의 뿌리이다. 따라서 공동체의 최고의 선은 그 공동체의 최고의 악이 된다. 공동체에 의해 그의 권리가 훼손(침범)당한 죽은 인간은 이 다른 도시국가들에게서 그의 복수를 할 수 있는 동등하게 효과적인 도구들을, 즉 다른 도시국가들을 발견할 수가 있다. 이 다른 도시국가들은 적대감을 더해 감에 따라 그 자신의

---

* 에테오클레스 : 오이디푸스와 이오카스테의 아들. 폴리네이시스, 안티고네, 이스메네의 형제.

힘을 이루는 가족적인 경애심에 욕칠을 하고 상처를 가했던 국가를
전쟁을 통해 피폐화시킨다. 여러 도시 사이에서 행해지는 이같은 전
쟁——우리는 이미 어떻게 그것들이 인간의 도시국가의 한 가장자리
에서 발생하는 제 원심력을 억제하는가를 살펴보았다——은 우연적
인 것처럼 보인다. 그러나 사실상 그것들은 개별적인 인륜적 실체를
그의 토대에로 인도하는 필연적 변증법을 표출하고 있는 것이다.[34]
　이러한 일반적 전개과정은 다음과 같이 요약될 수가 있다. 즉 家神
의 무의식적 정신은 도시의 자기의식적 정신에 의해 패퇴당한다. 또
그러한 제 도시의 개별적 정신은 반대로 몰정신적 제국에로 소멸된
다.「처음에는 단지 家神만이 민족정신에로 몰락·흡수되어 버렸듯이
이제는 생동적인 제 민족정신이 그들의 개체성으로 인해 하나의 보편
적인 공동체에로 몰락해 버렸다. 그런데 이러한 공동체의 단순한 보편
성은 정신을 상실한 죽은 상태이어서 개별자로서의 어느 한 개인만이
그 공동체의 생동성을 보존할 뿐이다.」 18세기의 보편주의와 나폴레
옹의 제국을 목도했던 헤겔에 있어 정신은 다양한 민족들 속에, 즉
구체적인 역사적 현실들 속에 구현되어서만 생명을 유지할 수가 있
다. 그렇지 못할 경우 정신의 실체는 그의 개별성을 상실하여 무기
력한 보편성으로 화한다. 그럼에도 역사 속에 등장하는 이러한 민족
의 다양성이 하나의 목표로서 정립될 수는 없다. 제 민족은 역사의
도정 속에서 그들의 다양한 역할을 수행하게 된다. 이러한 경우 우
리는 어떻게 인륜적 도시국가가 해체되는 과정에서 전쟁이 정신의 추
상적 보편성 및 개별적 자기의 현실성을 실현하는가를 본다. 전쟁은
이중적인 기능을 갖고 있다. 한편으로 그것은 家神들의 원심적 행위
——여성 즉 개별성의 원리의 지도하에 이루어지는 가족들에로의 개
별화 과정——를 억제하기 위해 정부에 의해 요구된다. 다른 한편으
로 그것은 각 도시국가가 지닌 우연적인 특수성을 극명하게 드러내
준다. 비록 도시국가가 개별성이라는 여성적인 원리를 격퇴시켰다고
할지라도 후자는 스스로 앙갚음을 행한다.「간계를 통해 여성——도
시국가의 영원한 아이러니——은 정부의 영원한 목적을 사적인 목적

---

34) 이는 개체성으로서의 민족정신에서 제 인격체와 추상적 국가를 대립시키는 제국으
　로의 이행이다.

에로 변질시킨다.」[35] 그리하여 개별적인 개인은 더 이상 무혈의 그림자나 혹은 공통의지의 대변자로 그치지만은 않는다. 다시 말해 그는 현실적인 자기로서 등장하는 것이다. 전쟁은 청년의 힘과 정복자의 야심을 요구한다. 비록 도시국가가 개별성의 정신을 억제함으로써 유지될 수 있다 해도 그것은 동시에 그것을 전체를 유지하는 대들보로서 요구한다. 「진정으로 도시국가는 곧 민족이다. 그것은 그 자체가 개체성이다. 또한 다른 개체성들이 그에 대해서 있다는 바로 그러한 이유 때문에, 즉 그것이 이 다른 개체성들을 배척하고 또 그 자신 그것들로부터 독립해 있음을 알고 있기 때문에 그것은 본질적으로 대자적으로도 개체성이다.」도시국가의 숙명은 바로 그것이 억제하는 개체성의 원리에 달려 있는데, 이것이 인륜적 질서(인륜성)가 해체되는 이유인 것이다. 신의 법과 인간의 법은 실체의 통일 속에서 그것들 각각의 개체성을 상실한다. 실체 자체는 자연성으로부터 유리되어 부정적이며 단순한 운명이 되지만, 그러나 동시에 자기는 현실화된다. 제국주의가 도시국가의 生을 계승하여 등장한다. 즉 배타적인 자기가 현실이 되는 것이다. 《정신현상학》 제1부의 자기의식의 계기에 비견되는 이 새로운 정신의 세계는 무엇이 될 것인가?

---

35) 자연법에 관한 논문에서, 헤겔은 민중의 근원적 개체성을 무한한 개체성으로 전화시키는(그것의 부정을 부정하는) 전쟁에 상당한 비중을 두었었다. 지나칠 정도로 장기간에 걸친 평화는 정신을 자연성 속으로 매몰시키기에 이른다. 이러한 주장은 보다 덜 낭만주의적인 형식이기는 해도 베를린 시절의 《법철학》(trad. française, pp. 249 ff.)에서 다시 나타나고 있다.

2

정신적 自己의 첫번째 형식

인륜적 세계에서 정신은 직접적으로 실존했다. 그러나 직접적 실존이란 정신에게는 어울리지가 않는다. 그리하여 우리는 아름다운 정신적 개체성이 몰락해 가는 과정을 지켜보았다. 인륜적 세계는 고통과 외화의 세계로 이어진다. 정신은 자기 자신에게 대립해 있다. 즉 한편으로 정신은 자신의 본질이 자신의 실재 너머에 있음을 깨닫는다. 다른 한편으로 정신은 이 세계에서 자기 자신에게 외면적인 것으로 나타난다.

그럼에도 불구하고 인륜적 세계의 진리는 자기의 출현인데, 이는 아직은 그 자체로서 인륜적 세계 속에 존재하지 않았다. 이러한 자기는 직접적으로는 보편적이다. 즉 그것은 그 자신을 즉자대자적으로 타당한 추상적 인격체로 파악한다. 자기의 인정과 그 타당성이라는 자기의 이러한 현실성은 이제 우리가 진입하려는 새로운 정신세계의 지반을 이루고 있다. 이 세계는 엄밀히 말해서 어떻게 그것이 현상하는 바의 정반대일 수 있는가? 실현된 자기확신은 어떻게 자기가 더 이상 그 속에서 그 자신을 발견할 수 없는 바의 세계를 탄생시킬 수 있는가? 우리는 이러한 물음들에 대한 답변을 법적 상태의 변증법(PE, Ⅱ, 44 ff ; PG, 342 ff ; 정신현상학, Ⅱ, 52 ff)에서 발견하게 될 것이다. 거기서 우리는 이미 자기의식의 형성사(금욕적 의식으로부터 회의주의를 거쳐 불행한 의식에 이르는 운동)에서 조우했던 변증법이 정신의 세계를 배경으로 재현됨을 발견한다. 그러나 이러한 운동은 정신의 역사에 관한 일반적 운동이지 자기의식의 특수한 운동은 아니다. 그리고 만일 인륜적 세계가 도시의 生 및 희랍의 도시국가에 대응했다면 자기의 이러한 보편적 실현은 세계정신 속에서 도시의 生의 소멸 및 로마 제국의 전개에 대응할 것이다.

이러한 변증법이 《정신현상학》에 등장하는 바대로 분석하기에 앞서 우리는 그것의 연원을 헤겔의 초기 저작들 속에서 연구하고자 한다. 헤겔은 먼저 역사의 「불행한 의식」을 논구했는데, 이는 그가 베른에 머무는 동안 썼던 〈희랍의 상상력과 기독교의 실정 종교의 차이〉라는 논문에 있어 희랍의 도시국가로부터 로마의 전제주의에로의 이행 및 異敎로부터 기독교에로의 이행에 대응한다.[1] 불행한 의식의 주요한 특징들이 비록 그 용어 자체는 아닐지언정 이 논문 속에서 나타나고 있다. 또한 자아의 자기 자체 내에서의 분열을 추상적으로 제시하기 앞서 헤겔이 그러한 불행한 의식을 역사적인 현상 속에서 발견했다는 점에 주목해 보자. 《정신현상학》에서는 본래적인 의미의 불행한 의식에 대한 분석(자기의식 장에서)과 정신의 외화에 대한 분석(법적 상태에 관한 장에서)이 따로 떨어져 있다. 그러나 그것들은 동일한 맥락에서 논술되었으며, 또한 《정신현상학》에서 나중에 등장하는 것(정신의 외화)이 처음의 것(불행한 의식)과 일치한다는 것은 의심의 여지가 없다. 헤겔은 뒤에 가서 근대 세계를 탄생시켰던 세계정신의 일정한 변혁에서 불행한 의식 일반이 되었던 것을 처음으로 발견했다.

문제의 논문은 異敎에서 기독교에로의 이행과정을 다루고 있다. 헤겔은 기본(Gibbon)과 몽테스키외(Montesquieu)의 역사적 저작들에 의존했었지만, 그러나 그는 역사적 문제를 철학사의 입장에서 다루었다. 「기독교에 의한 異敎의 억압은 가장 놀라운 역사적 혁명들 중의 하나였다. 그리하여 그 원인을 탐구한다는 것은 매우 특이하게도 역사철학자의 관심을 사로잡지 않을 수 없다.」[2] 이러한 혁명은 은폐된 상태에서 계속적으로 이어진 세계정신의 변혁, 즉 유일하게 동시대인들에게 깊은 인상을 심어 주었던 사건들보다 더욱 중요한 변혁을 계

---

1) Nohl, *op. cit.*, pp. 219 ff.
2) *Ibid.*, p. 219.

승한 것이었다. 희랍의 도시국가 및 도시의 생으로부터 근대 세계 및
그의 종교에로의 이행은 특정한 계몽주의의 지지자들이 믿고 있듯 그
렇게 간단한 방식으로 설명될 수는 없다. 이교의 讓位는 비판정신의
급작스런 활동에서가 아니라 인간 세계가 연출하는 사회적이며 정신
적인 변혁에 기인한 것이었다. 「수세기에 걸쳐 여러 국가들 속에 뿌
리를 박고 있었고 또 국가의 헌정과 밀접한 관계를 가졌던 종교가 어
떻게 소멸될 수가 있었는가?」[3] 오늘날 우리는 이교의 신들이 신앙의
대상이 될 가치가 있다고 생각하지는 않지만, 그럼에도 고대의 현자
들은 오늘날 우리들에게는 지극히 불합리한 것으로 보이는 것들을 진
지하게 믿었다.

우리는 무엇보다도 희랍과 로마의 제 종교가 고대적 삶 전체와 결
부되었다는 것을 이해하지 않으면 안 된다. 각각의 종교는 민족종교
였으며 또한 헤겔이 지적하고 있듯이 자유로운 민족의 종교였다. 자
유가 상실되었을 때 종교도 그 위력을 상실했다. 「자유에서 전제로
의 변화는 고대 종교의 몰락을 함축하고 있었다. 다시 말해서 자유가
공허한 말에 지나지 않게 되었을 때 고대 종교는 제 영혼에 대한 그
위력을 상실했다. ……강이 메말랐을 때 어부의 그물이 무슨 소용이
있겠는가?」[4] 고대의 시민은 양심의 자유를 깨닫지 못했다. 다시 말
해 고대의 도시국가에서는 자유의지라는 근대적 관념이 아무런 의미
를 지니지 못했다. 청년 헤겔에게 있어 희랍의 도시국가에서의 자유
는 단순히 개인과 국가간의 조화로운 관계로 나타났었다. 고대의 시
민은 그가 그의 도시국가와 혼연일체를 이루고 있는 한에서, 즉 국
가의 의지가 그 자신의 의지와 구분될 수 없었다는 한에서 자유로왔
다. 그는 자신의 개체성에 대한 제한 못지 않게, 군림하는 국가에 의
해 부과된 외적 제약에 대해서도 아무런 자각이 없었다. 「그의 조국의,
그의 국가의 이상은 보이지 않는 실재로서 그가 봉사했던 최고의 대상
이었다. 그것은 그의 세계의 궁극적인 목표였던 것이다.」[5] 헤겔은 몽

3) *Ibid.*, p. 220.
4) *Ibid.*
5) 또한 헤겔이 덧붙이고 있듯이, 이 궁극적 목적은 시민에게 제시되어 있었다. 그것은
   바로 실재였다. 그 자신은 이러한 실재의 제시와 보존에 기여했다(Nohl., p. 222). 우
   리는 헤겔이 여기서 처음으로 이 궁극적 목적, 그 자체의 의미를 함축하고 있는 이

테스키외를 인용하는데, 그에게 있어 공화국의 원리는 개인주의적 도덕이라는 의미에서가 아닌 공민적 도덕이라는 의미에서의 德(Vertu)이었다. 「고대의 시민은 그가 자신의 사적인 삶을 자신의 공적인 삶에 대립시키지 않는다는 바로 그런 이유에서 자유로왔다.」 그러므로 국가란 그에게 있어 낯선 폭군이 아니었다. 「자유인으로서 그는 그가 스스로 부여했던 법들에 복종했다——그는 그의 재산과 그의 정열과 그의 삶을 그 자신의 것이었던 실재를 위하여 헌신했다.」 이것은 생동적인 총체성이며, 또한 이교란 그러한 아름다운 개체성에 대한 표현에 다름 아니었다. 고대의 시민은 자신의 외적 직분을 그의 도시국가 속에 정초시켰다. 그러므로 영혼의 불사라는 문제는 그것이 우리들에게 제기되는 방식으로 그들에게 제기될 수는 없었다. 「카토*는 사물의 최고 질서——그의 세계, 그의 공화국——가 깨졌을 때야 비로소 플라톤의 《파이돈》에 귀를 기울였다. 이때에도 그는 보다 더 고차적인 사물의 질서에로 피신했다.」[6]

그러나 이러한 도시국가——직접적 정신——는 전쟁으로 해체되었고 만인을 평등화시킨 제국주의에 의해 계승되었다. 시민 그 자체는 소멸되었으며 그 대신에 사적 인격체가 등장했다. 개인은 자기 자신 속으로 되돌아왔다. 「국가를 자신의 활동의 산물로서 간주하는 국가관은 시민의 영혼으로부터 사라졌다. 국가라는 짐을 진 자는 단지 소수의 인격체들, 때로는 단 한 명뿐이었으며 나머지 사람들은 다만 수레바퀴의 바퀴살에 불과했다.」 이러한 기계적인 이미지를 통해 우리는 헤겔이 《정신현상학》 속에서 「몰정신적 관계」라고 말하는 바를 이해할 수가 있다. 국가의 추상적인 지배와 자기보존에 한정된 개인의 이익이 개인과 전체간의 아름다운 생동적 관계로 대체됐다. 「모든

실재를 나타내기 위해 「이념」이라는 용어를 사용하고 있음을 주목해야 한다.

* 카토 : 234~149 B.C. 로마의 정치가, 웅변가, 문필가, 대 카토(Catō mājor). 투스쿨룸(Tusculum) 생. 포에니 전쟁 이래 동은 마케도니아, 서는 스페인에 이르기까지 많은 전쟁에 참가하여 공을 세웠다. 중소 토지 소유자층의 유지를 강력하게 주장하고 또 전통을 존중, 희랍 문화의 침입을 배격하여 옛 로마의 소박·간소로의 복귀를 주장한 보수주의자였다. 그는 라틴 산문 문학의 조상으로서, 이탈리아 제 도시 및 로마의 역사서인 《건국사(Originés)》 (7 권), 《농업론(De agricultura)》 (160B.C.) 등의 저서가 있다.

6) *Ibid.*

활동과 모든 목표는 단지 개인에만 관련된다. 따라서 전체를 위한, 이념을 위한 활동이란 더 이상 존재하지 않는다.」[7] 사유재산이 개인의 목표이다. 따라서 각 개인은 국가를 그가 자기 자신의 이익에 부합시키고자 노력하는 낯선 힘으로서만 간주할 수 있을 따름이다.「만인은 자기 자신을 위해서 일하거나 혹은 제약을 받을 때만 타인을 위해서 일한다.」시민의 제 권리는 단지 재산의 보호를 위한 권리가 될 뿐인데,「이제 이것이 개인의 세계 전체를 채우고 있다.」헤겔이 나중에《정신현상학》에서 기술하는 것은 이러한 사회적 원자들과 그의 상관자, 즉「세계 주인」에 의한 지배, 보편적이지만 한낱 형식적일 뿐인 법적 관계이다.

이때부터 고대 종교는 더 이상 의미를 가질 수가 없었다. 이러한 세계의 불행 속에서 새로운 신앙이 등장했으며 기독교——튀빙겐 시절 헤겔이「민족종교」에 대립된 것으로서「사적 종교」라 불렀던——가 지배하게 되었다.「그러한 상황에서 사람은 절대적인 그 무엇을 발견하기 위하여 세계로부터 도피하지 않을 수 없었다. 그는 세계가 타락해 가는 모습을 깨닫게 되어 차안(세계라는 무미건조한 산문)을 떠나 피안(차안에서 실현되지 못한 무한자와의 화해)을 향해 방랑하지 않을 수 없었다.」자기와 그 본질간의 이러한 분리가 자기소외된 정신의 세계를 특징짓는다. 인륜적 세계를 지배했던 생동적 통일과 자기의 현존은 차안과 피안의 이원론에 의해 계승되었다.

고대 세계에서 근대 세계로, 시민에서 사적 인격체(私人)에로의 이러한 사회적이며 정신적인 변혁은 헤겔에 있어 극히 중요했기 때문에 그는 자연법에 관한 예나 시절의 논문 속에서 그 문제로 되돌아왔다. 거기서 그가 적었던 것은 초기의 논문과 크게 다르지 않았지만, 그러나 그것은《정신현상학》에서 제시된 변증법을 보다 상세하게 예시해 주었다.「사적인 삶이 국가를 위한 삶을 계승했으며, 또한 그 사적인 삶과 더불어 추상법의 현실주의가, 즉 개별적 존재를 고착화하여 그를 절대적으로 정립한 법이 등장했다.」[9] 법의 이러한 형식주의, 즉자

---

7) *Ibid.*, p. 222.
8) *Ibid.*, p. 223.
9) Hegel,《*Werke*》, éd. Lasson, Ⅶ, pp. 381~82,《정신현상학》이 역사 속에서의 인격

대자적으로 타당한 인격체의 통치가 이제 우리가 논구하게 될 《정신 현상학》의 장을 특징짓고 있다.

헤겔이 여기서 제시하는 변증법의 일반적 운동을 파악하기란 그다 지 어렵지가 않다. 정신이란 옹골찬 실체는 제 인격체의 세계로 해체 되었으며, 그리하여 더 이상 특정한 내용과 결부돼 있지 않은 추상적 자아가 우리의 대상이 된다. 아름다운 인륜적 개체성은 법적 인격체 로 대체되었다. 즉 인륜적 개체성들의 생동적인 관계가 몰정신적인 법적 평등, 법적 인정으로 대체된 것이다. 하지만 그러한 형식주의는 결코 이 자아가 자기 자신에게 부여한 내용과 적절히 어울리지는 못 한다. 소유는 인정될 경우 재산이 된다. 따라서 베를린 시절의 《법철 학》의 제 1 부에서 헤겔은 곧 바로 제 인격체의 추상법을 사유재산과 결합하고 있다.

그렇지만 자아가 사유재산의 형식으로 그 자신에게 부여한 내용이 란 (그 전개과정에 비추어 보면) 법적 형식주의를 벗어나는 유한한 내 용이다. 자아는 더 이상 이러한 내용 속에서 그 자신을 발견할 수가 없다. 왜냐하면 내용은 소원한 힘에 속하기 때문이다. 「내용은 형식 상의 보편자와는 다른 독자적인 소원한 힘, 즉 우연과 자의에 속한 다」(PE, Ⅱ, 47 ; PG, 345 ; 정신현상학, Ⅱ, 55). 자아가 이러한 내용의 외 면성을 발견할 때, 그 내용은 자기반성이 되어 세계 통치, 소원한 지 배라는 인격체 속으로 결집된다. 따라서 보편적인 자기확신이 현실 적으로 실현된 제 인격체의 세계란 자아가 그 자신을 회피하는 세 계이다. 자아가 그 자신을 직접적으로 정립할 때, 그것은 그 자신 의 유한성을 시험하는 것이다. 다시 말해서 자아는 그로부터 그 자신 이 구별되면서도 그 자신의 작품이 되는 그런 실제적인 내용의 형식 에서나 또는 불행한 의식처럼 그가 이러한 유한한 세계 너머에 정립 하지 않으면 안 되는 절대적 본질의 형식 속에서 脫自化된 자기 모습 을 보는 것이다. 「자기의식의 보편적 타당성은 자기소외된 실재이

체의 등장을 서술하고 있는 데 반해서, 《법철학》에서 헤겔은 이러한 법의 관념을 즉 자대자적으로 법의 개념을 표출하는 변증법의 첫번째 계기로 간주하고 있다. 헤겔은 이러한 관점상의 차이를 《정신현상학》 및 〈체계 단편〉 그리고 《법철학》의 한 주에 서(trad. française, pp. 129~30) 지적한 바 있다.

다. 이러한 타당성이 자기의 보편적 현실성이지만, 그러나 그러한 타
당성은 동시에 그것의 포기이다. 즉 그것은 자기의 본질의 상실인 것
이다」(PE, Ⅱ, 49 ; PG, 346 ; 정신현상학, Ⅱ, 58).

따라서 이 단계의 변증법은 인륜적 세계와 문화의 세계를 연결하는
가교이다. 그것은 개인적 관계와 의사소통이 한낱 법적인 것인 한에서
그것들에 대한 비판을 제시한다. 정신의 생동적인 통일을 대체했던 제
인격체의 추상적인 인정과 형식적인 평등은 구체적인 내용의 전개에
대한 빈약한 대체물로서, 이제 그 내용은 정신의 통일을 일탈했기 때
문에 스스로 발전하게 된다. 이러한 내용이 곧 私人들의 세계, 재산들
의 변형이다. 따라서 고대 시민이 사인이 될 때 추상적인 자기가 실
현되는 것이다. 그러나 실현됨으로써 그것은 스스로에 대한 그 자신의
본질이 스스로에게는 유한한 세계에 소원해 보이듯이 세계는 그에게 타
자로 나타난다. 헤겔의 기술은 역사적인 전개를 갖고 있다(그것은 로
마 제국의 단계에 대응한다). 그러나 그것은 그에 못지 않게 일반적인
연관성을 지닌다. 《정신현상학》의 이 구절을 통해 우리는 베를린 시절
의 《법철학》의 제 1 부(추상법)와 또한 추상법 및 인격체들 사이의 법
적 관계에 대한 그러한 분석이 마르크스에 미쳤던 영향을 이해할 수
가 있다. 「현실적 내용이나 혹은 나의 것이라고 하는 규정은——그것
이 외적인 소유의 문제이건 혹은 정신 내지 성격이 내적으로 풍부하
다거나 빈곤하다는 문제이건간에——결코 이와같이 공허한 형식 속에
포함되어 있지 않을 뿐더러 또한 그러한 형식과는 전혀 관계도 없다.
따라서 내용은 그 나름의 독자적인 힘에 속하는 것이다」(PE, Ⅱ, 46 ;
PG, 344~45 ; 정신현상학, Ⅱ, 55).

《역사철학강의》의 몇몇 구절들이 이 변증법의 역사적 맥락에 대해
조명해 주며 그 각각의 계기들——인격체의 타당성, 인격체의 우연성,
세계 통치자——을 구체적으로 밝혀 주고 있다. 문제의 전개는 희랍
세계로부터 로마 세계로의 전개이다.

> 희랍의 원리 안에는 기쁨과 쾌활과 즐거움으로 충만한 정신이 있었다. 그
> 정신은 아직 추상에 빠지지는 않았다.……추상적이며 보편적인 인격성은 아
> 직 나타나지 않았다. 왜냐하면 정신은 먼저 인간성에 엄격한 훈련을 부과하
> 는 추상적인 보편성의 형식에까지 스스로를 형성·도야해 나가야 했었기 때

68

문이다. 그 이후로 로마에 있어서는 이 자유로운 보편성, 이 추상적인 자유
가 발견되지만, 그것은 한편으로는 구체적인 개체성 위에 추상적인 국가, 정
치 및 권력을 세워서 이 개체성을 철저히 종속시키는 동시에 다른 한편으로
는 국가라고 하는 보편성에 대립하는 것으로서의 인격성, 즉 자아의 자기 자
체 내에서의 자유를 창조하였다. 그러나 이러한 자아의 자유(인격성)는 개
체성과 혼동되어서는 안 된다. [10]

로마 세계, 특히 제국의 시대는 여기서 여전히 직접적 상태에 머물
러 있는 정신으로부터 근대 세계로 이행하는 데 기여하고 있다. 정신의
첫번째 계기에서 자기는 아직 독자적으로 실존하지 못했다. 말하자면
단지 그의 실체와의 생동적인 유대 속에서, 즉 특정한 도시의 시민으
로서나 혹은 가족의 혈통으로서 현존했을 뿐이다. 「그러나 이제 그것
은 자신의 비현실성을 박차고 나왔다」(PE, Ⅱ, 44 ; PG, 303 ; 정신현상학,
Ⅱ, 52). 실체의 자기에로의 이러한 반성적 복귀는 필연적이다. 그리
고 정신의 전개의 마지막 지점에 이르러 실체는 진정 주체가 될 것이
다. 그러나 여기서 우리는 단지 자기의 첫번째 유형을, 즉 직접적으
로 보편적이며 그리하여 모순적인 자기만을 발견할 뿐이다.

그것(인격체)의 현존재란 인정된 존재(Anerkanntsein)다. 인격체가 실체
를 결여한 자기이듯이 인격체의 현존재 역시 추상적인 현실이다. 인격체는
타당하며 게다가 직접적으로 타당하다. 자기는 그 스스로의 존재라는 지반
속에서 직접적으로 정지해 있는 점(Punkt)이다. 이 점은 그의 보편성으로
부터 분리되지 않은 채 존재한다. 따라서 자기와 보편성은 운동하거나 상호
관계를 지니지 않는다. 보편자는 자체 내에 아무런 구별도 지니지 않는다.
그것은 자기의 내용이 아니며 더우기 그 스스로에 의해서 충족된 자기도 아
니다(PE, Ⅱ, 170 ; PG, 446 ; 정신현상학, Ⅱ, 218～9). [11]

문화의 세계에서는 이와 대조적으로 자기가 고의로 자기 자신을 외
화시킴으로써 보편자를 자기 밖에 정립하며 그리하여 자기 자신에게
그 자신의 내용을 부여할 수가 있다. 이에 맞추어 보편자는 자기를

10) 《Leçons sur la Philosophie de l'Histoire》, trad. française, op. cit., p. 61.
11) 따라서 정신은 스스로를 자기로 반성하는 과정에서 1) 직접적 자기(추상적 인격
체), 2) 자기 자신과 대립된 자기(개별의지와 보편의지), 3) 행동하는 주체, 역사의
창조자로서의 자기가 되는 것이다.

자체 내에 받아들여 현실적이 된다. 이렇게 해서 정신의 반성의 두번째 형식, 즉 정신적 차기의 두번째 유형이 마련된다.

그러나 우리가 논구하고 있는 두번째 계기에서의 자기는 우연적인 내용과 병치된 추상적 형식에 지나지 않는다. 제 민족의 생동하는 정신들은 몰정신적인 보편적 공동체, 즉 로마의 판테온(Panthéon) 속으로 소멸되었다. 오직 개별적인 것으로서의 특별한 개인만이 활력을 지닌다. 따라서 그가 추상적 인격체의 내용 역할을 한다. 보편자는 「절대 다수의 개인들을 이루는 원자들로 분열되었다.」 이와같이 사멸한 정신은 곧 「평등성이어서, 그 속에서는 그것들이 인격체인 한 만인은 평등한 가치를 지닌다」(PE, Ⅱ, 44 ; PG, 342~43 ; 정신현상학, Ⅱ, 52). 《역사철학강의》에서 헤겔은 이러한 진보를 다음과 같이 요약하고 있다.

> 국가의 성원과 그 혼으로서 각 개인 안에 살아 있었던 바의 로마 정신은 이제 생명이 없는 사법으로 환원되어 개별화되어 버렸다. 육체가 사멸할 때 그의 각 부분이 저마다 고유한 생명을 획득하지만, 그러나 그것은 가련한 벌레의 생명에 지나지 않는 것과 같이 여기에서도 국가의 유기체가 사적 인격체라고 하는 원자들로 분해되어 버렸다.[12]

인격체의 타당성과 대응하는 추상적 질서란 위대한 로마의 법률가들이 점차적으로 조탁했던 법의 질서이다. 그들의 작업은——라이프니츠로 하여금 법에 있어서의 논증들은 기하학에서의 그것들 못지 않게 엄밀하다는 말을 유도했던——기계적인 오성의 형식 속에서 정점을 이루었다. 인격체는 즉자대자적으로 인정된 존재이다. 그러나 그 인정은 아무런 내용이 없으며 단지 제 개인들 사이에 외적 결합만을 설정할 수 있을 뿐이다. 아우구스투스(Augustus)에서 알렉산더 세베루스(Alexander Severus)(A.D.250)에 이르는 통치기간은 법학이 가장 크게 번성했던 시기로 간주된다. 그러나 그것은 또한 가장 냉혹한 지배기, 다시 말해서 그 기간 중 전제정치가 성숙해 감에 따라 고대의 모든 시민적, 종교적 제도들이 소멸되었던 시기이다. 사실상 나라는 인격체가 법 속에 존재한다는 것과 다른 측면에서 나를 구성하는 우연적인 내용 사이에는 아무런 매개도 없다. 민족의 오래 된 실체는 운명

---

12) 《Philosophie de l'Histoire》, op. cit., Ⅱ, p. 100.

속에 반영되었으며 또한 공허한 운명은 「자기의식의 자아에 다름 아니다」(PE, Ⅱ, 44 ; PG, 343 ; 정신현상학, Ⅱ, 52). 우리는 이제 그러한 추상적 자기확신이 어떻게 될 것인지를 알 수가 있다. 금욕주의의 매개는 회의주의에로 나아가며 또한 회의주의자는 현실적으로 존재하는 내용의 우연성을 폭로한다. 자신을 인격체로 (헛되이) 인식하는 개인은 그를 압박하는 소원한 지배에 단독으로 대면하였다.

> 황제의 의지가 만민을 지배하여 황제의 치하에서는 절대적 평등이 존재했다. ……사법이 발달하여 이러한 평등을 완성시켰다. ……사법이란 인격체 그 자체가 스스로 취하는 실재적인 형태 안에서, 즉 재산소유 안에서 보여진 그 권리에 다름 아니다.[13]

법이란 더 이상 가족의 내부에서 은밀하게 전수된 신성하고 비밀스러운 노래가 아니다. 말하자면 그것은 제식석상을 벗어나 공공적인 것이 되었다. 사실상 헤겔에 따르면 금욕주의가 사유 속에서 표현했던 것은 법의 세계이다. 원시적인 법은 단지 권위와 전통에만 기초해 있었다. 즉 그것은 강요된 규칙(jussum)이었다. 금욕주의 철학의 영향 아래서 그것은 자연적 평등의 발현이 된 것이다. 현대적인 정의에 따를 것 같으면 인간의 법은 quod naturalis ratio inter omnes homines constituit*이다.

그러나 금욕주의 의식의 자립성은 자기 자신의 내면에로 떠밀려 들어간 사유, 즉 내용과 특정한 상황들을 간과한 사유의 자립성이었다.

> 현실로부터의 도피를 통해 그 의식은 단지 자립성의 사유에만 도달할 뿐이다. 그 의식이 자신의 본질을 어떤 소여된 현존재에 결부시키는 것이 아니라 오히려 모든 현존재를 포기한 채 자신의 본질을 순수사유의 통일 속에 정립하는 한, 그것은 절대적으로 대자적(자립적)이다. 마찬가지로 제 인격체의 법은 개인 그 자체의 보다 풍부하고 보다 강력한 현존재나 혹은 생동하는 보편적 정신과 결부되는 것이 아니라, 오히려 자신의 추상적 현실이라는 순수한 실재나 혹은 자기의식 일반으로서의 실재와 결부되는 것이다 (PE, Ⅱ, 45 ; PG, 343 ; 정신현상학, Ⅱ, 53).

13) *Ibid.*, pp. 98 ff.
* 자연이성이 모든 인간 속에 확립해 놓은 것.

이러한 이유로 해서 금욕주의는 그의 진리를 회의주의에서 발견했고 또한 회의주의는 내용의 우연성에 대한 현실적인 의식이었다. 그러나 우연성과 유한성에 대한 의식으로서의 회의주의는 자신이 언제나 극복하고자 한 우연성을 사유하는 가운데 그 자체가 우연적이며 유한한 의식, 즉 영원히 자기 자신으로부터 소외되고 따라서 불행해지는 의식이다. 이것은 추상적인 법적 인격체의 경우에도 동일하다. 법적 인격체는 스스로에게 부여한 실재성(재산) 속에서 단지 그의 내용의 우연성과 유한성만을 발견할 수 있을 뿐이다. 「따라서 법의 의식은 그 자신의 현실적인 타당성 속에서 오히려 자신의 실재성의 상실과 자신의 완전한 비본질성을 경험한다. 그러므로 개인을 하나의 인격으로 호칭하는 것은 경멸을 표시하는 것이 된다」(PE, Ⅱ, 47 ; PG, 345 ; 정신현상학, Ⅱ, 55). 따라서 양자를 대비시킨 것이 역설적으로 보일지라도 헤겔이 「추상적 내면성」의 세계로 부른 로마 세계는 유한성의 세계, 곧 세계의 산문이다. 점유라는 사실적 상태는 재산이라는 법적 상태로 된다. 그러나 대자적인 나를 즉자대자적인 나로 고양시킨 그러한 인정은 결코 양자의 대비에 아무런 변화도 주지 못한다. 헤겔이 나중에 《법철학》에서 적었듯이 「평등이란 단지 추상적 인격체 그 자체의 평등만이 될 뿐이다. 따라서 점유의 전 분야, 이 불평등의 영역은 그 바깥으로 떨어져 나간다.」[14] 따라서 형식이 그랬던 것처럼 내용도 자기 자신에 대해 반성을 한다. 또한 자기 내면으로 떠밀려 들어간 추상적 인격체는 그에 못지않게 추상적인 지배, 즉 자의적인 외부의 힘과 대립된다. 인격체의 타당성은 우리를 그 인격체의 우연성에로 인도한다. 그러한 우연성은 내용의 운동과 전개 일체가 그에게로 결집된 「세계의 통치자」의 사유 속에서 정점을 이룬다.

지방의 소규모 재산 소유자에게는, 세계의 통치자 혹은 《역사철학강의》에 나타난 용어를 빌리자면 monas monadum은 그의 인격성에 소원한 내용을 상징한다. 「개인의 운명은 황제의 호의나 폭력 속에, 책략 속에 혹은 세습의 유혹 속에 놓인다.」 각 시민들이 직접적으로 자신을 공동체의 살아 있는 일원으로 느끼는 소공화정 대신에 로마 지배하의 평화(pax romana)가 세계로 확대되어 등장한다. 따라서

---

14) 《Philosophie du Droit》, op. cit., Ⅱ, p. 66.

72

국가가 개인의 운명이 되었다. 한편으로 서로 배척하며 오직 그들의
재산을 통해서만 실재를 가정하는 추상적 인격체들이 있다. 다른 한
편으로는 이와같이 서로 배타적인 인격체들의 연속성과 통일성이 있지
만, 그러나 이 연속성과 통일성은 그들에게는 외면적이다. 그것은 바로
황제의, 세계 통치자의, 실질적인 신의 전제정치이다.¹⁵⁾ 헤겔은 어떻
게 이「고독한 인격체」가 만인에 대하여 이 세계의 주인 행세를 하면
서 이루어졌는가를 보여 주는 데 흥미를 갖고 있다. 황제라는 인격체
는 고립된 상태에서는 무력하기 짝이 없다. 다시 말해 황제는 그와
대면해 있는 臣民들의 집단을 통해서만 스스로를 주장하고 또 가치를
지닌다. 신처럼 숭배받는 이 세계의 통치자는 피조물들 가운데서도
가장 나약한 존재이다. 그의 형식적인 자기는 그의 내면에서 일어나
는 얽히고 섥힌 힘들을 담을 수가 없다.「그 자신을 모든 현실적인
힘들의 총체로 인지함으로써, 이 세계의 통치자는 스스로를 현실적인
신으로 아는 거대한 자기의식이다. 그러나 그는 그의 힘들을 제압할
수 없는 형식적인 자기에 지나지 않기 때문에, 그의 운동과 그의 자
기향유는 거대한 방종에 지나지 않는다」(PE, Ⅱ, 48 ; PG, 345 ; 정신현상
학, Ⅱ, 56).¹⁶⁾ 사실상 기독교도들에게 경멸받고 이교도들에게는 숭배
받는「이 세계의 왕자」는 그가 그의 신민들에게 행사하는 파괴적인
폭력을 통해서만 스스로를 깨닫는다. 따라서 그를 위해 노동을 제공
했던 노예 속에 자신의 진리를 두고 있었던 주인과도 같이 그 역시
자기 자신에게 외면적이다.

이러한 것이 인륜적 세계의 해체와 더불어 탄생한 새로운 세계이
다. 그것은 자기가 현실적으로 실재화된 세계이다. 그러나 그것은 또
한 자기가 언제나 그 자신에게 외면적인 세계이기도 하다. 이와 같은
「세계의 참상」속에서 인간은 오직 철학 속으로 움츠러들어 자신의 비
본질성을 반성할 수 있었을 뿐이다.「자기 내면으로 떠밀려 들어간

15)《Philosophie de l'Histoire》, op. cit., Ⅱ, p. 100.
16)「인격성의 원리에 의거하여 주체는 단지 소유할 수 있는 권리만을 갖지만, 제 인
격체 중의 인격체(필자 강조)는 만인을 소유할 수 있는 권리를 갖는다. 따라서 개
인적 권리는 해소되는 동시에 박탈되는 것이다. 하지만 이러한 모순의 참상이 세계
의 교육이다」(《Philosophie de l'Histoire》, Ⅱ, p. 103).

이 현실성에 대한 의식은 그 자신의 비본질성을 사유한다」(PE, Ⅱ, 48
; PG, 346 ; 정신현상학, Ⅱ, 57〜8). 《역사철학강의》에서 헤겔은 이 시기
의 상황을 보다 구체적으로 적고 있다.

사람들은 철학에서 그의 安心立命을 구하고자 했다. 왜냐하면 철학은 그
래도 어떤 믿음직한 것, 부동의 진리를 줄 수 있는 유일한 것같이 생각되었
기 때문이다. 그 당시의 철학에 있어서 금욕주의든, 에피쿠로스 철학이든,
회의주의든 그 알맹이는 제각기 달랐는데도 불구하고 현실세계의 일체에
대해서 정신을 무관심한 것으로 만들어 버린다는 것을 목표로 하였다는 점
에서 꼭 같았던 것이다. ……그러나 철학에 의한 이 내면적인 화해도 그 자
체는 인격성이라고 하는 순수한 원리 안에 있어서의 추상적인 화해에 지나
지 않았다. 왜냐하면 순수사유로서 자기 자신을 그 대상으로 하여 자기와
화해하는 사유란 완전히 대상이 없는 사유이기 때문이다. 따라서 이른바 회
의주의의 不動心이란 목적을 없애는 것을 바로 의지의 목적으로 삼는다는 것
에 다름 아니었다. 이 철학은 일체의 내용의 부정성만을 알고 있었던 데 지
나지 않다. 어떤 불변적인 것도 가지지 않은 그 세계에 대한 절망을 가르쳐
주는 충고에 그칠 뿐이었다. [17]

불행한 의식은 그의 주관성을 자발적으로 외화시킴으로써 이성을 예
비했다. 그래서 또한 직접적인 상태의 보편적 자기, 즉 세계를 창출할
뿐 아니라 그에 못지 않게 직접적으로 그 자신의 반대인 자기는 그 자
신을 자발적으로 외화시키지 않을 수 없다. 그러한 외화는 새로운 정
신의 왕국, 즉 마지막에 이르러 자기가 그 자신을 보편적인 자기로 창
출하게 될 왕국의 성립을 가능케 한다. 이러한 왕국은 직접적인 정신
에 대립하는 自己疎外된 정신의 왕국이다. 전자의 경우 자기는 직
접적으로 실체의 제 집단 중의 하나의 표현(신의 법이나 인간의 법)
으로서나 혹은 그의 순수한 추상적 타당성 속에 존재했었다. 반면 후
자의 경우에서 자기는 매개의 운동 속에서 존재한다. 즉 자기는 그
의 직접적인 자기확신을 거부함으로써 내용을 획득하고, 역으로 그 내
용은 자기에로 속속들이 삼투되어 있다. 이러한 이중적인 운동이 곧
문화의 운동인 것이다.

---

17) *Ibid.*, p. 101.

3

문화와 외화의 세계

일반적인 서론

우리는 직접적이며 자연적인 정신이 사적 인격체들의 세계로 해체되는 과정을 지켜 보았다. 우리의 논구의 출발점이었던 정신적 실체는 자기가 순수한(추상적인) 자기확신으로서 도피처를 마련했던 바의 개별적인 개인들의 형식적 관계가 되었다. 우리는 실체로부터 자기에로, 객관적이며 자연적인 사회질서로부터 상호 배타적인 사적 인격체들에로 옮아 왔다. 이제 우리는 방향을 역전시켜 자기의 두번째 유형, 즉 그의 의지가 진정으로 보편적이며 또한 자체 내에 정신의 실체적 내용 전체를 포괄하는 자기에로 접근해야만 한다. 「첫번째 자기가 직접적으로 타당한 자기로서 개별적인 인격체였다면, 자기외화를 거쳐 자체 내로 복귀한 두번째 자기는 보편적인 자기로서 개념을 포착한 의식일 것이다」(PE, Ⅱ, 52~53 ; PG, 349 ; 정신현상학, Ⅱ, 62). [1] 불란서 혁명의 「절대적 자유」안에서 역사적으로 구현된 이러한 자기는 문화와 이전 문명의 결과인데, 그것은 이것들의 완성인 동시에 부정이기도 하다. 세계(우리가 적시했던 말의 정신적인 의미에서)는 그러한 자기의 의지의 표현에 다름아닐 것이다. 더우기 세계는 그러한 의

---

1) 자기의 첫번째 유형이 내용을 결여했는 데 반해서, 외화의 결과 두번째 유형은 실체의 내용을 자기로서 제시하게 된다.

지 자체일 것이다.[2] 그렇지만 변증법적 전개의 종착점은 아직 도달되지 않았다. 왜냐하면 이 두번째 유형의 자기는 모든 외화를 극복한 까닭에 현존하는 세계인 그 자신으로부터 유리된 실재를 그 자신의 보편적 의지가 미치지 않는 것으로는 결코 만들지 않을 것이기 때문이다. 「보편자란……자기의 대상이고 내용이며 또한 그의 보편적인 현실이다. 그러나 보편자는 자기로부터 자유로운 현존재의 형식을 갖고 있지 않다. 따라서 보편자는 자기 속에서 어떤 충족된 내실을 기할 수 없으며, 긍정적인 내용이나 세계에 다다를 수도 없다」(PE, Ⅱ170 ; PG, 446 ; 정신현상학, Ⅱ, 219). 그와 같은 절대적 자유 속에서 정신은 타자 안에서 타자성의 형식을 보존하는 동시에 자기 자신을 절대적으로 발견하려고 하지는 않을 것이다. 그렇지만 헤겔은 직접 목격했던 그가 논의하는 역사적 사건들——18세기의 혁명적 사상, 계몽주의의 신앙에 대한 투쟁, 불란서 혁명, 그리고 나폴레옹의 통치——을 형이상학적인 암호로 취급하여 이러한 사건들로부터 정신철학을 안출해 내고자 한다.

이러한 사건들에 앞선, 중세로부터 18세기에 이르는 시기가 먼저 문화 내지 문명(Bildung)의 시기로서 논구된다. 이 말은 헤겔에 있어 대단히 포괄적인 의미를 지니고 있다. 그것은 지성적인 문화뿐만 아니라 정치적이며 경제적인 문화까지 포괄한다. 그러나 우리는 오직 그것과 관련된 「외화(Entäusserung)」라는 용어의 의미를 구체화하고 나서야 비로소 그것이 지닌 충분한 의미를 파악할 수 있을 것이다. 왜냐하면 문화란 직접적 자기의 외화로서, 우리는 이 자기가 인륜적 실체를 박차고 나온 것을 알고 있고 또한 그것과 더불어 시작하여 우리는 「자기 자신을 세계에 調定하고 그럼으로써 그 자신을 보존하는」(PE, Ⅱ, 51 ; PG, 348 ; 정신현상학, Ⅱ, 60) 그러한 실체가 재구성되는 과정을 보아야 하기 때문이다. 정신의 첫번째 세계와 달리 두번째 세계는 자체 내에서 조용히 안주하고 있는 조화로운 총체(성)이 아니다. 말하자면 그것은 분열되고 양분된 세계요, 자기 자신으로부터 소외된(entfremdete) 정신의 세계이다. 얼핏 보기에 헤겔이 「Entäus-

---

2) 「자기에게 있어 세계는 오로지 그 자신의 의지이며, 또한 그러한 의지는 곧 보편적 의지이다」(PE, Ⅱ, 131 ; PG, 415 ; 정신현상학, Ⅱ, 170).

serung」이라는 용어의 의미를 설명하고 또한 우리를 다음에 전개되는 내용을 위해 준비시키는 그 구절은 상당히 모호해 보인다. 우리는 18세기의 철학과 불란서 혁명으로 이어지게 될 문화의 제 단계를 추적하기 앞서 먼저 그것을 설명하고자 할 것이다.

정신의 전개에 있어 첫번째 변증법적 계기(시원적이며 직접적인 통일의 계기)에서는, 헤겔이 적고 있듯이 대립은 아직 의식 속에 잠재적인 상태로 있다. 그러한 의식은 그의 본질과 합일되어 있으며 직접적으로 일체를 이루고 있다. 그래서 우리는 이 정신이 직접적으로 존재한다고 말할 수 있겠다. 이를테면 우리가 그 기원이 알려져 있지 않아 그 속에서 살아가는 자기와 구별된 것으로 생각되지도 않는 그런 습속이나 관습 속에서 살아가듯이, 의식도 정신 속에서 살아가는 것이다. 두번째 변증법적 계기, 즉 대립은 이와 전혀 다르다. 대립은 자기의 현실성으로부터 유래하는데, 이 자기는 인륜적 계기에서는 현실적인 것으로 제시되지 않았다. 그러한 첫번째 계기에서 「의식은 자기 자신을 이와같이 상호배타적인 자기로 간주하지 않는다. 게다가 실체도 자기로부터 축출된 현존재, 즉 자기가 오직 자기소외를 통해서만 합일을 이루는 동시에 실체를 산출하는 바의 현존재라고 하는 의미를 지니고 있지 않다」(PE, Ⅱ, 50 ; PG, 347 ; 정신현상학, Ⅱ, 59). 이 문장은 헤겔이 보여 주고자 하는 본질적 요소를 간직하고 있다. 다시 말해서 그것은, 한편으로는 자기와 실체 사이의 근본적인 대립으로서 이전 단계에서는 나타나지 않았지만 이제 우리가 조우하게 될 대립을 강조하고 있고, 다른 한편으로는 어떻게 그 대립이 문화의 이중 운동 속에서 극복될 수 있는가를 지적해 주고 있다. 사실 우리는 자신의 직접적인 자기확신, 자신의 자연적 존재를 외화시킴으로써 자기가 스스로를 보편자에 결부시키고 스스로를 실체적인 것 내지 보편자로 만드는 한편 그와 동일한 행위 속에서 바로 그 실체를 산출하고 활성화시키는 것을 보게 될 것이다. 실체가 현실적이 될 때 자기는 실체적인 것이 된다. 첫번째 경우——자기와 실체 사이의 대립——는 크게 문제삼을 필요가 없다. 왜냐하면 우리는 사법의 제 조건하에서 어떻게 그 대립이 필연적으로 산출되는가를 보여 주었기 때문이다. 실체란 자기를 벗어나 있고, 또한 그 자기에게 점차적으로 더욱 소원해지고 점차적으로 더욱 객체적인 실재로 나타나는 그런 인륜적 生의 내용이다. 정신적 의식이 처음에 그의 직접적인 세계——습속, 가족 및 사회생활, 도시의 권력——로 알고 살았던 것이 편협하고 배타적인 자기에게 이제는 절대적 의미의 타자는 아닐지라도 하나의 타자가 되었다. 이런 이유에서 적어도 자신을 타자 속에서 발견해야 할 필요가 나타난다. 게다가 그러한 내용이 곧 정신의 실체이기 때문에 정신은 오직 자기 자신을 그 자신으로부터 분리된 것으로서만 즉 자기소외된 것으로서만 생각할 수가 있다. 자기와 실체 사이의 이러한 대립은 단지 그것을 전개시킬 뿐인 향후의 모든 대립들의 축소판이다. 마치 자기의식이 보편적인 生을 박차고 나올 때, 그 生은 자기의식에게 동일자인 동시에 타자이고 또 자기의식은 그 生에 대립하는 동시에 자체 내에서 그것을 발견함으로써만 존재할 수 있듯이, 이전의 인륜적 실체가 자기에게는 동일자로서의 타자, 즉 자기가 자체 내에서 다시금 받아들이지 않으면 안될 그런 타자가 된다.[3] 정신의 이 단계의 두드러진 특징은 그 실체가 자기에 대해서 자기가 더 이상 스스로를 확인할 수 없는 바의 소원한 세계로 바뀌어 버렸다는 데 있다. 「그리하여 세계는 외부적인 것, 자기의식의 부정태로 규정된다」(PE, Ⅱ, 50 ; PG, 347 ; 정신현상학, Ⅱ, 59). 그러나 우리는 우리가 정신 속에 존재한다는 것과 우리에게 하나의 세계로서 대립해 있는 내용이 물자체나 혹은 심지어 자연(이성의 변증법에서처럼)일 수는 없다는 것을 잊어서는 안 된다. 그것은 한낱 존재하는 정신일 뿐으로 자기 자신을 인식하는 정신과 대립되는 정신이다. 말하자면 그것은 직접적인 자기의 세계로서, 이러한 자기는 그와같이 자신의 배타성 속에서 직접적으로 정립될 때 더 이상 스스로를 발견하지 못하는 자기이다. 「그러나 그러한 현실성은 단적으로 그와는 정반대이다. 즉 현실성은 자기의 본질의 상실인 것이다」(PE, Ⅱ, 49 ; PE, 346 ; 정신현상학, Ⅱ, 58). 이러한 이유로 해서 이 세계의 현존재는 「비록 자기의식이 그 속에서 스스로를 확인하는 데 실패한 작품이기는 해도」 역시 자기의식의 작품인 것이다.

(私)법의 세계에서 내용——세계 통치자의 지배 속으로 집결된——

---

3) 여기서 정신적 실체와 자기의 대립으로 되풀이된 자기의식과 보편적 生 사이의 이러한 대립에 관한 논의로는 제 Ⅰ권 제 Ⅲ부 1장을 참조하라.

은 자기에게는 우연적이며 전혀 외부적인 내용으로 나타난다. 그것은
잘못 놓여진 요소들의 산물이요 개별적인 개체성들의 산물이다. 게
다가 그것은 계속적으로 스스로를 부정하고 변화시켜 나간다. 하지만
그러한 전개는 바로 자기외화를 통해 결국에는 그 내용에 일관성과
질서를 부여하는 자기의 운동이다. 이것은 정신적 실체를 그 자신의
작품으로 산출한다. 「그러나 법의 세계를 다스리는 자가 움켜쥐고 있
는 외적 현실이란 우연적으로 자기 앞에 펼쳐져 있는 요소적(지반
적) 본질에 그치지만은 않는다. 그것은 또한 그에 못지 않은 자기의
노동으로서, 말하자면 긍정적이라기보다는 부정적인 노동이다. 그것
은 자기의식 특유의 외화 및 脫본질운동(Entwesung)을 통해서만 그
의 현존재를 획득한다」(PE, Ⅱ, 50 ; PG, 347 ; 정신현상학, Ⅱ, 59~60). 여기
서 우리는 두번째 지점에, 즉 외화를 통한 문화의 전개에 도달하는
것이다. 자기 자신이 즉자대자적이라고 생각하는 직접적이며 고립된
자기, 즉 법의 사적 인격체는 그 자신의 빈곤상을 발견한다. 말하
자면 그는 「세계의 참상」을 깨닫게 되는 것이다. 비록 이러한 자각
(prise de conscience)이 그에게 가해진 지배의 폭력으로부터 비롯된
것으로 보이기는 해도, 사실상 세계를 발견했던 것은 그 자신이다.
따라서 그는 자기 자신을 파괴시킨 것이다. 직접적인 자기는 자신의 직
접성과 결별한다. 다시 말해 자기는 실체성을 획득하기 위하여 자신
의 자연적 권리를 외화시킴으로써 스스로를 계발 · 도야한다. 이럼으
로써 자기는 실체를 이루는데, 그 현존재가 곧 자기의 외화이다. 그
러한 실체는 진정 자신의 직접적 상태를 부인하면서 실체를 자기로서
정립하는 바의 자기의 운동 덕분에 일관성과 지속성을 획득한다.

그럼에도 불구하고 실체가 현실화되는 바의 행위나 생성(전개)은 인격성
의 소외이다. 왜냐하면 직접적으로, 다시 말해 소외를 거치지 않은 채 즉자
대자적으로 타당한 자기란 실체를 결여한 것이며 광포한 요소들의 난무이기
때문이다. 그러므로 자기의 실체는 곧 자기의 외화 자체이다. 따라서 외화
란 모름지기 실체, 다시 말해서 자기 자신을 세계에 조정함으로써 그 자신
을 보존 · 유지하는 정신적 힘인 것이다(PE, Ⅱ, 51 ; PG, 348 ; 정신현상학,
Ⅱ, 60).

본질을 향한 자기와 자기를 향한 본질의 이와 같은 이중 운동 속에서 실체는 정신 즉 자기와 본질의 자기의식적 통일로 된다. 그렇지만 외화의 과정으로 인해 자기와 본질은 서로에 소원한 채로 남아있거나, 적어도 그들간의 진정한 통일은 구체적 현존 세계 너머에, 즉 신앙 속에 정립된다. 「정신이란 스스로 아무런 얽매임 없이 자유로운 대상적 현실에 대한 의식이다. 그러나 이러한 의식에게는 자기와 본질의 통일이 대립하며 현실적 의식에게는 순수한 의식이 대립한다」(PE, Ⅱ,51 ; PG,348 ; 정신현상학, Ⅱ,60). 따라서 정신은 이제 자기자신에 대하여 이중적인 의식을 갖는다. 한편으로 정신은 스스로를 대상 세계 속에서 발견한다. 다른 한편으로, 자기와 본질을 통일시킬 필요가 여전히 제기된다. 그 통일은 정신이 문화의 운동 속에서 자기소외된 채로 남아 있는 이 세계에서는 실현되지 않는다. 다시 말해 그것은 이 세계 너머에 있다. 따라서 그 통일에 대한 의식은 현실적 의식이 아니라 순수의식이다. 「현재는 자신의 피안(au-delà), 즉 자신의 사유이며 또한 사유된 것(내용)(être-pensée)과 직접적으로 대립한다. 반대로 피안은 차안(en-deçà), 즉 자신에게 소외된 그 자신의 현실과 대립한다」(PE, Ⅱ,51 ; PG,348 ; 정신현상학, Ⅱ,61).

이러한 이원론이 자기소외된 정신의 특징이다. 그것은 정신의 불행한 의식을 상징하는 징표인 것이다. 우리는 헤겔의 초기 저작으로부터 한 구절을 논급하였는데, 여기서 헤겔은 고대 세계의 변화과정 속에서 기독교의 탄생과 전개를 연구하였다. 개인은 더 이상 이 세계 속에서 자기 자신과 합치되어 있지 않다. 「그러한 상황에서 인간은 세계 밖에서 절대적인 어떤 것을 찾기 위하여 그 세계를 떠나지 않으면 안 되었다.」 인간은 脫自的 상태에 놓여 있다. 그러나 그러한 분리는 대응하는 통일을 함의하지만, 이제 자기에게는 모든 현재가 외면적인 것이기 때문에 결코 현재성을 가질 수 없는 통일이다. 「전제정치가 인간의 정신을 지상으로부터 추방해 버렸다. 자유의 상실은 인간으로 하여금 그것을 신성 속에 위치시킴으로써 그의 영원성, 그의 절대자를 보호하도록 인도하였다. 즉 시대의 참상으로 인해 인간은 자신의 행복을 천상 속에서 모색하고 발견하게 되었다. 노예제와 부패상이 세력을 확대해 감에 따라 신적인 것도 점차적으로 더욱 대상화되었

다.」⁴⁾ 따라서 신앙은 의식에 의해 경험된 분리 너머의 통일에 대한
요구로서 나타난다. 그러한 통일은 구체적 현실과 대립해 있고 또 그
것을 초월한다. 그렇지만 의식에게 있어 이러한 통일은 그것이 문화
의 세계의 반전이며 새로운 외화의 형식이라고 하는 바로 그런 이유
에서 대상적 성격, 외면성의 성격을 지닌다. 헤겔이 자신의 초기 저작
속에서 「대상성(objectivité)」이라는 용어를 「실정성」이라는 의미로 사
용한 것은 불행한 의식과 신앙 사이의 차이를 예시해 준다. 실현되지
않는 통일을 향한 주관적인 염원, 향수였던 불행한 의식은 객관성——
그러나 현재를 너머 서 있는——에 대한 의식인 신앙의 의식과 구별
된다. 헤겔은 주관적인 불행한 의식을 문화의 세계의 객관적인 신앙
으로부터 보다 정확하게 구별하고 있다. 즉 불행한 의식에 있어서 내
용은 단지 의식에 의해 염원된(욕구된) 것에 지나지 않는다. 「반면
신앙의 의식 속에서 그것은 본질적으로 대상적인 표상의 내용, 일반
적으로 현실로부터 도피하며 그리하여 자기의식의 확신을 결여한 표
상의 내용이다」(PE, Ⅱ, 273 ; PG, 533 ; 정신현상학, Ⅱ, 356). 그러한 내용은
여전히 정신의 실체이기는 해도 그러나 그것은 이제 현재 너머로 투
사되어 있다. 다분히 신앙은 현존하는 세계로부터의 도피이다. 그러나
그것은 또 다른 세계를 이루는데 비록 그것이 피안의 세계라고 해도
그에 못지 않게 외면적이고 객관적인 세계인 것이다. 이처럼 신앙과
문화는 서로 대립해 있지만, 그러나 이 양자는 자기의 외화의 형식들
이다. 자기——자기의식의 확신——는 한 세계에서 뿐만 아니라 다른
세계에서도 스스로에 대해 소외되었다. 헤겔은 자신의 초기 신학적
저작들로부터 시작하면서 기독교가 근대 세계 안으로 끌어들였던 신과
시저(César) 사이의 분열에 대해 거듭 반성하였다. 그리스도는 자신의
「왕국이 이 세계에 속하지 않음」을 가르치면서 「시저의 것은 시저에
게 하나님의 것은 하나님에게 바치라」고 요구한다. 그때부터 사람들
은 두 세계 속에, 즉 지상의 세계(人國)인 국가의 세계로서의 행위
의 세계와 神國의 세계로서의 신앙의 세계 속에서 살아간다. 그러나
이 두 세계는 근본적으로 서로 대립한다. 人國은 의식에게 있어 구체

---

4) Nohl, p. 227.

적인 현존을 지닌다. 하지만 그 본질은 그것 너머에 놓여 있다. 人
國이 사유를 결여한 현실이라면, 神國은 인간의 사유된 본질을 간
직하고 있다. 그러나 그 본질은 구체적 현존으로부터 단절되었으며
현실성을 결여하고 있다. 《정신현상학》에 앞서 개진된 〈정신철학〉에
관한 강의 속에서, 헤겔은 이러한 이원론과 그것을 극복할 필요성이
인간 역사 속에서 갖는 의미를 보여 주었다. 인간이 그의 「현실적 자
기」와 그의 「절대적 자기」 사이에서 빚는 구별은 아마도 「최후의 보
루(pis aller)」[5]이리라. 「종교는 개인에게 확신(신뢰)을 심어 주며, 그
에게 세계의 제 사건이 정신과 화해된다는 믿음을 가능케 하며」, 만
사의 진행이 결코 맹목적 필연이 아님을 믿도록 해 준다. 「종교는 정
신에 대한, 즉 그의 순수한 의식과 그의 현실적 의식의 통일을 이룩
한 자기에 대한 표상이다.」[6]

《정신현상학》에서 헤겔은 그가 극복하고자 한 이원론, 말하자면 한
세계에서는 살아가면서 다른 세계에서는 생각하지 않을 수 없는 정신
의 고통을 표현하고 있는 이원론을 거듭 논구한다. 그는 그것을 다양
한 양상들 속에서 제시하며 다소간 교묘하게 불행한 의식, 신앙 그
리고 종교로 구별하고 있다. 여기서 고려되고 있는 신앙이란 더 이상
우리가 그 고통을 불행한 의식 속에서 목도했던 바의 주관성의 심연
이 아니다. 불행한 의식은 중세의 특정한 기독교도들에게서 발견되는
주관적 의식이다. 그들에게 있어 피안은 아직 대상적 본질, 다시 말
해서 비록 그것이 한낱 사유된 것에 지나지 않을지라도 자기에 대해
서 현존세계 못지 않게 견고하고 굳건한 그런 내용이 되지 못했다.
이와는 반대로 근대 세계의 신앙(문화)은 표상의 내용을 대상적 형식
으로 제시한다. 객관적 신앙이 순수통찰과 투쟁하고 있는 근대 세계
에서——종교개혁과 계몽주의에서——신앙의 내용은 객관적이다. 즉
그것은 즉자적일 뿐 자기의식의 확신은 결여하고 있다. 비록 그것이
구체적 현실로부터의 도피이기는 해도, 신앙은 그 현실의 특징들을
공유하고 있다. 「여기서 고찰되고 있는 것은 즉자대자적으로 존재
하는 바의 절대적 본질의 자기의식, 즉 종교가 아니라 오히려 신앙,

5) 헤겔은 불어식 표현을 사용하고 있다(éd. Lasson-Hoffmeister, XX², p. 268).
6) *Ibid.*, pp. 268 ff.

82

즉 그것이 현실세계로부터의 도피이며 그리하여 즉자대자적으로 존
재하지 않는 한에서의 신앙이다. 따라서 현재의 영역으로부터의 이
와 같은 도피는 그 자체에 있어 직접적으로 이중적인 방향을 함축한
다」(PE, Ⅱ, 54 ; PG, 350 ; 정신현상학, Ⅱ, 64).[7] 현실적 의식, 현존세계에
대한 의식으로부터 순수한 의식, 사유와 본질에 대한 의식에로 고양
되는 과정에서 정신은 새로운 이원성, 즉 새로운 형식의 외화를 발견
한다.

정신은 일체를 자기에로 환원시키는 순수통찰뿐만 아니라 통찰의 운
동을 결여한 사유인 순수본질도 발견하게 된다. 신앙이란 단지 한 가
지 요소에 지나지 않을 뿐인데, 그 다른 요소는 개념이다. 그리고 문
화의 세계의 신앙은 개념에 대립해 있다. 이러한 대립은 신앙에 대한
계몽(Aufklärung)의 투쟁 속에서 등장할 것이다. 불행한 의식과 신
앙, 신앙과 종교 사이를 헤겔이 미묘하게 구분한 것은 역사적인 의
의를 지니고 있다. 종교——헤겔이 《정신현상학》의 진행 속에서 논
구하고 있는 바의 하나의 변증법적 계기로서——란 정신의 자기 자
신에 대한 자각일 것이다. 그러나 그 단계에 이르기 전에는, 종교는
특정한——필연적으로 부분적인——측면 속에서만 등장한다. 신앙이
란 현재 너머에 있는 본질에 대한 인간의 자각으로서, 순수통찰로서
의 자기의식과 대립된 개념이다. 이러한 신앙과 계몽간의 갈등, 아마
도 종교개혁과 르네상스의 시대에 발단되었을 법한 갈등은 정신의 전
개과정에서 하나의 계기를 표현한다. 그러나 엄밀히 즉자대자적인 종
교는 그의 독창성과 그의 전체성에 있어 상이한 의미, 즉 그 자체로
개진되지 않으면 안될 의미를 갖고 있다.[8]

《정신현상학》의 해석을 다소 곤혹스럽게까지 만드는 이와 같은 복
잡성에도 불구하고 순수한 의식과 현실적 의식 사이의 대립의 일반
적인 의미는 명백하다. 인륜적 세계——정신의 첫번째 세계——에서
정신은 자기 자신에 대한 그 자신의 현존이었다. 자기의식에 대해 부
정을 함축했던 것은 아무것도 없었다. 죽은 자(死者)의 정신은 친족

---

7) 즉자태와 대자태의 방향.
8) 총체성으로서의 종교(절대정신의 형식) 이전에 등장하는 종교의 제 측면간의 차이
   에 대해서는 PE, Ⅱ, 203 ff ; PG, 473 ff ; 정신현상학, Ⅱ, 263 ff 을 참조하라.

의 혈통 속에서 현존을 유지했다. 정부의 관력은 곧 만인의 자기였다.
「그러나 여기서 현재적인 것이란 단지 대상적인 현실, 자신의 의식을
피안에 두고 있는 현실일 뿐이다.……자체 내에서 근거지워진 내재적
정신은 없고, 오히려 모두가 그 자신 밖의 소원한 정신 속에서 탈자
적 상태로 있을 뿐이다」(PE, Ⅱ,52 ; PG,348 ; 정신현상학, Ⅱ,61). 따라서
이 세계의 총체성은 자체 내에 安存하는 유일무이의 정신이 아니다.
그것은 자기 자신으로부터 외화되었으며, 총체성으로서의 그 자신에
게 소원하다. 이로부터 두 세계가 유래하는데, 이 두 영역——현실
의 세계와 신앙의 세계——은 마치 거울 속에서처럼 서로서로를 반영
하면서 대립한다. 각각은 오직 타자를 통해서만 존재하고, 또한 각각
은 타자 속에서 외화되어 있다. 그것들의 공통진리는 엄밀히 말해서
그것들 각각에 있어서 (즉 한편에서는 문화의 궁극적 정신, 곧 모든
내용의 무상성이라는 형식에서, 다른 편에서는 계몽이라는 형식에서
의) 자기의 발견인 것이다. 「계몽은 정신이 그 자신의 재산임을 부
인할 수 없는——왜냐하면 정신의 의식도 마찬가지로 이 세계에 속
하기 때문이다——차안의 세계의 살림거리들을 그 세계 안으로 끌어
들임으로써 신앙의 왕국 속에서 정신이 꾸려오던 家計를 혼란에 빠뜨
렸다」(PE, Ⅱ,53 ; PG,349 ; 정신현상학, Ⅱ,63). 자신의 문화가 극점에 이
르렀을 때, 자기는 보편성을 획득하여 일체를 자기 자신에로 환원시
킨다. 자기는 사람들로 하여금 차안의 세계를 피안의 세계로 바꾸어
놓게 만드는 외화를 부인하였다. 다시 말해 자기는 이 두 세계를 하
나의 세계로 환원시키는데, 여기서 일체의 자기외화를 극복한 정신은
절대적 차유가 되는 것이다.

   Ⅰ. 현실의 세계 ; 문화

   정신적 세계란 우리가 앞서 접했던 용어로 표현하자면 문화(Bildung)
의 세계요, 외화(Entäusserung)의 세계이다. 노예는 오직 도야(문화)
의 과정——즉자적 존재의 형성과정——을 통해서만 주인의 주인이 되
고 또한 본래 그 자신인 바의 진정한 자기의식에로 고양된다. 노예의

식이 자기 자신을 객관화할 수 있는 것은 노동 속에서이다. 사물들을 형성하는 과정에서 노예는 자기 자신을 형성한다. 그는 자신의 자연적 자기——욕구 및 生의 현존재에의 노예——를 거부하며 또한 그럼으로써 자신의 진정한 자기를 획득한다. 인간적 자기는 그가 「보편적 힘들과 대상적 본질 전체를」(PE, I, 166 ; PG, 150 ; 정신현상학, I, 261)[9] 지배하게 될 때, 비로소 生의 존재를 박차고 나오는 것이다. 우리가 도달한 《정신현상학》의 단계에서는 대상적 본질은 더 이상 生이라는 즉자적 존재가 아니다. 그것은 정신적 실체라는 존재이다. 자기의식이 스스로의 형성·도야를 거쳐 획득하고 장악한 것은 여전히 추상적인 즉자적 상태에 머물러 있기는 해도 바로 그러한 실체인 것이다. 자기의식의 전개에 있어, 인간적 자기는 生의 보편적 존재 너머로 고양되어 그것에게 자기의식의 형식을 부여하고 또한 그로부터 즉자적 존재를 취함으로써 바로 그 존재의 증명으로서 등장했다. 그런데 지금의 전개에서는 자기가 사회적 실체를 장악하지 않으면 안 된다. 그 변증법적 운동은 앞서와 동일하다. 「개인은 여기서 문화를 통해 타당성과 현실성을 지닌다」(PE, II, 55 ; PG, 351 ; 정신현상학, II, 65). 제 사물의 즉자적 존재가 인간의 노동을 통해 의미를 획득했던 것처럼, 한낱 사유된 실체인 추상적인 즉자태는 문화를 통해 현실적인 실재가 된다. 상호연관적으로 경험적인 노예의식이 노동과 봉사를 통해 보편적 의식이 되는 것처럼 특정한 개체성은 본질성에로 고양된다. 「외화」라는 용어 역시 우리에게는 친숙하다. 불행한 의식은 자신의 순수한 주관성을 외화시킴으로써 이성의 보편성에로 고양되었다. 「문화」와 「외화」는 의미상 친척간이다. 말하자면 특정한 개인은 자신의 자연적 존재를 외화시킴으로써 그 자신을 도야하여 본질성으로 형성한다. 보다 정확하게 헤겔에 있어 자기의 도야란 오직 외화 내지 소외[10]라는 매개를 통해서만 고려될 수 있다. 자신을 도야한다는 것은 유기체의

---

9) 제 1 권 제 II 부 1 장을 참조하라.

10) 「소외(extranéation, Entfremdung)」라는 용어는 「외화(alienation, Entäusserung)」라는 용어보다 좀 더 강력하다. 그것은 자연적 자기가 스스로를 포기하고 스스로를 외화시키는 것뿐만 아니라 그것이 스스로에게 소원해지는 것까지도 함축하고 있다. 선과 악의 근본 대립을 운위하는 과정에서는 헤겔은 언제나 「소외」라는 용어를 사용하고 있다.

성장에서처럼 조화롭게 생성(전개)한다는 것이 아니라, 오히려 자신
을 대립시키고 또한 분열과 분리를 통해서 그 자신을 재발견한다는
것이다. 분열과 매개의 계기는 헤겔의 문화 개념의 주된 특징을 이루
고 있다. 게다가 그것으로 인해 우리는 합리적이며 인간 중심적 교육
학(계몽주의 및 특정한 고전적 휴머니스트들에 경도된 자들의 교육학)
과 관련하여 헤겔의 교육학(그 말의 광범위한 의미에 있어)의 독창성
을 명백히 할 수가 있다.[11] 헤겔은 이미 초기 저작들을 집필할 당시
이러한 문화 개념을 파악하고 있었다. 生은 오직 자기대립을 통해서만
발전한다. 다시 말해 그것은 소박한 통일(쉴러의 의미에서)로부터 시
작하여 오직 분리와 대립의 계기를 거치고 나서야만 자기 자신을 재
발견하는 것이다. 이러한 원환적 운동——자기의 生으로서의 이러한
자기추구——이 헤겔의 변증법적 도식의 기초이다. 어떠한 생성의 경
우이든 그 첫번째 계기는 직접성의 곧 자연의 계기이다. 즉 그것은 부
정되지 않으면 안 될 계기이다. 그러한 직접성 속에서 자기는 사실상
그 자신을 벗어나(脫自) 있다. 그것은 실존하지만, 그러나 그것은 그
자신인 바로 생성되어야 하며 또한 그러기 위해서 그것은 그 자신과
대립해야만 한다. 말하자면 자기는 오직 그 대립——형성·도야로서
의 외화를 통해서만 그 자신의 보편성을 획득할 수가 있다. 헤겔은
그의 《청년기 신학논집》에서 다음과 같이 적었다. 「아직 전개되지
않은 始源의 통일성으로부터 출발하여 生은 도야를 통해 성취된 통일
에로 자신을 인도하는 원환과정을 두루 거쳤다.」[12]

그리하여 문화는 여기서 매우 일반적인 의미를 갖는다. 그것은 자
연적 존재의 외화의 결과이다. 개인은 법적 상태에서 오로지 그렇게만
인정되었던 그의 자연적 권리 곧 그의 직접적 자기를 거부한다.

이 만인과의 평등이란 법의 평등이 아닌, 말하자면 단지 자기의식이 존
재한다는 이유만으로 그것이 직접적으로 인정되거나 타당성을 갖는 그런 평
등이 아니다. 오히려 자기의식은 소외의 매개를 통하여 그것이 스스로를

11) 헤겔의 교양의 개념에 대해서는 W. Moog 의 ⟨Der Bildungsbegriff Hegels⟩ in
   《Verhandlungen des dritten Hegelkongresses vom 19, bis 23, April 1933 in
   Rom》 (Tübingen, 1934).
12) Nohl, op. cit., pp. 378 ff.

보편자와 합치시켰다는 이유에서 타당한 것이다. 법의 몰정신적인 보편성은 性格이나 혹은 현존재의 여하한 자연적 방식을 자체 내에 받아들여 그것을 모두 똑같이 정당화한다. 그러나 여기서의 타당한 보편성은 생성된 보편성이고 또한 그 생성 때문에 그것은 현실적인 보편성인 것이다(PE, Ⅱ, 55 ; PG, 351 ; 정신현상학, Ⅱ, 65).

계몽주의의 교육학에서 개인은 상향적인 단선적 길을 따르는 계속적인 진보에 의해 이성에로 고양된다. 즉 인간중심적 교육학에는 자연력 전체의 일종의 자발적이며 조화로운 발전이 있다. 이와 대조적으로 헤겔에 따르면, 교육에는 자기가 자기 자신과의 동일성을 잃고 그 자신을 부정하며 그럼으로써 자신의 보편성을 획득하게 되는 하나의 계기가 있다. 그 계기가 다름아닌 외화 혹은 소외라고 하는 계기인 것이다.[13]

교양을 통한 자기의 전개의 첫번째 계기는 신사(honnête homme)의 형성과정, 즉 자신의 직접적인 본성을 소외시키는 개체성의 교육과정이다. 개체성의 실체, 그의 참다운 근원적 본성——따라서 그 자체 즉자적이며 또한 대자화되어야 하는 것——은 엄밀히 말해서 자연적 자기의 이러한 외화이다. 「그러므로 개체성의 자연적 자기의 외화는 그 개체성의 현존재인 동시에 목적이다. 그것은 수단이면서 동시에 사유된 실체가 현실에로, 혹은 반대로 특정한 개체성이 본질성에로 이행되어가는 과정이다」(PE, Ⅱ, 55 ; PG, 351 ; 정신현상학, Ⅱ, 65). 헤겔은 여기서 우리가 이미 특정한 개체성(정신적 동물의 왕국)을 논의하면서 보았던 개념들에로 되돌아가 그것들에 이러한 정신의 세계에 적합한 의미를 부여하고 있다. 진정 자기는 여기서 스스로를 개별적인 자기로 인식하지만 그러나 이 정신적 세계에서 자기의 실재성은 오직 자기의 보편성에만 놓여 있다. 자기는 더 이상 스스로를 이 특수적 자기로서 보는 것이 아니라 오히려 보편적 실체를 자체 내에 흡수·통

---

13) 生 일반은 헤겔의 《청년기신학 논집》에서는 오직 대립을 통해서만 존재하는 전개과정으로 특징지워지고 있다. 「그것의 전개과정의」각 「단계는 만일 그것이 자기 자신을 위해 生의 풍부성 전체를 획득하고자 한다면 하나의 필연적인 분리일 것이다.」 자신을 형성, 도야한다는 것은 자신에게 소외된 자가 되는 것이며, 자신을 재발견하기 위해 자신을 상실하는 것이다. 따라서 교육학적 의미에서의 형성은 대립을 전제하고 있다.

합한 자기로 볼 수가 있다. 「개체성에 대한 이와 같은 주장은 단지 사념된 현존재에 지나지 않는다. 따라서 그 개체성은 이 세계 속에서는, 즉 자기 자신을 거부함으로써 보편자에 도달할 때야 비로소 현실성을 획득하는 그런 곳에서는 전혀 안주할 수 없다.」 개인들간에 나타나는 차이성들은 의지력에 있어서의 불균등에로 환원된다. 그러나 의지의 목적과 내용은 실체로부터 빌어 왔다. 앞으로 우리가 좀더 자세히 보게 될 것이지만, 이는 자연적 존재의 외화를 더욱 더 효과적으로 실현함으로써 실체를 이용할 수 있는 어떤 힘에의 의지가 자기에게 없다고 말하는 것은 아니다. 그러나 이렇게 도달된 세계는 그 속에서 자기가 스스로를 보편성이라고 하는 지점에까지 형성했던 바의 세계이다. 그러한 교양——이것은 가령 가장 세련된 지점인 17세기의 불란서 사회에서 「내(自己)가 혐오스러워진다」가 아니라면, 보편자가 구체적인 개별성들 속에 실현되는 한에서의 진정한 보편적 의미를 자기가 취하든가 할 만큼 자연적 자기의 부정이다——은 사회적 교양일 뿐만 아니라 지적인 교양이기도 하다. 헤겔은 「아는 것이 힘이다」라는 베이컨(Bacon)의 격언을 인용하기까지 한다. 「개체성의 교양이 높은 만큼 그가 지니는 현실성과 힘도 크다」(PE, II, 56 ; PG, 351 ; 정신현상학, II, 65).[14] 다른 한편《라모의 조카》의 괴테의 번역본을 이용하여, 헤겔은 그 세계에서 살아가는 사람들이 즉자적으로 자연(본성)의 개별성은 보존하면서 자기계발에는 힘쓰지 않는 것에 대해 갖는 경멸감을 강조했다. 리뜨레(Littré)의 사전이 올바르게 기술하고 있는 것처럼, 「부류(espèce)란 전혀 가치를 찾아볼 수 없는 사람들에 관해 말해진다.」 디드로(Diderot)는 「이러한 부류들은 너에게 지저분한 술책을 사용하고 그들을 추종하는 패거리들을 시켜 점잖은 사람들이 너를 적대시하도록 만든다」[15]라고 하였다.

따라서 자기의 형성은 그의 자연적 자기의 외화 즉 보편자를 향한 그의 교육이다. 그러나 그러한 외화는 또한 소외이기도 하다. 자기는

---

14) 헤겔이 「권력」이라는 용어를 사용하고 있다는 것은 주목할 만하다. 그것은 현실세계에서 자기를 약동시키는 권력에의 의지이다.

15) Diderot, 《Neveu de Rameau》éd. Assezat, p. 451. 괴테의 번역으로 독일에서 알려졌음에도 불구하고, 디드로의 책은 아직 불란서에서는 알려지지 않았다.

88

더 이상 그 자신 속에서 스스로를 발견하지 못한다. 보편적인 자기가 됨으로써 그는 스스로에게 소원해진다. 자기의 자기일치——이는 정신의 첫번째 세계의 본질이었다——는 점진적으로 더욱 더 상실되기 시작한다. 게다가 18세기에는 그러한 상실·결여가 자연이나 혹은 적어도 자연적인 것으로의 복귀를 보장한다고 루소에 의해 권장되기도 하였다.[16]

그러나 우리가 방금 고찰했던 이 첫번째 계기는 오직 외화의 한 측면일 뿐이다. 자기가 실체적 내지 보편적이 되는 동안 실체는 구체적으로 실재하는 것이 된다. 자기의 외화는 곧 실체 내에서의 그 자기의 외화이다. 그러므로 정치적·사회적 구성체는 그러한 외화의 산물인 것이다. 확실히 그러한 실체의 구성체는 개인적 자기에게는 소원한 현실로 나타나며, 또한 그러한 현상이 바로 이 세계의 근본 성격이다. 그렇지만 사실상 그것은 그의 행적(작품)이다. 그것은 광의의 의미로 이해된 교양의 다른 측면인 것이다. 「그의 專斷하에 실체가 압도되고 그럼으로써 지양되는 바의 개체의 위력은 바로 그 실체의 실현과 동일한 것이다. 왜냐하면 개체의 힘이란 그가 스스로를 실체와 합치시키는 데에, 다시 말해 그와 그 자신의 자기를 외화시키고 그리하여 자기 자신을 대상적으로 존재하는 실체로 정립하는 데에 있기 때문이다」(PE, Ⅱ, 57 ; PG, 352~53 ; 정신현상학, Ⅱ, 67). 이 맥락에서 힘에의 의치를 강조해 볼 수가 있겠는데, 이는 실체를 정복하고자 하는 자기의 노력에서 현시되는 것 같다. 야망, 정치적 권력이나 富에 대한 욕망은 스스로를 실체적인 것으로 만드는 동시에 그 자신의 생명으로 실체에 활기를 불어넣는 자기의 외화의 추진력을 이루는 것이다.

「외화」라는 말은 이미 자연적 자기의 외화 문제를 여러가지 다른 방식으로 고찰했던 홉즈, 로크 그리고 루소와 같은 정치사상가들에 의해 사용되었었다. 만일 우리가 진정으로 법적 상태——헤겔에 의해 그 가장 일반적인 형식에서 자연법에 대한 직접적인 긍정으로 간주된——에서 시작한다면, 우리는 어떻게 인격체가 자신의 권리의 전체나

16) 17·8세기의 불란서 문화 및 그 문화에 대한 디드로와 루소의 비판을 정확히 시사하고 있음이 《정신현상학》의 이 부분에서 상당히 명백하게 드러나고 있다.

혹은 일부를 거부——사회생활의 조건으로서의 거부——할 수 있는가
를 묻지 않으면 안 될 것이다. 우리는 루소가 사회계약을 정의했던
구절을 상기해 볼 수 있다. 「물론 이와 같은 조항들은, 각 구성원이
자신의 모든 권리를 사회 전체에 총체적으로 양도(외화)한다는 하나
의 조항으로 환원이 가능하다.」[17] 홉즈에게 있어서는 개인의 제 권리
가 사회가 아니라 통치자에게 외화(양도)되었다. 사실상 홉즈는 오직
개인들만을 알고 있었다. 우리는 〈정신철학〉의 구절들로부터 외화가
사회를 구성한다는 것을 헤겔이 명백하게 사용했음을 알았다. 그러한
구절들 속에서 헤겔은 「개인의 형성·도야」에 의한 사회적 실체의 실
현을 논구하면서 《사회계약론》의 논지를 인용하였다. 그는 다음과 같
이 적고 있다. 「우리는 마치 모든 시민들이 모여서 숙고한 것처럼 그
리고 마치 다수표가 일반의지를 창출한 것처럼 일반의지의 구성을
상정한다.」[18] 이러한 묘사를 통해 우리는 하나의 필연적 운동, 즉
「자기부정을 통해」 개별자가 보편자에로 고양되어 가는 운동을 파악한
다. 그러나 역사에 있어 외화는 그렇게 지극히 단순한 형태로 실행되
지는 않는다. 그리하여 처음에 일반의지는 개인에게는 소원한 것으로
서, 곧 타자로서 나타난다. 그러한 일반의지는 개인의 즉자태, 말하자
면 그 개인이 되고자 하는 것이다. 따라서 설령 암묵적이라 할지라도
그 자체로서 일반의지를 구성하게 될 계약이라는 문제는 존재하지 않
는다. 아리스토텔레스가 말했듯이[19] 「전체는 부분들에 선행」하며 사
회적 실체는 자기에게 스스로를 외화시킴으로써 동화되지 않으면 안
될 어떤 소원한 실재로 나타난다. 「일반의지는 먼저 스스로를 제 개
인의 의지의 기초 위에서 세워야 하며 또한 스스로를 제 개인이 그것
의 원리와 요소로 나타날 수 있도록 일반적인 것으로 세워야만 한다.
그러나 사실상 일반의지라고 하는 것은 근원적인 용어이며 본질인
것이다. 일반의지는 「제 개인의 즉자태」이자 그들의 실체이지만, 그

---

17) 《Contract social》, éd. Beaulavon, F. Rieder 1922, p. 139.
18) Hegel, 《Werke》, éd. Las son-Hoffmeister, XX², p. 245. 헤겔은 《정신현상학》에
    서 사용한 것과 동일한 용어(Entäusserung, Bildung)를 정신철학에 관한 1805~6 년
    의 강의록에서도 사용하고 있다.
19) 1805~6 년의 강의록(ibid., p. 245)의 방주에서 헤겔은 다음과 같이 적었다. 「아
    리스토텔레스 ; 본성적으로 전체는 제 부분에 선행한다.」

러한 즉자태는 그들에게는 소원한 것으로서, 그들이 형성·도야를 통해 되어야만 하는 것으로서 나타난다. 따라서 자식은 그의 부모들 속에서 그에게 소원한 것으로 나타나는 그의 즉자태를 본다. 보편자와 자기 사이의 이러한 분리가 정신의 생성·전개를 특징짓는다. 우리는 처음에는 단지 직접적 개념에 지나지 않는 실체, 즉자태가 자기의식의 전개를, 즉 자기의식의 도야와 외화를 통해 실현되는 운동——반대로 이를 통해 자기가 실체적 현실을 받아들이는 바의 운동——을 추적해야만 한다. 주체가 실체가 될 때 실체는 주체가 된다.

우리는 정신의 첫번째 세계인 인륜적 세계에서 정립된 것과 동일한 문제를 보지만, 그러나 그때 그것은 아직 외화의 필연성을 함축하지는 못했다. 실체——보편적 본질로서 그리고 목적으로서——는 인륜적 행위를 통해 실현되었는데, 이러한 행위는 더우기 자기를 실체성에로 고양시켰었다. 그러나 엄밀히 말해서 이 행위야말로 그의 전개과정에 있어 직접적인 세계와 조화를 이루지 못했으면서도 직접적으로 자기와 실체의 통일을 정립했고, 나아가서는 자기를 유일하게 참다운 실재로 등장시켰던 것이다. 여기서 자기의식의 판단이 그리고 뒤에 가서는 추리가 외화를 실현하고 정신의 실체에 생명을 불어넣는 역할을 떠맡는다. 물론「개념」,「판단」그리고「추리」라는 말들은 특별히 헤겔적인 방식에서 이해되지 않으면 안될 것이다. 문제가 되는 것은 논리적 운동의 구체적인 범례뿐 아니라 그와 못지 않게 구체적 과정의 논리적인 표현이다. 개념은 직접적인 項들의 정립작용에 대응한다. 판단은 그러한 항들에 대한 자기의식의 관계를 표현한다. 추리는 유일하게 제 계기에 활력을 불어넣어 그것들을 그의 직접성으로부터 벗어나게끔 해 주는 매개운동이다. 우리가 지금 고찰하고 있는 정신적 세계는 소외의 세계, 즉 각 계기가 그 자신에게 소원해진 세계이다. 진정 자기의식은 이 세계 안에서 스스로를 결코 발견하지 못한다. 제 계기를 활성화시켜 그것들이 끊임없이 타자화되어가는 운동을 이루는 것은 오직 그것들이 간직한 내적 부정성뿐이다.「자기는 오직 지양된(aufgehobenes) 자기로서만 현실적이다」(PE, Ⅱ, 57 ; PG, 353 ; 정신현상학, Ⅱ, 67). 자기는 결코 스스로와 혹은 그 자신의 대상들의 어떤 것과도 일치할 수 없다. 각 項은 그것이 자기인 한에서 스스로에게 외면적이다. 말하자면 각 항은 그것이 포함하고 있지는 않지만 그것이 정립하는 순간 전제하게 되는 그런 다른 항과 관계하고 있다. 이러한 정신적 세계는 엄밀히 말해서 제 계기의 이와 같은 외면성과 관계성으로 이루어져 있다. 「(그 세계에서는) 자체 내에 근거지어진 내재적 정신을 지닌 것이라고는 아무것도 없다. 모두가 소원한 정신 속에서 자기 자신을 벗어나(脫自) 있다」(PE, Ⅱ, 52 ; PG, 349 ; 정신현상학, Ⅱ, 61). 《논리학》에서 존재의 직접적인 범주들이 본질의 반성적인 범주들——그 안에서는 어떤 것도 직접적인 것으로 남을 수 없고 또한 모두가 어떤 다른 것과 관계하여 그 타자를 통해 의미를 취하는 바의 보편적 관계성——로 이어지는 것처럼, 여기서는 자기 자신과 일치해 있는 자연-정신의 세계가 자기가 언제나 그 자신을 벗어나 있는 문화-정신의 세계로 이어진다. 그렇지만 상호적으로 서로서로를 전제하는 이러한 계기들은, 그것들이 직접적으로 그 대립물들로 전화되는 것을 방지하는 하나의 견고성을 유지하고 있다. 사유는 그 대립을 善과 惡이라고 하는 결코 일치될 수 없는 項들간의 대립으로 가능한 한 극히 일반적인 방식에서 응결시킨다. 이것은 도덕적인 善과 惡간의 구별로 이해되서는 안 된다. 오히려 헤겔이 말하는 것처럼 「가능한 한 극히 일반적인 방식에서」의 구별인 것이다. 그것들은 순수의식 속에서 단지 한 항의 다른 항으로의 전화의 완전한 불가능성, 근본적인 분리의 필연성, 매개 불가능한 이원론의 필연성만을 표현한다. 그렇지만 철학자로서 그 과정을 이해하고 있는 우리는 「대립물들간의 상호전화가 그 고정되고 고착된 현존재의 혼이라는 것과 오직 소외만이 전체의 생명이며 버팀목이라는 것」(PE, Ⅱ, 58 ; PG, 353 ; 정신현상학, Ⅱ, 68)을 알고 있다. 이 정신적 세계는 모름지기 그 총체성에 있어서 소외의 세계이다. 따라서 이 세계의 생명과 그 전개는 오로지 그로 인해 한 계기가 다른 계기로 전화하며 그것에 일관성을 부여하고, 또 그것으로부터 그 자신의 일관성을 받아들이는 바의 운동 속에 담겨 있다. 따라서 경험에 관여된 의식에게 善으로 고착화된 것은 惡일 것이며 또한 그 逆도 마찬가지다. 고귀한 의식은 비천한(혹은 천박한) 의식으로 밝혀질 것이며, 또한 비천한 의식은 고귀한 의식으로 밝혀질 것이다. 이와같이 곤혹스러운 변증법——그것의 숨어 있는 혼은 소외

를 뛰어 넘어 스스로를 재발견하고자 하는 자기이다——의 마지막에
이르러 「소외 자체가 소외될 것이며 그럼으로써 일체가 그 자신의 개
념 속에서 스스로를 회복할 것이다」(PE, Ⅱ, 58 ; PG, 353 ; 정신현상학, Ⅱ,
68). 다시 말해 자기는 절대적인 분열 속에서 그 자신에게로 복귀할
것이다. 우리는 이제 직접적인 개념들에서 자기의식의 판단을 통해
추리로 이어지는 이 변증법——매개의 과정 속에서 자기의 재발견으
로 인도하게 될 변증법——을 추적해야만 한다. 《논리학》에서 개념,
즉 자율적으로 전개해 가는 자기가 반성적인 본질의 세계를 계승하
고 자유가 필연을 계승하는 것처럼 문화의 세계의 마지막에 가서
는 보편적이기 때문에 자유로운 자기가 출현할 것이다. 고귀한 의식
과 비천한 의식의 변증법은 불란서 혁명의 변증법에 의해 계승될 것
이다.

헤겔은 실체의 제 계기를 그것들이 직접적으로 혹은 그 자체에 있
어 존재하는 바(개념)대로, 다음으로는 그것들이 자기의식에 대해서
존재하는 바(판단)대로, 마지막으로 그것들이 자기의 외화를 매개하
여 생성해 가는 바(추리 혹은 삼단논법)대로 고찰하였다.

a) 그 자체에 있어서의 실체의 제 계기

실체의 제 계기에 관한 헤겔의 논거는 추상적 형태로 어렵지 않게
파악될 수가 있다. 왜냐하면 그것은 언제나 동일하기 때문이다. 다시
말해 실체는 먼저 즉자적이다. 그것은 자기 자신과 동등한 존재이다.
그러나 그것만으로 본다면 실체는 그의 타자성의 추상이며 그리하여
자기 자신의 반대이다. 따라서 실체는 대타적 존재나 혹은 자기부등
성이다. 마지막으로 그러한 타자성 속에서, 자기 자신으로의 그 자신
의 복귀, 자기 자신에 대한 그 자신의 생성이다. [20] 즉자적 존재, 대
타적 존재 그리고 대자적 존재——이것들은 총체성으로서 즉자대자
적 존재인 실체의 변증법적 제 계기를 이룬다. 헤겔에 따르면, 이 변

---

20) 이러한 변증법은 헤겔의 책을 일관해서 재현하고 있다. 그것은 개념의 세 계기, 즉
보편자, 특수자, 개별자에 대응한다. 자기동등성은 타자성을 배척한다. 다시 말해서
그것은 타자성을 상정하며, 또한 그것은 진정으로 자기동등하지가 않다는 것이다. 모
든 정립은 그것이 부정의 부정이며 그리하여 대자 내에서의 즉자로의 복귀이기 때
문에만 정립인 것이다.

증법은 공기, 물, 불, 대지 등 자연적 요소들 속에서 보여질 수 있다.

공기는 항존적인 본질, 순수히 보편적이며 투명한 본질이다. 그러나 물은
이와 대조적으로 언제나 용해되어 희생되고 마는 본질이다. 불〔火〕은 이러
한 공기와 물에 혼을 불어 넣는 통일인데, 이는 언제나 그들간의 대립을 해
소시키는 동시에 그 단순성을 자체 내에서 양분시키는 것이다. 마지막으로
대지는 이러한 분절들을 연결하는 견고한 매듭이며 이러한 본질들과 그들의
출발 및 귀환을 포괄하는 과정의 주체이다(PE, Ⅱ, 59 ; PG, 353 ; 정신현상
학, Ⅱ, 69). [21]

이렇듯 특수한 논의를, 즉 헤겔이 얼마나 자신의 변증법을 셸링의
자연철학에 적용하기를 원했는가를 보여 주는 논의를 우리가 어떻게
생각하든간에 그 이면에 깔린 사상은 명백하다. 다시 말해 타차성을
정립하지 않고서는 추상적 동일성을 정립하는 것이 불가능하다는 것
이다. 엄밀히 말해서 즉자태의 동일성이란 하나의 추상이다. 또한 그
것이 추상인 까닭에 그것은 자기 자신의 반대이다. 즉 그것은 어떤
다른 것에 대해서 (대타적으로) 존재하는 것이다. 우리가 알고 있듯이
긍정성 안에서의 이러한 부정성이 헤겔의 변증법적 도식의, 즉 그가
지니고 있었던 직관의 주된 특징이다. [22]

이 단계의 논의에서 자연의 제 요소에 의해 예시되었던 정신적 실체
의 제 계기는 시원적 즉자태(善)이며, 그 부정을 거친 본질 즉 부정된
본질(惡)의 대자화이다. 이러한 대립의 주체는 언제나 실체를 대립된
項들로 양분시키거나 혹은 그것들을 다시 통일시키는데, 그것이 곧
자기의식인 것이다.

첫번째 본질에서 그것(자기의식)은 자기 자신을 즉자적 존재로서 의식한
다. 두번째에서는 그것은 보편자의 희생을 통한 대자적 존재의 생성을 획득
한다. 그러나 정신 자체는 전체라고 하는 즉자대자적 존재이다. 이 전체는
항존적 실체 및 자기희생적 실체에로 양분되고 또한 실체를 그 자신의 통일
속에서 복원시킨다. 말하자면 그것은 실체뿐만 아니라 그와 동일한 실체의

---

21) 「정신적 대중들」과 「자연적 지반들」간의 이러한 비교는 우리에게는 낯설어 보인
    다. 그러나 헤겔은 그의 예나 시절에 그 자신의 변증법을 셸링의 자연철학에서 모색
    하고자 했다.
22) 이 점에 관해서는 제 1 권 제 Ⅲ부 머리말을 참조하라.

항존적 형태까지도 삼켜 버리는 탐욕적인 불과도 같은 것이다(PE, Ⅱ, 58~59 ; PG, 354 ; 정신현상학, Ⅱ, 69~70).

실체의 생명이란 자기 자신을 그 자신으로부터 분리시키고 또한 그 분리를 통해 다시 그 자신을 회복하는, 모름지기 내적으로 분열하는 정신의 생명이다. 우리가 이 단계에서 고찰하고 있는 계기들——보편적인 즉자태와 대자적 존재의 생성——은 인륜적 세계에 있어서의 공동체(만인의 단순한 의지)와 가족(「가정」에 있어서의 개별화)에 대응한다. 그러나 뒤의 계기들(대자적 존재, 가족)은 앞의 계기들(보편적 즉자태, 공동체)이 지닌 내적 통일과 직접성을 결여하고 있다. 따라서 서로에 대해 낯선 이방인이라는 그것들의 특징이 나타나지 않을 수 없는 것이다.

순수의식에 있어 이러한 계기들은 善과 惡이라는 추상적 본질, 다시 말해 즉자태라는 긍정적인 것과 부정된 즉자태라는 부정적인 것이다. 첫번째 본질 속에서 제 개인은 그들의 보편적인 기초를 발견한다. 반면 두번째 본질 속에서, 그들은 「자기 자신들에로의 간단없는 복귀」(PE, Ⅱ, 60 ; PG, 354 ; 정신현상학, Ⅱ, 70)라는 그들의 형식적인 대자화 과정을 발견한다. 그러나 이 계기들은 또한 자기의식에게는 대상적인 계기들이다. 즉 그것들은 실재적인 형태들 속에서 첫번째는 국가권력으로 두번째는 富로서 등장한다. 인륜적 세계에서 공동체는 직접적으로 만인의 의지였으며 자기는 자연과 동일한 이 만인의 의지와 분리되지 않았던 반면, 이 정신적 세계에서는 공동체가 스스로에게 소외되어 개별적 의식에게 외부적인 실재로 나타난다. 말하자면 자기의식에게 있어서 공동체는 대상적인 국가의 권력, 즉 그로부터 자기의식이 善에 대한 자신의 순수사유를 구별하는 바의 권력으로 나타나는 것이다. 마찬가지로 가족의 개별성은 즉자태에서 富로 타자화된다. 확실히 가족(γένος)에서 富로의 이행은 우리가 이미 법과 재산이라고 하는 계기를 통해 지적했던 변천으로부터 그 정당성을 끌어내고 있다. 그 이후부터 대립된 두 항은 더 이상 공동체나 가족과 같이 類가 아니라 오히려 보편자와 개별자이다.

우리가 실체 일반 속에서 보았던 것과 동일한 변증법이 (실체를 대상적인 대타적 존재로 표현하는) 국가권력과 富에서 나타나고 있다. 국가권력은 보편적 작품——절대적인 事象 자체——으로서, 그 내부에서 제 개인의 보편성이 표현된다. 그것은 우리가 정신의 차원에서「事象」으로 규정했던「만인의 작품인 동시에 각인의 작품」이다. 그러나 이 작품이 또한 제 개인의 행위로부터 그 기원을 끌어내고 있다는 사실은 잊혀졌다. 그럼에도 이것은 하나의 추상이다. 따라서 제 개인의 단순하고 靈氣(에테르)와도 같은 실체는 오직 그것이 대타적으로 되어 경제 생활 일반의, 즉 富 내지 국가자원의 개별화 속에서 표출될 경우에만 보편성을 띠는 것이다. 「이와같이 제 개인이 영위하는 삶의 단순하고 靈氣와도 같은 실체는 그 자체의 불변적인 자기 자신과의 동등성이라는 규정을 통해 존재가 된다. 그러므로 그것은 한낱 대타적 존재에 지나지 않는다. 따라서 그것은 그 자체에 있어 직접적으로 그 자신과 반대되는 것, 즉 부이다」(PE, Ⅱ, 60 ; PG, 355 ; 정신현상학, Ⅱ, 71).[23] 富는 비록 그것이 끊임없는 타자화, 곧 영속적인 매개일지라도 그 나름대로 하나의 보편적인 본질이다. 그러나 이 보편성은 하나의 奸計로부터 비롯된 것이다.

이 계기 안에서 각 개인들은 누구나 이기적으로 행동한다고 믿고 있다. 따라서 그 안에서 각 개인은 대자적 존재라는 의식을 지니며, 그렇기 때문에 그들은 그것을 어떤 정신적인 것으로 간주하지 않는다. 그러나 단지 외적으로만 보아도 각인의 향유는 곧 만인의 향유에로 이어지고 각인은 그 자신을 위해서 노동하는 것 못지 않게 만인을 위해서도 노동한다는 것, 또한 만인은 각인을 위해서 노동한다는 것이 이러한 계기 속에서 보여진다. 따라서 각인의 대자적 존재는 그 자체로 보편적인 것이다. 말하자면 私利라는 것은 결코 실현되지 못하는 思念에 지나지 않는다. 만인의 이익에 도움되지 않는 것은 어떤 것도 행해질 수가 없는 것이다(PE, Ⅱ, 60~61 ; PG, 355 ; 정신현상학, Ⅱ, 72).

따라서 국가권력과 富는 이 세계의 대상적 본질들이며, 그것들에 대

23) 만일 우리가 이러한 논거를 적절히 이해하고자 한다면, 우리는 순수의식에 대한 실체의 제 계기(善, 惡, 양자의 분리 및 통일)를 현실의식에 대한 실체의 제 계기(국가권력과 富)로부터 구분하지 않으면 안될 것이다. 순수의식과 현실의식간의 이러한 분리가 외화의 세계를 특징짓고 있다.

해 순수한 의식으로서 본질을 담고 있는 자기의식이 본질로서 혹은 善과 惡의 대립이라고 하는 이상적 형식을 띤 채 대치해 있다. 국가권력은 제 개인의 보편자이다. 즉 그것은 개별적 존재의 불안정과 대비되는 안정된 법인 것이다. 다른 한편 그것은 또한 보편적 작품이 전개하는 개별적인 운동들을 조화시키는 통치이며 권위이다. 개인적 의지들의 공통 산물일 뿐 아니라 공통 원천이 국가권력 속에 표출된다. 그러나 다른 한편, 富──전체 민중의 경제 생활──역시 국가권력의 경우에서처럼 직접적으로는 아닐지라도 매개라는 교호작용을 통한 하나의 보편적 본질이다. 만일 우리가 민중의 경제 생활을 전체로서 고찰한다면 우리는 개인적 노동과 민중의 전 구성원들의 개인적 향유 상호간의 교호작용에서 비롯된 은폐된 조화를 발견할 것이다. 헤겔은 특히 예나 시절에 행한 《정신현상학》에 관한 강의 속에서 이러한 富의 변증법을 강조하였다. 그는 당시 아담 스미스의 《국부론》의 독일어 번역본을 읽고서 그 책에서 자신의 변증법의 예증을 보았다.[24] 대자적 존재의 관점으로부터 본다면 富는 대자적 존재의 자기 자신을 위한 전개(생성)에 대응한다. 각인은 그 자신을 위해서 노동을 하고 향유를 한다. 이것은 실체의 통일 속에서의 다양성의 계기이다. 그러나 노동의 분업 덕분에 각인의 노동은 집단성에 기여하며 따라서 총노동의 일부분에 지나지 않는다. 개인은 그가 그 자신의 개별적 삶을 확증하고 있다고 생각한다. 그의 의도적인 생각은 「事象 자체」에 미치지 못하는 것이다. 그럼에도 그의 향유는 타인의 노동을 조건지우고 이 노동을 하나의 가능한 출구로 확증한다. 따라서 생산자나 소비자로서 개인은 그가 단지 그 자신의 목적에 지나지 않는 것을 보편적인 목적으로 세울 때 착각의 희생물이 된다. 그는 그것을 알지 못한 채 전체(스스로를 개인적 삶들의 數多性에로 다양화하는 것으로 이해된 전체)의 삶을 실현한다. 이것이 왜 헤겔이 실체 속에서의 매개의 계기가 지닌 영속적이며 보편적인 본성을 강조하는지에 대한 이유이다. 「본질의 이러한 절대적 해체는 그 자체가 영속적인 것이다」(PE, Ⅱ, 59

---

24) 1803~4 년의 〈정신철학〉, éd. Lasson-Hoffmeister, XX¹, p. 239. 헤겔은 Adam Smith 의 《Inquiry into the Nature and Causes of the Wealth of Nations》(1776)의 Garve 번역본(Breslau, 1794~96)으로부터 인용하고 있다.

; PG, 354 ; 정신현상학, Ⅱ, 70). 국가권력과 富는 헤겔이 나중에 《법철학》에서 「국가」와 「시민사회」(혹은 부르조아 사회, die bürgerliche Gesellschaft)라고 부른 것과 대응한다. 고대 세계에서 공동체와 가족은 하나의 실체의 두 가지 반영으로서 서로 대응한다. 근대 세계에서의 대립은 국가——개별자가 직접적으로 보편자가 되는 바의 일반의지로서——와 시민사회——개별자가 보편자를 단지 간접적으로 실현하는 바의——사이의 대립이다. 헤겔이 시민사회, 말하자면 자연을 대체함으로써 이제 개인이 또 다른 자연으로서 의존해 있는 그런 경제적 세계의 중요성을 깨닫게 된 것은 예나 시절에서였다.[25]

b) 자기의식에 대한 실체의 제 계기 ; 판단

자기의식은 대상적 본질들, 즉 국가권력 및 富와 융화되지 못한다. (善과 惡이라는) 순수한 의식으로서 그것은 그것들과 구분된다. 그리고 자기와 현실성간의 그러한 구분은 우리가 지금 논구하고 있는 외화의 세계를 특징짓는다. 그러나 자기의식은 또한 「개인의 순수한 의식과 현실적 의식간의, 사유된 것과 대상적 본질간의 관계이다. 그것은 본질적으로 판단인 것이다」(PE, Ⅱ, 61 ; PG, 356 ; 정신현상학, Ⅱ, 73). 개인은 스스로를 국가권력 및 富와 관련해 자유롭다고 인식한다. 그는 그 두 가지 가운데 하나를 선택할 수 있다거나 심지어 아무것도 선택하지 않을 수 있다고 생각한다. 그는 본질을 善과 惡이라고 하는 순수사유로서 간직하고 있다. 그러나 그는 판단하지 않으면 안 된다. 즉 그는 그의 사유를 목전의 현실과 결합시켜야만 한다. 우리는 두 가지 가능한 판단이 있음을 알 수가 있다. 하나의 판단에 따르면, 국가권력은 그것이 제 개인의 즉자태이기 때문에 善이고 富는 그것이 타자화, 대자적 존재의 운동에 지나지 않기 때문에 惡이거나 혹은 無이다. 다른 판단에 따르면, 富는 그것이 자기의식을 그의 대자적 존재 속에서 표현하기 때문에 善이지만 국가권력은 그 속에서 「자기의식이 개인적 행위가 말살되고 복종만이 강요된다는 사실을 알아채기」

---

25) Hegel, 《Werke》, éd. Lasson-Hoffmeister, XX², pp. 231 ff. 경제 세계, 즉 富의 축적, 근대 세계에서의 부와 빈곤의 대립, 시민(혹은 부르조아) 사회에 수립된 새로운 자연——「개인이 의존해 있는 맹목적 운동」——에 관한 헤겔의 텍스트는 그 빠른 시기(1805〜6)상으로 보아 주목할 만하다.

98

(PE, Ⅱ, 63 ; PG, 357 ; 정신현상학, Ⅱ, 75) 때문에 愍이다. 그 두 가지 경우, 자기의식은 그 자신이 판정관이 되어 제 본질을 그 직접적 상태 너머로 고양시킨다. 직접적으로 본다면, 국가권력은 자기동등성 혹은 추상적 즉자태——혹은 善——이며, 또한 富는 영속적인 부등성 혹은 대자적 존재이다. 자기의식은 이 본질들을 그것들이 즉자적으로 존재하는 바의 것으로 만든다. 여기서 중요한 것은 이 본질들의 직접적 규정(그것들 자체 안에서의 동등성 내지 부등성)이 아니라 그것들의 매개적 규정(그것들의 자기의식과의 동등성 내지 부등성)이다. 그러나 자기의식은 즉자적 존재와 대자적 존재라는 두 계기를 포함하고 있다. 따라서 자기의식은 逆으로 이 본질들과 관계한다. 게다가 본질들은 차례로 그것들의 처음의 모습과는 정반대로 나타나기 때문에, 그것들을 특징짓는 외화가 그것들 자체로부터 나타나기 시작한다. 우리는 가능한 한 자세하게 헤겔이 국가권력 및 富의 직접적 규정들로부터 그것들의 매개적 규정(자기의식의 판단에 기인한 매개)으로 넘어가게 된 전개과정들을 추적하고자 노력했다. 더불어 자기의식은 즉자대자적으로 그리고 본질로서 실존하기 때문에 그것은 이러한 계기들을 절대적으로 실현한다는 것에 주목해 보자.

자기의식에 따라서 선하고 악한 것은 동시에 즉자적으로도 善하고 愍하다. 왜냐하면 자기의식이란 그 속에서 즉자적 존재와 자기의식에 대한 존재라는 이 두 계기가 동일한 매개체이기 때문이다. 자기의식은 대상적 본질(국가권력과 富)의 현실적 정신이다. 따라서 판단은 자기의식이 이 본질들에 행사하는 힘, 즉 그것들을 그 즉자적인(본래적인) 모습으로 만드는 힘의 실증인 것이다(PE, Ⅱ, 62 ; PG, 356 ; 정신현상학, Ⅱ, 74).

따라서 국가권력과 富에 관한 두 가지 가능한 견해가 나타나는데, 이러한 견해는 구체적인 의미를 지니고 있다.

한 체계에서 개인의 본질은 전 민중의 삶을 규율하고 명령하는 공통적인 통일을 통해 실현된다. 보편적인 법과 정부의 명령 속에서 개인은 그의 행위의 핵심을 결정하는 것, 그 자신을 구체적으로 실현가능하게 하는 것, 그에게 의미를 부여하는 것을 발견한다. 이와 반대로 富에서는, 개인은 단지 무상한 의식만을 발견하여 개별성으로서의 자기 자신을 향유할 뿐이다. 이 체계에서 善이란 만인의 통일, 정치

생활에의 참여이다. 富는 단지 개인들을 분리시키고 서로 대립하게
만든다. 따라서 만일 개인이 본질적으로 실존하고자 한다면 그 富는
폐기되지 않으면 안될 것이다.

그 대안을 이루는 체계——18 세기에 풍미한 개인주의적 사유형식
과 대응하는 체계——에서 권력은 곧 惡이다. 개인이 복종하지 않을
수 없는 억압은 최소한도로 감소되어야만 한다. 진정한 善이란 각 개
인을 자기의식에로 고양시켜 주는 富이다. 본질의 이러한 개별화가 올
바로 이해된다면 제 개인을 서로 대립시키기보다는 그들을 즉자적으
로(그 자체에 있어) 다시 통일시켜 주는 것이다. 「富란 그 자체로 보
편적인 자선이다」(PE, Ⅱ, 63 ; PG, 357 ; 정신현상학, Ⅱ, 75). 각인의 유복
은 만인의 善을 실현하는 것으로 생각된다. 국가에 의한 개입은 이와
반대로 만인의 표현에 저해되는 억압적 힘이다. 「富가 아무런 시혜도
베풀지 않고 또한 만인의 필요에 부응하지 않는다 해도, 이는 모든
개인에게 공유되고 언제든지 시혜자가 된다는 부의 보편적이며 필연
적인 본질에 전혀 손상을 입히지 못하는 우연인 것이다」(PE, Ⅱ, 63 ;
PG, 357 ; 정신현상학, Ⅱ, 75~6). 이러한 두 체계에서 위계질서적인 사회
구성체는 개인의 이익에 대한 배려, 즉 모든 측면을 고려해 볼 때 만
인의 이익에 기여하는 그런 이익에 대한 배려를 그 본질로 하는 자유
주의와 대립한다.

「그러나 이 두 판단의 각각에는 동등성과 부등성이 존재한다. ……
이중적인 동등성과 이중적인 부등성이 존재하는데, 이는 실재하는 두
개의 본질성에 대한 대립적 관계가 현존한다는 것이다」(PE, Ⅱ, 64 ; PG,
358 ; 정신현상학, Ⅱ, 76~7). 동등성과 부등성은 처음에는 계기들 자체
(국가권력과 富) 속에서 직접적으로 정립되었지만, 나중에 우리들에
게는 그 계기들에 대한 자기의식의 관계 속에서, 즉 유일하게 그 계
기들을 진정으로 존재 가능케 해 주는 관계 속에서 나타났다. 그러나
우리는 그 관계가 자기모순적임을 보았다. 그것은 이중적인 동등성과
이중적인 부등성을 야기시켰던 것이다. 따라서 우리는 한 차원 위로
고양되어 동등성과 부등성을 직접적으로 취해진 계기들 속에서나 그
계기들에 대한 자기의식의 관계 속에서가 아니라 오히려 자기의식 자
체 속에서 고찰하지 않으면 안 된다. 이럼으로써 우리는 정신에로 즉

전체라고 하는 즉자대자적 존재에로 고양된다. 그리하여 동등성과 부
등성은 우리에게는 자기의식의 두 가지 구체적인 형태들로 나타날 것
이다. 만일 우리가 동등성을 자기의식 자체의 본질로서 간주한다면,
우리는 고귀한 의식, 즉 국가권력과 富 모두에게 어울리는 의식에 도
달할 것이다. 이에 반하여 만일 우리가 부등성을 자기의식의 본질로
서 간주한다면, 우리는 천박하거나 혹은 비천한(niederträchtige) 의식
에 도달할 것이다. 이때로부터 고귀한 의식과 비천한 의식 사이의 대
립이 우려의 문제로 등장할 것이다. 자기의식의 이 두 가지 유형들 사
이의 부등성은 주인과 노예 사이의 부등성을 보다 높은 차원에서 재
생산하고 있다. 고귀한 의식은 그것이 실제적인 정치·사회 세계에 적
응하는 것에 의해 규정된다. 그는 국가권력을 존중하여 그것에 복종
하고자 한다. 그는 富 안에서 자신의 대자적 존재의 만족을 발견하며
「자신에게 향유를 안겨 주는 자를 은인으로 여기는 가운데 그에 대해
사의를 표할 의무가 있다고 생각한다」(PE, Ⅱ, 65 ; PG, 359 ; 정신현상학,
Ⅱ, 78).[26] 이것은 아직은 혁명적인 분노의 감정이 끓어오르지 않고 있
는 유기적 사회에 존재하는 귀족제의 정신상태이다. 고귀한 의식은
그가 기존에 확립된 질서를 인정하고 또 그것을 받아들이는 한에서,
말하자면 그가 복종하는 권력과 그 댓가로 얻는 富에 한에서 보수적
이다. 동등성——적응——은 고귀한 자기의식을 나타내는 적확한 특성
으로 그의 본질이다. 그러나 비천한 의식은 전혀 다르다. 그는 기존
의 권력에 복종하지 않을 수 없게 되어 있지만 복종하는 순간에도
내면으로는 모반을 획책하고 있다. 그는 향유를 가능케 하는 富를
추구한다. 그러나 무엇보다도 그는 富 안에서 그 자신의 본질과의
부등성, 즉 허망하기에 결코 만족을 줄 수 없는 것을 발견한다. 따
라서 그는 富를 받아들이면서도 그 富를 베풀어 준 자를 증오한다.
비천한 의식은 모반을 획책하는 의식 말하자면 본질적으로 언제나
분열된 의식이다. 이제——마치 노예가 주인의 진리였고 주인은 그것

---

26) 따라서 헤겔은 실체의 제 계기(그것들이 우리에 대해 있는 바로서)에서 이들 제 계
기에 대한 자기의식의 관계로 옮겨 간다. 이때 헤겔은 동등성과 부등성을 자기의식
의 두 가지 가능한 유형, 즉 고귀한 의식과 비천한 의식으로 고찰하고 있다. 이러한
운동은 현상학적 제 경험의 일반적 도식과 일치하는 것이다.

을 알지 못한 채 노예였던 것과 같이——비천한 의식은 고귀한 의식
의 진리로서 그리고 영원히 만족을 느끼지 못하던 의식이 만족을 느
끼는 의식의 진리로서 밝혀질 것이다. (마르크스가 주목했던) 헤겔
변증법의 혁명적인 성격은 의심할 여지없이 명백한 것이다. 비록 헤
겔의 체계가 함의하고 있는 것들이 보수적이라 할지라도, 변증법의
발전은 헤겔의 의도야 어찌 됐든 가히 혁명적이다. 그럼에도 불구하
고 고귀한 의식과 비천한 의식간의 대립은 사회적 내지 경제적인 두
계급간의 대립으로 환원될 수는 없다. 그 각본은 자기의식의 본질이
문제시되는 한에서 심리학적 성격과 심지어는 형이상학적 성격을 띠
고 있다. 고귀한 의식의 자기는 동등성의 양태 속에서 정립되고 또한
비천한 의식의 자기는 부등성의 양태 속에서 정립된다. 그러나 진정
한 자기는 가장 심대한 분열 즉 본질적 부등성을 통해서만 스스로를
발견할 수 있다. 따라서 외화의 세계는 필연적으로 비천한 의식, 자
기 자신과 부등한 의식이 전 과정의 진리임을 드러내 준다.

c) 제 계기들의 그 자체에 있어서의 전향적 운동 ; 매개적 삼단논법

지금까지 우리는 실체의 제 계기였던 것이 자기의식의 판단의 술어
들이었음을 보았다. 그러나 이러한 술어들은 아직 자기의식의 외화를
통해 정신적 존재에로 고양된 것은 아니다. 삼단논법의 매개운동이
아직 발생하지 않은 것이다. 그것이야말로 우리가 자기외화를 통해
국가권력과 富를 현실적인 것으로 만드는 고귀한 의식의 전개에 주목
하는 과정에서 짚고 넘어가게 될 운동이다. 사실상 우리는 자연적
자기의 외화를 통해서만 국가권력이 현실적일 수 있다는 것, 반대로
자연적 자기도 그와 동일한 외화를 통해서만 본질성을 획득한다는 것
을 알고 있다. 이러한 것이 두 항들, 즉 고귀한 의식과 국가권력 혹
은 고귀한 의식과 富를 실현하는 매개과정일 것이다. 그 매개의 결과
국가권력과 富는 정태적인 술어들로 남기보다는 오히려 주어들이 될
것이다.

이러한 규정들은 처음에는 직접적인 본질이다. 그것들은 생성된 본질이
아니며 또한 그 자체에 있어 자기의식도 아니다. 그것들에 대해서 있는 자
기의식은 아직은 그것들에 활력을 불어넣는 원리는 아니다. 그것들은 술어

이지 아직은 주어가 아니다. 이러한 분리로 인해 정신적 판단(작용)의 전체는 두 가지 의식으로 나누어지는데, 그 각각은 일면적 규정(고귀한 의식과 비천한 의식)에 놓여 있다(PE, Ⅱ, 65 ; PG, 359 ; 정신현상학, Ⅱ, 79).

제 계기의 이러한 전개는 동시에 자기의 자기보편성의 획득이다. 이러한 전개에 대한 자극은 외화의 과정일 것이다. 처음에는 고귀한 의식은 자신의 자연적 존재를 외화시킴으로써 국가권력을 이룬다. 그럼으로써 그는 자기 자신으로부터나 타인들로부터 명성을 얻는다. 그리하여 봉건제의 전개는 군주제에서 정점에 이르는 것이다. 그러한 고귀한 의식은 그의 명예심에서 볼 때 우리에게는 애매한 것으로 보일 것이다. 따라서 우리가 볼 때 고귀한 의식은 언제나 모반을 획책하는 비천한 의식에 접근할 것이다. 보다 완벽한 외화(언어에 의해 산출된)를 통해 국가권력은 (절대 군주제에서) 인격적인 자기로서 구성될 것이다. 이럼으로써 고귀한 의식은 富를 획득하게 된다. 그러나 이때 富가 즉자태가 되었기 때문에 우리는 모든 의식이 비천한 의식, 즉 자기 자신과 부등한 의식이 됨을 보게 될 것이다. 이처럼 외화가 절정기에 이를 때, 교양은 진실로 분열된 의식의 세계로 나타난다. 디드로(Diderot)의 《라모의 조카》는 우리에게 그와 같이 분열된 의식, 혁명 직전의 정신상태에 대한 묘사를 제공해 주고 있다. 교양의 정신은 철저히 대자적으로 출현할 것이다. 이 변증법의 연속적인 단계들은 구체적인 역사적 전개를 시사해 준다. 근대 국가들은 봉건 제도로부터 형성되었다. 그것들은 고귀성(la noblesse)이 약화됨으로써 군주제가 되었다. 그리고 우리가 루이 14세(Louis XIV)의 불란서에서 보는 것처럼 절대군주제는 이 변증법이 도달한 절정기이다. (하지만) 그것은 또한 몰락의 징표인 것이다. 이러한 몰락은 국가권력을 대신하여 富가 본질적인 것으로 등장한 것 속에서 보여질 수가 있다. 그 결과 비록(국가권력과 富의) 두 가지 변증법이 당연히 동시대적이라고 할지라도, 그것들은 필연적 순서를 따라 하나가 다른 하나를 계승하는 것처럼 보인다. 사실상 헤겔에게 있어서 극단적인 교양과 분열된 의식에 대한 묘사는 새로운 정신의 탄생을 예고하는 18세기 후반부의 불란서 사회와 대응하는 것 같다.[27]

봉건제에서 군주제로의 이행 ; 고귀한 의식의 외화

처음에 고귀한 의식은 국가권력을 목적으로서 그리고 절대적인 내용으로서 인정한다. 고귀한 의식은 이 국가권력을 그가 복종하지 않으면 안될 인격적인 군주로서, 그러나 그가 단지 자신을 희생해야 할 실체적인 실재로서만 본다. 그 권력에 대해 적극적인 태도를 취함으로써 그는 그 자신의 자연적 실존에 대해서는 소극적인 태도를 취한다. 이러한 의식이 모름지기 「봉사의 영웅주의」, 즉 개별적 존재를 보편자를 위해 희생하고 또한 그럼으로써 보편자를 현존재에로 옮기는 덕이다. 여기에는 이중적인 외화가 있다. 다시 말해 내용과 관련해서 고귀한 의식은 자신의 특수한 목적들이나 자연성을 거부함으로써 본질적 의지, 즉 보편자 그 자체를 욕구하는 의지가 된다. 다른 한편 이러한 외화를 통해 지금까지는 단지 즉자적으로만 존재했었던 국가라고 하는 실체가——아직은 정부나 혹은 인격적 결정으로서가 아니라 적어도 실행중인 권력으로서, 인정되고 현존하는 보편자로서——실존 속으로 진입하는 것이다.

이렇게 해서 고귀한 의식은 본질성을 획득한다. 그는 자신의 생명을 부인할 수 있기 때문에 자신의 자연적 존재를 외화시키는 것이다. 그러나 「자기소외된 존재는 곧 즉자태이다.」 자연적 실존에 붙박인 직접성을 상실했기 때문에 고귀한 의식은 지양된 직접성이나 혹은 즉자태가 된다. 그리하여 그는 타인들로부터 존중을 받을 뿐만 아니라 자신에 의해서도 존경을 받는다. 이것이 곧 「교만한 시종」이다. 그가 스스로의 가치에 대해 지니는 감각은 그 자신의 거부로부터 나온다. 헤겔은 이러한 감정을 아마도 몽테스키외(Montesquieu)를 염두에 두면서 「명예심」이라고 부르고 있는데, 그는 명예를 귀족주의적 군주제의 본질적인 원리로서 간주했던 인물이다. 그러나 특수한 목적들과 심지어는 자신의 생명까지 거부한다 해도, 「교만한 시종」은 자신의 자기를 거부하지는 않는다. 그는 기꺼이 국가를 위해 자신을 희생할 자세를 갖추고 있지만, 그러나 국가가 개별적 의지 속에 구현될 경우에는 그렇지 않다. 그는 그의 현존재는 외화시켜도 그의 자기 자

27) J. Hyppolite, ⟨La Signification de la Révolution française dans la Phénoménologie de Hegel⟩ in 《Revue Philosophique》, n° spécial, septembre-décembre 1939, p. 321.

체는 외화시키지 않았다. 「국가권력이 군주 개인의 의지가 아닌 본
질적 의지인 한에서만 이 자기의식은 국가권력을 위해 행동하는 교
만한 시종이다」(PE, Ⅱ, 67 ; PG, 361 ; 정신현상학, Ⅱ, 81). 그렇기 때문에,
외화——보편자에 대한 이와 같은 개인적 감각——를 통해 얻어진 명
예는 교만과 덕의 애매한 혼합물이다. 귀족이 전장에서 죽지 않는다
면, 그가 지닌 고귀성의 진리가 라 로쉬푸꼬(La Rochefoucauld)가 17
세기 초엽에 묘사했던 自己愛 이상 간다는 증거란 어디에도 없다. 「대
자적 존재, 즉 아직은 의지 자체로서는 희생되지 않은 그런 의지란
신분이라고 하는 내면적 정신이다. 이러한 정신은 보편적 선을 거론
하는 과정에서도 그 자신의 특수적 선을 스스로를 위해 남겨두고 또
한 보편적 선이라는 한낱 수사적인 장식물을 행동의 대용물로 이용
하는 경향이 있다」(PE, Ⅱ, 68 ; PG, 361 ; 정신현상학, Ⅱ, 81~2). 특히 독
일에 있어서 이 봉건제는 국가권력의 완전한 실현을 방해하는 정도
로까지 확대되었다. 말하자면 내면적 정신이 참다운 공공정신을 압
도했던 것이다. 그러나 불란서에서는 헤겔이 보여 주었듯 봉건제가 절
대군주제로 발전하여 충분하고도 현실적인 국가권력의 실현이 가능
하였다. [28] 따라서 봉사의 영웅주의자가 실제적인 죽음에 이르기 전까
지는 우리는 고귀한 의식이 본질적으로 비천한 의식, 「언제나 모반을
획책할 가능성이 있는」 의식과 동일한지 여부를 알 수가 없다.

만일 국가권력이 인격적 자기로서 실존하고자 한다면 자연적 현존재
의 외화를 훨씬 능가하는 외화가 있어야만 할 것이다. 가일층 확대된
이러한 외화 역시 정신의 본질적 계기, 즉 언어를 명시하고 있다. 자
연적 현존재의 외화에서 고귀한 의식은 오직 죽음을 통해서만 자신의
고귀성을 입증할 수가 있다. 그러나 죽음은 자연적인 부정에 지나지
않는다. 생동적 자기의식들이 서로에 대해서 그들의 진리를 순수한
대자적 존재로 입증하고자 할 때, 그들은 오직 전장 속에서만 죽을
수 있다. 그러나 그 경우 죽음은 또한 인정투쟁의 종말이다. 따라서
자기의 외화는 「대자적 존재가 죽음을 맞이했을 때에서처럼 완전하게
스스로를 내던지면서도 또한 이러한 외화 속에서 스스로를 유지·보

28) 헤겔 저작집 Ⅶ권(éd. Lasson)에 들어 있는 연구 논문 〈Die Verfassung Deutsch-
lands〉 p. 3 을 참조하라.

존하는 희생」(PE, Ⅱ, 68 ; PG, 362 ; 정신현상학, Ⅱ, 82~3) 가운데서 찾아
지지 않으면 안될 것이다. 부정은 부정하는 동시에 보존하는 정신적
부정이다. 다시 말해 그것은 지양(Aufhebung)인 것이다. 이제 정립
하고 부정하는 이 자연적인 대안(죽음)을 넘어설 수 있는 유일한 방
책은 자아의 외면성이 여전히 자아에게 남아 있을 정도의 그런 자아
의 외면성을 발견하는 것이다. 헤겔에 따르면 언어가 바로 그러한
외면성이다. 그리하여 언어를 통해 우리는 교양(문화)의 세계, 자기
소외된 정신의 세계를 이해하게 될 것이다. 고귀한 의식에 특유한 외
화 속에서 언어의 내용은 보편적인 선을 위해 전달된 충고(충언)일
뿐이다. 그러나 충언에 직면해서, 국가권력은 아무런 의지도 지니지
못하고 있다. 다시 말해 보편적 善을 둘러싸고 개진된 여러 가지 의견
들 사이에서 선택을 할 수 없는 것이다. 국가권력은 아직 통치(gou-
vernement)가 아니다. 그것은 아직 국가의 현실적인 권력이 아닌 것
이다.

소외의 현실로서의 언어, 혹은 교양 ; 루이 14 세의 절대 군주제

언어로서의 언어 속에서, 이-개별적 자아는 스스로에게 외타적이 되
어 보편성에로 이동한다. 반면 상호적으로 보편자는 자아가 될 수 있
다. 이 지점에 이르기까지 언어는 오직 그 내용과 관련해서만 고찰
되었다. 인륜적 세계에서 언어는 본질을 법과 명령으로서 표출하는
데 기여했다. 자연적 존재의 외화의 세계에서 언어는 본질을 충언으
로서 표현했다. 이제 언어는 언어 자체로서의 역할을 담당해야만 한
다. 언어의 근본 형식은 실현되어야 하는 것을 실현할 것이다. 「그러
나 여기서 (언어는) 그 자신의 형식을 그 내용으로 삼는다. 그것은
언어로서 타당하다. 실현되어야만 하는 것을 실현하는 것은 모름지기
언어 그 자체의 힘이다」(PE, Ⅱ, 69 ; PG, 362 ; 정신현상학, Ⅱ, 83).

사실상 언어는 우리가 제기했던 문제에 해결책을 제공하는 자아의
유일한 정신적 외화이다. 언어를 통해 「대자적으로(고립적으로) 존재
하는 자기의식의 개별성 자체가 실존 속으로 들어섬으로써, 모름지기
그것은 타자에 대해서 (대타적으로) 존재하는 것이 된다.」 스스로를
언표하는 자아는 (타인들에게) 청취된다. 그 자신이 소멸되면서 자아

는 보편적으로 전염된다. 「따라서 이러한 소멸은 또한 그 자체가 그
것의 지속이다. 그것은 자기 자신에 대한 그 자신의 知, 말하자면 다
른 자기, 곧 청취되어 보편적인 자기에로 이행했던 바로 그 자신에 대
한 知이다」(PE, Ⅱ, 70 ; PG, 363 ; 정신현상학, Ⅱ, 85).

대립의 두 항인 의식의 자기와 보편자가 언어 안에서, 말하자면 자
아를 보편자로 만들고 또한 그러한 사실로 인해 보편자를 자아로 만
드는 정신의 로고스(말) 안에서 서로 동일시된다. 언어의 기능이란
엄밀히 말해 자아를 말하는 것, 자아 자체를 보편자로 만드는 것이
다. 따라서 언어는 정신의 계기이다. 그것은 로고스요 지성의 매개
항이다. 그것은 정신을 제 개인의 자각적인 통일로 현현하도록 만들
어야만 한다. 《정신현상학》의 시초에서부터 언어는 우리에게 이러한
측면에서 등장했다. 의식이 현존하는 계기나 혹은 그것에게 소여된
특권적인 지위를 그 자신의 것으로 파악하고자 할 때, 그것이 발견
하는 유일한 말은 보편적인 항들로서의 「여기」와 「지금」이다. 의식
이 자기 자신, 자아, 이-자아를 명명하고자 할 때, 그것은 가장 보
편적인 것, 즉 자아 일반(PE, Ⅰ, 84 ; PG, 82 ; 정신현상학, Ⅰ, 159)을 명명
하는 것이다. 「나」를 말함에 있어 나는 여타의 모든 「나」가 말할 수
있는 것을 말한다. 나는 나 자신을 표출하는 동시에 나 자신을 외화
시킨다. 나는 객관적인 나가 되는 것이다. 나는 개별적인 자기의식으
로부터 보편적인 자기의식에로 고양된다. 개별적인 자기의 외화로부
터 유래한 그 보편적 자기의식이야말로 엄밀히 말해서 실현되어야 하
는 것이다. 그리고 언어만이 그것을 실현할 수가 있다. 언어는 교양
의 세계에 정신적 존재를 부여해 준다. 신하의 언어는 국가를 그 개
별성에 있어서 정책을 결정하는 보편적 자아로서의 자아로 만들 것이
다. 가장 천박한 아첨의 언어는 富를 본질성에로 고양시킬 것이다.
분열의 언어는 자기소외되어 있고 또한 자신의 부등성 속에서 스스로
에게 투명해진 정신 자체가 될 것이다. 개인은 봉사를 통해 스스로를
형성하기 위해 그의 자연적 실존을 거부하는 데 그치지만은 않는다.
그는 또한 스스로를 표출하는 과정에서 스스로를 외화시키기도 한다.
그는 자신이 무엇인가를 말하며 또한 그럼으로써 보편성을 획득하게
된다. 그리하여 그는 자기 자신을 단지 보편적인 존재로서만 발견할

수가 있다. 따라서 만일 우리가 교양의 전개과정에 있어서의 자기의 표출——언어 안에서의 자기의 외화——을 논구한다면, 우리는 자기의 보편화를 가장 잘 이해할 수 있을 것이다. 그 전개과정의 도달점에서, 언어는 우리가 18세기의 불란서 사상 속에서 발견하는 인간의 교양(문화)이라고 하는 보편적 의식이 될 것이다.[29]

아첨의 언어

먼저 아첨의 언어는 고귀한 의식 이전의 외화가 실현할 수 없었던 것, 즉 국가권력의 실현을 가져온다. 언어는 이제 보편자와 개별자, 실체와 자기라는 양 극단 사이의 매개항이다. 언어는 스스로를 자기 자신의 대립물로 정립하면서 이러한 양 극단 각각을 자체 내로 반성·복귀시킨다. 국가권력, 즉 추상적 보편자는 자체 내로 반성되어 개별적인 자아, 곧 정책 결정적 의지가 된다. 이와 대응해서 고귀한 의식은 자신의 순수한 대자적 존재를 외화시키고, 또한 그 외화의 반대급부로 실체의 현실성, 즉 富를 받아들이면서 자체 내로 반성·복귀된다. 그러나 이러한 반성 속에서 고귀한 의식은 자기 자신이 비천한 만큼이나 부등한 의식임을 보여 준다.

그(고귀한 의식)의 정신은 완전히 부등성의 관계이다. 즉 한편으로 그는 명예를 누리면서 자신의 의지를 고수하고 있다. 그러나 다른 한편으로 자신의 의지를 포기하면서 그는 부분적으로 자신의 내면성을 소외시킴으로써 자기 자신과의 극도의 부등성에 도달하며, 또한 부분적으로는 보편적 실체를 자신에게 굴복시키면서 그것을 철저히 그 자체와 부등한 것으로 만든다. 그리하여 고귀한 의식이 판단 속에서 스스로가 비천한 의식과 비교될 때 가졌던 규정이 소멸되고 또한 그럼으로써 비천한 의식 자체가 소멸되었다는 것이 명백하다. 비천한 의식은 보편적인 권력을 대자적 존재 아래 예속시키고자 한 그 자신의 목적에 도달했던 것이다(PE, Ⅱ, 73~74 ; PG, 366~67 ; 정신현상학, Ⅱ, 90~1).

---

29) 《정신현상학》의 마지막에 이르러(PE, Ⅱ, 184 ; PG, 463 ; 정신현상학, Ⅱ, 246. 또한 이 책 제Ⅶ부 2장을 참조), 헤겔은 보편성 속에서 자기로 남는 보편적 자기의식으로서의 언어의 역할로 되돌아가고 있다. 언어 덕분에 정신적 실체는 그 자체가 실존에 돌입하여 마침내 정신성으로서 실존한다.

이 구절은 우리에게 정신의 변증법의 전개 전체가 시사하는 의미를
명백히 보여 주고 있다. 자아가 봉사와 노예의 노동을 통해 즉자태에
로 고양되었고 또한 자기에 대해 존재의 실체성을 회복시켜 주었듯,
정신의 이 세계에서 정신적 실체는 점차적으로 자기의식에 의해 정복
되고 있다. 그것은 실체로부터 추체로 변형된 것이다. 부는 이러한
전개과정에서 단지 하나의 전개에 지나지 않는다. 만일 자기가 스스
로를 외화시켜 실체적이 된다면, 그것은 실체가 역으로 스스로를 자
기확신으로서 그 자신의 역사의 주체로서 정시할 것이기 때문에 그
렇다. 그러나 富 안에서는 자기소외된 자기는 가장 심대한 분열을 통
해 자기 자신을 발견하게 될 것이다.

먼저 고귀한 의식의 발전과 그에 대응하는 국가권력의 발전을 고찰
해 보자. 고귀한 의식과 국가권력은 모두가 양극단으로 분해된다. 국
가권력은 추상적 보편자, 즉 공동선이다. 그것은 아직은 의지나 결정
이 아니다. 즉 그것은 아직 자기 자신을 위해 실존하지 않는다. 고귀
한 의식은 이와는 대조적으로 자신의 자연적 존재를 거부하여 봉사와
복종을 통해 스스로를 헌신하지만, 그러나 그가 자신의 순수한 자기를
외화시킨 것은 아니다. 즉자적 존재는 고귀한 의식 속에 오직 잠재적
으로만, 즉 명예와 자존의 형식으로 존재하는데 반해 자기는 여전히
현실적인 자기로 남아 있다. 「그러나 이와 같은 자기소외가. 없다면
명예를 숭상하는 고귀한 의식의 행동과 그의 통찰에서 비롯된 갖가지
충언도 특수한 의도나 자기 자신의 의지 속에 담긴 은밀한 속셈을 불
식시키지 못하는 애매모호한 것으로 남게 된다.」(PE, Ⅱ, 69 ; PG, 362
; 정신현상학, Ⅱ, 83). 이는 가장 고귀해 보이는 행동들, 즉 명예심과
영광에 의해 고무된 행동들 속에 담긴 자기애를 드러내 보여 주고 있
는 라 로쉬푸꼬의 격률들 중의 하나와 거의 흡사해 보인다. 여기서는
단지 고귀한 의식과 언제나 모반을 획책하고자 하는 비천한 의식 사
이의 외견상 차이만이 있을 뿐이다. 「의지라고 하는 순수한 대자적
존재가 숨겨진 채로 있을」때, 봉사에서 나오는 복종은 .언제나 불순한
것이다. 다른 한편 고귀한 의식이 자기소외에 있어서 봉사에로 복
귀할 때 그에게는 현실적인 권력이 아니라 단지 명예만이 허용되어
있을 뿐이다. 보편자는 오직 국가권력 속에서만 현실적인데 반해, 자

기는 오직 고귀한 의식 속에서만 현실적이다. 아첨의 언어는 여전히
필연적인 하나의 외화를 가능케 할 것이며 따라서 자아를 국가에로,
진정한 권력을 자아에로 이행하게 만들 것이다.

궁중의 언어에서 고귀한 의식은 자신의 근본적 자아를 외화시킨
다. 귀족은 신하가 되고 또한 「봉사의 영웅주의」로부터 「아첨의 영웅
주의」에로 이행한다. 즉 「묵종하는 봉사의 영웅주의는 아첨의 영웅
주의가 되는 것이다」(PE, Ⅱ, 71 ; PG, 364 ; 정신현상학, Ⅱ, 87~8). 봉사에
대한 이와같이 설득력 있는 반성은 「처음에는 단지 즉자적일 뿐인 권
력을 대자적 존재 및 자기의식의 개별성에로」 고양시킨다. 따라서
이러한 권력은 「짐이 곧 국가이다(L'Etat c'est moi)」고 말할 수가 있
는 것이다. 헤겔의 변증법적 논의는 사실상 루이 14세의 이 유명한
구절에 대한 주석이다. 고귀한 의식이 신하가 되면 국가의 구조가
전복된다. 국가는 더 이상 자기의식을 넘어선 한낱 사유된 보편자가
아니다. 그것은 궁중 언어로 표현하자면 「무제약적 군주」가 된 것이
다. 「무제약적」이라는 용어는 언어에 있어서의 개념의 보편성에 해당
하고, 「군주」라는 언어 역시 개별성을 그 정점에로 끌어올려 주고 있
다」(PE, Ⅱ, 72 ; PG, 365 ; 정신현상학, Ⅱ, 88). 오직 왕만이 만인에게 알려
진 고유명이다. 개체성은 직접적으로 보편적이고 또한 보편성은 직
접적으로 개체적이다. 이와 같은 변증법적 정식화의 이면에서 우리는
루이 14세의 통치를 엿볼 수 있다. 테느(Taine)가 나중에 「고전적 정
신」이라 불렀던 것이 이미 헤겔에 의해 묘사되었다. 신하들은 완전히
그들의 자기들을 즉 그들의 순수한 내면적 확신을 외화시켰던 반면,
오직 군주만이 이러한 인위적 세계 속에서 자신의 본성을 보존하고
있다. 1806~7년에 행한 《정신현상학》에 관한 강의 속에서 헤겔은
「다수의 개인들, 즉 민중이 한 개인, 즉 군주를 대하고 있다. 군주란
본성(자연)을 견지하고 있는 전체이다. 말하자면 본성이 군주 안으로
피신해 들어온 것이다. 여타의 모든 개체성이란 그것들이 외화된 한
에서만, 즉 그것들이 그것들 자신에게 행했던 것에 의해서만 타당하
다」[30]는 점에 주목했었다. 왕은 여전히 만인에게 알려지고 인정된 고
유명이며 또한 왕위의 계승은 자연의 질서를 따른다. 그러나 이러한

30) Hegel, 《Werke》, éd. Lasson-Hoffmeister, XX², p. 252.

「배타적 개별성」은 오직 귀족들이 그것을 인정할 경우에만 권력이 될 수가 있다. 생 시몽(Saint-Simon)의 표현을 빌리자면, 「근면과 비하를 통해 그들은 시종이 된다.」「군주, 즉 유일한 개별자는 귀족들이 국가권력에 봉사할 태세를 갖추고 있을 뿐 아니라 장식품처럼 왕좌를 에워싼 채 그 자리에 앉아 있는 자에게 그가 누구인가를 거듭 확인시켜 주기 때문에 개별자로서의 자기 자신을 보편적인 권력으로 인식한다」(PE, Ⅱ, 72 ; PG, 365 ; 정신현상학, Ⅱ, 89).

그러나 이렇게 실현된 국가권력은 사실상 소외되어 있다. 말하자면 그것 역시 자기소외된 것이다. 국가권력은 그것을 그 고립적 개별성 속에서 정립했던 고귀한 의식에 의존해 있다. 그것은 더 이상 즉자태가 아니라 오히려 부정된 즉자태인 것이다. 「고귀한 의식, 즉 대자적 존재라는 극단은, 현실적 보편성이라는 극단을 그가 외화시켰던 사유의 보편성에 대한 반대급부로 다시 획득한다」(PE, Ⅱ, 73 ; PG, 366 ; 정신현상학, Ⅱ, 89). 일방적인 방식으로 우리는 실체, 즉 국가권력이라는 즉자태가 그것을 지배했던 의식의 계기로 화했다고 말할 수 있다. 고귀한 의식은 자신의 명예를 연금이나 물질적 혜택과 교환했다. 권력은 더 이상 자기의식을 넘어서 있는 즉자태가 아니다. 그것은 자기의식이 동화시킨 것, 지양된 본질, 즉 富이다. 물론 그것은 여전히 현상으로서 존속할 것이다. 그러나 이제 그것은 「봉사와 충성을 통해 그에 반대되는 것, 즉 권력의 외화(양위)로 이행하는」 운동에 다름 아니다. 마침내 권력에게는 「공허한 이름」(PE, Ⅱ, 73 ; PG, 366 ; 정신현상학, Ⅱ, 90)밖에 남는 것이라고는 아무것도 없다.

이 계기에서 모든 정신적 실체는 스스로를 소외시켜 그것을 지배한 자기의식에 의존하게 되었다. 자기에 대립하여 존속하고 또한 여전히 그것에 저항하는 유일한 대상은 富이다. 그러나 富는 즉자태가 아니다. 그것은 엄밀한 의미에서 국가권력이었던 본질이 아니다. 그것은 오히려 지양된 즉자태이며 또한 그것을 본질로 만든 자기의식은 그 속에서 소외된 자기 모습을 보지 않을 수 없다. 그러므로 자기의식은 富 안에서 스스로를 재발견해야만 한다. 우리는 라 로쉬푸꼬를 생각할 기회를 가졌었다. 그런데 이 자리에서는 라 브뤼에르의 다음과 같은 말을 상기하는 것이 좋겠다. 「그러한 사람들(부자)은 친척이나 친구도 아니며 시민이나 기독교인도 아니다. 아마도 그들은 사람이 아닐 법하다. 다만 그들은 돈을 가졌다.」 1806〜7 년의 〈정신철학〉에 관한 강의에서 헤겔은 富를 자아의 대상으로 만들었던 근대 세계에 있어서의 심대한 변화에 주목했었다. 돈은 「현존하는 본질적 개념」이 되고 또한 인간의 자기는 경제 생활 전체가 연출하는 맹목적인 운동 속으로 소외되었다. 「거대한 富와 거대한 빈곤간의 대립이 나타난다.」 그러나 거의 필연적으로 사회 속에서 증대되고 있는 이러한 불평등 역시 정신의 분열상인 것이다. 개인은 자신의 자기를 그 자신 밖에서, 즉 국가권력을 특징지우던 자기부재의 보편자도 아니고 그렇다고 해서 정신의 소박한 비유기체적 자연도 아닌 그런 사물 속에서 본다. 그 모순은 극복될 수가 없다. 자기는 스스로를 또 다른 자기나 혹은 정신적 권력 아닌 사물 속으로 외화시킨다. 자기는 비록 사물이 그의 노동의 정확한 구현일지언정 그가 더 이상 자신을 발견할 수 없는 그 사물에 의존되어 있다. 이러한 이유에서 헤겔은 우리가 방금 인용했던 강의 속에서 「富와 빈곤 사이의 불평등이 의지의 첨예한 분열상이 된다. 그것은 내면의 모반과 증오심으로 화한 것이다」[31]라고 적었다.

《정신현상학》에서 富 안에서의 자기외화는 가장 심대한 분열의 계기를 표출하고 있다. 따라서 그것은 자기를 그 자신에게로 복귀시키는 변증법적 운동인 것이다.

고귀한 의식은 자신의 자기가 그 자체로 소외되었음을 발견한다. 그는 그것을 그가 또 다른 고정된 대자적 존재로부터 받아들여야만 할 고정된 대상적 현실로서 대한다. 그의 대상은 대자적 존재 즉 그 자신의 것이다. 그러나 하나의 대상인 까닭에 그것은 또한 직접적으로 고유의 대자적 존재, 즉 고유의 의지로서의 소원한 현실이기도 하다. 말하자면 의식은 자신의 자기가 소원한 의지의 힘에 눌려 있음을 알게 되는 것이다(PE, Ⅱ, 75 ; PG, 367〜68 ; 정신현상학, Ⅱ, 92).

국가권력이 완전하게 실현되어 개별적인 자아가 될 때, 그것은 이미 부정된 것이며 따라서 그것의 현상만이 남는다. 왜냐하면 그것은 전적으로 대자적 존재에 종속되어 있기 때문이다. 그렇지만 그것은

31) *Ibid.*, pp. 232〜33.

아직은 자기에게로 완전히 복귀한 실체가 아니다. 교양의 변증법의
도달점을 특징지우는 그러한 복귀는 처음에는 일어나지 않는다. 부정
된 즉자태란 대타적 존재에 지나지 않는다. 그것은 아직 대자화되지
않은 상태에서 스스로를 희생시키고 또한 확대시키는 본질이다. 앞서
국가권력이 그랬던 것처럼 사실상 이러한 것이 富, 즉 이제 자기에게
현시된 대상이다. 「富란 진정 의식에게 종속된 보편자이지만, 그러나
이와 같은 일차적 지양을 통해서는 아직 자기에게로 복귀하지 않은
보편자이다」(PE, Ⅱ, 74 ; PG, 367 ; 정신현상학, Ⅱ, 91). 이 변증법의 마지
막 단계에 도달하기 위하여 자기는 자신의 자기를 대상으로서가 아니
라 마침내 자기로서 갖지 않으면 안 된다. 다시 말해 외화가 역으로
외화되어야 할 것이다. 자기는 자기 자신을 그의 타재 속에서 자기
동일적인 것으로 발견할 수 있을 것이다. 그 계기에서 정신은 스스
로를 자기로서, 즉 더 이상 법의 세계의 직접적인 자기로서가 아니
라 자체 내에서 보편화되고 또한 스스로를 모든 외타성 속에서 인식
하는 자기로서 재발견한다. 실체 안으로 속속들이 침투하여 그것을
자기에로 환원시킴으로써 그 실체 너머로 고양된 이러한 절대적 자기
가 곧 계몽(Aufklärung)의 합리성, 통찰과 계몽의 관념론이다. 합
리성은 계몽주의──그 계몽주의를 실현시키고자 한 불란서 혁명의
형이상학을 제시할 것이다.

혜겔은 자기의식과 富 사이의 관계를 자기의식과 국가권력 사이의
관계와 동일한 방식으로 고찰하고 있다. 이 관계 역시 외화의 결과이
다. 고귀한 의식은 국가를 실현시키고 또한 그 자신을 국가의 현실
적 주인으로 만들기 위하여 자신의 자기를, 즉 그 자신 속에 간직했던
가장 내면적인 것을 거부하지 않으면 안 되었다. 이러한 이유에서 자
기는 고귀한 의식에게 소원한 것으로, 즉 약속된 향유를 제공하거나
혹은 제공하는 데 실패한 군주의 의지로 나타난다. 외화된 자기는 富
로, 즉 대자적 존재를 가능케 하는 대타적 존재로 되었다. 이럼으로써
의식은 자신의 외화된 자기를 富의 형식 속에서 관조한다. 그의 대상
은 자기 자신에 다름 아니지만, 그러나 그것은 자기소외된 것으로서의
자기 자신인 것이다. 따라서 관찰하는 이성의 마지막 변증법에서 자
아는 스스로를 사물로서 발견했다는 판단이 얼핏 보기에는 극히 미숙

해 보여도 사실은 가장 심원한 것이었다.[32] 이렇게 자기의식과 富 사이에 확립된 관계는 자기의식과 국가권력 사이에서 이루어진 관계의 전개와 전혀 다른 변증법적 전개 전체에 개방되어 있다. 이 경우에서의 외화는 보다 특징적이다. 그렇기 때문에 그것은 앞서의 계기에서는 나타나지 않았던 외화의 차각에로 나아간다. 다시 말해 그것은 전체로서의 정신의 해체에로 나아가는 것이다. 구체적으로, 만일 우리가 《정신현상학》에서 헤겔이 18세기의 불란서를 정확히 ˙암시하고 있는 용어를 사용하여 논급한다면 그것은 가히 「혁명적」이라고 부를 수 있는 상황으로 발전하는 것이다.

무엇보다도 먼저, 국가권력과 富 모두에 어울리는 고귀한 의식은 자기외화의 내적 모순을 간취할 수 없다. 그는 恩賜를 받아들이며 또한 시혜자에게 사의를 표명한다. 그러나 국가권력에 대한 관계에서 고귀한 의식이 비천한 의식과 동일한 것으로 드러났듯, 富와의 관계에서도 역시 그의 현실적 경험은 그의 직접적인 판단을 뒤집어 놓은 것이다. 그러므로 사실상 오직 한 가지 유형의 의식만이 존재할 것인데, 그것은 사회질서 전체와 어울리지 못하는 의식으로 내면적으로 분열되어 있어 모반을 획책하는 의식일 것이다. 지양된 즉자태에 지나지 않는 富는 그것이 ˙본질의 고귀성에로 고양될 때 의식의 목표가 된다. 그 자체를 위한 富에의 열망은 냉소적으로 받아들여지고 또한 그러한 富는 대자적 존재의 전제조건을 상징하게 된다. 의식은 자신의 자기가 소원한 의지에 의존되어 있음을 안다. 게다가 그러한 의존감은 은사를 베푼 자에 대한 증오심을 더해서 존경과 감사의 念을 대신해 들어선다. 의식이 타자로부터 기대하는 것은 그의 절대적 대상, 그의 즉자대자적 향유이다. 그러나 의식이 그 대상을 받아들일 수 있는 기회란 「우연성의 계기, 변덕 혹은 여타의 자의적인 상황」에 달려 있다. 이러한 모순이 필연적으로 의식에게 나타난다. 의식은 모순을 경험하게 되는데, 그렇기 때문에 「감사의 정신이 그와 못지 않게 극단적인 자기비하의 감정인 동시에 신랄한 ˙분노의 감정인 것이다」 (PE, Ⅱ, 75 ; PG, 368 ; 정신현상학, Ⅱ, 93).

_____

32) 관찰하는 이성이 「정신의 존재는 뼈이다」(PE, Ⅰ, 284 ; PG, 252 ; 정신현상학, Ⅰ, 414) 라는 판단을 정식화시킬 때.

114

富에 대한 자기의식의 이러한 관계에서, 자아가 스스로를 사물로서 발견할 수 없음이 나타난다. 자아는 「자신의 자기확신이 그 자체로 본질을 결여한 가장 공허한 사물이라는 것을 안다. 그는 자신의 순수한 인격성이 절대적인 비인격성이라는 것을 안다.」 따라서 자아는 「富가 곧 자기다」라는 무한판단, 다시 말해 「짐이 곧 국가이다」라는 구절 속에 표출된 대립보다 더욱 격심하게 느껴진 대립에 도달하는 것이다. 대상으로서 완전히 실현됨으로써 자기는 부정된다. 자기는 그가 스스로를 회복하고자 하는 한 거부된다. 그러나 자기란 근본적으로 불가양도적이다. 부정될 때 자기는 그를 부정했던 것을 부정한다. 그는 모름지기 「유연성」 자체인 것이다.

그 속에서 자기가 스스로를 대상적인 것으로 받아들이는 바의 반성이란 순수자아 그 자체 속에 정립된 직접적인 모순이다. 그럼에도 불구하고 자기로서 이 의식은 동시에 직접적으로 이러한 모순을 넘어서 있다. 그는 자기의 지양된 상태를 다시 지양하고 자신의 대자적 존재가 스스로에게 소원한 것이 된 이 타락상태를 다시 벗어 던지며, 또한 자기 자신을 수동적으로 받아들이기를 거부하는, 말하자면 반항 그 자체 속에서 자립성을 견지하는 그런 절대적인 유연성이다(PE, Ⅱ, 76 ; PG, 368~69 ; 정신현상학, Ⅱ, 93~4).

교양의 세계는 스스로가 외화의 세계임을 깨닫는다. 자기는 스스로를 그러한 모순 속에서 발견하며 또한 스스로를 세계의 본질로 간주한다. 이와 같은 것이 분열의 언어인 것이다.

분열의 언어
본질로서 간주된 政體가 富로 인해 전반적으로 타락한 현상은 고귀한 의식과 비천한 의식 간의 차이가 사라진다는 것을 함축하고 있다. 구 체제(ancien régime)는 이러한 구별과 그것의 확고한 보존에 의존해 있었다. 그러나 국가에 봉사하는 데 스스로를 헌신했던 고귀성은 자신의 명예를 외화(양도)하는 대신 실질적인 권력, 즉 돈을 반대급부로 요구했다. 그리하여 국가는 수단에 지나지 않는다. 국가는 진정 「보편적 恩賜로서 존재하는 자기의식」으로서의 富로 바뀌어졌다. 헤겔은 이 변형을 정신의 구조 내에서의 심대한 혁명으로 본다. 헤겔은 그것을 그것이 그 자체로 존재하는 바와 또한 그 속에서 정신이 스스로를 실현하고 보다 고차적인 자기의식에 도달하기 위해 준비하는 그런 변증법적 계기라는 두 측면에서 기술하고 있다. 자기는 실체를 받아들인다. 따라서 자기의식의 외화의 가장 극단적인 형식(실체가 富로서 실현될 때 현현하는 것)은——그것이 가장 극단적인 형식이라는 바로 그런 이유로——자기 자신의 반전을 초래한다. 이러한 변증법적 전개의 전체가 다음의 구절 속에 요약되어 있다.

실체로서의 보편적 권력은 개체성의 원리를 통해 고유의 정신성에 도달함으로써 자신의 자기를 단지 이름(名)으로서만 받아들인다. 그리고 그것이 현실적인 권력일 때, 그것은 스스로를 희생시키는 무력한 본질이다. 그러나 이처럼 희생·헌신된 몰자기적 본질이나 혹은 사물화된 자기란 오히려 본질의 자기 자체 내로의 복귀이다. 그것은 자립적(대자적)으로 존재하는 대자적 존재 즉 정신의 실존인 것이다(PE, Ⅱ, 79 ; PG, 371 ; 정신현상학, Ⅱ, 97 ~8).

이러한 전개(과정)의 전체——고귀한 의식, 그의 봉사 및 德의 형성, 보편적 질서에 항거하는 비천한 의식과의 그의 대립, (고귀한 의식의 형성에 기인하여) 처음에는 비인격적인 국가권력의 전개, 그것이 절대적 자아로서의 계속적인 실현(여기에는 귀족의 신하에로의 변화가 수반된다), 그리고 마지막으로 권력이 자기의식의 대상으로서의 富에로 현실적으로 변화되는 과정——는 자기 변증법의 한 가지 의식, 즉 언어 속에서 성취되는 한 의식을 예비하고 있다. 외화의 세계는 자기 자신에 현시될 것이다. 그리하여 그 세계의 자기는 마침내 「정신의 대자적 실존」으로서 등장할 것이다.

고귀한 의식은 실제로 비천한 의식의 옛 모습이 된다. 이러한 가치들이나 구별들은 이제 한낱 형식적인 의미만을 지닐 뿐이다. 설령 그것들이 존속할지라도 그것들은 아무런 진리도 담고 있지 않다. 그것들은 단지 외관에 지나지 않을 뿐으로서, 그 이면에는 새로운 세계가 움트고 있다. 확실히 이 세계에는 자기의식의 두 가지 유형——恩賜를 베푸는 부자와 그것을 받아들이는 빈자——사이의 차이가 있지만, 그러나 이 차이는 본질적인 것이 아니다. 의식의 이 두 가지 유형 모두가 분열에 의해 특징지어진다. 간단히 말하자면 부유한 의식의 몰

116

지각이라는 문제가 여전히 남는다. 부자는 진정 富의 위력에 친숙해 있다. 부자는 그가 분배하는 것이 타인의 자아임을 알고 있다. 따라서 그의 오른손은 그의 왼손이 행하고 있는 것을 잘 알고 있는 것이다. 富는 더 이상 삶의 근원적이며 소박한 조건이 아니다. 「富는 그富를 받아들이는 자의 赤貧에 동참하지만, 그러나 이때 받아들이는자의 반항보다는 富의 교만이 싹튼다」(PE, Ⅱ, 77 ; PG, 361 ; 정신현상학,Ⅱ, 95). 부자의 교만과 빈자의 비하를 둘러싼 헤겔의 논의 전체는 괴테가 그 당시 번역했던 디드로의 풍자소설《라모의 조카》에 의해 자극받은 것이다. 헤겔은 디드로의 소설을 사회의 전반적인 부패상으로서, 즉 극단적인 교양의 자기의식으로서 해석했다.

부자의 의식이란 그가 빵을 선물함으로써 낯선 자아를 부양하고 그리하여 그가 그 자아의 극도의 내면성조차 예속시킨다고 생각하는 그런 교만이다. 이것은 명백히 디드로의 소설을 시사하고 있다. 《라모의조카》는 철학자에게 어떻게 그가 그를 부양하는 부자들에 대해 처신하고 있는가, 그리고 어떻게 그가 家臣들이 발밑에 부복하여 아첨하는모습을 보기 좋아하는 그런 인간들을 회화시키고 있는가를 보여 준다.

눈은 내리깐 채 잠잘 때 쓰는 모자로 머리를 가리고 있는 나의 조울증 환자여, 그대는 의자 밑을 가로질러 양뺨에 단단히 끈을 붙들어맨 움직일 줄모르는 우상 같구나. 그대는 그 끈이 당겨지기를 기대하지만 그것은 결코당겨지지 않는다. 혹은 턱을 떨어뜨린다 해도, 그것은 쌀쌀맞은 말을 내뱉기 위해서일 뿐이다. 이 말에서나 그대는 그대가 전혀 이해되지 못하고 있다는 것을, 게다가 그대의 원숭이 흉내내듯하는 잔재주들은 다 써먹고 남아있지 않다는 것을 배운다. 33)

디드로에 의해 묘사된 心的 상태로, 헤겔은 자신과의 현저한 자기부등성 속에서 자기 자신과 동등한 자기의식을, 즉 「대자적 존재의 자기동등성이 절대적으로 부등해짐으로써 동등한 그 어떤 것, 존속하는그 어떤 것도 그 속에서 분열된, 따라서 시혜자의 사념이나 의도까지철저히 분열시키는 그런 순수한 분열, 곧 모든 속박으로부터의 자유」(PE, Ⅱ, 77 ; PG, 369 ; 정신현상학, Ⅱ, 95)를 본다. 이처럼 대자적 존재를

33)《Neveu de Rameau》, XIV ; Parasite.

존재하는 일체에 대해 파괴적인 것으로서, 직접적인 동등성의 거부로
서 그리고 자기 자신과의 영속적인 매개로서 보는 견해는 정신적 자
기의식에 대한 헤겔의 입장의 특징이다. 디드로의 묘사는 헤겔에게
그의 독특한 입장에 대한 예증을 제공해 주었다. 부자는 「아무런 기
초나 실체도 없는 그 바닥없는 심연」을 한낱 흔한 것——그의 기분
의 노리개, 그의 변덕의 부산물——으로 본다. 그러므로 부자의 정신
은 절대적으로 피상적이다. 그러나 富의 수혜자의 경우는 다르다. 그
는 자신의 타락과 굴욕을 거쳐 자기에 대한 의식에로 고양될 수 있
다. 반면 부자는 상이한 제 계기를 합치시킬 수 없으며 따라서 그는
이러한 소외의 세계를 자각할 수가 없다.

그러므로 우리는 빈자의 의식과 또한 그가 스스로를 깨달아가는 과
정을 통해 이 세계에 독특한 정신으로서의 교양의 의식 자체를 파악
하지 않으면 안 된다. 《라모의 조카》의 괴테 번역본을 읽고 나서 쉴
러는 쾨르너(Körner)에게 그 소설은 「음악가 라모의 조카와 디드로 사
이에서 이루어진 가상적인 대화이다. 그 조카는 떠돌이 집시의 이상이
다. 그러나 이 부류의 집시들 가운데서 그는 하나의 영웅이다. 그는
자신을 묘사하면서 동시에 그가 살고 있는 세계를 풍자한다」고 편지를
띄웠다. 이러한 관념은 우리에게 헤겔이 최초에 그 소설에서 간취할
수 있었던 것, 말하자면 단순히 기인의 像뿐만 아니라 그 속에 반영되
어 있는 세계상까지도 보여 준다. 더우기 그러한 세계(자기소외된 세
계)가 스스로를 깨달아가는 과정에서, 헤겔은 극단적인 교양과 그 교
양에서 비롯된 분열의 의식을 간취했다. 따라서 헤겔은 그 소설에 담
긴 변증법적 성격의 진가를 인정했던 셈이다. 라모의 조카는 철저히
규정되기를 거부하는 기이한 성격의 소유자이다. 그는 언제나 남들이
생각하는 모습과는 다르다. 「그는 고상하기도 하고 천박하기도 하며,
건전한 양식을 지닌 인물인가 하면 광기가 서려 있는 인물이기도' 하다.
품위와 타락이 이상하게도 그의 머리 속에서는 뒤섞여 있는 것 같
다.」[34] 그는 솔직하게 자신의 진면목을 보여 주지만, 그러나 그는 어
떤 특정한 측면을 통해 자신의 모습을 확인시키지는 않는다. 그는 결
코 그 자신이 아니어서 언제나 자기 자신을 벗어나 있다. 또한 스스

---

34) *Ibid.*, p. 8.

로를 벗어나 있을 때 자기 자신에로 복귀하는 것이다. 헤겔은 이미 인간이란 「그 자신인 바이면서 동시에 그 자신이 아닌 바」라고 갈파 했었다. 디드로의 묘사는 헤겔에게 세계에 대한 풍자, 인간적 자기의 식의 구체적인 예, 그리고 지금 논의중인 변증법적 전개와 관련하여 자아가 언제나 자기소외되는 바의 교양의 결과를 제공해 주었다. 라모의 조카는 스스로 굴욕을 느껴 비천한 인간의 역할을 연출하지만, 그러나 그는 이처럼 비참한 상태 속에서 자신의 품위를 주장할 기회를 맞이한다. 이 품위가 극명해지는 한에서만 그것은 스스로 우스개거리로 보이는 것이다. 「그 무엇으로도 파괴시킬 수 없는 인간의 본성에는 어떤 품위가 담겨 있다. 그것은 (모욕에 대해, 그렇다, 모욕에 대해) 저항하는 가운데 꿈틀거리며 일어선다.」

헤겔은 그 대화가 근본적으로 상이한 두 가지 성격, 즉 성실한 철학자와 집시를 마주 세우고 있음에 주목한다. 철학자는 다수의 고정된 가치들을 보존하고자 한다. 그는 집시의 변증법적 반전들에, 게다가 그의 끊임없는 탈바꿈에 놀란다. 그렇지만 그는 상대방의 솔직성을 인정하지 않을 수 없다. 「나는 그처럼 총명하면서 또 그처럼 천박한 것에, 그처럼 올바른 생각과 또 그처럼 그릇된 생각에, 그처럼 전반적으로 도착된 감정에, 그처럼 철저한 배덕에 그리고 그처럼 상식을 벗어난 솔직성에 당혹감을 느꼈다.」 철학자의 고상한 영혼으로서는 그와같이 끊임없이 제 가치가 전도되는 것에 적응할 수가 없다. 사실상 헤겔 역시 때때로 자신의 변증법의 논리와 결과가 예측되는 것을 피하고자 노력하고 있다. 그러나 디드로의 대화에서 진리는 집시 편에 있다. 왜냐하면 집시는 이 세계의 모든 것을 그 자체의 모습대로, 말하자면 기지를 발휘하여 그 외견상의 모습과 반대되는 것으로 본다. 《라모의 조카》 가운데 「황금이 전부다」라는 장은 부로 인해 야기된 타락상을 논구하는 《정신현상학》의 구절들을 분석하는 데 도움을 주고 있다. 「지옥같은 경제여! 누구는 포만감에 젖어 있는 반면, 그 못지 않게 뱃속에서는 먹을 것을 달라 칭얼거리고, 그 못지 않게 때맞춰 허기가 찾아 오는 자에게는 입에 물 것이 아무것도 없다니.」[35] 그러나 황금만능의 세계에서는 정신은 언제나 자기소외되어

---

35) *Ibid.*, p. 84.

있으며 그 각각의 계기는 그 자신의 반대이다.

善과 惡, 善의 의식과 惡의 의식, 고귀한 의식과 비천한 의식——이 가운
데 그 어느 것도 진리일 수가 없다. 이러한 계기들은 모두가 자체 내에서
전도되어 그 각각은 그 자신의 반대인 것이다. ……고귀한 의식은 그에 못
지 않게 비천하고 빈곤하며 그리하여 赤貧은 가장 세련된 자기의식의 자유
라는 고귀성으로 바뀌어진다(PE, Ⅱ, 79 ; PG, 371 ; 정신현상학, Ⅱ, 97~8).

집시는 그들의 실체성을 상실했던 세계와 사회 체계, 즉 그 계기들
이 철저히 동요되고 있는 세계를 은폐시키고 있는 장막을 벗겨낸다.
이러한 상실감에 대한 의식은 행동을 무대 회극에로, 그리고 순수통
찰은 위선으로 변형시킨다. 야망과 돈에 대한 욕망, 권력쟁취욕——
이러한 것들이 희극의 진리이다. 그러나 「모두가 생각은 하고 있지만
말은 안 하는 것」을 솔직하게 드러내면서도, 라모의 조카는 대쪽 같은
성품을 견지하고 있다. 말하자면 그는 자신의 순수한 솔직성을 자부
하는 것이다. 그는 자신의 자기를 그가 묘사했던 비천함 너머로 고양
시키고 또한 그 천박성 자체를 냉소적으로 받아들임으로써 그는 극단
적인 분열 속에서 자기 자신과의 동등성에 도달한다. 「분열된 의식」에
관한 헤겔의 분석은 「회의주의적 의식」과 「불행한 의식」을 상기시켜
줄 법도 하다. 그러나 그것은 두 가지 이유에서 (도스토예프스키의 세
계에서 다시 발견되는 모욕과 굴욕의 변증법에 더하여) 근원적인 것이
다. 즉 분열된 의식은 특수하게는 특정한 세계의 종말에 대한 의식이
다. (그것은 아마도 스스로를 자각함으로써 모든 순박성, 모든 자기일
치 및 실체성을 상실했던 문명과 또한 그렇게 자각하는 과정에서 자기
자신을 부정하는 문명을 나타내는 혁명 이전의 정신상태일 것이다).
그것은 또한 일반적으로는 모든 문화의 종국적 의식이다. 라모의 조
카가 혁명 이전의 국가를 나타내고 있다는 것은 명백하다. 「허망하
다 : (조국)은 사라졌다. 내가 한쪽 극단으로부터 다른쪽 극단을 통해
볼 수 있는 것이라고는 모두가 폭군들과 노예들뿐이다.」[36] 헤겔은 명
시적으로 이것이 세계의 종말을 보여 주고 있다고 말한다. 「오직 교
양의 정신에 대해서만 그가 자신의 혼란상을 벗어나 본래적인 정신으

36) *Ibid.*, p. 35.

120

로서의 그 자신에게로 복귀하여 보다 고차적인 의식을 획득하도록 이
전도된 세계의 해체를 요구할 수가 있다」(PE, Ⅱ, 82 ; PG, 374 ; 정신현상
학, Ⅱ, 103). 헤겔은 분열된 의식에 대한 논구를 통해 교양의 세계로
부터 다른 세계에로 이행한다. 자기의식은 스스로를 재발견했기 때
문에 신앙이 되거나 혹은 순수통찰이 될 것이다. 그러나 당분간 그
것은 무상한 세계의 무상성을 선포하고 또한 일체를 철저히 해체시키
는 그런 「번뜩이는 기지의 언어」에 지나지 않는다. [37]

교양의 세계의 무상성을 선포하는 기지의 언어란 헤겔이 인용한 디
드로의 말에 따르면, 「이태리어와 불란서어, 비극적인 것과 희극적인
것 등 각양각색의 30 가지 아리아를 수집하여 뒤범벅하는 음악적 언
어」[38]이다. 철학자의 성실한 의식은 이와 대조적으로 善과 眞의 가락
이 화음을 이룰 수 있기를 원한다.

성실한 의식은 각 계기를 영속적인 본질성으로 간주하지만, 결코 그로서
는 그 자신이 전도된 행위를 하고 있음을 알지 못하는, 계발되지 못한 사상
의 빈곤을 연출할 뿐이다. 그러나 분열된 의식은 이와 반대로 전도상태에
대한 의식이며 게다가 절대적인 전도상태에 대한 의식이다. 이러한 의식 속
에서는, 성실한 의식이 분리된 것으로 간주하는 제 사상을 하나로 결집시키
는 개념이 지배적인 역할을 한다. 따라서 그의 언어는 기지로 번뜩인다(PE,
Ⅱ, 80 ; PG, 372 ; 정신현상학, Ⅱ, 99~100).

번뜩이는 기지의 언어는 회·비극이 어우러져 있는 집시의 언어에
그치지만은 않는다. 그것은 또한 교양의 세계의 진리, 말하자면 소박
하고 비변증법적인 철학자로서는 이해할 수가 없는 진리이다. 그것은
스스로 솔직하고도 기백있게 선택된 테두리 안에서 그 세계의 무상을
선언할 수 있는 한에서만 존중될 수 있는 그런 사회 전체의 언어이
다. 그것은 현존하는 질서로부터 계속적으로 수혜를 받고 있다. 그러
나 그것은 그 질서보다, 즉 그것이 그 자체의 (기지를 번뜩이는) 판
단을 행사할 수 있는 대상으로서만 그 존재 가치가 있는 질서보다 우

37) 헤겔은 신앙(이 세계 너머에 있는 본질에 대한 의식)과 통찰(이 세계 및 신앙에 대
한 계몽의 비판)로 이행하기 위해 현실세계의 내용의 무상성이라는 이 변증법을 사
용할 것이다.
38) 헤겔에 의해 인용됨(PE, Ⅱ, 80 ; PG, 372 ; 정신현상학, Ⅱ, 100).

월함을 인식하고 있다. 그럼에도 불구하고 디드로가 지적하는 것처럼, 누구도 이런 식으로 생각할 수는 없으며 그리하여 누구도 그 자신의 실존을 부인하고 있음을 깨닫지 못한 채 기존의 질서를 비난할 수는 없다. 언어, 즉 교양의 세계에서 이루어진 보편적 판단은 그 교양의 진리이며 그 세계의 정신성이다. 이 정신의 현존재는 보편적인 대화이며 또한 일체를 해체시키는 판단, 다시 말해 그것에 비추어 본 질로서 그리고 전체의 현실적 구성원들로서 타당해야 할 모든 계기들이 해체되는 그런 판단이다. 「이런 類의 판단은 자기해체의 유희를 자기 자신과 즐기는 것이다」(PE, Ⅱ, 79 ; PG, 372 ; 정신현상학, Ⅱ, 99).

이 보편적 언어는 교양의 허망함을 선포하는 동시에 그 진리를 담고 있다. 그것은 가상적 내지 실제적 예들을 제시하고서도 眞과 善을 그 순수성 속에서 보존할 여력이 없는 고상한 연륜에 대해 스스로의 부정적인 변증법을 대립시킨다. 「왜냐하면 善을 어떤 유별난 逸話의 형태로 묘사한다는 것은 그것에 관해 말할 수 있는 가장 조악한 방식이기 때문이다」(PE, Ⅱ, 82 ; PG, 374 ; 정신현상학, Ⅱ, 103). 그리하여 비록 단순한 의식이 이 세계의 해체와 자연에로의 복귀를 요구한다고 할지라도, 그 의식은 고립된 개인으로 하여금 그 세계로부터 자취를 감추도록 요구할 수는 없다. 왜냐하면 통 속에 기거했던 디오게네스(Diogenes)조차 그가 살던 사회에 의해 제약받았었기 때문이다. 전체로서의 세계는 변화되어 보다 고차적인 형식에로 고양되지 않으면 안 된다. 무구한 자연에로 되돌아가 자연상태의 인간의 단순성을 회복한다는 정신의 문제란 존재하지 않는다. 그 시대에 대해 가장 부정적이었으면서도 바로 그로 인해 새로운 긍정성을 위한 길을 예비했던 루소의 저작은 결코 앞서와 같은 방식으로 이해되어서는 안 된다. 자연으로의 복귀는 오직 정신의 자기 자신에로의 복귀, 「따라서 보다 고차적인 의식의 획득」(PE, Ⅱ, 82 ; PG, 374 ; 정신현상학, Ⅱ, 103)을 의미할 수 있을 뿐이다.

그러나 이러한 복귀는 이미 이루어졌다. 분열의 언어는 정신의 자기 자신에 대한 반성이다. 다른 한편 이러한 반성은 정신이 스스로가 구성했던 실재 너머로 고양됨을 의미할 것인데, 이 경우 정신은 고양의 세계 너머로 추동된다. 「정신은 이 세계를 벗어나 천상을 우러러 본다. 따라서 이 세계의 피안만이 모름지기 정신의 대상이 되는 것이다」(PE, Ⅱ, 83 ; PG, 375 ; 정신현상학, Ⅱ, 104). '우리는 교양과 외화의 정신이 그 상대자를 신앙의 세계, 즉 교양의 세계와 평행을 이루는 세계에 두고 있다는 것을 알고 있다. 다른 한편 그러한 정신은 이 세계(차안)의 허망함을 인식하고 선포하는 자기 속으로 교양의 세계가 반영(반성)된 것이다. 따라서 자기의 관심은 교양 전체의 허망함에 대한 판단일 뿐이다. 자기는 여전히 현실세계에 초점을 맞추고 있지만, 그러나 자기가 그 세계에 대한 정신적 관심을 견지하는 것은 그 세계에 대해 끊임없는 비판을 하기 위해서이다.

(자기에로의 복귀라는 측면에서 볼 때) 일체의 허망함은 모름지기 자기 자신의 허망함이다. 다시 말해 자기 자체가 허망하다는 것이다. 그것은 일체에 대해 판단과 煩說을 일삼을 수 있을 뿐만 아니라 번뜩이는 기지로 현실의 고정된 본질과 판단에 의해 정립된 고정된 규정들을 그것들의 총체적 모순 속에서 언표할 수 있는──이러한 모순들이 곧 그것들의 진리이다── 대자적으로 존재하는 자기이다(PE, Ⅱ, 83 ; PG, 375 ; 정신현상학, Ⅱ, 104).

자기는 권력과 부를 획득하게 되자 이제 다시 해체된다. 자기는 끊임없이 권력과 부를 추구하며 또한 그것을 획득하기 위해서는 가능한 한 모든 수단을 동원한다. 그러나 자기가 권력과 부를 획득했을 때, 그는 그것들이 그 자체로 아무것도 아니라는 것, 말하자면 자신이 그것들의 힘이며 그것들은 허망하다는 것을 인식한다. 자기는 그것들을 소유함으로써 그것들을 초월하는 것이다. 따라서 자기의 최대의 관심은 그것들이 허망하다는 것을 깨닫는 데 있다. 「이 허망함은 자기의 식을 되찾기 위해 일체가 허망하다는 것을 전제한다. 따라서 자기의 식은 스스로 이러한 허망함을 산출하고 있으며 또한 그것을 지탱하는 혼이다」(PE, Ⅱ, 83 ; PG, 375 ; 정신현상학, Ⅱ, 105). 헤겔은 여기서 18 세기의 화려한 불란서 세계를, 다시 말해 루소에 있어서 교양의 세계에 대한 부정과 정신의 자기 자신으로의 복귀에 대한 체험 속에서 정점에 이르렀던 담화나 모든 비판적 사상들을 염두에 두고 있다. 그러나 일체의 허망함에 대한 비판도 여전히 부정적인 상태에 머물러 있어 긍정적인 내용을 파악할 수는 없다. 「긍정적인 대상은 이제 순수자아 그 자체일 뿐이다. 분열된 의식이란 그 자체에 있어 자기 자신으로 복귀한 자기의식의 순수한 자기동등성이다」(PE, Ⅱ, 84 ; PG, 376 ; 정신현상학, Ⅱ, 106).

따라서 교양의 세계를 통해 우리는 그 세계가 자기외화의 세계임을 자각하게 되었다. 이 자각은 정신의 자기 자신으로의 복귀, 즉 외화의 초월이다. 이 초월은 헤겔의 변증법에서 두 가지 모습으로 나타날 것이다. 한편으로 교양의 실제적인 세계와 나란히 신앙의 세계가 있는데, 정신은 자신의 본질과의 통일을 회복하기 위하여 그리로 피신한다. 다른 한편으로 순수통찰, 즉 교양을 통해 자신의 보편성을 획득함으로써 스스로에게 소원한 것으로 나타났었던 일체의 내용을 그 자신에게로 환원시킬 수 있는 자기가 있다. 대립은 신앙과 순수통찰의 대립이다. 따라서 정신의 외화의 결과인 신앙과 계몽간의 갈등은, 비록 계몽이 신앙에 대항하여 투쟁하는 것이 정신의 외화를 결정적으로 극복하여 종지부를 찍기 위한 것이라 해도 여전히 그러한 외화에 사로잡혀 있다. 계몽에 따르면 이 투쟁의 마지막에 가서 천상이 지상으로 내려오고 절대적 자유가 출현할 것이다.

Ⅱ. 신앙과 순수통찰

정신이 자기 자신으로부터 소외되어 있는 세계로서 교양의 세계는 또 다른 세계, 즉 신앙의 세계라는 상대방을 두고 있다. 우리가 앞서 논구했던 정신의 전개와 상응하여 현실적 의식은 순수한 의식에, 정신의 실현된 의식은 정신의 본질의 의식에, 그리고 차안은 피안에 대립하게 된다.

우리는 이러한 분열이 모름지기 근대 세계를 특징짓는다는 것을 알고 있다. 인간은 한 세계에서는 삶을 영위하면서 다른 세계에서 사유한다. 교양의 세계에서 인간은 그의 욕망의 대상인 권력과 부를 추구한다. 그러나 그것들을 장악함으로써 그는 그것들을 초월한다. 그는 그것들이 허망하다는 것과 따라서 그것들을 추구한다고 해도 만족을 느낄 수 없다는 것을 알고 있다. 그것들을 소유할 때 그는 그

124

자신에게 가까이 가지 못한다.

　권력과 富는 자기가 기울이는 노력의 최상의 목표이다. 그는 자신이 절제
와 희생을 통하여 스스로를 보편자로 형성하며 그것을 소유하는 데까지 이
르고 또한 그렇게 소유함으로써 자신이 보편적 타당성을 획득한다는 것을
알고 있다. 富와 권력은 현실적으로 인정된 힘이다. 그러나 자기가 그것들
을 통해 도달한 타당성이란 그 자체가 공허한 것이다. 자기가 그것들을 획
득했을 때조차도, 그는 그것들이 자기의 본질이 되지 못하고 오히려 그 자
신이 그것들의 힘을 이룬다는 것, 그리하여 그것들은 허망할 뿐이라는 것
을 알고 있다(PE, Ⅱ, 83 ; PG, 375 ; 정신현상학, Ⅱ, 105).

　교양의 세계의 허망함과 그 세계 안에서 자기가 실현시켰거나 혹
은, 자기가 스스로 외화시켰던 권력의 공허함에 대한 이와 같은 인식
은 세계의 무상성에 대한 인식이며 다른 영역에로의 정신의 직접적
상승에 대한 인식이다. 자기가 스스로를 형성·도야함으로써 자신의
권력에의 의지를 실현한 이 세계는 이제 본질의 차안으로서만 나타난
다. 비록 이 세계가 실제적으로 소여된 세계일지라도, 그것은 참된
세계는 아니다. 말브랑쉬(Malebranche)는 다음과 같이 적었다. 「신앙
은 우리에게 세상사가 헛되다는 것과 우리의 행복은 명예나 富에 들
어 있지 않다고 가르친다.」[39]
　따라서 정신의 첫번째 세계와는 달리 교양의 세계는 결코 자족적인
세계가 못 된다. 하나의 「총체성」으로서 그것은 자기 자신에게 소
외되어 있으며 그리하여 그 자신을 초월해 있는 진리를 함축하고 있
다. 그것이 차안이므로, 그것은 피안을 지시한다. 그러한 피안이란
이 세계 자체의 사유이면서도 이 세계의 반성을 이루고 있다. 그것은
이제 정신의 순수한 의식에게 신앙 속에서 현시된다. 헤겔은 신앙을
외화의 세계의 맞짝 개념으로 제시하고 나서, 어떻게 그것이 도피이면
서 또한 그에 못지 않게 그 도피한 현실세계에 의해 제약받는가를 보
여 준다. 신앙은 확실히 정신의 사유다. 그러나 신앙은 아직 스스로가

---

39) 우리가 여기서 Malebranche (《*Recherche de la Vérité*》, liv. Ⅵ, chap. Ⅳ)를 인
　용한 것은 우연이 아니다. 그는 헤겔이 주목하고자 한 실재와 본질의 이중성을 특별
　히 잘 나타내 주고 있다.

사유임을 알지 못한다. 그리하여 신앙은 그 자신이 타자인 바의 요소에 의해 오염된 사유로 나타된다. 그렇기 때문에 비록 그 자체에 있어 신앙이 사유——「신앙의 본성상 주요한 계기이면서 대개는 간과되고 있는 계기」——일지라도, 일단 그것이 자기의식으로 진입할 경우에는 단지 자기의식 그 자체의 표상으로서, 즉 그 내용의 긍정성 속에서 부정적인 대상적 존재로서만 나타난다. 「그러나 사유가 의식으로 혹은 순수의식, 자기의식으로 진입하는 한, 이러한 직접성은 대상적 존재, 즉 자기의 의식의 피안에 놓인 존재라는 의미를 갖는다」 (PE, Ⅱ, 88 ; PG, 379 ; 정신현상학, Ⅱ, 111). [40]

만일 우리가 헤겔의 신앙에 대한 견해를 그의 어법에 개의치 않고 가능한 한 단순하게 표현하고자 한다면, 우리는 다음과 같이 요약할 수 있겠다. 신앙은 현실세계로부터의 도피이며, 그것은 이 세계의 제 규정을 초월한 정신의 표상이다. 그렇지만 거울의 유희에서 보듯, 동일한 실체가 때로는 세계의 권력이라는 모습으로 나타나고 또 때로는 절대존재, 신의 모습으로 나타나는 것이다. 「절대적 대상이란 순수의식의 보편성으로 고양된 현실세계에 다름 아니다」(PE, Ⅱ, 89 ; PG, 380 ; 정신현상학, Ⅱ, 112). 이러한 신앙의 내용은 기독교적 계시의 내용, 즉 삼위일체의 형식 속에서 즉자대자적으로 존재하는 정신(성령)이다. 첫째로 정신은 영원한 실체로 神이며 聖父이다. 그러나 실체는 곧 정신(성령)인 까닭에 그것은 단순히 즉자에 머물러 있을 뿐만 아니라 또한 대자에로 생성되기도 한다. 게다가 그것은 예를 들어 그리스도의 모습에서 보듯 열정과 죽음에 떠맡겨진 무상한 자기의 형식 속에서 스스로를 실현한다. 그리하여 그것은 자신의 근원적 단순성으로 스스로를 결집시킨다. 「이러한 방식으로 표상될 때에만 실체는 비로소 정신으로 표상된다.」 따라서 우리가 현실세계에서 외화의 양태로 보았던 정신의 세 가지 계기가 믿음의 의식에게는 삼위

---

40) 순수사유, 즉 정신의 본질은 자기의식에 직접적으로 침투해 들어가는 과정에서 실재의 계기에 의해 오염되었다. 그 결과 그것은 단지 표상에 지나지 않으며 따라서 그것은 다른 세계의 형식을 취하고 있다. 이와는 반대로 통찰에서 순수사유는 대상성에 대해 부정적으로 대처하며 부정적 대상성 전체를 자기로 환원시키는 것이다 (PE, Ⅱ, 89 ; PG, 380 ; 정신현상학, Ⅱ, 112).

일체의 세 인격체라는 형식으로 현시되는 것이다. 그것은 참으로 여기서 표상된 즉자대자적인 정신의 내용이다. 그러나 그것은 단지 표상된 것일 뿐이다. 다시 말해 믿음의 의식은 한 계기에서 다른 계기로의 이행——실체가 그러한 현실성 속에서, 즉 자신의 실체성 속에서 스스로를 실현하고 보존함으로써 스스로를 주체로서 형성하게 되는 그런 운동——의 필연성을 파악하지 못하고 있다. 기독교의 삼위일체는 믿음의 의식에게 표상이라고 하는 지반 속에서 현시된다. 성부·성자·성신의 각각은 그의 불변의 통일 속에서 제시되며 또한 불가지적 사건(기적)이 그것들 상호간의 이행을 보여 준다. 믿음의 의식은 「神이 인간이 되어 우리 사이에 거했다」는 것을 알고 있지만, 神的 실체의 이와 같은 전개는 필연적인 전개가 아니다. 그것은 정신으로서의 상태에 대한 표현이 아니다. 「삼위일체는 오직 우리에 대해서만 필연적인 계열을 이루고 있다. 그러나 신앙에 대해서 그것들의 차이는 정태적인 다양성이고 그것들의 운동은 하나의 사건이다.」 믿음의 의식의 대상인 神이 자신의 아들을 통해 현실세계에 참여한다 해도, 믿음의 의식은 여전히 현실세계에 붙박혀 있다. 그럼에도——또한 헤겔은 불행한 의식과 관련하여 동일한 관찰을 했었는데, 그 의식의 주관성은 신앙의 객관성에 대립해 있다——神의 현실세계에의 참여는 피안의 계기를 재흡수하는 데는 역부족이다. 비록 神이 肉化하여 우리들 사이에 거했다 할지라도, 그는 여전히 그러한 육화 속에서 소원한 실재로 남는다. 「피안은 時·空間上의 격리라는 규정만을 지닐 뿐이다」(PE, Ⅱ, 91 ; PG, 381 ; 정신현상학, Ⅱ, 114).[41]

믿음의 의식은 직접적으로 현실세계 너머로 고양된다. 그러나 그는 그 세계를 자체 내에 간직하고 있다. 따라서 그는 자신의 본질을 사유하면서도 그것이 사유임을 알지 못한다. 즉자대자적인 정신의 내용이 그에게 현시되지만 그것은 하나의 세계 즉 다른 세계로서, 말하자면 그 자신과는 다르고 또 그 출처도 알려져 있지 않은 다른 긍정적 실

41) 헤겔은 불행한 의식(PE, Ⅰ, 180 ; PG, 162 ; 정신현상학, Ⅰ, 280)을 논의하는 과정에서 이미 신의 육화의 변증법을 서술했다. 헤겔은 時·空間的 간극을 매개의 감각적 발현으로 간주하는 「계시종교」를 논의하는 과정에서 다시금 그리로 되돌아간다. 「과거와 간극은 매개의 불완전한 형식에 지나지 않는다」(PE, Ⅱ, 270 ; PG, 531 ; 정신현상학, Ⅱ, 353~4).

재로서 나타난다. 이것이 **實定性** 즉 신앙에 의해 제시된 외적 권위
이다. 이러한 실정성은 18 세기의 비판을 통해 격하되었으며, 또한
(이 점에서는 계몽주의에 동의했던) 헤겔도 그것을 베른 시절의 《예
수의 생애》에서 不純으로 간주했다. 「여러분이 교회제도와 교회법을
최상의 법으로 숭배한다면, 여러분은 신성의 개념을 창출할 수 있
도록 해 준 **神性**과 권능을 간과하는 **愚**를 범하는 것이다.」[42] 엄밀히
말해 신앙의 세계가 다른 세계인 한, 그것은 정신의 사유가 아니다.
종교와 달리 신앙은 즉자대자적인 정신이 아니다. 헤겔은 여기서 미
묘하게 신앙과 종교를 구분하고 있다. 《정신현상학》의 도달점에서 종
교는, 다시 말해 그 자신의 내용에 대한 의식으로 고양된 정신은 신
자에게서 고유한 변증법을 발견한다. 즉 그것은 절대정신이 자기 자신
에 대해 갖는 자각으로 간주된다. 그러나 여기서 그것은 자기소외된
정신의 전개에서의 한 계기——현실과 대립해 있는 계기——일 뿐이
며 따라서 그것은 신앙일 뿐이다.

 신앙은 불행한 의식과는 다르다. 불행한 의식이란 심오한 주관성의
표현이었는데 그렇기 때문에 그것은 객관성에 도달하는 데 실패했다.
불행한 의식의 내용은 아직 정신의 실체로서 정립되지 못한 상태에서
단지 진지하게 열망되었을 뿐이다. 말하자면 불행한 의식은 정신의
사유가 아니라 영혼의 향수였던 것이다. 그것은 경건한 열망이었고 또
한 사유를 향한 영혼의 사모(Andacht)였다. 「열병과도 같이 불행한
의식의 사유는 제멋대로 울리는 종소리, 포근한 안개로 남아 있다. 그
것은 유일하게 내면적인 대상적 양태라고 할 개념에는 이르지 못하는
음악적 사유이다」(PE, I, 183; PG, 163; 정신현상학, I, 280). 교양의 세
계의 신앙에서는 중세 기독교의 주관적 경건이 실체의 객관성에 밀려
난다. 믿음의 의식에게 현시되는 것은 정신의 즉자대자적 본질, 즉 진
리의 내용이다. 그러나 엄밀히 하나의 내용으로서 그것은 그 객관적
표상 속에서 정신의 외화의 징표를 담지하고 있다. 종교는 나중에
헤겔이 적었듯이 자체 내에서 불행한 의식의 주관성과 믿음의 의식의
객관성을 다시 통일한다.[43] 더우기 헤겔은 신앙을 금욕적 의식의 측

42) Nohl, *op. cit.*, p. 89.

128

차태와 덕성의 의식으로부터 구별지움으로써 그 내용상의 특징들을
구체화시키고 있다. 금욕주의자에게 있어 사유는 자체 내에 소원한
내용을 받아들였던 형식에 지나지 않았다. 그렇지만 신앙에 있어서
는 사유 자체가 내용이다. 사유의 대상은 한낱 형식일 뿐이다. 덕성
의 의식에 있어서 즉자태는 진정 실재의 본질이었다. 그러나 그것은
실현되지 않은 본질, 아직 현존해 있지 않은 이상이었다. 반면 믿음
의 의식에게는 즉자태는 실현되어야 할 이상이 아니다. 비록 그것이
현실 너머에 정립되었을지언정, 그것은 현실적인 것으로 사유된 것이
다. 따라서 신앙의 대상은 사유의 형식이나 이상이 아니다. 그것은
그 모두에 해당된다. 그것은 자기외화 속에서 스스로를 자기 자신의
피안으로 깨닫는 정신의 본질이다.

그럼에도 불구하고 「절대적 본질의·이 순수의식은 자기소외된 의
식」이기 때문에, 그것은 자신의 타자성을 자체 내에 간직하지 않으면
안 된다. 그것은 현실세계로부터의 도피이다. 그리하여 얼핏 보기에
는 그 현실세계가 그 의식의 타자인 것 같다. 그러나 그는 자신의
타자를 그 자신의 내부에 간직해야만 한다. 따라서 그는 스스로 갈등
속에 빠져 있는 것으로 나타난다. 「순수의식은 그리하여 자체 내에서
자기소외되어 있으며 신앙은 단지 그 의식의 한 측면만을 이루고 있
다.」 다른 측면은 헤겔이 지적하듯 이미 우리(철학자)에 대해 생성
되었다. 그것은 순수한 자기의식의 측면이다. 말하자면 그것은 우리가
교양의 세계의 변증법에서 발견했던 운동, 즉 세계의 각 계기들의 존
속에 공격을 가해 그것을 그 반대물로 변형시키는 운동이다. 만일
신앙이 정신의 내용에 대한 사유라면 그것은 통찰의 운동에, 다시 말
해 모든 타자성을 거부하고 모든 대상들을 자기에로 전화시키는 자기
의 운동에 대립한 것이다. 生의 자기의식에 대립된 生의 총체성처럼,
그리고 참된 것의 열정적인 모색과 대립된 부동의 진리처럼, 신앙은
정신의 실체의 내용으로서 통찰에, 즉 일체를 자기 자신에로 환원시

---

43) 계시종교를 특징지우면서 헤겔은 다음과 같이 적고 있다. 「내용은 불행한 의식과
믿음의 의식의 표상으로서」, 즉 전자에서는 「의식에 의해 욕구된」 주관적 내용으로서,
후자에서는 「자기상실된 세계의 본질로서」 「이미 스스로에게 제시되었다」(PE, Ⅱ, 272
~73 ; PG, 533 ; 정신현상학, Ⅱ, 356).

키고 또한 대상적 형식을 띠고 자기에게 소원한 것으로 등장하는 모든 내용을 거부하는 그런 보편적 자기에 대립한다. [44] 신앙은 이성(헤겔은 「통찰 Einsicht」이라고 부른다)과의 끝없는 갈등 속에 빠져 있는 것으로만 스스로를 현시할 수가 있다. 순수의식의 내면에서 나타나는 이러한 갈등이 이제 우리의 주제이다.

이처럼 근본적으로 서로 대립하는 두 항은 우리에게는 그것들이 그것들 서로에 대해서 보여지는 것처럼 구별되어 있지는 않다. 우리는 그것들 속에서 자기소외된 정신의 하나의 동일한 진리를 보는 것이다.

스스로를 해체시킬 뿐인 비본질적 (교양의) 세계로부터 자기 자신 속으로 떠밀려 들어간 정신이란, 그 진리에 비추어 볼 때, 그 자신의 발현으로서의 절대적 운동과 부정성 외에도 또한 그것들의 자기내 충족적 본질과 긍정적 정지로 이루어진 불가분적 통일이다. 그러나 이 두 계기는 일반적으로 소외라는 규정성에 의해 제약을 받기 때문에 이중적 의식으로서 분화되어 있다 (PE, Ⅱ, 87 ; PG, 378~9 ; 정신현상학, Ⅱ, 110).

부동의 진리로서 즉 통찰의 피안에 정립된 본질로서의 내용이 신앙을 특징짓는 반면, 모든 대상성에 대해 등을 돌린 자기의 운동은 통찰을 특징짓는다. 한편으로 정신은 스스로를 자기 자신과 동등한 진리로 파악한다. 정신은 순수한 긍정성이다. 다른 한편으로 정신은 모든 내용에 침투해 들어가 그것을 그 자신의 자기에로 환원시키는 자기이다. 말하자면 정신은 절대적인 부정성이요, 보편적인 자기이다. 이러한 두 가지 측면은 동일하다. 왜냐하면 개념은 그 자체로서 자기 자신과의 차이, 즉 전혀 차이가 아닌 절대적 차이이기 때문이다. 그러나 여기서 그것들은 대립으로 즉 가능한 한에서 가장 심대해 보이는 대립으로 나타난다.

---

44) 헤겔의 사유의 최고의 종합은 운동과 정치의 이러한 통일, 자기의 불안(시간성)과 본질의 영원성의 통일이다. 이러한 이유에서 즉자대자적 진리는 「박커스(Bachus) 제에서의 도취경이다. 그러나 이러한 도취경은 또한 투명하고도 단순한 정지(평안)이다」(PE, Ⅱ, 40 ; PG, 39 ; 정신현상학, Ⅰ, 102). 여기서 그 두 계기는 본질과 자기, 신앙과 통찰로 분리되어 있다. 평안과 불안으로서의 生에 대한 논의(PE, Ⅰ, 148 ; PG, 135 ; 정신현상학, Ⅰ, 238) 및 진리와 그것의 운동에 대한 논의(PE, Ⅰ, 201 ; PG, 178 ; 정신현상학, Ⅰ, 302)를 참조하라(이러한 통일에 대해 진리의 운동은 타자이다).

130

따라서 헤겔의 연구대상은 신앙과 순수통찰간의 갈등이다. 이 두 항은 교양의 세계로부터의 일탈로 나타난다. 즉 신앙은 교양의 세계로부터의 도피요, 보편적 통찰은 그 결과인 것이다. 교양의 세계를 편력했던 자기는 보편성으로 고양되었다. 제 개인을 분리시켰던 자연적 차이들은 극복되었다. 근본적인 차이들은 더 이상 존재하지 않고 단지 양적 차이——보다 힘있거나 힘없는 의지들——만이 존재한다. 모든 개별적 정신 속에는 교양에 의해 획득된 하나의 동일한 보편자가 있다. 그것은 스스로를 자기로서 드러낸다. 한편으로 자기는 일체의 대상적인 것을 자기의식의 대자적 존재에로 환원시킨다. 그러나 다른 한편으로 그 대자적 존재는 보편자라는 의미를 지닌다. 「통찰은 모든 자기의식의 재산이다.」 나중에 칸트와 피히테에서 등장하는 바의 자아는 이미 여기서 우리에 의해 발견되었다. 다시 말해 관념론은 보편적 자기가 철학적 체계를 통해 획득한 승리를 표현하는 것이다. 어떤 것도 더이상 그러한 자기에 대해 물자체로서 대립할 수가 없다. 그것은 자기의식 밖에서 타당성을 주장하는 모든 내용에 속속들이 침투해 들어갈 것이다. 그것은 그러한 내용을 파악할 것이고 또한 그럼으로써 그것을 그 자신의 자기의 한 계기로 만들 것이다. 마찬가지로 자아는 이러저러하게 소여된 개인의 배타적 재산이 아니라 만인의 보편적 재산이 될 것이다. 교양의 과정으로부터 유래한 필요불가결한 보편적 자기는, 철학체계에서 존재를 자아에로 환원하는 것에 선행한다. 하지만 그 자기의 보편성은 아직은 순수통찰에 지나지 않는다. 「따라서 순수통찰이란, 모든 의식을 향해서 너희들 모두의 본래적인 모습을 너희들 스스로가 자각해야만 한다고, 즉 너희들은 이성적이어야만 한다고 소리높이 외치는 정신이다」(PE, Ⅱ, 93 ; PG, 383 ; 정신현상학, Ⅱ, 117).[45]

그러나 통찰은 신앙의 세계와 부딪치는데, 이 신앙은 환원 불가능한 대상성으로서 즉 그것이 도피한 것에 의해 오염된 내용으로서 현시된다. 그리하여 통찰은 정신의 자유를 실현한다는 명목하에 신앙과

45) 헤겔은 또한 믿음의 의식의 운동을 실제세계와 대비시켜 특징짓고 있다. 믿음의 의식은 그 세계를 허망하다고 생각하여 아무런 진척도 이루지 못하기 보다는 「본질과 그 자신의 통일에 대한 의식」에 도달하고자 부심한다. 그러나 이러한 통일은 적어도 개별적 의식에 의해서는 결코 실현되지 않는다(PE, Ⅱ, 90 ; PG, 381 ; 정신현상학, Ⅱ, 114).

투쟁을 벌인다. 이 투쟁은 16 세기에 르네상스 및 종교개혁과 더불어 그리고 18 세기에는 계몽주의와 더불어 전개되었다. 그런데 헤겔은 주로 계몽과 신앙 사이의 투쟁에 관심을 기울이고 있다. 비판가들은《정신현상학》에서 헤겔이 종교개혁을 보다 상세하게 논의하지 않는 점에 대해 놀라움을 표시했다. 심지어《정신현상학》속에서 헤겔이 「독일인의 혁명」이라고 불렸던 것에 대한 명백한 시사조차 없는 것 같다. 사실상 헤겔은 종교개혁의 운동을 정신의 자유화 과정에서의 첫번째 단계로서 이해했었다. 《역사철학강의》에서 헤겔은, 루터(Luther)를 소크라테스(Socrates)에 비교하여 루터와 더불어 「정신은 자기 자신에게로 복귀하기 시작」했으며 「내면적 화해」에로 고양되었다고 적었다. 종교개혁은 계몽주의의 시작이었다. 「신앙은 그것이 회피하고 있다고 장담했던 감각적인 이것을 정신세계 안에서 보존했는데, 교회의 필연적인 몰락은 바로 이 점에서 발단되었다.」[46] 신앙은 사유와 감각적인 것의 혼합, 즉 현실세계의 사유세계로의 직접적인 유입의 결과로 불순해졌다. 계몽주의에서처럼 프로테스탄티즘에서도 「종교는 자신의 사원과 제단을 오직 개인의 마음 속에서만 세워야 한다.」 또한 종교는 신앙의 대상을 숭배하기 위해 봉헌된 제물이 한낱 사물에 지나지 않는다는 것을 분명히 인식해야만 한다. 따라서 신적인 것은 모든 직관으로부터 철저하게 단절된다. 〈신앙과 지식〉에서 헤겔은 프로테스탄티즘이 어떻게 「내면」을 「외면」으로부터 분리시키는 모의에 기여했었던가를 보여 주고자 했다. 이렇게 해서 「보편적 정신의 형식, 북구 민족들의 원리」를 특징짓는 주관성이 도달되었다. [47] 그렇기 때문에 독일에서의 계몽은 불란서에서처럼 反종교적 성격을 지니지 않았다. 만일 불란서에서 계몽주의가 신학을 공격했다면, 그것은 불란서 신학이 아직 내면화되지 못했다는 데 그 이유가 있었을 것이다.

신앙은 초감각적인 피안에 대한 신앙, 말하자면 첫번째 세계를 초월해 있으면서도 그 세계와 다를 바 없이 객관적으로 소여된 두번째 세계에 대한 신앙의 차원에 머물러 있다. 루터가 진수시켰던 정신의 자유를 쟁취하기 위한 투쟁은 계몽주의로 넘겨졌다. 헤겔은《역사철학강

---

46) 《Leçons sur la philosophie de l'histoire》, op. cit., Ⅱ, p. 131.
47) 〈Glauben und Wissen〉 éd. Lasson, Ⅵ, p. 225.

132

의》에서 다음과 같이 적었다. 근대 세계에서 「종교는 사유 없이는 존속할 수가 없다. 부분적으로 종교는 개념에로 발전한다. 부분적으로 사유 자체에 의해 떠밀려서 그것은 강렬한 신앙이 되거나 혹은 그것이 철저하게 피하려고 한 사유에 의해 절망으로 내몰려져 미신이 된다.」[48]

만일 우리의 해석이 옳다면 헤겔은 종교개혁을 특별히 《정신현상학》에서 논의할 필요가 없었을 것이다. 왜냐하면 그러한 운동은 헤겔이 말하는 「신앙」과 「순수통찰」 사이의 투쟁의 일부이기 때문이다. 그 둘은 더불어 나타나는 것이다. 종교개혁은 그러한 투쟁에서 오직 하나의 계기일 뿐이다. 반면 계몽은 그 투쟁의 절정이다. 미신에 대한 계몽의 투쟁을 고찰함으로써, 헤겔은 정신의 자유를 환기시켜 오직 그 내면적 화해만을 이룩하는 데 지나지 않는 프로테스탄티즘을 극복한다. 마침내 계몽주의는 18세기 철학과 불란서 혁명에서 부분적인 실패에 직면한다. 그럼에도 불구하고 주관정신에서 신앙은, 외화로부터 자유로와진 순수주관성으로서일망정 여전히 스스로를 현시한다. 주관정신은 보다 직접적으로 프로테스탄트 혁명——유한성 속으로 침잠하여 거기서 자신의 휴식처를 발견하는 계몽주의라기보다는 「미완의 계몽주의」——에 연결될 수 있는데, 이 정신은 헤겔이 「도덕적 세계관」이라 부르는 곳에서 다시 등장한다. 북구의 주관성과 칸트 및 피히테의 철학에 대응하는 이러한 세계관이 종교개혁의 본래적인 전개를 이루고 있다. [49]

따라서 종교개혁은 《정신현상학》에서 하나의 역할을 담당하고 있다. 그것이 피안의 신학에 대립하여 순수통찰이라는 무기로 대항하는 한, 그러나 또한 다른 한편으로 피안이 여전히 프로테스탄트 신학에 잔존하여 오직 주관성에만 관계하는 한, 종교개혁은 《정신현상학》이 특별히 논구대상으로 삼고 있고, 〈신앙과 지식〉이란 논문이 단도직입적으로 프로테스탄티즘과 관련시켰던 도덕적 세계관에서, 즉 자유로운 주관성의 자각에서 표현되는 것이다.

48) 《Philosophie de l'histoire》, op. cit., Ⅱ, p.131.
49) 《정신현상학》에 나오는 도덕적 세계관에 관한 장과 예나 시절의 논문 〈Glauben und Wissen〉을 참조하라.

신앙에 등을 돌린 순수통찰은 「계몽(Aufklärung)」으로 불리게 된다. 계몽이란 어둠을 추방하는 빛이다. 18 세기를 관류하면서 즉자대자적인 합리성의 실현을 주장하는 이 투쟁은 처음에는 부정적이다. 계몽은 신앙에 승리를 거둔다. 그것은 신앙이 간직하고 있는 피안의 계기를 거부하면서 신앙이 미신임을 보여 준다. 그러나 이 투쟁이 전개되는 과정에서 순수통찰은 긍정적인 내용, 즉 계몽의 원리로서 진리를 획득한다. 이것들은 극히 진부한 공리주의와 유한한 세계의 사유로 밝혀진다. 정신은 이 유한성을 박차고 나와 자기 자신과 화해를 이룬다. 따라서 지상과 천상의 두 세계가 하나의 세계로 종합된다. 이 것은 곧 교양과 분리의 세계의 종말로 보이는 불란서 혁명의 경험이다. 그렇지만 이러한 경험 역시 실망스러운 것으로 입증된다. 그리하여 공포정치 및 나폴레옹이 등장하면서 정신은 보다 고차적인 형태로 고양된다. 즉 정신은 자기확신적 정신이 되는데 이것이 정신의 전개에 있어서의 제 3 의 계기를 이루는 것이다.

4

계몽과 미신간의 투쟁

百科全書派의 철학자들이 연민의 눈초리를 갖고 이미 조락의 징후를 나타내고 있는 신앙의 퇴보적 옹호자들로 매도했던 자들을 향해 전개한, 이성의 신앙과 계몽의 미신에 대한 18세기의 대투쟁은 헤겔에게는 최근에 벌어진 현상이었다. 그것은 새로운 시대를 예고했던 투쟁이었으며 정신의 「구조」에 있어서 하나의 혁명적인 변화를 함축했던 투쟁이었다. 가시적이건 불가시적이건 세계정신에 있어서의 역사적인 변화에 민감한 반응을 보였었던 헤겔로서는 그러한 투쟁에 그가 부여했던 의미에 결맞는 논의를 할애할 수 있었다는 것이 당연했다. 그는 혁명을 정신의 生으로 기술해야 했으며 그 의의를 이해해야 했다. 그의 일차적인 모델은 불란서에 있어서의 「철학적인 가르침」이었는데, 이것은 독일(이미 종교개혁이 과제의 일부를 수행했던 곳)에서 그랬던 것보다 더욱 선명한 反종교적 성향을 띠었으며 게다가 극히 중요한 정치적 혁명에서 절정을 이루었다. 1807년에 이르면 헤겔은 더 이상 그가 튀빙겐에 체류할 당시처럼 불란서 혁명에 대해 생각하지는 않았다는 것이 명백하다. 다시 말해 1793년의 공포정치와 나폴레옹 제국으로 이어지는 혁명의 추이는 헤겔의 많은 동시대인들의 경우에서처럼 그의 견해를 수정하게 된 원인이 되었다. 그러나 헤겔은 이 정치적 혁명 속에는 세계정신의 측면에서 「즉자대자적으로 이성적인 것」을 지상에 실현시키려는 다대한 노력이 들어 있다는 점을 계속적으로 인정했다. 세계는 18세기와 그리고 불란서 혁명과 더불어 변화되었다. 그의 조심스러운 보수주의에도 불구하고 헤겔은 여전히 《역사철학강의》에서 다음과 같이 적었다. 불란서 혁명과 더불어

권리의 사상, 권리의 개념이 단번에 머리를 들기 시작하였는데 이에 대해서 부정의한 구체제는 아무런 저항도 할 수가 없었다. 권리의 사상에 의거해서 헌법이 제정되고 그 이후 일체는 이 기초 위에 놓여지게 되었다. 태양이 창공에 자리잡고 유성이 그 주위를 돌기 시작한 이래로 인간이 머리 위에, 즉 사유 위에서 사유에 의거해서 현실계를 구축할 수 있게 될 것이라고는 전혀 상상도 할 수 없었다. 아낙사고라스(Anaxagoras)는 이성(νοῦς)이 세계를 지배한다고 하는 것을 최초로 주장한 사람이었다. 그러나 인간은 여기서 비로소 사유가 정신적 현실계를 지배해야 할 것임을 인식하는 단계에까지 도달한 것이다. 숭고한 감격이 이 시대를 지배하고 마치 신적인 것과 세계와의 진정한 화해가 여기에 비로소 성취된 것 같이 세계를 전율케 했던 것이다.[1]

물론 같은 책에서 헤겔은 혁명이 단지 형식적 원리만을 실현했을 뿐 구체적인 이성을 표현하는 데는 실패했다고 비판했다. 「혁명의 원리는 그것이 추상적인 사유, 즉 오성으로부터 발단되었기 때문에 형식적이다. 오성은 그것이 직접적이라는 한에서 추상적이다. 오성이란 순수이성이 단초에 자기 자신에 관해서 지니는 의식이다」. 우리는 이러한 비판이 이 연구 전체를 일관해서 발전된 것임을 보게 될 것이다. 그러나 우리는 헤겔이 투쟁에 부여한 정신적 필연성을 그것으로 인해 간과하지 않도록 경계를 게을리 해서는 안 된다. 불란서 혁명은 사유로부터 탄생하였다. 다시 말해 그것은 18세기를 거치면서 조탁된 세계의 철학으로부터 발단되었던 것이다.

권위에 기초한 신앙에 대해서 자립적으로 서 있는 주체의 주권이 확립되어, 자연의 법칙이야말로 「제 현상」을 결합하는 유일한 끈으로 인정되었다. 따라서 일체의 기적들은 거센 도전을 받았다. 왜냐하면 이제 자연은 인식되고 또 인정된 법칙의 체계이기 때문이다. 인간은 이제야 자연에 통달해 있

---

1) 《Leçons sur la Philosophie de l'Histoire》, op. cit., Ⅱ, p. 229.

136

고 또 그가 잘 알고 있는 것만이 참다운 것으로 통용된다. 인간은 자연의 인식을 통해서 자유로와진 것이다. [2]

그리하여 사유는 자신의 세력을 정신의 세계에까지 확장시켰으며 법과 도덕을 인간 이성에 소원한 율법 속에서 확인하기를 거부했다. 따라서 정신의 전개에 있어서 하나의 근본적인 변혁, 즉 자아의 외화 전체를 초월하고자 하는 노력이 나타났던 것이다.

이와같이 현실적이고 명료한 의식에 의거한 보편적 제 규정, 자연의 제 법칙과 정당하고 또 선한 것의 내용을 사람들은 이성이라고 불렀다. 계몽 (Eclaircissement, Aufklärung)이란 이들 법칙을 사람들에게 승인시킨다 는 것을 의미하였다. 이 계몽은 불란서에서 독일로 넘어와 새로운 관념세계 를 창출하였다. [3]

우리가 이제 논구하고자 하는 《정신현상학》의 구절들 속에 계몽의 합리주의가 갖는 역사적 계기와 일반적 의의 모두가 고려되고 있다. 확실히 하나의 철학적 교설이 존재했었는데 그것은 사회 전체를 통해 유포되었고 또한 전민족을 사로 잡았던 교설이었다. 우리는 이미 《라 모의 조카》에서 형식적으로 처신하면서 집시의 비밀들을 수집하고 있 는 철학자와, 전도되고 자기소외된 세계의 분열을 표현하는 집시 사 이의 대립을 지켜보았다.

그의 모든 말 속에는 우리가 스스로 생각하고 행동하면서도 결코 말로 표현하지 않는 것들이 들어 있다. 사실상 이 점이 그와 우리 사이에 있는 중요한 차이였다. 그는 자신의 결함들을 인정했는데 그것들은 또한 우리의 결함들이기도 하다. 요컨대 그는 위선자가 아니었다. 다른 사람들보다 더도 아니고 덜도 아니게 밉살스러운 그는 좀더 논리적이어서 때로 그 부패의 정 도가 심한 사람들보다는 훨씬 솔직하였다. [4]

이 시점에 이르러 교양의 세계는 스스로에 대해 첨예한 자각을 경 험하여 그 자신의 조건을 이루는 모든 측면들을 판단하는 번뜩이는 재기의 言說이 된다. 「이 세계의 거울」은 아직은 순수통찰이 아니다.

2) *Ibid.*, p. 223.
3) *Ibid.*, p. 224.
4) 〈*Le Neveu de Rameau*〉, *op. cit.*, XXIII.

왜냐하면 그것은 (불순하게) 무엇인가를 비추려 하고 또한 그 세계의
한 가장자리에서 자신의 機智와 자신의 골수에 파고드는 비판의 독창
성을 통해 스스로를 드러내고자 하기 때문이다. 자기의식은 여전히
그가 반영하는 세계에 참여하고 있다. 이것은 살롱(salon)의 시대요,
몽테스키외의《페르시아 인에게 보내는 편지》의 시대일 뿐이다. 그것
은 아직은 만인의 통찰이 됨으로써 이 인위적 세계를 자신의 비판적
사유를 통해 탈피한 순수통찰의 시대는 아니다.[5] 처음에 자아는 여
전히 사회의 인위적 질서를 향유하고 있다. 그러나 자아는 스스로가
그러한 질서보다 우월하다는 것을 인식한다. 그것은 자아가 자신의
판단을 행사할 수 있는 대상으로서의 역할을 하는 데 지나지 않는다.
인간은 세계의 무상성을 밝힘으로써 그 세계 너머로 고양되고 또한
그 과정에서 자신의 기지를 과시한다. 인간은 여전히 그 세계에 살고
있지만 자신의 기지를 통해 자신은 더 이상 그 세계를 믿지 않는다
는 것을 보여 준다. 「오직 논변이나 수다를 위한 내용을 마련하려는
관심만이 전체와 그 分岐들의 집단을 유지해 주고 있다」(PE, Ⅱ, 94 ;
PG, 384 ; 정신현상학, Ⅱ, 119).[6] 따라서 의식은 여전히 교양의 세계에
참여하고 있으며 또한 자신을 희생하여 무언가를 비추고자 하면서 그
세계를 유지하는 데 조력한다. 그러나 내용의 공허성은 또한 그 내용
이 공허함을 아는 자기의 공허성을 나타낸다. 그러므로 의식이 자신
의 판단이 보편적임을 발견할 때, 그는 순수통찰에로 고양되는 것이
다. 「흩어져 있던 견해들이 하나의 보편적인 像 속으로 집적되어 만
인에게 속하는 하나의 통찰을 이룬다.」 이 순간 다른 사람들보다 「더
욱 잘 판단한다」는 유일하게 남아 있는 관심도 소멸됨으로써 「개별적
인 통찰(Einsehen)은 보편적인 통찰(Einsicht) 속으로 해소되고 마는
것이다」(PE, Ⅱ, 95 ; PG, 385 ; 정신현상학, Ⅱ, 119).[7]

---

5) 헤겔은 여기서 두 계기, 즉 〈Lettres persanes〉의 그것과 《Dictionnaire Philosop-
   hique》의 그것을 구별하는 것 같다. 통찰의 비판은 점차적으로 사회 전체에까지 확
   대되어 보편적(그 중요성에 있어서 뿐만 아니라 그 범위에 있어서도)이 된다.
6) 「제 집단」을 헤겔은 사회적 실체의 제 부문, 즉 공동체와 가족, 사회적 제 계급 및
   제 신분 등으로 해석한다. 19세기 말엽 이러한 「제 집단」은 그것들이 才士의 비판을
   위한 호기를 제공하는 한에서만 존재를 지닌다. 혁명의 와중에서 그것들이 소멸할
   시간이 멀지 않다.
7) Voltaire에 관해서는 《Écrits de Iena》, éd. Lasson, Ⅰ, p. 335를 참조하라.

이렇게 해서 헤겔은 어떻게 순수통찰이 교양의 세계의 자기반성 그리고 신앙의 세계도 발단시킨 반성을 통해 형성되는가를 보여 준다. 신앙과 통찰은 모두 외화된 정신이 자신의 외화를 지양하려는 시도로부터 유래한 것이다. 다시 말해 신앙은 세계의 절대적 피안에 관한 사유, 즉 정신의 존재에 관한 사유를 통해 그 세계를 초월하는 것이다. 반면 통찰은 사유의 행위로서, 외화의 부정으로서 정신의 자기 자신에로의 복귀이다. 따라서 이 두 가지 반성은 그것들이 근본적으로 동일한 진리, 즉 정신의 진리를 나타낸다는 점에서 더욱 격렬하게 골육상쟁격으로 서로 대립하고 대항하는 것이다. 사유가 사유에 대해 투쟁을 벌인다. 신앙은 자신이 염원하는 피안 속에서 스스로 인식하지 못한 채 정신의 근본 본질을 인식한다. 그러나 통찰의 형식이 아니라 오직 내용만이 신앙에게 현시된다. 통찰 속에서 정신은 여전히 스스로를 순수부정성으로만 안다. 정신은 자기 자신을 내용과 분리시켰다가 타자로서의 그 내용을 부정하는 형식이다. 헤겔은 《역사철학 강의》에서 다음과 같이 적었다. 「사유의 원리는 처음에는 그 보편성 속에서 추상적인 형태로 나타난다. 그것은 모순의 원리와 동일성의 원리 위에 기초해 있다. 따라서 내용은 오히려 유한한 것으로서 정립되어, 계몽은 인간적인 사물과 신적인 사물 안에서 일체의 사변적인 것을 추방시켰다.」 또한 《정신현상학》에서 그는 다음과 같이 적고 있다. 「신앙과 통찰은 동일한 순수의식이지만 그 형식과 관련해서는 서로 대립되어 있다. 신앙에 있어서 본질은 개념이 아니라 사유이다. 그리하여 본질은 자기의식에 절대적으로 대립된 그 어떤 것이다. 그러나 순수통찰에게 있어 본질은 자기이다. 따라서 신앙과 통찰은 절대적으로 상호부정적인 것이다」(PE, Ⅱ, 95 ; PG, 385 ; 정신현상학, Ⅱ, 120).

신앙은 스스로를 피안으로서, 즉 자기의식에 소원한 내용으로서 제시한다는 점에 그 결함이 있다. 그렇지만 합리주의의 진리는 그것이 정신의 절대적 자유를 단언한다는 점에 있다. 이 절대적 자유는 이미 루터의 사상에서 태동하기 시작했었다. 「루터는 정신적 자유와 구체적 화해의 진리를 파악하여, 인간의 영원한 규정은 인간 그 자체 안에 나타나지 않으면 안 된다는 것을 당당하게 주장하였다. 그러나 이 인

간 안에 나타나는 것의 내용, 인간 안에서 생생하게 나타나는 그 진
리의 내용은 루터에서는 하나의 소여이고 종교에 의해서 계시되어 있
는 것으로 보여졌다.」[8] 계몽이 거부하는 것은 엄밀히 이러한 소여,
이러한 실정성[9]이다. 1788년에 튀빙겐의 세미나를 주재하던 헤겔의
지도교수는 쉬토르(Storr)라는 이름의 신학자였다. 쉬토르는 불란서
백과천서파가 득세하던 시대에 자신의 모든 가르침을 계시의 권위에
정초시켰다. 그리스도와 사도들의 신성한 권위에서 출발한 쉬토르는
──근대 사상에 대한 하나의 양보로서── 심지어 자신의 방법을 칸트
철학에 호소함으로써 정당화시켰다. 비판철학은 인간의 이성이 감성
적 세계의 인식을 초월할 수 없다는 것을 보여 주었다. 그러므로 인
간의 이성은 계시의 타당성을 판정하기에는 못내 역부족이다. 쉬토르
는 그의 책 《Doctrinae christianae pars theoretica et sacris litteris
repetita》에서 「이 문제에서는 철학은 자신의 권위를 지니지 못한다」[10]
라고 적었다. 다른 한편 우리는 헤겔이 그의 《청년기신학논집》에서 인
간의 의식에 내용을 부과하는 그러한 「실정종교」를 비판했다는 것을
알고 있다. 튀빙겐의 세미나에 참석한 학생들은 18세기의 불란서 철
학자들의 작품을 읽었었다. 그리고 독일에서는 레싱이 종교적 관용
을 상찬했었다. 헤겔은 자신의 최초의 논문 속에서 때때로 《賢者 나
단(Nathan le Sage)》*으로부터 인용하곤 했었다. 레싱에 따르면 계시
는 인류의 유아기 시절에 필요했었다. 그것은 인간적 성숙기에 해당
하며 또한 인간 이성의 결과인 도덕종교를 예비하였다.

---

8) 《Leçons sur la Philosophie de l'histoire》, op. cit., Ⅰ, pp. 224~25.

9) 따라서 종교개혁의 사업을 확장시키는 것이다. 「이제 이러한 내용은 내가 나 자신
을 내면적으로 설득시킬 수 있는 바의 현실적 내용이라는 것과 일체가 이 내면의 기
초로 되돌려져야만 한다는 원칙이 수립되었다」(ibid., p. 225).

10) J.C. Storr, 《Doctrinae christianae pars theoretica et sacris Litteris repetita》,
ex sacris litteris repetita(Stuttgardiae MDCC Ⅷ), Vorwort, p. LV.

* 賢者 나단 : 독일의 극작가 레싱의 희곡(1779). 옛 친구인 목사 J.M. 괴제(1717~86)
와의 종교 논쟁이 칙령으로 금지되자, 그는 자신의 종교관을 이 희곡을 통해서 나타
냈다. 시대를 제 3 차 십자군 원정 시대, 장소를 회교, 유태교, 그리스도 교가 공존해
있던 팔레스티나로 정하고 《데카메론》에 나오는 반지 이야기를 빌어, 이 3 대 종교가
처자를 그리스도 교도에게 학살당한 현자 나단의 휴머니스틱한 행동에 의해 합일되고
본질에 있어서 같은 신의 정신으로 귀일하는 것이라고 한다. 이 작품에서 그리스도
교를 가장 냉담하게 다룬 것은 당시 유럽인이 다른 종교를 배척한 잘못을 지적하려
는 의도에서였다.

140

계몽과 실정종교 사이의 투쟁은 헤겔이 청년시절에 제기했던 근본
문제들 중의 하나였다. 이러한 갈등의 세세한 내용들과 그것이 담고
있는 사변적인 함축들이 《정신현상학》에서는 철학적 형식으로 제시된
다. 비록 헤겔이 청년시절에 계몽주의의 영향을 받았었고 또한 현저
한 차이에도 불구하고 그 계몽주의의 합리주의적 정신에 신뢰를 갖던
상태에 머물러 있었을지라도, 그가 계몽주의에 집착했던 것은 결코
무조건적인 것이 아니었다. 일찌기 튀빙겐 시절의 최초의 논문 속에
는 지나치게 무미건조하고 추상적이어서 인간의 행동을 전혀 고무시
키지 못하는 그 어떤 오성의 철학에 대한 비판이 들어 있다. 루소를
따라 헤겔은 「주관종교」, 즉 인간의 삶 전체를 계도할 수 있는 가슴
의 종교를 추상적 신학──그 당시 그가 「객관종교」라고 불렀던──
에 대립시켰다. 말하자면 계몽주의란 오성에 의해 수행된 비판으로
서 우리를 좀더 현명하게 만들 수 있다. 그러나 그것은 우리를 좀더
나은 상태로 만들지는 못한다. 그것은 우리의 영혼에 대해 아무런 영
향도 미치지 못하는 것이다. 그것은 단지 부정적으로만 작용하며 그
리하여 逆으로 주관종교에 대립해 있다. 동일한 시기에 헤겔은 「민
족종교」와 「私的 종교」간의 대립을 구상했었다. 말하자면 그는 계몽
주의에 의해 인식되지 않는 실재들을 분명하게 자각하고 있었던 것이
다. 우리는 이와 같은 텍스트들 속에서 제 대립을 넘어서려는 열망,
즉 종교를 철저히 사유함으로써 그 사변적 내용을 정신의 진리의 발
현으로서 보존하면서도 자신의 대상 속에서 스스로를 재발견하는 자
기의식의 권리는 부인하지 않으려는 열망을 읽어 낼 수가 있다. 그러
나 헤겔이 종교를 절대정신의 계기로서, 즉 정신의 자기의식의 계기
로서 파악했던 것은 〈신앙과 지식〉 그리고 나중에는 우리가 여기서
논의하고 있는 예나 시절에 쓰여진 《정신현상학》에 이르러서였다. 그
때로부터 계몽주의의 비판은 설령 옳다고는 해도 한낱 부정적인 비판
으로만 나타난다. 신앙을 부인했던 18세기의 사유는 계시가 역사를
통해 최초로 믿음의 의식에게 제공했던 일체가 정신과 동화되고, 또한
그 정신 속으로 통합된 그런 사유로 대체되지 않으면 안 되었다. 계몽
주의의 과오는 단지 부정적인 비판으로 일관함으로써 신앙의 내용을
파악하고 그 사변적인 의미를 발견하는 데는 실패했다는 점에 있다.

종교는 철저하게 사유되어야 한다. 이러한 맥락에서 헤겔은 포이에르 바하의 길을 예비한다고 볼 수 있겠다.[11]

계몽의 확산

순수통찰은 자기의식에 활력을 불어넣는 부정적인 위력의 한 예이다. 이러한 위력을 우리는 예를 들어 「다양하게 규정된 세계의 존재를 무화시키고」(PE, I, 171~72 ; PG, 155 ; 정신현상학, I, 267), 그와같이 정립된 각각의 규정 속에 은폐되어 있는 변증법을 사유에 대해 드러내 주는 회의주의의 힘 속에서 대면했었던 경험이 있다. 우리는 또한 부정적인 것의 위력을 이론적이며 실천적인 관념론 속에서 보았다. 그러나 순수통찰에서 그것은 이러한 하위단계들을 훨씬 넘어서 있다. 「왜냐하면 순수통찰은 실체로부터 탄생하여 의식의 순수한 자기를 절대적인 자기로 파악함으로써 그것을 모든 현실의 절대적 본질에 관한 순수의식과 비교하기 때문이다」(PE, II, 95 ; PG, 385 ; 정신현상학, II, 120). 그것은 실체로부터 탄생한다. 다시 말해 우리는 여기서 더 이상 자기의식이나, 혹은 이성의 추상적 측면이 아니라 그 발현인 정신의 현상 그 자체를 대하는 것이다. 이 순수통찰은 집단적 삶과 결부된 문화의 결과이다. 즉 그것은 그 말이 담고 있는 충분한 의미에서의 인간 경험이다. 그런데 「언제나 부정을 일삼는」 정신은 여기서는 역사 속에서 등장하며, 그것이 자신을 초월해 있는 본질로서 스스로를 인식할 때 스스로에 대해서 갖는 의식과 대립한다.

그러므로 계몽의 추상적인 이성에게 신앙이란 오류의 본산이요 어둠의 왕국이다. 계몽은 근본적인 오류를 거부함에 있어 여러가지 계

---

11) 종교와 계몽에 대한 헤겔의 초기의 태도를 논의한 것으로는 J. Hyppolite, ⟨Les Traveaux de Jeunesse de Hegel d'après des ouvrages récents⟩ in ⟪Revue de Métaphysique et de Morale⟫, juillet et octobre 1935를 참조하라. 헤겔은 그의 초기 저작에서 주관종교를 객관종교에, 민족종교를 私的 종교에 대립시키고 있다. 그는 실정성, 즉 종교의 역사적 요소를 상이한 방식들로 평가하고 있다. 어떤 때 그는 그 개념을 논박한다. 하지만 다른 때 그는 그것을 추상적 인간 이성의 무미건조에 대립시킨다. 결정적인 발전은 實定性이 운명으로 轉化되는 그의 프랑크푸르트 시절에 이루어졌다.

기들을 구별한다. 첫째로 여전히 유아기에 매몰되어 있는 대중의 소
박한 의식이 있다. 대중 사이에서의 오류는 단지 정신의 나약함이요,
반성의 부재이며, 따라서 자기 자신에 대한 성찰의 결핍이다. 그러나
이러한 소박성은 두번째 계기와, 즉 자신들의 위신을 지키고 대중을
기만하려는 부질없는 욕망으로 가득찬 司祭들의 사악한 의지와 대립
된다. 그들은 사유를 그들의 전유물로 만들면서 여타의 모든 사람들
을 기만한다. 이들의 정상에는 대중의 어리석음을 나누고 있으면서
도 그들 자신의 목적을 수행하기 위해 거짓 성직자들을 이용하는 계
몽되지 않은 폭군들이 있다. 따라서 그들은 「방만한 지배력의 기득권
을 행사하여 그들의 쾌락과 탐욕을 채우는 것이다」(PE, Ⅱ, 96 ; PG, 386 ;
정신현상학, Ⅱ, 121). 이러한 것이 계몽주의에 의해 지적되고 또한 역사
에 빈번하게 나타나는 변증법적 운동을 통해 거의 그 상대방에게 책
임이 전가되기까지 하는 오류의 세계——말하자면 즉자적인 오류——
이다. 때때로 두 개의 원리가 상충될 경우, 일방이 타방에 대해 지니
는 관념은 그 타방을 변질시켜 처음에는 단지 암시적으로 존재했던
惡을 그 속으로 끌어들인다.[12] 오류의 영역에 관한 이와 같은 묘사
속에서 우리는 어렵지 않게 볼테르의 수치(l'Infâme)관을 읽어 낼 수
있다. 1718년에 쓰여진 그의 《오이디푸스》에는 다음과 같은 구절이
들어 있다.

성직자들은 우리가 상상하는 모습과는 전혀 다르다네 ; 그들의 지혜는 단
지 우리의 輕信일 뿐.

민중의 나약함과 성직자의 위선은 인간의 역사를 피로 물들였던 그
지긋지긋한 광신과 증오심을 유발한다. 《마호메트》라는 劇 속에는, 無
知와 위선의 이중성이 사이드(Saïde)와 마호메트(Mahomet)의 대립으
로 표현되고 있다. 소박하고 무지한 의식을 표현하는 사이드는

그대는 내 마음을 사로잡을 힘이 있읍니다. 나의 유순한 무지는 그대의
말씀을 갈구합니다.

12) 헤겔은 타방의 부정적 비판의 결과로서 일방에서 싹트는 「사악한 의식(mauvaise
conscience)」의 여러 예를, 이를테면 종교가 계시의 역사적 기초를 그 반대자의 근
거에서 논의하기로 동의할 때를 제시하고 있다.

라고 말할 수 있는 데 반해, 마호메트는 神의 지상의 대변자로서 「들어라, 나의 목소리를 통해 신의 지고한 뜻을」[13]이라는 자세를 취한다. 이러한 세계는 또한 쉴러의 《群盜》에서도 묘사되고 있는데 우리는 이미 헤겔이 그 소설을 이용한 것을 지켜보았다.

　그럼에도 불구하고 설령 啓蒙이 인간성을 왜곡시키는 그런 「오류의 논리」를 폭로하고 또한 그것을 부정하면서 시작할지언정, 그것은 오류의 모든 계기들에 대해 동등한 수준으로 대처할 수가 없다. 성직자들의 곡해된 사념은 계몽의 행동반경을 벗어나 있다. 왜냐하면 그들의 사념은 의식의 대자적 존재에 속하기 때문이다. 그러므로 계몽의 활동은 여전히 무의식적 상태에 있으면서도 그 계몽에 의해 영향받을 잠재적 능력을 갖춘 대중에 관계한다. 사실상 소박한 의식과 자기의식은 전자가 즉자적인 데 비해 후자는 대자적이다는 점——그렇기 때문에 계몽의 급속한 확산을 가로막는 심각한 장애물은 없었다 ——에서만 차이가 있다. 그것은 대중의 실체에 침투해 들어가 그들의 환심을 삼으로써 보편적인 교설이 된다. 심지어 민중이 명백히 그것을 깨닫기도 전에 하나의 정신혁명이 발생하였다. 헤겔은 여기서 《라모의 조카》를 인용한다. 「외국산 神이 공손하게 토박이 우상 곁에 자리를 잡더니 서서히 모습을 드러내다가 어느 화창한 아침에 옆자리의 동료를 팔꿈치로 밀어내 버린다. 꽈다당 쿵! 여기에 우상이 쓰러져 있다.」[14] 이와 같은 전염은 중상·비방에 관한 보마르쉐(Beaumarchais)의 말을 상기시켜 준다. 「惡의 정체가 밝혀졌다. 그것이 태어났다. 그것이 기어다닌다. 그것이 점점 자란다. 그러다가 어느 날 갑자기 등을 곧추세우고, 휘파람 불고, 잔뜩 부풀어오른 험담이 네 눈 앞에 도사리고 있다.」 헤겔은 다음과 같이 적었다.

　　보이지도 않고 만져지지도 않는 정신, 그는 신체의 주요 부분들 속으로 두루 타고들어가 마침내 의식 없는 우상의 사지와 내장을 철두철미하게 정복하게 된다. ……어느 화창한 아침에, 그 여명이 아직 피빛으로 물들지 않은 아침에 정신의 生의 모든 기관들이 전염된다면, 오직 기억만이 이전의 정

---

13) Voltaire, 《*Mahomet*》, Acte Ⅲ, scéne Ⅵ.
14) 우리는 Diderot 가 이러한 말들을 예수회의 이교도의 개종에 적용하는 것을 주목하지 않을 수 없다.

신의 형태들의 죽어 간 모습들을 흘러간 역사(이야기)로서 보존할 것이다. 그리하여 숭배를 위해 떠받들여진 새로운 지혜의 뱀은 고통도 느끼지 않은 채 말라빠진 허물을 벗어던질 뿐이다(PE, Ⅱ, 98~99 ; PG, 358 ; 정신현상학, Ⅱ, 125).

기존의 힘(권력)들은 전염병(계몽주의) 앞에서는 여지없이 무기력하게 나자빠진다. 그것들은 투쟁을 벌이면서 무엇이 그릇된가를 항변하지만, 병은 이미 침투해 들어온 뒤였다. 순수통찰의 전파는「아무런 저항 없이 대기를 오염시키는 가스의 확산」에 비견할 수가 있다. 그 때로부터 더 이상 정신적 대중 속에는 용쟁호투하는 두 적대자로서 진정으로 이성에 대립하는 확고한 신앙이 존재하지 않는다. 즉 적대자 자체가 오염되어 그의 논거가 그 상대방의 정신에 의해 자극 고무되고 있다. 동일한 정신이 양진영을 장악하고 있는 것이다. 구시대의 확신에 찬 신앙에게는 정신의「조직」속에 깊숙히 파묻혀 버린 기억만이 남아 있을 뿐이다. 그러나 새로운 정신이 전파되어 실체 전체를 감염시킬 때, 그 정신은 자신의 정확한 본성과 또한 그것이 신앙과 빚는 갈등의 의의를 드러내는 것이다. 제 논거는 판단될 수 있으나 그것들이 담고 있는 함축들은 단지 회고적으로만 보여진다. 순수통찰은 그것이 타자를 비판하고 있다고 생각하지만 실상은 자기 자신을 비판하였다. 그것은 순수사념과 순수통찰로서의 자기 자신을 부정했다는 것을 간파하지 못한 채 정반대의 입장 속으로 빠져들어갔던 것이다.

통찰과 신앙의 대립

이 양극단(순수통찰과 신앙)과 그것이 함축하고 있는 것들에 대한 분석은《정신현상학》에서 가장 흥미를 끄는 구절들 중의 하나이다. 헤겔이 말하듯 자유사상, 즉 순수통찰은 그 기원이 쉽사리 발견되지 않는 근본 오류로부터 인간 정신을 해방시키려는 의도를 갖고 있다. 그러한 오류란 비합리적인 것에 다름 아니다. 계몽주의는 불가해한 세계를 신앙의 대상, 이성의 소원한 세계, 즉 그 타자성이 해소되지 않

는 外他的 존재 속에서 발견한다. 그러나 어떻게 그러한 비합리적인
것이 의식의 대상이 되며 게다가 그 속에서 의식이 그 자신에게 가장
친숙한 존재에 대한 표현을 보았던 바의 그런 대상이 될 수 있었던
가? 어떻게 그와 같은 오류가 가능한가? 순수통찰이 신앙의 대상에
대해서 소극적으로(부정적으로) 대처한다는 사실은 순수통찰에게 하나
의 절대적 타자가 존재함을 입증해 준다. 그러나 순수통찰로서 이성은
「知와 知의 대상이 하나의 동일한 것임을 의미하는 범주다. 따라서
순수통찰이 자신의 타자라고 진술한 것, 그것이 오류나 혹은 거짓이
라고 진술한 것은 그 자신과 다른 것일 수가 없다. 다시 말해 그것은
오직 그 자신인 바만을 비난할 수 있는 것이다.」 더우기 헤겔은 그러
한 논거에 충분한 무게를 덧붙여 주고 있다. 「이성적이 아닌 것은 진
리를 소유하지 못한다. 다시 말해 개념적으로 파악되지 않는 것은 존
재하지 않는다. 따라서 이성이 자기 자신과 다른 타자에 대해서 말할
때 이성은 사실상 오직 자기 자신에 관해서 말하고 있는 것이다. 그
럼으로써 이성은 자기 자신으로부터 한 발짝도 벗어나지 않는다」
(PE, Ⅱ, 100 ; PG, 389 ; 정신현상학, Ⅱ, 126).

계몽과 신앙의 갈등에 대한 헤겔의 견해에서 우리는 종교적 신앙
에 대하여 18세기의 일반적 경향인 부정적 극단의 자세와는 전혀 다
른 이성의 태도를 본다. 즉자적으로 혹은 우리에 대해서 그러한 갈
등은 본질적으로 다른 두 항을 대립시키는 것이 아니다. 신앙 그것
의 절대적 대상 그리고 그것의 숭배는 이성의 타자가 아니다. 인간
의 이성 자체가 그것들 속에 무의식적으로 표상되어 있다. 헤겔의 분
석 속에는 이미《기독교의 본질》──이 책에서 헤겔의 「절대정신」은
「철학적 인간학」으로 대체된다──에서 행한 포이에르바하의 종교 해
석을 시사해 주는 구절들이 적지 않게 들어 있다.[15] 확실히 포이에르
바하는 「종교는 인간 정신의 환상이다」고 적었다. 그러나 헤겔은 신
앙을 계몽주의의 깨어 있는 의식에 대립된 「잠자는 의식」으로서 묘사
했었다.[16] 포이에르바하는 진정 자신의 책은 「스스로를 의식하게 된,

15) Feuerbach, 〈Das Wesen des Christentums〉, trad. française, 1864.
16) 「신앙은 두 종류의 지각에서 살아 있다. 그 중 하나는 순전히 몰개념적 사상 속에
살아 있는 잠자는 의식의 지각이다」(PE, Ⅱ, 120 ; PG, 406 ; 정신현상학, Ⅱ, 155).

146

다시 말해 철저하게 각성된 종교」를 제시할 따름이라고 말할 것이다.
그러나 그는 기독교에서 인류가 스스로에 대해 類로서 지니는 의식을
보여 준다. 종교는 인간 존재의 한계가 아니라 그의 무한성에 관한 인
간의 의식이 될 수 있을 뿐이다. 포이에르바하는 다음과 같이 말한
다. 「우리의 과제는 인간적인 것과 신적인 것의 구별이 가상이라는
것, 그것은 인류의 본질——인간 본성——과 개체 사이의 구별에 다
름아니라는 것을 보여 주는 데 있다.」신에 대한 인간의 의식은 간접
적으로는 인간의 자기 자신에 대한 의식이다. 따라서 인간의 사유가
발전함에 따라 종교는 소원한 형체가 아니라 정신의 사유인 것이다.
종교를 계몽주의가 그랬던 것처럼 순수하고 단순하게 부정되지 않으
면 안될 적으로 간주하는 대신에 헤겔과 포이에르바하는 그것을 자기
의식의 최상의 표현으로 간주한다. 그러나 헤겔이 여전히 절대정신
——그 자기의식은 인간 공동체 안에 놓여 있다——에 대해 언급하는
데 비해 포이에르바하는 그 절대정신을 단지 인간일 뿐인 정신에로
환원시키기를 원한다. 「헤겔의 절대정신이 아니라 인간이 곧 종교의
중심이다.」[17] 헤겔은 이와 반대로 그처럼 정신을 인간적인 것——지
나치게 인간적인 것——에로 환원시키는 것은 그 자신의 유한성 속에
매몰되어 스스로를 초월할 수 없는 진부한 인간성으로 막을 내리지
않을까 우려했다. 계몽은 종교(헤겔은 「신앙」이라고 말한다. 왜냐하
면 지금까지 보여 왔듯 그는 「종교」라는 말을 인간 공동체에 내재하는
정신의 자기의식을 위해 유보시키기 때문이다)를 부인함으로써 기껏
해야 유한자 및 최고 존재의 철학, 유례 없이 진부한 철학에 도달했
을 뿐이다.
　우리는 여기서 포이에르바하를 인용하였다. 왜냐하면 특별히《정신
현상학》의 이 장을 논구하는 과정에서 그의 사유와 헤겔의 사유가 갖
는 유사성에 착안하지 않을 수 없기 때문이다. 그럼에도 불구하고 헤
겔의 절대정신은 비록 인간 의식이 오직 인간 정신 속에 놓여 있을지
라도 그 인간 정신을 능가한다. 게다가 헤겔의 「형이상학」은 포이에르
바하의 「인간학」과 다르다. 만일 헤겔에 있어 종교의 본질적인 문제

17)「신의 신비는 단지 인간의 자기 자신에 대한 사랑의 신비일 뿐이다」라고 Feuerbach
　는 말한다. (*op. cit.*, p. 333)

가 神의 인간에 대한 관계라면 신적인 것의 인간적인 것에로의 완전한 환원은 일체의 사변적인 것을 배제하여 희극처럼 (비극만이 절대 긍정을 표현한다) 도저히 넘을 수 없는 유한성의 의식으로 마감하는 세계관을 함의한다는 것을 강조하는 것은 대단히 중요하다. 경우야 어쨌든 순수통찰은 그 바깥에 아무것도 있을 수 없는 절대개념인 까닭에 그것이 자기 자신과 다른 타자를 신앙과 그 대상인 神 속에서 보려고 한다면 오류를 범하지 않을 것이다. 이성에게는 진정한 타자란 없으며 비합리적인 것도 없다. 이성이 확인하는 데 실패하는 것은 자기 자신이다. 또한 이성이 신앙에 맞서 격렬한 반론을 전개할 때, 이성은 오직 자기 자신을 부정할 뿐이다. 신앙의 모든 규정들은 사유의 무의식적 규정들이다. 사유가 그것들이 가상임을 밝혀 낼 때, 그것이 부인하는 것은 자기 자신이다. 우리가 이성의 논거에서 최초로 주목하는 것은 개념 내에서의 분열, 자기파멸에 이를 뿐인 자기의 자기에 대한 투쟁이다. 이성은 신앙을 정복한다. 그러나 이성이 거둔 승리란 헤겔이 그의 논문 〈신앙과 지식〉에서 지적했던 것처럼 신앙이, 영원한 피안을 인정함으로써 스스로를 공허한 희망에 붙박아 두는 새로운 형식에서의 이성의 한 가장자리에로 끌어들여지는 경우이다.[18] 동시에 신앙은 논쟁적인, 한낱 논쟁적일 뿐인 이성을 그가 주장하는 바에 대립되는 것으로 간주한다. 순수통찰, 그것은 불순해 보인다. 진리의 빛, 그것은 거짓과 기만처럼 보인다. 게다가 순수통찰의 승리도 기껏해야 그것이 지닌 본래의 의도나 목표와 확연히 대비되어 천박함이 드러나는 세계관 속에 나타나는 것이다.

그러면 당분간 순수통찰의 신앙과의 투쟁이 갖는 의의를 고찰해 보자. 계몽은 무엇 때문에 믿음의 의식을 비난하는가? 계몽은 신앙이 때로는 그 자신의 대상, 즉 神을 산출한다는 점에서, 또 때로는 「요술장이 성직자들」의 악랄한 의도에 의해 부과된 소원한 본질로서의 그 대상을 외부로부터 받아들인다는 점에서 비난을 가한다. 한편으로 계몽은 믿음의 의식의 神이 순수한 허구라고 논박한다. 그것이 의

18) 〈Glauben und Wissen〉, éd. Lasson, I, p. 224 를 참조하라. 계몽의 승리는 우리가 칸트, 피히테 및 야코비의 제 철학에서 볼 수 있듯 신앙을 재수립하는 철학으로 나아간다.

148

미하는 바는 「신앙에게 있어서 절대적 본질이라는 것은 그 자신의 의식의 존재요 그 자신의 사유, 즉 의식의 산물이다」(PE, Ⅱ, 101 ; PG, 390 ; 정신현상학, Ⅱ, 128)는 것이다. 그러나 다른 한편으로 계몽은 또한 신앙의 대상이 자기의식에서 소원하며 또한 신앙의 본질이 아니라고 주장한다. 오히려 그것은 「뒤바뀌어진 아이처럼 그러한 본질과 바꿔치기된 것이다. ……계몽은 마치 요술장이 성직자의 呪文으로 인해서 절대적으로 소원한 어떤 것과 절대적인 타자가 의식 속에서 본질과 뒤바뀌어 그 자리를 차지하고 있는 듯이 말한다」(PE, Ⅱ, 103 ; PG, 391 ; 정신현상학, Ⅱ, 131). 이러한 논거의 내적인 모순에 특별히 고심하지 않아도 우리는 통찰이 신앙 속에서 보는 두 계기가 사실은 그 자신의 대상의 계기에 해당한다고 지적할 수 있겠다. 통찰 속에서 의식은 자신의 대상을 자기 자신으로 파악하는 동시에 타자로서 파악한다. 의식의 대상은 즉자적이며, 그리하여 그 자체로서 타자이다. 그러나 대상은 또한 대상을 파악하는 의식의 자기이기도 하다. 대상은 의식에 대해서 있다. 의식은 대상을 이해함으로써 대상을 산출한다. 이성의 절대적 본질은 즉자대자적이다. 이 대상은 이성 자신의 대상이다. 그것은 존재한다. 또한 그것은 자기에 의해 산출된다. 따라서 통찰의 신앙비판은 자기비판인 것이다. 이성이 믿음의 의식의 절대적 본질이 지닌 가상적 내지는 소원한 성격을 비난한다면 그것은 이성 자신을 이루고 있는 것을 비난하는 것이다. 말하자면 이성은 자기 자신을 인정하는 데 실패하는 것이다.

포이에르바하는 나중에 「인간의 외적 대상에 대한 관계에서 그의 대상의식은 그의 자기의식과 구별될 수가 있다. 그러나 종교적 대상의 경우에는 그 두 의식은 하나이다. 감성적 대상은 인간의 바깥에 존재한다. 반면 종교적 대상은 인간 안에 존재한다. 그것은 대상들 가운데서도 가장 가깝고 가장 친숙한 것이다」[19]고 적었다. 여기에 어떻게 오류가 있을 수 있는가? 믿음의 의식은 자신의 대상인 神을 믿음(Vertrauen) 속에서 파악한다. 즉 그러한 믿음은 그 자신의 자기확신의 표현인 것이다. 「이 의식은 스스로가 그 자신의 대상 속에서 상

19) Feuerbach는 또한 그가 종교 속에서 「인간의 가슴 속에 숨겨진 보물들」(*op. cit.*, p. XIX)을 발견하고자 한다고 적고 있다.

실되고 부정된 것으로 정립하지 않는다. 오히려 그는 스스로를 그 대상에 의탁시킨다. 다시 말해 그는 그 속에서 스스로를 이 의식으로서 혹은 자기의식으로서 발견한다」(PE, Ⅱ, 102 ; PG, 390 ; 정신현상학, Ⅱ, 129). 여기서의 神은 그 초월성 속에서 자기의식을 부정할 대상이 아니다. 神은 오히려 의식이 스스로에 대해서 갖는 내면적 확신이다. 그럼에도 불구하고 신앙에서 그러한 내면적 확신은 나에게는 나를 초월해 있는 것처럼 보인다. 내가 나의 감각적 특수성 내지 개별성 너머로 고양되는 한 그것은 神이다. 나는 神 속에서 「다른 자기의식으로서, 즉 자신의 특수한 개별성에 혹은 바꾸어 말하면 자신의 자연성과 우연성에 소원해진 자기의식으로서」(PE, Ⅱ, 102 ; PG, 391 ; 정신현상학, Ⅱ, 129) 존재한다. [20] 그러나 내가 그의 대상 속에서 자기 자신을 파악하는 순수통찰의 행위에서 그러는 것처럼, 나는 이러한 경험에서도 여전히 자기의식으로 남는다. 마침내 믿음의 의식은 마치 통찰이 처음에는 직접적인 확신이었던 것을 매개함으로써 그 대상을 산출하는 것처럼 자신의 숭배를 통해 절대적 본질 안에서 존재한다는 자기 확신을 수립한다. 그 의식은 추상적 본질과 자기의식의 통일인 종교공동체의 정신이 되기에 이르른 것이다(PE, Ⅱ, 102 ; PG, 391 ; 정신현상학, Ⅱ, 130). 헤겔의 언어는 여기서, 비록 그가 다음의 내용을 덧붙이기는 해도 포이에르바하의 그것을 예시해 준다. 「그러한 정신은 오직 의식의 산출을 통해서만 그 자신인 바이다. 혹은 보다 구체적으로 말하면 그것은 의식에 의해 산출되지 않고서는 그 자신인 바가 될 수가 없었다는 것이다. 그러나 사실상 의식의 산출이 본질적이기는 해도 그것은 본질적으로 본질의 유일한 근거가 아니라 단지 하나의 계기일 뿐이다. 본질이란 즉자적인 동시에 대자적이다」(PE, Ⅱ, 103 ; PG, 391 ; 정신현상학, Ⅱ, 130). 이러한 이유로 해서 神은 믿음의 의식에게 그를 초월해 있는 자로서, 이전의 숭배차(fiducia)에 대립된 계기로서 나타난다. 그러나 계몽이 첫번째 계기를 마치 신앙이 그 대상을 고안해 낸 양 해석한 것처럼, 계몽은 두번째 계기도 마치 신앙이 그 대상을 절대적으로 소원한 원천, 즉 성직자들의 거짓으로부터 수용한 양 해

─────────

20) 이러한 정식과 「종교는 類로서의 인류의 의식이다」는 Feuerbach 의 그것 간의 유사성에 주목해 보자.

석한다.

참으로 신앙은 절대적인 믿음과——여기서 神은 신앙에 대해 초월해 있지 않다——피안의 감정——여기서 神은 신앙으로서는 「여하한 방법과 수단으로도 범접할 수 없는 자」로서 나타난다——사이에서 어쩔 줄을 모르고 있다. 긍정신학과 부정신학은 신앙생활을 이루는 두 가지 상보적인 측면들을 표현하는 것이다. 그러나 계몽이 신앙의 대상——의식의 가장 내밀한 존재를 표현하는 대상——에 관해서 그것은 외부로부터 강압적으로 의식에로 끌어들여졌다고 말할 때, 그 계몽은 스스로 터무니없음을 내보이는 것이다. 사람들은 확실히 감각 대상들에 관하여 기만당할 수가 있다. 그들은 술잔을 황금 덩어리로 본다거나 혹은 심지어 패배를 승리로 보는 어리석음을 연출할 수가 있는 것이다. 그러나 그들은 스스로가 친숙해 있는 그 자신들의 의식에 관해서는 어리석을 수가 없다. 이제 신앙의 절대적 본질은 엄밀히 말해서 민중의 자기의식의 대상이다. 「어떻게 계몽이 여기서 사기와 기만을 운운할 수 있는가?······의식이 자신의 진리 속에서 직접적으로 자기확신을 갖는 곳에서, 의식이 자신의 대상 속에서 스스로를 산출할 뿐 아니라 발견하면서 자기 자신을 소유하는 곳에서 어떻게 사기와 기만이 일어날 수가 있겠는가? 이제는 더 이상 (의식과 대상이라는) 말의 차이조차 존재하지 않는다」(PE, Ⅱ, 103~4 ; PG, 392 ; 정신현상학, Ⅱ, 131~2).

확실히 민중의 신앙, 민중의 절대 본질에 대한 의식은 어설프게 표현될 수는 있다. 그러나 그것은 오류를 범할 수는 없다. 왜냐하면 그것은 모름지기 그것이 생각하는 바이기 때문이다. 종교란 정신의 자기 자신에 대한 의식에 다름 아니다. [21] 순수통찰 속에 현존하는 절대적 개념도 본성상 그와 다르지가 않다. 그것이 신앙 속에서 판별해내지 못하는 것은 바로 그것 자신인 바이다. 만일 우리가 그것들을 해석해 낼 수만 있다면 우리는 이성과 진리가 진실로 대립되어 있지 않음을 알게 될 것이다. 헤겔이 철저히 사유하고자 한 것은 그것들의 사변적 동일성이다.

---

21) 「민중의 자기 자신의 정신에 대한 직관」으로서의 종교에 관해서는 〈System der Sittlichkeit〉, éd. Lasson, Ⅶ, p. 467을 보라.

그러나 계몽은 개념의 **부등성**을 믿음의 의식의 **동등성**에로 끌어들인다. 다시 말해 계몽은 신앙 속에서 직접적으로 합치되었던 것을 분리시킨다. 그리하여 계몽의 논거는 믿음의 의식을 불행한 의식으로, 즉 자신의 원초적 순수성을 회복하고자 헛되이 노력하지만 반성과 분리의 관점을 떨쳐 버리지 못하는 그런 의식으로 만들려는 것이다. 그런 의미에서 본다면 계몽은 승리한 것이다. 그것은 믿음의 의식 깊숙이 파고들어 갔다. 투쟁이 종식된 후 신앙은 불만족해하고 불안정한 의식이 된다. 아마도 프로테스탄트적 주관성——헤겔이 그것을〈신앙과 지식〉에서 보듯, 혹은 그것이《정신현상학》의 도덕적 세계관에 대한 장에서 표현되듯——은 그 상대방의 공격을 받고 난 후의 신앙이 변모된 모습인 「불만족스러워하는 계몽」에 해당할 것이다.

신앙이 내용을 갖추지 못하고 있으면서도 결코 이와같이 공허한 것에 안주할 수는 없기 때문에, 혹은 신앙이 그의 유일한 내용인 유한자 너머로 초월할 때도 한낱 공허한 것만을 발견하기 때문에 그것은 단순히 순수한 동경이다. 신앙의 진리는 이제 모든 것이 다른 형태로 바뀌어져서 그 신앙은 그에 어울리는 내용이라고는 더 이상 찾아 볼 수 없는 공허한 피안이다. 신앙은 사실상 계몽과, 말하자면 즉자적으로 존재하는 유한자와 인식되지도 인식할 수도 없는 술어 부재의 절대자와의 관계에 대한 의식과 다를 바 없게 되었다. 단지 차이가 있다면 계몽은 만족한 상태에 있는 데 반해 신앙은 불만족스러워하는 계몽이라는 점이다」(PE, Ⅱ, 121 ; PG, 406~7 ; 정신현상학, Ⅱ, 156).

헤겔의 논문은 이미 근대적 의식이 과거의 소박한 신념에로 복귀할 수 없음을 보여 주고 있다. 야코비와 같은 인물에게 있어서 신앙은 반성과 그리고 유한자와 무한자 사이의 분열, 즉 앞으로 알게 되겠지만 계몽의 노동에서 비롯된 분열을 지양하려는 필사적인 노력일 뿐이다. 그것은 결코 실행에 옮겨질 수 없는 salto mortale*인 것이다. 야코비의 소설들에서 등장하는 아름다운 영혼들은 언제나 德을 추구하면서도 결코 그들 자신을 완전히 망각하지를 못하고 있다. 《Woldemar》와 《Aus Eduard Allwills Papieren》에 등장하는 성격들은 도덕

---

* salto mortale : 인간에 의해서.

적인 아름다움, 즉 향수에 찬 동경일 뿐인 덕과 신앙에 대한 열망을
지니고 있다. 그들은 그들이 결코 떨쳐 버릴 수 없어 그들 자신이 유
한성으로 인식하는 그런 유한성으로 인해 고통을 겪는다. 그들은 단
테(Dante)와 괴테가 지옥의 고통이라고 불렀던 「인간 자체에 붙박혀
있어 그 자신의 행위로부터 스스로를 분리시킬 수도 없으며 그리하여
언제나 그 자신에게로 되돌아오는 영원한 고뇌」[22]를 체험하고 있다.
유한자와 무한자 사이의——경험의 유한한 실재들의 불순성과 외면성
을 결여한 내면성의 순수성 사이의——이와 같은 분열은 종교개혁의
소행일 뿐 아니라 계몽의 소행이기도 하다. 그 모두가 믿음의 의식에
게 그 본질의 의식과 그 감성적 의식 사이에서, 피안과 차안 사이에
서 획득된 부등성을 확증해 주었다. 이러한 부등성은 신앙의 세 가지
계기, 즉 1) 그 대상, 신, 2) 그 정당성, 3) 그 실천과 제식(교회의
식)과 관련하여 현시된다.

　순수사유, 즉 무한한 즉자대자적 존재는 믿음의 의식의 대상이지만
그러한 대상도 여전히 감성적인 형식 속에 나타난다. 물론 이 형식은
유한한 실재로부터 차용된 공허한 형식에 지나지 않는다. 믿음의 의
식은 신이 나무 조각이나 빵 부스러기라고 생각하지는 않는다. 이것들
의 요소는 자연에 의해 제공되었거나 인간에 의해 가공되었으며 그리
하여 흙으로 되돌아가지 않을 수 없는 것이다. 감성 역시 믿음의 의
식 속에 현존한다. 그러나 믿음의 의식은 나무나 돌로 만든 우상을
숭배의 대상으로 삼지는 않는다. 단지 그 요소들(순수사유와 감성)의
오염이 있을 뿐인데 이는 믿음의 의식으로서는 생각할 수 없는 오염
이다. 그렇지만 계몽은 그 자신의 대상에 대해 부정적으로 대처하면
서 신앙의 절대적 본질은 돌이나 나무 조각이며, 신앙은 「눈이 있어도
보지를 못한다고」 주장한다. 따라서 의식의 본질 속에서 단지 우연적
인 형식만을——그 속에서 「신앙은 습관적으로 본질을 의인화시켜 그
것을 대상적이며 표상 가능한 것으로 만든다」(PE, Ⅱ, 105 ; PG, 393 ; 정
신현상학, Ⅱ, 134)——봄으로써 계몽은 신앙을 미신으로 격하시킨다. 그
럼에도 신앙은 계몽에 의해 가해진 비판들의 타당성을 인정한다. 신
앙은 그 비판들을 감당해 낼 수 없으며 애초의 소박한 신념도 상실

---

22) ⟨*Glauben und Wissen*⟩, éd. Lasson, Ⅰ, p. 308.

되었다. 계몽은 신앙에게 차안과 피안의 혼합물임을 밝혀 주었다. 오성은 유한자를 유한자로서——나무를 나무로서, 돌을 돌로서——표현한다. 오성이 순수한 것을 불순한 것으로부터 분리시킴으로써, 믿음의 의식은 언제나 神人同形論(anthropomorphisme)을 우려하여 (프로테스탄트의 주관성의 경우에서처럼) 불확실한 동경 속으로, 일체의 대상화를 두려워하는 열병 속으로, 「전혀 예술작품이 없는 예술」[23) 속으로 도피할 것이다.

계몽은 신앙의 두번째 계기——매개의 과정과 그 자신의 입지점에 대한 모색——와 관련해서도 동일한 해체를 단행한다. 계몽은 영원한 정신과 역사의 정신을 분리시켜 신앙의 입지점들을 한낱 역사적인 정당화에로 환원시키는데, 이는 여타의 인간적 증거와 동일한 비판들에 개방되어 있다. 모든 의식과 마찬가지로 신앙은 자신의 확신을 진리에 동여매 주는 매개를 포함하고 있다. 신앙은 이러한 매개를 神의 역사로 묘사한다. 인간화된 신으로서의 그리스도는 영적 진리를 인류에게 계시해 주었다. 그는 정신(성령)을 증거하기 위해 이 세상에 왔다. 그러나 그는 믿음의 대상이 되어 달라는 간청을 받았다. 그래서 그는 기적들을 행했다. 참으로 이 속에는 하나의 역사가 존재한다. 그러나 믿음의 의식은, 비록 그가 오직 성령만이 성령을 증거할 수 있다는 것을 알고 있지만 역사적 사실을 그 영원한 의미로부터 분리시키지는 않는다.

「개별적인 의식의 내면에서나 혹은 성령에 대한 만인의 신앙의 보편적 현존을 통해 증거하는 것은 그 성령 자체이다」(PE, Ⅱ, 107 ; PG, 395 ; 정신현상학, Ⅱ, 136). 그리스도는 그의 교회와 그의 靈的 공동체를 향해 선포했다. 「나는 세상이 끝날 때까지 언제나 너희 곁에 함께 하리라」고. 그러한 영적 현존, 즉 그러한 공동체 속에서의 성령의 臨在는 신앙이 기초해 있는 위대한 진리이다. 그것은 신앙의 주관적 확신을 영원한 진리에 연결시켜 준다. 즉 그것은 우연적인 것과 필연적인 것 사이에, 무상한 사건들과 영원성 사이에 하나의 끈을 매어

---

23) 이 표현은 *ibid.*, p. 312 에서 인용한 것이다. 헤겔이 Schleiermacher 의 주관주의에 할애하고 있는 지면들을 참조하라. Schleiermacher 는 Jacobi 보다는 좀더 고차적인 우주적 직관에 도달했다.

주는 것이다. 우리가 방금 인용했던 구절은 개별적 의식의 내면적 신 앙과 보편적 교회의 성령(정신) 모두를 가리키고 있다.

여기서 계몽의 행태는 그 이전의 행태와 유사하다. 그것은 역사와 정신적 의의 사이의 동등성을 분쇄시킨다. 말하자면 계몽은 역사를 오 직 사실들의 연속으로만 간주하는 것이다. 따라서 성령의 증거는 「일 상사건들을 보도하는 신문」(PE, Ⅱ, 107 ; PG, 395 ; 정신현상학, Ⅱ, 136)의 증거보다 확실할 게 없는 인간적 증거가 되는 것이다. [24] 마침내 신앙 은 그 상대방의 승리를 인정하지 않을 수 없게 되었다. 신앙은 그 상 대방이 내세우는 근거에 반응을 표시함으로써 자신의 패배를 인정하 는 것이다.

만일 신앙이 계몽이 운위하는 방식으로 자신의 내용을 역사적 사실에 근 거지우거나 혹은 적어도 확증하려고 해서 그것을 진지하게 받아들여 마치 모든 것이 거기에 달려 있는 듯이 행동한다면, 그것은 이미 계몽의 유혹에 넘어간 것이다. 따라서 이러한 방식으로 스스로를 근거지우거나 혹은 확증 하려는 신앙의 노력이란 계몽에 의해 그 자신이 오염되었다는 증거에 지나 지 않는다(PE, Ⅱ, 107 ; PG, 395 ; 정신현상학, Ⅱ, 136).

신앙의 세번째 계기는 행동의 계기이다. 믿음의 의식은 정관적인 의식만은 아니다. 그리스도가 하나의 모델이었다. 개별적 의식이 겨 냥하는 것은 「그리스도를 닮는 것」이다. 이러한 노력 속에서 개별적 의식은 자신의 우연성 및 자연성을 떨쳐 버리고 보편적인 자기의식이 된다. 숭배와 헌신을 통해 그는 자신이 더 이상 자연적이지만은 아 닌 삶을 영위할 수 있음을 입증한다. 그는 제 개체성을 분리시키고 그 각각을 그 배타적 개별성 속에 고립시키는 향유와 재산을 거부한 다. 그러나 계몽은 이와 같은 헌신을 이해하지 못한다. 계몽으로서는 화폐적 교환관계를 떠나서 어떻게 무엇인가가 포기될 수 있는지를 이 해할 수 없는 것이다. 사실상 화폐교환은 근대 세계의 법칙, 말하자면 恩賜와 희생을 터무니없는 짓거리로 만드는 냉혹한 교환이다. 그러나

---

24) 에나 시절(《Glauben und Wissen》, pp. 311~2 참조)에 그리고 나아가서는 《정신현 상학》에서 헤겔은 교회의 이념을 강조했다. 확실히 그 교회는 절대知의 예시에 지 나지 않는다——《정신현상학》의 절대知 章에서 종교공동체에서 근대 철학으로의 이행 부분(PE, Ⅱ, 306 ; PG, 559 ; 정신현상학, Ⅱ, 400)을 참조.

계몽이 헌신을 오해하고 있다는 점은 그 계몽의 순수한 의도가 사실은 불순한 의도이고 심지어는 위선이라는 것을 보여 준다. 「계몽은 여전히 순수한 의도로서 자연적인 생존과 그 생존수단에 대한 소유욕 너머로 고양되어야 할 필요성을 주장한다. 그러나 계몽은 이러한 고양이 행동으로 입증되어야만 한다는 것은 어리석거나 부당하다고 본다」(PE, II, 108~9 ; PG, 396 ; 정신현상학, II, 138). 계몽은 내면성을 수긍하면서도 그것을 작품(헌신 행위)과는 분리시키는데, 이로 말미암아 그것은 한낱 공허한 것이 되고 만다.

이러한 논쟁을 통해 처음에는 순전히 부정적인 계몽이 현실화되고, 그리하여 그 긍정적인 형식 속에서 계몽은 무엇이 되는가라는 문제가 제기된다. 「만일 모든 편견과 모든 미신이 추방되었다면 이제 무엇이 새로운 문제로 나타날 것인가라는 물음이 남게 될 것이다. 계몽이 편견과 미신 대신에 전파시킨 진리란 과연 어떤 것인가?」(PE, II, 109 ; PG, 397 ; 정신현상학, II, 139). 그러한 진리는 절대적 본질과 유한한 실재의 완전한 분리이다. 「순수통찰은 자기 자신과 반대되는 것으로 실현되었다.」 이것은 참으로 절대적 개념의 변증법적 본성과 일치한다. 순수통찰은 이제 절대적 본질 속에서 오직 「인식되지도 인식할 수도 없는 공허한 至高의 존재」만을 본다. 다른 한편 순수통찰은 자기 자신에게 유일하게 긍정적인 내용이 되는 유한한 세계를 조명한다. 따라서 감각적 확신이 다시금 의식의 진리가 되는데, 그것은 현상학적 경험의 단초에서처럼 더 이상 소박한 것이 아니라, 반성과 그리고 모든 속성들이 제거된 절대적 존재와의 대립을 수반하고 있는 것이다. 헤겔은 여기서 18세기 철학을 계몽주의의 특수한 세계관으로 전망하고 있다. 그것은 황폐화된 세계관이다. 마치 감각적 확신이 스스로를 구체적이며 풍부한 인식이라고 믿었지만 우리에게는 가장 추상적인 인식이었듯이, 계몽의 철학도 막상 그 구조가 제거되고 나면 사변적인 내용을 전혀 갖추지 못한 것으로 보여진다. 진정 그러한 철학의 기초란 인간적 본질과 인간적 표상을 초월하는 일체에 대한 부정이다. 그러한 부정이 스스로 긍정적인 교설임을 내세울 때, 그것은 앞서 지적되었던 것(유한한 세계)으로 마감될 뿐이다. 한편으로 순수통찰에 의해 해명된 모든 내용이 유한한 규정(나무로서의 나무, 돌로서의 돌)

156

임이 밝혀졌기 때문에, 즉 이 유한한 사물들——이것들은 의식에-대
한-직접적-현존재로 환원된다——은 일체의 의미가 사상되었기 때문
에 절대적 본질——즉자대자적 존재——은 내용을 결여한 공허한 것
으로 정립되지 않을 수 없을 것이다. 「순수통찰에게 있어 절대적 본
질은 여하한 규정이나 술어도 부가될 수 없는 하나의 眞空이 된다」
(PE, Ⅱ, 109 ; PG, 397 ; 정신현상학 Ⅱ, 140). 계몽의 태도는 절대적 존재에
대한 인간의 모든 표상들을 순화시키는 작업에서 절정을 이룬다. 마
침내 그 부정이라고 하는 추상, 이제는 하나의 존재로서 확립된 추상
만이 남는다. 다른 한편으로 감각적 내용이 고려되어 그 자체로서
받아들여진다. 따라서 인간의 의식은 감각적 경험에로 되돌아온다.
그러나 이는 여타의 모든 방식이 일고의 가치도 없다는 신념을 바탕
으로 해서 그렇다. 그것들 모두를 시행해 보았지만 결국 그것들은
막다른 골목으로 인도될 뿐이다. 이것은 하나의 부정적인 증명법, 즉
이와 같은 문제들에서 가능한 유일한 종류이다. 경험주의와 감각주의
가 그 이전의 철학적 탐구의 방황을 통해 정당화되었다. 그러므로 의
식은 자신의 첫번째 진리를 고수해야만 한다. 의식은 감각적인 사물
들과 마찬가지로 개별성과 외면성이라는 동일한 특징을 지니고 또한
자기 자신 밖에 존재하는 여타의 구체적 사물들과 더불어 존재한다.
따라서 의식이 그 자신의 존재에 대해서 갖는 확신은 여타의 존재에
대한 확신과 마찬가지로 타재에 대한 확신이다. 통찰은 이처럼 그 자
신의 앞에 정립된 것 속에서 스스로를 발견하지 못한다. 「내가 존재
한다」는 것은 「이것이 존재한다」는 것과 마찬가지로 경험적이다. 그
리고 이러한 유한성은 인간 경험의 유일한 場이 되었다. 그것을 초월
해서 확실히 절대적 존재가 있을 것이다. 그러나 이 존재에 관해서는
그것이 절대적으로 존재한다는 것 외에는 아무것도 말해질 수가 없
다.[25]

그럼에도 불구하고 절대적 본질과 유한한 실존 사이의 관계, 혹
은 오히려 가능한 이중적 관계가 파악될 수가 있다. 모든 유한한 규

25) 대상의 他在뿐 아니라 자아의 그것에 대한 이러한 확신은 아무런 매개(가능한 적
극적 증거가 없는)도 지니지 않는다. 왜냐하면 그것은 외면성 속에서의 개념의 직접
적 정립, 즉 현상학적 변증법의 출발점이며 종착점이기 때문이다.

정들은 긍정적으로 절대적 본질과 결합될 수 있는데 이 경우 그것들은
절대적 존재 속에 정립된 것이다. 그것들은 현실적으로 존재한다. 그
것들은 또한 부정적으로 본질과 결합될 수가 있는데 이 경우 그것들의
존재는 소멸하는 존재이다. 그리하여 그것들은 더 이상 즉자적 존재가
아니라 한낱 대타적 존재(Seinfüranderes)에 지나지 않는다. 따라서
유한한 사물들과 절대적 본질, 즉 순수통찰이 어쩔 수 없이 지향하
는 본질——통찰은 언제나 유일한 타자로서의 자기 자신을 초출한다
(PE, Ⅱ, 111 ; PG, 398 ; 정신현상학, Ⅱ, 41~2)——이 맺는 관계의 이중적
인 양태는 즉자척 존재와 대타척 존재이다.

이 두 가지 양태는 역으로 유한한 실재 전체에 적용될 수 있다. 또
한 그것들은 「유용성」이라고 하는 근본적이며 총합척인 개념에로, 즉
계몽주의라고 하는 이론적이며 실천적인 철학의 본질을 담고 있는 개
념에로 나아간다. 사물들은 그 자체로 나타나지만 그러나 그것들은 다
른 용도에 봉사한다. 인간 역시 이 개념에 참여하는 유한한 실재이
다. 그런데 헤겔의 논거는 여기서 다소 작위적이라는 인상을 주고 있
고, 게다가 그것은 무리하게 18세기 공리주의와 그리고 계몽의 애매
한 理神論(déisme) 및 경험론에로 되돌아가고자 애쓰고 있다고 말해
질 수 있겠다. 그러나 이러한 논거는 우리가 이미 《정신현상학》에서
수차례 접했던 논거와 궤를 같이 하고 있으며, 따라서 그 의미도 명
백한 것이다. 헤겔은 대다수의 불란서 백과전서파들에 의해 주장된
세계관을 그 자신의 변증법적 언어로 번역하고자 했다. 문제는 모든
사변적 풍부성을 순전히 인간적인 경험에로 환원시키는 것에 주목하
는 일이다. 이제 신적인 것이 부정되었다. 혹은 오히려 신적인 것에
는 절대자의 공허한 형식, 즉 모든 것에 적용될 수는 있지만 특별히
어떤 것과도 대응하지 않는 그런 형식을 제외하고서는 아무것도 남아
있지 않다. 이것은 공허한 형식주의이다. 남아 있는 것은 먼저 그 절
대적 정립 속에서 고찰되고, 다음으로는 그 상대적 정립 속에서 고찰
된 유한한 존재들의 총화이다. 각각은 즉자적이다. 그러면서도 또한
각각은 대타적이다. 결국 전체로서의 「인간 집단」은 이러한 관점으로
부터 고찰되지 않으면 안될 것이다.[26]

---

26) 이러한 변증법은 사물의 지각의 변증법과 유사하다는 것이 주목될 것이다. 그러나

이제 이러한 세계관에서 인간은 무엇이 되는가를 고찰해 보자. 「인간이란 신이 빚은 존재이므로 그는 이 세계에서 그 자신을 위해 가꾸어진 정원에서처럼 거닌다.」인간은 자연적(본성적)으로 善하다. 게다가 만물은 그를 즐겁게 하기 위해 만들어졌다. 우리는 이를 여타의 모든 것은 그것이 인간에게 유용하다는 데서 인간에 대해 의의를 갖는다는 의미로 이해해야 한다. 마찬가지로 사회적 유대는 인간 상호간의 상호 유용성에 의해 정당화된다. 「만물이 인간에게 유용하듯이 인간 역시 인간에게 유용하며 그리하여 그의 본분은 공동체에 유용하고 보편적으로 쓸모있는 집단의 성원이 되는 데 있다」(PE, Ⅱ, 113 ; PG, 399 ; 정신현상학, Ⅱ, 144). 도덕 일반은 사회적 도덕에로 환원되고 사회적 도덕은 공리주의에서 표현된다. 인간은 타인들을 이용하며 또한 그 역시 이용된다. 이것이 인간들을 결집시키는 변증법적 관계이다. 그 관계는 각 인간이 그 자신을 목적인 동시에 수단으로서 정립하기 때문에, 또한 경제 생활에 있어서처럼 모든 인간이 타인들에 봉사하는 것은 그 자신을 목적으로서 추구하는 데 있기 때문에——즉 한편으로는 경제인(homo economicus)이고, 다른 한편으로는 인간의 자기의식으로부터 그리고 인간이 자연을 한정하거나 혹은 심지어 교정하기 위해 이성을 사용할 수 있다는 스스로의 자각으로부터 유래한 일정한 「사회적 호의인」—— 변증법적 관계이다. 종교조차 유용성의 관계로밖에 더 이상 파악될 수가 없는 것이다. 종교란 인간이 神과의 관계로부터 끌어낼 수 있는 이익들에 대한 모색으로 간주된다. 이리하여 우리는 극히 천박한 철학에 도달한다. 사변적인 일체를 인간적인 것으로 환원시킴으로써 계몽주의는 전혀 깊이가 없는 세계, 사물들이 단지 주관적으로 존재할 뿐인 세계, 개인들은 그들의 자연적인 이기주의 속에 갇혀 있어서 오직 이익을 고려해서만 타인들과 연계되는 그런 세계에 도달하고 있는 것 같다. 이러한 철학적 구조——즉자적 존재, 대타적 존재, 유용성——는 적용되지 않는 곳이 없다. 그것

여기 정신의 세계에서 그 관계는 보다 구체적으로 유용성으로 표현되고 있다. 계몽의 「세계관」은 인간을 자연적 존재로 환원시키는데, 이러한 이유에서 헤겔은 「인간의 무리」를 말하는 것이다. 이러한 자연주의적 세계관은 이전의 종교적 세계관과 대립된다.

은 지나치게 추상적이고 또 지나치게 초라하기 때문에 경험을 이루고
있는 듯한 유한한 풍부성을 표현할 수 없는 것 같다. 하지만 그것은
그러한 경험의 세계를 뒷받침해 주고 있다. 그것은 모름지기 그 세
계의 범주를 구성하고 있는 것이다.

그럼에도 불구하고 신앙에 대한 계몽의 인간적 권리들은 부인될 수
가 없다. 그것들은 본질의 신적 권리에 항변하는 자기의식의 권리들
이다. [27] 믿음의 의식 자체가 자기의식이어서 인간적인 것에 참여하
는 한 그 의식은 그러한 권리들에 도전할 수는 없다. 신앙은 이 점
을 깨닫지 못한 채 유한자와 무한자를 뒤섞어 놓았기 때문에 그것은
계몽이 일깨웠던 잠자는 의식이었다. 한때 신앙은 위선적인 의식이기
까지 했었다. 신앙은 자신의 일부를 희생했기 때문에 무던히 자신의
재산을 향유할 권리를 획득했다고 상상했던 것이다(PE, Ⅱ, 118 ; PG,
404 ; 정신현상학, Ⅱ, 153). 이것은 일단 자각이 될 경우에는 더 이상 관
용될 수 없는 몽매한 상태였다. 엄격히 말해서 계몽은 신앙이 그 자
신에 대해서 그리고 그 자신의 분열성에 대해서 깨달을 수 있도록 해
주었다. 그때로부터 믿음의 의식과 계몽의 의식 사이에는 진정한 차
이가 존재하지 않는다. 믿음의 의식이란 실낙원을 회상하면서 피안
에 대한 향수를 달래고 있는 「불만족스러워하는 계몽」에 지나지 않는
다. 반면 계몽의 의식은 스스로 자신의 세계에 만족하는 행복한 의식
이라고 믿지만, 그러나 그 역시 그 자신의 만족을 뛰어넘어 보다 고
차적인 의식에로 고양되지 않으면 안될 것이다(PE, Ⅱ, 121 ; PG, 407 ;
정신현상학 Ⅱ, 156).

그러한 고양은 계몽의 진리를 표현하는 형이상학에서, 말하자면 순
수본질의 개념을 통찰에게 하나의 대상으로 표현하면서 그 본질을 제
사물의 물질적 실체나 혹은 至高의 존재로 규정하는 유물론적 내지
이신론적 형이상학에서 현실화된다. 그것은 통찰에 대해 즉자적 존재
로부터 대타적 존재에로, 그리고 대타적 존재로부터 대자적 존재로
이어지는 운동을 전개시킨다. 그러나 개념은 오직 그것이 실현되는
도달점에 가서야만 마침내 자기로서 제시된다. 그 지점에서 계몽은

---

27) 우리는 또 다시 본질의 신적 권리와 자기의식의 인간적 권리의 대립, 즉 無知와
    知 사이에서 처음 나타났던 대립을 본다.

그 자신이 접할 수 있는 최고의 진리, 절대 자유의 계기에 도달하는
것이다. 자기의식의 자기는 모든 대상성을 다시 흡수해 버린다. 「세
계는 곧 자기의 의지이다.」 이 절대적 자유는 지금까지 분리되었던
피안과 차안을 하나의 세계, 즉 보편적인 의지의 세계에로 재통일시
킨다. 「그 두 세계는 화해를 이루었다. 천상의 세계가 지상의 세계로
내려온 것이다」(PE, Ⅱ, 129 ; PG, 413 ; 정신현상학, Ⅱ, 168). 이리하여 헤겔
은 불란서 혁명에 관한 그의 논의를 끌어들이고 있다.

유물론과 관념론의 동일성

헤겔의 논거가 처음에는 이상해 보이기는 해도 우리는 주로 그것
이 어떠한 역사적 교설들 및 정신의 운동에 대응하는가를 보여 줌으로
써 그것을 정당화하고자 할 것이다. 동일한 논거가 좀더 접근이 용이
한 형태로 《철학사강의》에서 18세기 불란서 철학에 관련하여 나타나
고 있다. 헤겔은 말한다. 그 철학은

　　경직된 표상들과 고착된 사유들의 전 영역에 대해 결별을 고했던 절대적
　　개념, 고정된 일체를 파괴했으며 순수사유의 의식을 획득했던 철학이다. 이
　　러한 관념론의 근저에는 존재하는 모든 것, 즉자적으로 타당한 모든 것은
　　자기의식의 본질이라는 것 ; 善과 惡의, 권력과 富의, 신에 대한 신앙과 그
　　신의 세계에 대한 관계에 대해 고정된 표상들, 신의 통치와 다시금 그 신에
　　대한 자기의식의 의무들——이 모든 것이 자기의식을 벗어난다면 결코 즉자
　　적인 진리일 수가 없다는 확신이 놓여 있다. [28]

루터가 단초를 마련했지만 완성시키지 못했던 자기의식의 자유를 지
지하는 이러한 논변은, 헤겔에 따르면 불란서 철학에 의해 계승되어
여전히 추상적일지라도 정신의 세계로서의 세계는 사유와 동일한 의치
——「이성적인 것은 현실적이며 현실적인 것은 이성적이다」는——의
실현이라는 올바른 원리 속에서 절정을 이루었다.

────────

28) Hegel, 《Werke》, Berlin, 1840, 《Vorlesungen über die Geschichte der Philosop-
　　hie》, herausgegeben von Dr. C.L. Michelet, Ⅲ, p. 457.

그러나 승리의 기쁨을 누리는 것도 한 순간, 계몽주의는 절대적 본질에 대한 자신의 견해에 따라서 유물론과 불가치적 이신론으로 양분되기 시작하였다. 이 두 측면은 근본적으로 동일하다. 그러나 그것들은 데카르트가 파악했던 존재와 사유의 동일성에서는 무반성적이다(PE, II, 125 ; PG, 410 ; 정신현상학, II, 162). 그들은 일방이 「물질」이라 부르는 것과 타방이 「최고 존재」라고 부르는 것이 오직 이전의 교양에 대한 그들의 기억에서만 차이진다는 점을 간파하지 못하고 있다.

구별은 事象 속에 내재하는 것이 아니라 이들 양자의 형성의 상이한 출발점과 그리고 그들 각각이 사유의 운동이 전개되는 과정에서 제 나름의 지점에 고착되어 버린다는 사실에 놓여 있다. 만일 그들이 그것을 무시한 채 한 걸음 더 나아갔더라면, 그들은 서로 만났을 것이며 또한 일방이 역겨운 것으로 간주하고 타방은 어리석은 것으로 간주했던 것이 하나의 동일한 것임을 인식했을 것이다(PE, II, 124 ; PG, 409 ; 정신현상학, II, 160~1).

순수통찰은 자기의식이 끌어나가는 무한한 운동이므로 그것은 모름지기 그 전개에 있어 더 이상 차이들로 보여지지 않는 그런 차이들의 구별(운동)이다. 따라서 순수통찰은 자기 자신에 대립되어 그 자신의 대상이 된다. 그러한 대상이 절대적 본질 즉 순수사유인데, 이것은 ——계속적으로 자기분리를 거듭하고 있는 자기의식의 운동과는 대조적으로—— 자기동일적이다. 우리는 이미 生과 그 생의 의식으로서의 자기의식의 변증법과 관련하여 이러한 「구별 아닌 것의 구별」에 접한 경험이 있다. 자기의식은 스스로를 분화된 내용에 관한 의식으로 정립한다. 말하자면 자기 자신에 대해 거듭 되풀이하여 자기의식은 진리를 그 자신을 초월해 있는 不動者로서 정립하는 것이다. 이럼으로써 자기의식은 처음에 지녔던 신앙과의 구별을 재발견한다. 자기확신으로서의 순수통찰은 실체적 진리로서의 신앙에 대립하였다. 그러나 이제 그러한 진리는 사변적인 일체의 내용을 상실하였다. 그렇기 때문에 그것은 순수통찰이며 즉자태라고 하는 극도의 추상이다. 이러한 추상은 그 순수성과 관련하여 고찰된다면 보여지지도 않고 냄새 나지도 않고 만져지지도 않는 그야말로 순수물질——버클리에 의해 그 자기모순적 성격이 입증되었었던 그러한 추상적 사물, 基體——과도 같이 순수한 추상일 수 있음이 명백하다. 다시 말해서 그것은 인간적

162

자기의식의 부정적 피안, 그 당시의 철학적 표현으로는 「지고의 존재」
와 같이 순수한 추상일 수가 있는 것이다. 예를 들어 헤겔이 《철학사
강의》에서 인용한 로비네(Robinet)는 이와 같은 방식으로 자신의 책
첫머리에서 우리가 자연이라고 부르는 현상의 유일 원인이지만 결코
우리로서는 알 수 없는 그런 신의 본성에 대해 언급하고 있다. 우리
는 그를 단지 「알 수 없는 신」이라고만 부를 수 있다. 우주를 지배하
는 질서가 신의 지혜의 가시적 징표라기보다는 오히려 우리의 유한한
정신이 신의 지성의 반영인 것이다. [29] 다른 한편으로 헤겔이 또한
인용하고 있는 돌바하(D'Holbach)는 그의 《자연의 체계(Système de
la nature)》에서 「자연의 거대한 전체」를 물질과 운동의 결합으로서,
즉 그 어떤 것은 우리에게 알려졌지만 다른 것은 아직 알려져 있지
않은 그런 인과관계의 연쇄로서 파악하고자 한다. [30] 유물론과 무신
론은 모두가 절대적 본질의 긍정적인 측면을 강조하고 있다. 물질은
긍정적 존재이다. 반면 자기의식의 피안은 지고의 존재로서 순수히
부정적이다. 그러나 헤겔이 그의 존재론적 《논리학》에서 보여 주고 있
듯이 이러한 긍정성은 순수한 한에서 곧 부정이다. 참으로 유물론자는
그의 기체에 도달하기 위해 감성적 존재를 사상하지 않으면 안 된다.
그는 존재자에 관해 언급하지만 이 존재자가 나의 감각들에 나타나
는 것의 基體인 한에서 그것은 사유에 의해 수행된 추상의 결과이다.
우리의 의식에 다양한 측면으로 제시되는 이러저러하게 규정된 사물
이 아니라 한낱 물성에 지나지 않는 사물이란 순수한 추상이다. 그
것은 이른바 사유 자체인 것이다.

반대로 사유의 피안에 대해 언급하는 불가지론은, 만일 사유의 단
순한 직접성이 존재에 다름아니라는 것과 그러한 직접성 곧 자기의
식에 부정적인 것 역시 부정판단 속에서 자기의식과 관계지어진다는
것, 그리하여 직접성은 자기의식에 외타적일 뿐 물질과는 다른 것으
로 파악되어서는 안 된다는 것을 염두에 둔다면, 긍정성의 계기와 또
한 그것이 결여하고 있는 현존의 계기(「물질」이란 용어에 담긴 계기)
를 회복할 수도 있을 것이다.

29) *Ibid.*, pp. 470~71.
30) *Ibid.*, pp. 469~70.

구체적인 사실에서 계몽이 이룩한 승리는 그러한 내적 분열 속에서
훨씬 심대하게 정시되고 있다. 계몽의 과거의 敵은 그러한 분열에 빠
졌다. 계몽은 자기분리를 행하는 과정에서 자신의 적을 해방시켜 주
었다. 그러나 피안의 관념, 즉 단지 부정일 뿐인 공허한 피안의 관념
은 자기의식에게 긍정적 현존으로 보이지만, 그 순수성에 비추어 보면
사실은 사유의 극단적인 추상에 지나지 않는 그런 물질의 관념과 부
딪친다. 이러한 추상적 유물론 내지 무신론과 이러한 異神論 내지 불
가지론은 자연체계와 정신체계에로 전개될 수 없다. 왜냐하면 자연으
로서 철저히 사유되기 위해서는 자연은 단순한 물질의 관념 속에는
담겨 있지 않는 구체적인 전개를 요구하기 때문이다. 그리고 정신이
나 혹은 신은 내면적으로 스스로를 분화시키는 자기의식의 계기, 말
하자면 단순한 부정적 피안의 관념 속에는 담겨 있지 않은 계기를 요
구한다. 31)

유용성의 세계

그러나 계몽의 현실적 의식이 그 개념의 계기들을 목전에 전개된
차이들로 파악할 때, 그는 이러한 추상적 사유를 초월한다. 그리하여
그는 정신적 세계를 유용성의 형식에서 파악한다. 그는 이제 스스로
를 추상적 본질이 아니라 제 계기에로 생성해 가는 자신의 개념의 운
동으로서 본다. 그런데 이러한 계기들은 그 자체가 개념들이므로 운
동의 전체에로 복귀하는 것이다. 제 계기란 즉자적 존재와 대타적 존
재 그리고 대자적 존재이다. 여기서 또한 계몽은 사변적인 사유뿐만
아니라 사회적이며 도덕적인 관계들이 지닌 구체적인 풍부성을 타당
하지만 단지 출발점으로서만 만인에게 기여하는 추상적 도식으로 대
체한다. 자기의식의 그 대상과의 이와 같은 관계를 표현해 주는 유
용성의 관계는 계기들의 완전한 통합이 아니라 그 상호간의 영속적인
이행으로 특징지어진다. 그렇지만 유용성의 변증법은 엄밀히 그러한

31) 이러한 「무의식적 織造」가 자연이 되는 데 결여하고 있는 것은 「발양된 生의 富, 정
신 내지 신, 즉 자기 자신을 구별하는 의식」(PE,Ⅱ, 124 ; PG, 409 ; 정신현상학, Ⅱ,
160)이다.

164

통합을 지향한다. 즉자적으로 볼 때 각 사물은 존재로서, 곧 우리가 앞서 고찰했던 본질의 계기이다. 그러나 그것은 단지 계기일 뿐이다. 즉자태는 그것을 흡수·통합해 버리는 어떤 다른 사물에 관계지어진다. 다시 말해 그것은 더 이상 즉자적이 아니다. 그것은 대타적이 된 것이다. 그것은 소멸하는 것인 즉자태의 부정이다. 그러나 모름지기 이처럼 소멸해 가는 가운데 그것은 대자적 존재에로 고양된다. 이와 같은 계기들은 연속적으로 이행하면서도 서로 구별되고 있다. 「대자적 존재의 계기가 유용한 것 속에 있는 것은 사실이지만 자기이기 위해서 다른 계기들을, 말하자면 즉자태와 대타적 존재를 침범하는 식으로 그렇게 있는 것은 아니다」(PE, Ⅱ, 127 ; PG, 412 ; 정신현상학, Ⅱ, 165).

이 변증법을 구체적으로 표현해 보자. 자기의식인 대자적 존재는 여전히 그 앞에 세계, 사회적 제도들, 말하자면 아직은 그에게 그 자신의 작품으로, 보편적 의지의 표현으로 보여지지 않는 지속적인 정신적 실재를 두고 있다. 그렇지만 이러한 세계는 그것이 즉자로서 정립되는 순간에 부정된다. 그것은 그 유용성과 또한 그것이 현실적인 자기의식과 맺는 관계와 관련해서 고찰되고 있다. 그러나 만일 자기가 유일한 실재가 아니고 세계도 나의 즉자대자적인 의지가 아닐 것이라면 즉자와 대자를 연결해 주는 고리로서의 유용성이 의미하는 바는 무엇인가? 존재와 개념의 이러한 통일은 이미 우리에게는 명백한 데 반해서 자기의식은 여전히 유용성의 세계에 갇혀 있다. 유용한 것은 여전히 하나의 대상(객체)이다. 그러나 그것은 이미 객체(대상)의 주체에로의 해소인 절대적 자유의 득세를 예시해 주고 있다.

절대적 자유의 득세란 곧 불란서 혁명의 득세이다. 이와 같은 득세야말로 정신의 외화에 종언을 고할 것인데, 여기서는 정신의 유일한 대상이 곧 그 자신이 될 것이며 세계는 정신의 의지가 될 것이다. (왜냐하면 최초의 개별적인 정신의 의지가 즉자대자적인 보편적 의지로 되었을 것이기 때문이다.) 혁명은 내적으로 분열된 정신이 겪어 왔던 외화의 기나긴 여정에 종언을 고한다. 다시 말해서 혁명은 (교양의 세계에서 진리로부터 단절된 개별적 자기확신이었던) 자기확신과 (신앙의 세계에서 자기의식을 초월해 있는 진리였던) 진리를 통일시키는

것이다. 절대적 자유에 관한 장을 예고하고 있는 이 장의 마지막 구
절에서 헤겔은 이 변증법 전체를 요약하여 그 시사하는 의미를 보여
준다.

현실세계(교양의 세계)와 이상세계(신앙의 세계)는 그것들의 진리
를 구체적인 유용성의 세계에서 발견하였다.

　정신의 첫번째 세계는 마치 자연이 그 생명을 무한히 다양한 형태들로
분산시켜 놓고서도 그것들의 類(Gattung)는 마련해 놓지 않은 것처럼 그
정신의 분산된 현존재와 개별화된 자기 자신에 대한 확신으로 이루어진 널리
펼쳐져 있는 왕국이다. 정신의 두번째 세계는 類를 지니고 있으며 그것은 즉
자적 존재나 혹은 확신에 대립된 진리의 왕국이다. 세번째 왕국, 즉 유용한
것은 진리이면서 또한 자기확신이다. 신앙의 진리의 왕국에는 현실성이나
혹은 이 개별자로서의 자기 자신에 대한 확신의 원리가 결여되어 있다. 그
러나 현실성이나 혹은 이 개별자로서의 자기 자신에 대한 확신은 즉자태를
결여하고 있다. 그 두 세계는 순수통찰의 대상 속에서 통합되어 있다. 유용
한 것은 자기의식이 그것을 두루 통찰하여 그 속에서 자기 자신에 대한 개
별적 확신, 즉 자신의 향유(자신의 대자적 존재)를 갖는 한에서만 (순수통
찰의) 대상인 것이다(PE, Ⅱ, 128 ; PG, 413 ; 정신현상학, Ⅱ, 17).[32]

　반대로 우리는 이러한 대상 속에서 개별적인 확신이 知의 보편성
에로 고양되고 그 결과 대상에 대한 자기의 이러한 知(인식) 속에서
확신과 진리가 화해를 이루어 「천상의 세계가 지상의 세계로 내려온
다」고 말할 수 있겠다.

　따라서 이 변증법은 근대 세계의 거대한 이원론을 해체시킨다. 生
이 구체적으로 존재하면서도 그것들의 본질을 피안의 類에서 모색하
는 다수의 생명체들 및 특수한 種들로 분산·분화되듯이 교양의 세계
도 현실적인 자기의식이 자신의 본질을 자체 내에서 발견하지 못한 채
실현되었던 바의 그런 세계였다. 교양의 세계는 그것이 소유하기 위
해 총력을 기울였던 그의 대상——富와 권력——의 허망함에 대한 의

---

32) 따라서 외화의 세계에서 의식의 법은 한편으로는 진리(즉자태)의 정립으로, 다른
　한편으로는 자기확신(대자적 존재)으로 귀착되었다. 그러한 문화의 결과는 이제 한
　계기에서 먼저 유용성으로서 다음엔 절대적 자유로서의 다른 계기로의 이행, 즉 개
　별적 의지에서 보편적 의지로의 전화이다.

식에 도달했을 뿐이었다. 그 세계는 그의 진리가 그의 현실을 초월해 있다는 것을 발견하였다. 그렇지만 신앙의 세계가 스스로에게 피안으로서 제공했던 이러한 진리는 의식의 현실적인 확신을 결여했다. 계몽의 신앙에 대한 투쟁으로부터 탄생하여 순수통찰을 실현한 정신의 세번째 세계는 이러한 진리와 이러한 확신을 다시 통일시킨다. 정신은 즉자태로 하여금 모든 긍정적인 내용을 상실하도록 부추겨 그 즉자태를 소멸해 가는 계기로 환원시킨다. 말하자면 그것은 의식에 대립된 세계를 의식 속에서 해체되는 세계로 변형시키는 것이다. 게다가 그것은 개별적인 자기의식을 사유의 보편성에로 提高시킨다. 이로부터 사유된 대상은 자기를 초월해 있지 않으며 또한 자기도 더 이상 개별적인 자기만은 아니다. 말하자면 대상은 실현된 자기이고 자기는 보편적인 의지가 되는 것이다. 절대적 자유는 보편적 의지로서의 사유, 즉 자신이 직접적으로 정립한 존재와 동일한 그런 자기로서의 사유이다. 그러나 이러한 직접성은 여전히 추상에 머물러 있는 것은 아닌가? 또한 모든 외화나 매개가 이런 식으로 파기될 수가 있는가? 이러한 것은 불란서 혁명이 교양과 신앙을 거친 후 정신의 직접적 세계로의 의식적인 복귀, 즉 우리가 논의를 시작했던 희랍의 도시국가로의 복귀인 한에서 그 혁명이 제기하고 있는 문제인 것이다.

5

절대적 자유와 공포;
정신적 自己의 두번째 유형

절대적 자유와 공포

인간의 차유의 원리가 곧 이전 세계들의 진리이다. 오직 자기 자신만을 아는 이러한 자유, 즉 절대적 자유는 직접적으로 불란서 혁명에서 실현된다. 그렇지만 불란서 혁명——헤겔은 《역사철학강의》에서 그것이 「사유로부터 발단되었다」고 말하고 있다——은 최종적인 것이 아니라 그 자체가 하나의 변증법으로서 나타난다. 일반의지의 직접적인 실현은 오직 공포에서 정점에 이를 것이다. 그리고 신국을 흡수·통합했다고 자처하는 지상의 왕국이 정신의 새로운 화신으로 등장한다. 개별의지와 보편의지의 직접적인 교환은 무정부와 독재 사이에서 부침을 거듭하여 세계에, 즉 안정된 체제에 이르는 데는 실패할 것이다.[1] 정신의 자기의식은 스스로를 외화시키지 않고서는 존재할 수가

---

1) 이것이 곧 헤겔의 본질적 비판이다. 「정신적 자기」의 이 두번째 유형, 즉 혁명적 시민은 그 안의 보편자(일반의지)가 그의 대상, 그의 직접적 투사라는 점에서 첫번째 유형, 즉 추상적인 법적 인격체와 구별된다. 문화를 특징지웠던 매개가 이제 개별적 자기와 보편적 자기의 추상적 교환이 된다. 일방이 타방(무정부)으로 이행하거나 혹은 타방(독재)을 직접적으로 부정한다. 그 결과 비록 「보편자가 대상이며 자기의 내용일지라도 그것은 자기의 자유로운 현존재라는 형식을 지니지 못한다. 따라서 이

없다. 그러므로 그것은 자신에게 치명적인 이 직접성을 초월하여 스스로를 다른 형태 속에서, 즉 「도덕적 세계관」으로서 표출시키지 않으면 안 된다. 말하자면 그것은 主觀性 안으로 깊숙이 침잠해야만 한다. 1789년의 불란서의 정치적 경험은 獨일 관념론의 도덕적 경험, 즉 그 뿌리를 宗敎개혁——독일적 혁명——속에 두고 있고 또한 칸트 및 피히테의 체계에서 철학적으로 표출되었던 경험에 의해 계승된다.

《역사철학강의》에서 헤겔은 불란서 혁명이 그 기원과 토대를 思惟 속에 두었다고 적었다. 이제 사유의 가능한 최고의 규정은 의지의 자유이다. 의지가 자유롭다는 것은 그것이 오직 자기 자신만을 자각하고 아무런 장애에도 직면하지 않으며, 그에게 소원한 것이라고는 아무것도 조우하지 않는다는 것을 말한다. 왜냐하면 의지에게 소원할 수 있었던 유일한 항은 물자체, 환원 불가능한 불투명체였을 것이기 때문이다. 그러나 물자체의 관념은 이전의 세계에서, 즉 18세기의 철학적 조탁에 대응하는 유용성의 세계에서 소멸되었다.

그러한 철학적 사유에 있어 항존적 세계는 여전히 자기의식에 대립하여 존재하지만, 그러나 그 세계를 구성하는 본질적인 술어는 그 자체가 즉자적으로 존재하지 않음을 의미하는 有用性이다. 그것은 잠정적으로 자기의식에 대립하다가는 곧바로 자기의식 속으로 소멸된다. 존재하는 것은 그것이 유용한 한에서만 자기의식이 스스로를 그 속에서 재발견할 수 있고 그것을 스스로에게 동화시킬 수 있는 한에서만 존재한다. 반대로 자기의식은 더 이상 그 의도와 목표가 한정된 그런 특수적 자기의식이 아니다. 다시 말해서 자기의식은 보편성에로 고양되었으며 그리하여 그 개념은 현실 전체의 본질을 담고 있다. 「순수통찰로서의 의식이란 대상이 그에 못지 않게 독자적인 자기로서 대립해 있는 개별적인 자기가 아니다. 그것은 오히려 순수개념, 자기의 자기에 대한 투시, 즉 자기 자신을 이중적으로 바라보는 절대자이다. 이러한 자기확신은 보편적인 주체이고 또한 그 주체가 파악하는 자기의 개념은 모든 현실의 본질인 것이다」(PE, Ⅱ, 131 ; PG, 414~15 ; 정신현상학, Ⅱ, 169).

러한 자기 속에서 그것은 아무런 충족이나 내용, 그리고 어떠한 세계에도 이르지 못하는 것이다(PE, Ⅱ, 170 ; PG, 446 ; 정신현상학, Ⅱ, 219).

우주와 자아 사이의 긴장이 해소되었다. 왜냐 하면 우주는 자아에게 투명해졌으며 자아는 보편적인 자아가 되었기 때문이다. 따라서 인간은 자신의 작품들 속에서 완벽하게 안존하는 창조적 신과도 같은 것이다. 이러한 작품들이란 곧 지상의 왕국이다. 의식의 자기知 (인식)는 실재 전체에 대한 知인 동시에 존재에 대한 知이다. 「실재 전체란 오직 정신일 뿐이다.」 자기의식에 대해서 「세계란 오직 그의 의지에 지나지 않으며 그리하여 그의 의지는 보편적인 의지이다」(PE, Ⅱ, 131 ; PG, 415 ; 정신현상학, Ⅱ, 170). 왜 이러한 관념론──불란서 혁명이 그것을 표현했었던 바의──은 하나의 역사적 실패로 끝나고 말았었던가? 그것이 《정신현상학》이 모색하는 자기확신과 진리 사이의 평형을 정신의 역사를 통해 표출시킨 것 같다고 할 때, 왜 그것은 실패했던가? 헤겔이 혁명에 할애하고 있는 길지 않은 장에서, 즉 공포와 그리고 그 세계로부터 「도덕적 세계관」이라는 새로운 정신의 세계에로의 이행을 다룬 장에서 만족스러운 답변을 구한다는 것은 어려운 일이다.

헤겔의 지적에 따르면 불란서 혁명은 그 원리가 그릇되었던 이유보다는 그 원리를 직접적으로 그리하여 추상적으로 실현하고자 했던 이유 때문에 실패하였다. 그 직접성이란 하나의 추상이며 따라서 오류이다. 자기의식은 직접적으로는 실현될 수가 없다. 그것은 자기 자신을 외화시키고 자기대립을 통해 생성되지 않으면 안 된다. 그렇지 않을 경우, 자기의식은 어떠한 긍정적인 작품이나 세계에도 도달할 수가 없는 것이다. 오직 그것이 순수知이고 순수의지인 한에서만 그것은 스스로에게 절대 진리이다. 그러나 순수知와 순수의지는 지양된 직접성, 즉 폐기되고 보존된 직접성이다. 바꾸어 말하면 「현실세계의 왕국이 신앙과 통찰의 왕국에로 이행되었듯이 절대적 자유도 그와 같이 스스로를 파괴시키는 현실을 벗어나 자각적 정신의 또다른 영역에, 즉 절대적 자유가 이러한 비현실 속에서 진리로서의 가치를 보존하는 그런 영역에로 이행한다」(PE, Ⅱ, 141 ; PG, 422 ; 정신현상학, Ⅱ, 182). 우리가 여기서 대면하는 것은 직접적으로, 즉 자연(본성)으로서 존재할 수 없는 절대적 자유의 내면화이다. 헤겔의 사유는 여기서 지극히 애매하다. 비록 절대적 자유가 혁명을 정당화하는 것으로 끝맺을

수는 있을지라도 사실상 그것은 그 혁명을 실패로 해석하고 있는 것이
다. 헤겔의 사유는 우리를 「천상의 신의 왕국」으로 혹은 그에 버금가
는 지상의 왕국으로 인도하는 것 같지는 않다. 왜냐하면 「도덕적 세
계관」도 그 차례에 가서는 실패하기 때문이다. 헤겔의 해결책이 무엇
인가를 쉽사리 단언하기란 어렵다. [2]

유용성의 세계로부터 절대적 자유로의 이행은 극히 명백하다. 유용
성의 세계에는 여전히 물자체의 외관이 남아 있다. 예를 들어 우리가
현존하는 제도들——군주제, 의회제, 공화제——을 고찰한다면, 우
리는 유용성의 세계에서는 이것들이 더 이상 즉자대자적으로 존재
하는 제도들로서 절대적으로 정립되어 있지 않다고 말할 수 있다. 말
하자면 그것들은 그 유용성에 의해서만 정당화되는 것이다. 절대군
주는 이제 신적 권리를 위임받은 군주로서 받아들여지지 않는다. 그
는 그가 유용한 한에서만 의미를 가질 뿐이다. 헤겔의 어법으로 표현
하자면 사회적 실체란 여전히 존속은 할지라도 그 현존재는 즉자적
존재가 아니다. 그것은 그 유용성에 의해 정당화되지 않으면 안될 것
이다. 그러나 유용성의 개념은 내적으로 일관성을 결여하고 있다. 그
것은 즉자적 존재로부터 대타적 존재로, 그리고 대타적 존재로부터
대자적 존재로 인도한다. 이 중 마지막 계기는 다른 계기들을 흡수
하여 그 통일성 속으로 포함하는 것으로 상정된다. 유용성의 개념은
다음과 같은 물음을 제기한다. 즉 무엇을 위해 유용하고, 어떤 의미
에서 유용한가? 그리고 이에 대한 답변은 오직 보편적인 자기, 즉
루소가 이미 《사회계약론》에서 논파했던 것처럼 일반의지 내지 사유
하는 의지일 수가 있다. 불가분적이며 양도불가능한 일반의지란 공통
적인 자기, 즉 政體의 목표이며 토대이다. 따라서 유용성의 세계에는
오직 대상성 및 자기의식에의 대립이라고 하는 외관만이 있을 뿐이
다. 보편적인 자기, 즉 일반의지의 사유 속에는 존재하는 것으로서
그러한 의지의 표현이 아닌 것은 아무것도 존재하지 않는다. 우리가
앞서 인용했던 구절을 재인용해 보자. 왜냐하면 그것은 헤겔적 관념
론의 전모를 요약하고 있기 때문이다. 즉 자기의식에 대해 「세계는

<hr/>

2) 변증법적 이행은 불란서 혁명에서 도덕적 세계관으로 이루어진다. 그러나 도덕적 세
계관은 반대로 정신적 자기의 세번째 유형으로 나아가는 계기이다.

그것의 의지일 뿐이며 또한 그것의 의지는 보편적인 의지이다.」실현
되는 것은 일반의지의 분출인 것이다. 법은 법으로서 객관적인 동시
에 나의 의지의 표현으로서 존재한다. 나의 의지는 나의 것, 개별적
인 의지이지만 동시에 그것은 보편적인 의지이거나 혹은 루소의 표
현을 빌리면「일반의지」이다.

《정신현상학》에서 헤겔은 《사회계약론》을 강력히 시사해 주는 구
절들로 들어가고 있다.

　　일반의지는 암암리에 이루어지거나 혹은 대표자를 통해서 이루어진 의지
　와 같이 공허한 사상이 아니다. 그것은 실질적인 의미에서의 일반의지, 즉
　모든 개개인 그 자체의 의지이다. 왜냐하면 의지란 즉자적으로 인격성의 의
　식이거나 혹은 여하한 인격체의 의식이기 때문이다. 그것은 진정한 현실적
　의지, 各人과 만인의 인격성의 자각적 본질이어야만 한다. 따라서 각 인격
　체는 언제나 스스로 유리되지 않은 상태에서 만사를 도모하며, 만인의 행위
　로 나타나는 것은 곧 각인의 직접적인 의식적 행위인 것이다(PE, Ⅱ, 131～
　32 ; PG, 415 ; 정신현상학, Ⅱ, 170).

루소는 이렇게 적었다.「우리는 공통적으로 자신의 인격과 자신의
모든 권한을 일반의지의 최고의 지도하에 위임하였다. 그러므로 신체
와 같이 우리는 각 구성원을 전체와 불가분적 관계에 놓인 부분으로
서 받아들인다.」[3]

일반의지에로 고양됨으로써 각 개별의지는 私人의 의지로부터 公民
의 의지로 바뀌어진다. 이러한 의지는 직접적으로 그리고 불가분적
방식으로 전체 행정에 참여하여 자기 자신을 그 전체 행정의 통일성에
서 재발견하고자 한다. 사회란——그 의지는 자각적 국가이다——모
름지기 만인의 작품이며 만인은 그 작품 속에서 그들 자신에 대해 자
각해야만 한다. 의식을 제한된 과제에, 즉 전체 안에서의 특정한 과
제——그것이 전체와 갖는 관계는 직접적으로는 충분히 사유되지 않
은——에 국한시키는 것이 아니라 공동의 작업에 직접적으로 참여하
는 것, 이것이 곧 절대적 자유이다. 여기서 극복되어야 할 것은 인간
을 그에게 소원한 실재의 노예로 만드는 자기의식의 특수한 외화이

3) 《Contrat social》, éd. Beaulavon, op. cit., p. 141.

다. 이것이 극복되기 전까지는 마치 생물학적 유기체처럼 사회도 특수한 정신적 집단들로 분화되어 있는 것이다. 사회생활은 차별의 법칙에 의해 규제된다. 따라서 각 개체성은 그것이 사회생활의 제한된 부분과 맺고 있는 구체적인 유대로 인해 보편자로부터 배제된다. 마치 한 유기체 내에 여러가지 수족들이 있는 것처럼 의회, 결사, 국가 속의 국가들(주 정부)이 존재한다. 헤겔은 민족의 삶을 다룬 예나 시절의 저작들 속에서 사회의 제 계급——보편적 질서에 대한 소박한 신념만을 간직한 채 원초적인 삶을 영위해 가는 농민들, 그들 자신의 생활과 노동과 교환의 양식의 표현인 추상적 도덕에 의해 움직이는 부르조아와 장인들, 전체를 전체로서 보존·유지해야 하는 그 기능상의 이유로 그 전체에 대한 사유를 유일하게 획득했던 귀족과 군인 계급——을 특징짓고자 부심하였다.[4]

그러나 이제부터는 이와 같은 구분들은 더 이상 존재이유(raison d'être)가 없다. 그것들은 단지 各人과 만인의 인격체 속에 현존하는 일반의지의 외화를 나타내고 있을 뿐이다. 이러한 정신적 집단들은 사라진다. 따라서 그 대신에 단지 개별의치와 보편의치간의 단순한 대립이 등장한다.

개념이 존재하는 대상으로 되었던 이유는 다름 아니라 그 개념을 지속적으로 존립하는 고립된 집단들로 분화시키는 데 있다. 그러나 대상이 개념이 될 때, 그 개념에는 지속적으로 존립하는 것이라고는 아무것도 남아 있지 않다. 다시 말해 부정성이 그 모든 계기들 속에 침투해 있는 것이다. 따라서 개념은 각 개별적 의식이 스스로에게 할당되었던 영역 너머로 고양되어 더 이상 이와같이 특수한 집단 속에서 자신의 본질이나 자신의 작품을 발견하는 것이 아니라, 오히려 자신의 자기를 의지의 개념으로서 그리고 모든 집단을 그러한 의지의 본질로 파악함으로써 전체 노동인 한에서의 노동을 통해서만 스스로를 실현할 수 있도록 실존한다(PE, Ⅱ, 132 ; PG, 415~16 ;

4) 사회적 제 계급 및 18 세기의 제 신분(농민, 부르조아, 귀족)에 관한 연구는 유기적 도시국가에 관한 헤겔의 초기 저작 속에서 상당한 수준으로 이루어졌다. 점차적으로 그가 사회적 제 부문을 보다 정확히 규정하면서 그는 근대적 삶과 근대적 정신이 사회적 제 집단 속으로 끌어들였던 제 변양을 자각하게 되었다. 〈System der Sittlichkeit〉와 자연법에 관한 논문(éd. Lasson, Ⅶ, pp. 379 ff. et pp. 475 ff), 그리고 예나 시절의 〈정신철학〉(éd. Lasson-Hoffmeister, XX², p. 254)을 참조하라.

정신현상학, Ⅱ, 171).

그리하여 개인적 의식은 진정으로 만인 속에 깃들인 보편적 의식이 된다. 다시 말해, 「그것의 목적은 보편적 목적, 그것의 언어는 보편적 법칙, 그것의 작품은 보편적 작품이다.」 만인은 저마다 스스로를 정신적 존재의 창조자라고 생각할 수 있는 까닭에 더 이상 피안은 존재하지 않게 된다. 기껏해야 회상 속에서 공허한 「지고의 존재」(PE, Ⅱ, 132 ; PG, 416 ; 정신현상학, Ⅱ, 172)에 대해 언급할 수는 있겠지만 말이다.

그렇지만 이 경험은 1793년의 공포정치로 인해 드러난 실패를 맛볼 뿐이다. 헤겔은 공포를 자신의 변증법적 철학의 언어로 해석하고 있다. 불란서 혁명이 해결하고자 자처했던 거대한 인간적 문제란 실체(대상적 형식을 지닌 정신적 실재)와 자기의식의 상호침투의 문제였다. 이전의 세계에서 실체는 자기에게 소원한 것, 즉 자기 자신에게 소외된 자기로서 존재했었다. 그렇지만 혁명의 세계에서는 그 실체가 사라진다. 의지는 스스로를 외화시킬 수가 없는 것이다.[5] 「의식은 어떤 것도 그로부터 떨어져 나가 자유로운 대상의 형태로 반립해 나타나도록 방치해 두지 않는다. 따라서 의식은 결코 긍정적인 작품, 다시 말해 언어나 혹은 현실이라고 하는 보편적 작품에, 의식적 자유의 보편적 법칙이나 제도에, 의지적 자유의 행위나 작품 등 그 어떤 것에도 도달할 수가 없다」(PE, Ⅱ, 133 ; PG, 417 ; 정신현상학, Ⅱ, 173).[6] 헤겔이 여기서 제기하고 있는 문제는 다음과 같이 재정식화될 수가 있다. 한편으로 만일 사회가 조직된다면——각이한 상보적 계기들로 분화된다면——그것은 진정 구체적인 작품일 것이다. 그러나 이 경우에 그것이 곧바로 자기의식의 작품은 아니다. 그것은 객관화된 다시 말해 그 속에서 자아가 스스로를 외화시켰던 바의 객관성이 되었다. 다른 한편으로 만일 인간이 보편적 의지로서 자기 자신을 직접적으로 국가 안에

---

5) 적어도 자신을 대상화함으로써는 아니다. 여전히 외화와 매개가 남아 있지만, 그러나 개별자의 보편자로의 직접적 이행 속에서만이다. 「따라서 대립은 개별적 의식과 보편적 의식간의 차이 속에 있는 것이다」(PE, Ⅱ, 137 ; PG, 416 ; 정신현상학, Ⅱ, 172).
6) 헤겔은 「국가법」 및 통치적 「결단」에 대해서 언급하고 있는 것이다.

서 사유한다고 자처하여 「세계라는 왕좌에 절대적 자유를」 수립하고
자 한다면, 구체적이며 객관적인 작품은 외화와 더불어 사라지고 모
두가 추상적이며 그리하여 순전히 부정적이며 보편적인 작품만이 남
게 될 것이다. 이러한 것이 곧 불란서 혁명의 경험이고 공포의 변증
법이다.

정신적 집단들은 소멸하여 「불가분적 일자인 민족」으로 대체되었
다. 그러나 일반의지는 자립적 대상의 형식을 지니게 될 어떤 것도
창출할 수가 없다. 왜냐하면 그러한 대상은 자기의식에 대립할 것이
기 때문이다. 자기의식은 긍정적인 작품을 결코 창출할 수가 없는 것
이다. 사실상 긍정적 작품이란 새로운 사회구성체가 될 것이다. 따
라서 그것은 혁명이 이미 극복했었던 사회적 차별로 되돌아감을 정시
해 준다. 「자기 자신을 의식하는 자유가 창출할 수 있는 작품이란 다
음과 같다. 즉 보편적 실체로서의 자유는 스스로를 대상 및 영속적인
존재로 만든다는 것이다. 그러므로 이러한 타재는 자유 자체 속에 내
재하는 구별일 것이다」(PE, Ⅱ, 133~34 ; PG, 417 ; 정신현상학, Ⅱ, 173). 따
라서 「하나의 세계」가 다시금 형성된다. 그러나 이 세계에서 개별적
의식은 전체에의 직접적인 참여를 박탈당할 것이다. 게다가 통치권은
그 불가분적 성격을 상실하여 입법권, 행정권 및 사법권으로 분리되
고, 시민들의 집단도 저 나름의 임무를 지닌 개개의 신분들로 조직화
될 것이다.

「따라서 인격성의 행위와 존재는 전체의 한 分枝로, 즉 행위와 존
재를 이루는 하나의 부류로 국한될 것이다. 이처럼 존재의 지반 속
에 정립됨으로써 그 인격성은 특정한 인격성으로서의 의미를 지니게
되어 진정한 의미에서의 보편적 자기의식이 될 수는 없을 것이다」
(PE, Ⅱ, 134 ; PG, 417 ; 정신현상학, Ⅱ, 174). 따라서 개별적 자기의식은 조
직화된 국가로서의 긍정적인 작품이나 혹은 정부의 활동과 결정 그
어느 것 속에도 안존할 수가 없다. 보편자가 행위에 이르기 위해서
그것은 참으로 개체성이라고 하는 일자 속으로 집중되어 개별적 자
기의식을 그 머리 위에 두어야만 한다. 그러나 다른 자기의식들은 결
정하고 행위하는 그 개별적 자기의식 속에서 그들 자신을 직접적으
로 발견할 수가 없다. 다시 말해 그들은 그 자기의식으로부터 배제되

었거나 혹은 적어도 제한된 방식으로만 「행위 전체」에 참여 하는 것
이다.

이런 이유에서 절대적 자유는 긍정적인 작품(정체나 사회구성체)
이나 혹은 긍정적인 행위(결정이나 통치행위) 가운데 그 어느 것도
산출할 수가 없다. 「오직 부정적인 행위만이 절대적 자유에게 허용되
어 있다. 절대적 자유란 파괴를 일삼는 광란에 지나지 않는다.」 엄밀
히 말해서 이것이 공포의 변증법적 의미이다. 추상적인 보편자와 그에
못지 않게 추상적인 개별성, 즉 통일적이며 불가분적인 일반의지와 먼
지구름처럼 원자화된 제 개인이 서로 대립해 있다. 그러므로 일반의
지에서 가능한 유일한 작업이란 끊임없이 다시 나타나고 있는 그 개
별의지를 끊임없이 無化시키는 것이다.

「따라서 보편적 자유의 유일한 작업과 행위는 죽음인데, 정확하게
그것은 아무런 내적 의의도 없고 아무것도 이룰 수 없는 그런 죽음이
다. 왜냐하면 (죽음을 통해) 부정된 것은 절대적으로 자유로운 자기
라고 하는 내용 없는 점이기 때문이다」(PE, Ⅱ, 136 ; PG, 418 ; 정신현상
학, Ⅱ, 176).

개별의지와 보편의지가 직접적으로 상호전화하기 때문에 여기서
「무정부」와 「혁명정부의 독재」라는 두 대립항이 동일시된다. 이 체계
에서 통치권력은 권력을 장악한 도당에 지나지 않는다. 권력체계를
이루는 피라밋의 정상에서 한 개체성이 권력을 장악하고 있지만, 그
결정의 특수성으로 인해 그것은 스스로 개체성으로 드러나 그밖의 모
든 것을 배척한다. 「이른바 통치권력이라고 하는 것은 (권력투쟁에서)
승리한 도당에 지나지 않는다. 그러므로 그것이 도당이라는 바로 그
사실 속에 그것의 몰락의 필연성이 놓여 있다. 그것이 통치권력이라는
사실은 반대로 그것을 도당으로 만들어 죄를 범하게 한다」(PE, Ⅱ, 136 ;
PG, 419 ; 정신현상학, Ⅱ, 176~7). 만일 통치권력이 현실적으로 활동하는
한 언제나 죄를 범한다면, 활동하지 않는 대중은 언제나 그 통치권력
에 의해 죄의 혐의를 받을 것이다. 특수한 방식으로 (이는 모순일 것
이다) 행위하지 않는 일반의지는 행위 이전의 사념 속으로 움츠러든
다. 그런데 「혐의의 법」 속에서 목표가 되는 것은 바로 그와같이 단
순한 내면이다.

자기확신적 정신에로의 이행 ; 객관정신과 주관정신

파괴를 일삼는 광란——죽음의 공포——을 통해서만 현시되는 개별의지와 보편의지 사이의 이러한 상호작용은 전혀 의미가 없는 것이 아니다. 첫째로, 그것은 직접적 형식으로는 절대적 자유가 실현될 수 없다는 것과 정신의 生에 외화와 매개가 필수적이라는 것을 보여 준다. 절대적 자유는 긍정적으로 사유되었었다. 그렇지만 현실에 있어서 그것은 순수한 부정성으로서 즉, 개체성이라고 하는 점의 절대적 부정으로서 실현되고 있다. 그것은 절대적 주인인 죽음에 대한 공포로서 경험되는 것이다. 둘째로, 그러한 상호작용은 추상적 부정이 내면화된 새로운 세계로의 이행을 보장해 주며, 그리하여 도덕적 의지로서의 순수의지와 순수知가 된다. 헤겔은 이것을 「자유로운 주관성의 각성」이라 부른다. 루소의 일반의치가 칸트의 순수의치로 된다. 다시 말해서 불란서 혁명의 세계가 독일 관념론의 도덕적 세계——창조적 주관성에로의 이행——로 화한 것이다.

그러면 자신에게 할당된 제한된 영역들을 박차고 나왔던 개별적 의식의 집단에 대해 공포가 미친 효과를 고찰해 보자.

다수의 개별적 의식들이 속해 있는 정신적 집단들의 조직이 새롭게 형성된다. 개별적 의식들은 그들의 절대적 주인인 죽음에 대한 공포를 느끼고는 다시금 부정과 구별의 나락으로 떨어짐으로써 그들 자신을 제 집단 밑으로 정열시킨다. 따라서 비록 그들이 분파적이며 제한된 작업에로 복귀할지라도 또한 그럼으로써 그들은 그들의 실체적 현실로 복귀하는 것이다(PE, Ⅱ, 137~38 ; PG, 420 ; 정신현상학, Ⅱ, 178).

따라서 정신은 자신의 출발점이었던 직접적인 정신과 교양의 정신에로 되돌아가고, 역사는 다시금 그 순환적 경험을 새롭게 시작한다. 자연에, 즉 인륜적 실체에 매몰되어 있던 상태로부터 출발한 정신은 교양을 통해 그리고 그 교양으로 인해 그 실체에 대한 의식에로 고양된다. 그러나 그 과정에서 정신은 자기 자신을 외화시켜 객체가 되는 데 반해, 실체는 일종의 침투(endosmosis)에 의해 주체가 되는 것이다.

「따라서 인륜적 실체가 자기의식의 본질인 반면에 자기의식은 인륜적 실체의 현실이며 현존재, 즉 그것의 자기이며 의지이다.」(PE, I, 355; PG, 312; 정신현상학, I, 516). 이와같이 순환적인 역사철학은 다음의 구절에서 나타나고 있다.

정신은 이와 같은 격동과 소요를 벗어나 자신의 출발점이었던 인륜세계 및 교양의 현실세계에로 되돌려지는데, 결국 이러한 세계는 새롭게 대중들의 파토스를 사로잡았던 주인(죽음)에 대한 공포를 통해 활기를 되찾아 갱신되었을 뿐이다. 만일 궁극적인 결과가 다름아닌 자기의식과 실체의 완벽한 상호침투일 뿐이라고 한다면 정신은 이러한 필연성의 순환과정을 끊임없이 새롭게 반복해야만 할 것이다. 왜냐하면 이와 같은 상호침투 속에서 자기 자신과 대립하는 스스로의 보편적 본질의 부정적인 위력을 경험한 자기의식은 스스로를 특수자로서가 아니라 보편자로서 인식하고 발견하고자 할 것이며, 따라서 보편적 정신의 대상적인 현실을, 즉 자기의식이 특수자인 한 그 자기의식을 배척하는 그런 현실을 감당해 낼 수 있게 될 것이기 때문이다(PE, II, 138; PG, 420; 정신현상학, II, 178~9).

우리는 여기서 각 주기마다에 세 가지 계기──직접적 정신, 교양(분리와 매개의 계기) 그리고 절대적 자유(정신의 외화에 항거하는 혁명)──를 지닌 순환적 역사철학의 가설──헤겔이 절대적으로 견지하고자 하지는 않았던──을 제시하고 있는 셈이다. 이 철학에 따르면 세번째 계기는 첫번째 계기로 복귀하는 가운데 단지 정신적 실체를 갱신할 뿐이다. 그리하여 혁명과 전쟁, 로베스삐에르(Robespierre)의 독재와 나폴레옹의 업적은 사회적 실체를 재창조하고 또한 개별적인 의식들에게 새로운 지위를 부여함으로써 그들을 새롭게 도야시키는 데 기여한다. 그러나 혁명으로부터 출현한 새로운 정신의 세계는 첫번째 계기와 완벽한 유사성을 띠지는 않을 것이다. 말하자면 사회적 제 부문은 상이할 것이다. 우리는 헤겔이 1802년에서 1807년에 이르는 동안에 조탁했던 다양한 정신철학들을 통해 그가 나폴레옹의 영향으로 사회계급에 대한 새로운 견해를 발전시켰다는 것을 알고 있다. 귀족제적 국가 모델은 새로운 모델로 대체되었는데, 여기서 헤겔은 보편자의 의미를 담지하고 있는 상층 부르조아로부터 소부르조아를 구별시켰다. 게다가 그는 여론을 책임있는 기능 집단──학자들의 집단에 유사한 새로운 귀족계급──과 연결시키고 있다. 나폴레옹은 헤겔에게 이후 프러시아가 구별하고자 한 근대 국가에 대한 감각을 심어 주었다. 그리하여 헤겔의 정신 속에서 이와같이 갱신된 국가가 초기의 귀족국가를 대체했던 것이다. 그러나 비록 혁명 속에서 탄생한 객관정신이 이전의 객관정신과 완벽하게 일치하지는 않는다 해도 그 원리는 동일하다. 따라서 객관정신에로 스스로를 대상, 즉 지속적으로 존재하는 실체로 만들어 가는 과정에서 스스로를 부인하는 일반의지에로 되돌아갈 필요가 있다. 이때부터 외화와 그 외화에 대한 항거라고 하는 동일한 운동이 반복될 것이다. 각 혁명은 실체와 자기의식 사이의 대립을 극복하고자 분투한다. 그러나 그것이 성공할 전망은 극히 희박하기 때문에 혁명도 전쟁과 마찬가지로 사회생활을 갱신하고 개조하여 새롭게 복원시키는 차원에 그치고 만다. 각 순환 과정이 계속됨에 따라 실체와 자기의식의 상호침투는 보다 긴밀하게 이루어진다. 자기의식은 심지어 그것이 개별적 자기의식인 한 그것을 극력 배척하는 보편적 정신의 현실 속에서까지 스스로를 인식하고 발견할 수 있었을 것이다. 그러나 헤겔은 객관정신에 지나치게 호의적인 이러한 가설을 견지하고 있지는 않다. 정신이란 객관정신일 뿐만 아니라 주관정신이기도 하다. 그것은 자기확신적인 정신으로 그 자신의 역사의 창조자이다. 우리는 이제 정신을 주관정신으로서 고찰하지 않으면 안 된다. 왜냐하면 「절대자는 실체일 뿐만 아니라 그에 못지 않게 주체」이기 때문이다. 「절대적 자유」는 실체적·객관적 정신으로부터 창조적·자기확신적 정신, 즉 자기知로서의 정신에로 이행하는 데 기여한다. 창조하는 정신은 반대로 보편자와 화해를 이룰 것이지만 이러한 화해는 새로운 경험에로, 즉 절대정신이나 종교에로 나아간다. 우리가 이 장의 첫머리에서 지적했던 것처럼 헤겔의 사유는 여기서 상당히 애매하다. 그렇지만 이것은 우리에게는 《정신현상학》의 운동에 활력을 불어넣는 것처럼 보인다. 아뭏든 (로젠쯔바이크가 생각했던 것처럼) 헤겔은 신의 세계 내 현현으로서의 국가의 철학──그가 《정신현상학》 이전이나 이후에도 변함없이 주장했던 철학──을 포기했다기보다는 객관정신, 실체적 정신이 스스로를 내면화하여 주관적 자기확신에로 고양됨으로써 그 자신의 역사의 창조자가 될 뿐

아니라 또한 어떻게 그 주관적 자기확신이 보편자와 화해——종교
내지 절대정신의 사유 자체로서의 화해——되지 않을 수 없었는가를
보여 주었던 것이다. 그래서 우리는 「헤겔이 그의 철학적 경력에 있
어 《정신현상학》을 집필할 당시보다 국가지상주의로부터 멀어졌던 때
가 없었다」[7]고 한 로젠쯔바이크의 주장에 동의할 수가 없다. 왜냐하
면 자기확신적 정신은 여전히 (정책)결정과 창조로서 고찰될 국가이
기 때문이다. 즉 그것은 주관정신이기는 해도 행위하는 정신인 것이
다. 정신 장의 제3부는 이러한 주관적 측면을 검토하고 있다. 제1
부는 직접적인 정신을, 제2부는 자기 자신에 소원하거나 혹은 자기
소외된 정신을, 그리고 제3부는 자기 자신을 확신하는 정신을 다룬
다. 그런데 이 주관성은 절대적 자유의 관념 속에서 충분히 명료하게
사유되지 않았다. 그러나 절대적 자유는 순수의지, 즉 도덕적 내면
성에로의 이행에 기여할 것인데 이는 그와 반대로 자기 자신을 창조
하는 정신으로 발전한다.
　헤겔은 이러한 이행을 다음과 같은 방식으로 묘사하고 있다. 즉 절
대적 자유 속에서 상호대립하는 두 항은 보편적 의식과 특수한 구체
적 의식이 아니다. 그러나 이 두 항 가운데 하나는 보편적 의지라고
하는 점에로 그리고 다른 하나는 자기 즉, 개별적 의지 그 자체라고
하는 점에로 각각 정화된다. 그러므로 외화, 다시 말해서 여기서 이
루어지고 있는 교환은 명예나 부, 신앙의 환상이나 계몽의 유용성을
위한 의식의 초기의 자기외화와는 차원이 다르다. 자기의식이 이러한
자기외화를 통해 얻는 것은 「무의미한 죽음이며, 게다가 긍정적인 것
이라든가 충족적인 것이라고는 전혀 없는 그런 부정적인 것에 대한
순수한 공포이다」(PE, Ⅱ, 139 ; PG, 421 ; 정신현상학, Ⅱ, 180). 그러므로 이
러한 도야(교양)는 최고의 도야, 그로부터 하나의 반전이 일어나지
않을 수 없는 최상의 계기이다. 우리에게 있어서 진정 이러한 자기부
정은 개별적 의지의 無化라는, 그것의 직접적인 의미와는 다른 의미를
가져야만 한다. 여기서 또한 죽음은 정신적 의의를 갖치 않을 수 없
는 것이다.

7) Rosenzweig, *op. cit.*, Ⅰ, p. 215. 우리는 이미 이러한 이행을 제Ⅴ부의 머리말에서
논의한 바 있다.

이러한 부정은 그 현실성에서 조명해 본다면 어떤 소원한 것이 아니다.
즉 부정은 인륜적 세계가 그 속으로 몰락해 들어가는 피안에 놓인 보편적
필연성이 아니며, 또한 분열된 의식이 스스로 의존되어 있다고 보는 사유재
산이나 혹은 (재산) 소유자의 변덕에 기인하는 개개의 우연사도 아니다. 오
히려 그 부정은 그 자체의 궁극적인 추상 속에 긍정적인 것이라고는 전혀
담지 못하고 그리하여 희생의 대가로 아무것도 지불할 수 없는 그런 보편적
인 의지이다(PE, Ⅱ, 139 ; PG, 421 ; 정신현상학, Ⅱ, 180).

그러나 절대부정이 자기의식과 직접적으로 일치하는 것은 엄밀히
바로 이런 이유에서이다. 즉 「절대부정은 순전히 부정적인 것이기 때
문에 순전히 긍정적인 것이다. 따라서 무의미한 죽음인 자기의 충족
되지 않은 부정성은 그 내적 개념에 있어 절대적인 긍정성으로 전화
된다」(PE, Ⅱ, 139 ; PG, 421 ; 정신현상학, Ⅱ, 180). 바꾸어 말하면 보편적
의지는 나의 순수知와 순수의지가 되는 것이다.

우리에게 있어 이 죽음――추상적인 보편자――은 자기의식 내에
서 직접적으로 지양된 순수의지나 혹은 순수知가 된다. 동물과 달리
인간은 그 자신의 직접성을 극복하고 있다. 즉 보편자는 인간 밖에
있는 것이 아니다. 「이리하여 그는 순수의지를 자기 자신으로서 인식
한다. 또한 그는 자기 자신을 본질로 인식하기는 해도 직접적으로 존
재하는 본질로서 인식하지는 않는다」(PE, Ⅱ, 140 ; PG, 422 ; 정신현상학,
Ⅱ, 181). 혁명정부나 무정부가 그렇듯이 인간은 자기 자신을 순수의지
와 절대적인 자기知로서 안다. 그리하여 정신은 다른 영역에로 이행
한다. 그것은 자기知가 되는 것이다. 현실세계의 왕국이 신앙과 통찰
의 왕국으로 고양되었듯이 절대적 자유의 영역과 죽음에 대한 공포의
영역도 그 직접성 너머에서 의식의 자기와 동일적인 것으로 정립된
순수의지의 영역이 된다. 자기확신적 정신은 도덕적 세계관으로부터
시작하는데, 이 세계관은 그러한 직접성의 초월에 해당한다.

VI.
정신의 自己知에서 절대정신으로

1

도덕적 세계관

　자기확신적 정신은 실체적 내지 객관적 정신 너머로 고양되어 자기
知로 생성된 정신이다. 마치 자기의식이 生의 知가 됨으로써 그 生
너머로 고양되었던 것처럼, 정신은 자기 자신을 아는데 이러한 知가
곧 그의 본질이다. 이 (주관적) 정신이 행동하고 창조하는 정신이 됨
으로써 어떻게 새로운 직접성을 감당할 수 있는가를 우리에게 보여 주
기에 앞서 우리는 하나의 새로운 차원, 즉 주관성의 차원을 탐구하지
않을 수 없다. 이 새로운 차원은 칸트와 피히테의 독일 관념론이 보여
준 도덕적 세계관에 해당한다. 도덕적 세계관의 비판은 우리를 행동하
는 정신의 확신(Gewissen, 양심)에로 인도할 것이지만, 그와 동시에 이
행동하는 (따라서 언제나 죄를 범하는) 정신과 보편적 정신과의 화해
로도 인도할 것이다. 이러한 화해란 더 이상 주관정신으로서가 아니라
절대정신으로서의 자기知일 것이다. 이것이 곧 종교의 현상학이 된다.
　그러므로 우리는 정신이 아직 객관정신에 머물러 있고 절대적 자유
는 스스로를 직접적으로 실현하고자 분투했던 이 지상을 떠나서 자
유가 더욱 심화되어 도덕적 주관성, 즉 자기知에로 성장해 가는 그
런 영역을 고찰해야 하겠다. 도덕적 주체는 잠정적으로 혁명적 시민
을 자기 자신으로 대체한다. 말하자면 칸트와 피히테의 도덕적 세
계관이 루소의 《사회계약론》의 자리에 대신 들어서는 것이다. 우리
는 계속해서 (1a)도덕적 세계관, (1b)이 도덕적 세계관의 제 이율배

반 및 그것들의 행동하는 의식에로의 해소, 그리고 (2)자기 자신 및 그 자신의 창조적 생성을 확신하는 정신의 순서로 검토하겠다.

우리가 지금 논구하고 있는 정신은 자기확신적인 정신이다. 이러한 정신 속에서 우리는 《정신현상학》 전편에 걸쳐 모색되고 있는 知와 知의 대상의 동일성이 그 정신에게 실현되었음을 보고 있다. 사실 개별적인 자기로서의 정신은 교양의 세계나 신앙의 세계에서 자신의 실체를 그 자신 밖에 두었던 데 반해서 이제는 그것을 자체 내에 담지하고 있다. 이러한 실체는 더 이상 소원한 현실——권력이나 富나 천상——이 아니라 오히려 순수한 의무이다. 만일 우리가 칸트 그리고 특히 피히테가 도덕적 주체의 자율성에 대해 지녔던 개념화에 대해 고찰한다면, 우리는 자기확신이 보편적 자기의식에 대한 개념에서 표현된 진리와 참으로 일치함을 발견할 것이다. 자아는 자기 자신 외에 다른 어떤 것도 욕구할 수가 없다. 자아의 절대적 목표는 자체 내에 놓여 있다. 다시 말해서 자아는 소원한 도달점이라는 형식을 취하기 어려울 것이다. 권력이나 富를 욕구하는 것, 주체의 자기확신을 초월해 있는 진리를 열망하듯 천상을 열망하는 것——이러한 것들은 지양된(aufgehoben) 욕구들이다. 말하자면 주체는 자신의 자기확신 속에서 오직 자기 자신만을 욕구할 수 있다. 이와 같은 자기확신은 주체의 진리이기도 하다. 주체는 그 자신을 보편적인 자기로서 추구한다. 그렇기 때문에 주체의 자기知는 주체가 추구하는 오직 하나의 대상이다. 그런데 이러한 대상은 「도덕적 세계관」에서 순수한 의무로서 나타나고 있다. 「따라서 바로 이 점에서 知는 마침내 자신의 진리와 완전히 동등해진 것처럼 보인다. 왜냐하면 知의 진리는 이러한 知 자체에서 (知와 진리라는) 두 측면 사이의 모든 대립이 소멸되었기 때문이다. 게다가 대립은 우리에 대해서나 즉자적으로 소멸되었을 뿐 아니라 자기의식 자체에 대해서도 소멸되었다」(PE, Ⅱ, 142 ; PG, 423 ; 정신현상학, Ⅱ, 183). 칸트 체계의 요체는 자유이다. 또한 자유는 《실천이성비판》의 중심 테마이기도 하다. 자기의식은 오직 자기 자신만을 욕구할 수 있는 도덕적 주체의 자율이다. 「자기 자신을」 보편적인 자기로서 「의식하는 것」, 바로 여기에 자유와 도덕이 놓여 있는 것이다. 자기 자신을 의지하는 순수의지란 존재 일반

내지 존재 전체이다. 고대 존재론에 대한 칸트의 비판은 새로운 존재론을 예비하기 위해 기획되었는데, 여기서의 존재는 이제 자기 자신을 정립하는 주체인 부동의 기체가 아니라 행동일 뿐이다. 존재는 곧 자유이다. 《도덕형이상학의 기초》의 첫 페이지에서 자기의식은 일상적인 도덕적 의식으로 드러나고 있다.[1]

도덕적 세계관을 천착하기에 앞서 헤겔은 어떻게 그것이 인륜적 정신의 직접성과 문화(교양, Bildung)의 정신 매개를 화해시키는가 보여 주고 있다. 「자기의식이 소유한 知는 또한 그 자신에게는 실체 자체이기도 하다. 자기의식에게 있어서 이 실체는 하나의 불가분적 통일 속에서 직접적인 동시에 절대적으로 매개되어 있다」(PE, Ⅱ, 142～43 ; PG, 423 ; 정신현상학, Ⅱ, 182～83). 자기의식은 직접적이다. 즉 자기의식은 스스로 그의 의무를 인식하고 수행한다. 자기의식에게 있어서 그의 절대적 목표로서의 의무는 소원한 실재가 아니다. 의무란 마치 타고난 본성처럼 자기의식에 붙박혀 있는 것이다. 따라서 성격 속에서 직접적 정신——인륜적 정신——은 우리들에게 존재와 그의 인륜적 본분의 완전한 융합으로 제시되었다. 안티고네의 여성다움은 적극적인 의의와 더불어 그녀의 본성에 소여되었다. 그 말이 함의하는 완전한 의미로 본다면 그것은 불가항력적인 본분이다. 순수의무가 자기의식에 소원한 어떤 것이 아니라 그 자기의식의 본질 자체이기 때문에, 이와 같은 직접성은 순수의무에 대한 의식에서 다시 발견된다. 그렇지만 도덕적 자기의식은 안티고네나 크레온처럼 하나의 성격, 말하자면 규정되어 편향적으로 된 본성이 아니다. 인륜적 본성을 특징지었던 자연적 실존의 계기가 이제는 말끔히 극복된 것이다. 순수의무에 대한 의식으로서의 도덕적 자기의식이란 보편적인 의식이다. 요컨대 그것은 본질적으로 직접적 현존재의 추상성을 지양하면서 의식적으로 보편성을 획득해 가는 자기의 운동인 것이다. 이 자유는 본질적으로 해방이다.

<hr />

1) 칸트에게 있어 자기의식은 그것이 일상의식 속에서 발견되는 것처럼 본질적으로 순수한 도덕적 의식이다. 헤겔에게 있어 개별적 의식에게 죽음으로서 나타나는 보편자는 이제 내면화되었다. 이러한 보편자는 자기의식이 지닌 知로서 자기의식의 본질이다.

그러므로 그것은 직접적인 동시에 매개되어 있다. 자기의식을 자유롭게 만드는 것은 그 의식의 자유에 대한 인식(知)이며, 이러한 인식은 매개를 전제한다. 여기서 말하는 직접성이란 자연의 사실이 아니다. 그것은 반성하여 다시 획득된 것이다. 「자기의식은 그의 자유를 알고 있다는 점에서 절대적으로 자유롭다. 자기의식의 실체와 목적(Zweck), 그리고 유일한 내용을 이루고 있는 것은 그 자신의 자유에 대한 이와 같은 앎(知)이다」(PE, Ⅱ, 143 ; PG, 424 ; 정신현상학, Ⅱ, 185).²⁾ 직접적인 정신, 자연의 정신 그리고 자기소외되어 그 대상을 자기 밖에 두고 있는 정신의 종합이 이제 실현되었다. 의식의 대상으로서의 순수의무는 나 자신은 무엇인가인 동시에 나는 무엇이 되어야 하는가, 즉 직접성과 매개의 통일을 나타낸다. 「자유롭다는 것은 아무것도 아니다. 요는 자유로와지는 것이 문제이다.」

이와같이 일반적인 소여태들로부터 시작하여 헤겔은 그가 「도덕적 세계관」이라고 명명한 것을 보다 엄밀하게 논구한다. 다소 기이한 역사를 지녔던 세계관(Weltanschaung)이라고 하는 표현은 《정신현상학》에서도 여기서 처음으로 사용되었다. 그렇지만 그 표현은 헤겔이 《정신현상학》에서 인간 의식의 갖가지 태도들에 대해 행하는 묘사에 상당히 정확하게 부합하고 있다. 그것은 철학적 체계들——금욕주의, 회의주의, 도덕주의——의 문제이기보다는 삶의 방식이나 우주를 조망하는 방식의 문제에 가깝다. 비록 이 모든 세계관들이 상호연관되어 헤겔이 學的 체계라고 주장한 것을 형성하고 있지만, 그럼에도 불구하고 그가 그 세계관들 가운데 하나에 멈추어 서서 그것이 연관이 되는 바의 구조를 잠시 망각한 채 그것을 그 나름대로 재고하고 있다는 것은 사실이다. 우리는 지금 정신의 생성·전개에 있어서 도덕적 세계관이 차지하는 역할을 살펴 보았다. 직접적 정신——인륜적 정신——은 우리

2) 따라서 우리는 지금 정신적 자기의 세번째 형식으로 가고 있는 중이다. 첫번째 형식인 인격체는 자신을 정립하는 한낱 존재할 뿐인 자기였다. 외화의 세계에서 유래한 두번째 형식은 이러한 정립의 직접적 부정이었다. 개별적 의지가 보편적 의지에 의해 부정되었다. 앞의 둘을 통일시킨 세번째 형식은 그 자신의 부정 속에 보존되어 있다. 즉 그것은 자기 자신에 대립됨으로써 이러한 대립 속에 보존된 스스로의 역사를 창출하는 정신이다. 「창출」이라는 용어는 헤겔 자신에 의해 사용되었다 (PE, Ⅱ, 187 ; PG, 460 ; 정신현상학, Ⅱ, 242).

를 자기소외된 그 대상을 자기 밖에 두는 정신으로 인도했다. 또한
이 분열된 정신은 그 자신의 차례에 이르러 우리를 자기 자신을 아는
그의 절대적 대상인 순수의무 안에서 자기 자신을 소유하는 정신으로
인도했다. 그러나 우리는 칸트의 비판철학이 그것의 한 가지 표현을
이루고 있는 이 세계관을 그 자체로 논구하기 위해 당분간 이러한 변
증법을 잊어야만 하겠다. 이러한 도덕철학은 사변철학으로보다는 하
나의 삶의 방식으로 간주될 것이다. 따라서 그 철학이 내포하고 있는
제 모순──직접적 매개──은 그것들의 구체적인 형식 안에서 도덕
적 경험을 겪어 나가는 도중의 정신 자체에 의해 체험된 제 모순으
로 고찰될 것이다.[3] 특히 애매한 환치나 혹은 변위(Verstellung)를
다루고 있는 이 탐구의 두번째 부문에서 우리는 이와 같은 모순들이
의식의 경험 속에서 등장함을 보게 될 것이다. 마지막으로 의식은 순
수한 도덕적 세계관을 거부하고서 다른 태도를 취하지 않고서는 바리
새주의(le pharisaïsme) 내지 위선을 벗어날 수 없다는 식의 체험을
통해 그 모순들을 스스로 발견한다.

　따라서 칸트의 도덕은 헤겔에 의해 「도덕적 세계관」으로 간주될 것
이다. 그것은 특정한 철학에 대한 순수사변적인 분석의 문제가 아니
라 「도덕주의」에 대한 검토의 문제이다. 칸트적인 도덕은 세계정신
의 한 계기의 표현으로 취급된다. 경건주의와 칸트주의 사이에 밀접
한 관계가 있음은 적지 않게 강조되었던 바이다. 칸트는 그의 청년
시절에 스페너(Spener)의 교리론과 그의 어머니 및 그의 스승 슐츠
(Schultz)를 통한 경건주의에 의해 적지 않은 영향을 받았다. 경건주
의는 루터의 정통 교리에 직접적으로 배치되지는 않지만 종교의 원천
을 오성에서보다는 의지에서 찾고 있다. 그것은 신학에서 일체의 외
적인 가르침을 비판하여 원시 기독교 공동체로 돌아갈 것을 제안한
다. 신비주의가 이러한 경건주의의 운동에 전혀 없다고는 볼 수 없
지만, 대체적으로 그것은 도덕적 정화의 운동이다. 「경건주의는 인
간의 도덕적인 거듭남을 종교적인 거듭남으로부터 분리시키지 않는
다. ……경건주의는 종교적인 믿음을 교리적인 신학에 묶어 두는 끈

---

3) 모순은 오직 그것이 자신의 자기를 그 자신에게 대립시키는 주체일 경우에만 불행
　인 것이다.

들을 완화시키는 것에 반비례해서 종교적인 믿음을 도덕적인 행위와 결부시키는 끈들을 강화시키거나 혹은 다시 묶어 두고 있다.」[4] 칸트는 경건주의와 합리주의의 영향을 동시에 받음으로써 특별히 종교적이거나 신비적인 요소들을 피해 교리학의 도덕주의를 강조하고자 했다. 헤겔은 자신의 초기 저작 안에서 칸트의 《이성의 한계 내에서의 종교》를 따라 《예수의 생애》를 쓰고자 노력했다. 쉴라이에르마허(Schleiermacher)처럼 그는 「순수한 도덕적 세계관」과 「특수한 종교적 견해」의 차이를 발견하였다.[5] 우리는 어떻게 낭만주의가 이러한 칸트적 도덕주의에 반발했었는가를 알고 있다. 그리하여 우리는 《정신현상학》의 전개에 있어 칸트적 도덕주의로부터 다른 세계관들로 진보해 가는 과정을 추적할 것이다. 이러한 도덕주의를 개진하고 비판하는 헤겔의 변증법을 상세히 검토하기에 앞서 우리는 그것의 주요한 특징들을 강조해야만 한다. 여기서 인간의식은 순수의무를 자신의 절대자로 본다. 말하자면 인간의식은 절대자를 감성적 자연, 즉 비본질적인 것으로 판단됨에도 불구하고 늘상 현존해 있는 자연의 실존으로부터 벗어나 자립하고자 하는 자신의 부단한 노력 속에 정초시키는 것이다. 이러한 도덕적 세계관의 제 모순은 우리에게만 나타나는 것이 아니다. 제 모순은 경험을 진행해 가는 의식 자체에게 드러날 것이며 그 의식의 행동을 통해서도 확증될 것이다. 도덕적 의식(양심 Gewissen 이 아닌 das moralische Bewusstsein)은 자신의 도덕주의를 부인하거나 그 자신이 생각했던 것이 도덕주의가 아니었다는 것에 동의하지 않을 수 없을 것이다. 다시 말해 도덕적 의식이란 순수하고 사심없는 의식이기보다는 위선적이며 심지어는 사악한 의식이다. 도덕적 세계관은 칸트가 《실천이성비판》의 말미에서 개진한 실천이성의 일련의 요청들로 구성되지만, 이것들은 헤겔에 의해 매우 광범위하게 해석되고 있다. 헤겔은 이러한 요청들을——때때로 행해지고 있는 것처럼——비판철학의 본질을 손상시키지 않은 채 수용

---

4) V. Delbos, 《La Philosophie pratique de Kant》, p. 7.

5) 헤겔이 베른에서 썼던 《예수의 생애》는 그리스도를 칸트적 사유의 제 범주(도덕의 대립, 주체의 이율배반, 유대인의 율법주의) 안에서 사유하고자 한 시도이다. 그리스도는 「도덕의 도식」이다. 우리는 헤겔이 점차적으로 이러한 비역사적 그리스도관을 떠나 그 안에서 실정성과 운명을 재발견했다는 것을 알고 있다.

되거나 거부될 수 있는 식의 칸트 체계의 단순한 부속물로 치부해 버리지 않는다. 오히려 헤겔에게는 그것들이 필요불가결한 것이며 체계에 의해 요구되는 것으로 나타난다. 칸트의 비판은 분석적으로 의식을 해부하고 있다. 제 요청의 체계는 단순히 이러한 분석의 요소들을 화해시키고자 하는 필수적인 시도에 지나지 않는다. 칸트 자신이 인정하고 있듯이 덕과 본성, 도덕적 질서와 세계의 질서 사이의 관계를 무시하기란 불가능하다. 행동하는 의식은 이와 같은 관계들의 문제를 제기하여 그것들의 분리를 넘어서 하나의 통합을 정초시키는 것에 한정되어 있다. 비판철학의 전개란 이와같이 문제를 보는 방식을 정당화하고 있다고 말해질 수 있겠다. 《판단력비판》은 도덕적 의식에서 분리된 것으로 정립되었던 것을 통일시키고자 하는 새로운 시도이다. 그러므로 헤겔은 여기서 실천이성의 요청들을 칸트 체계를 통일적으로 유지시키는 체계의 부분으로 해석하는 것이다.

헤겔의 설명은 인간 정신의 역사에 있어 일시적으로 타당한 경험을 기술한다고 주장하는 것만이 아니다. 헤겔은 그에 못지 않게 다양한 형식으로 재현할 수 있는 정신의 생의 근원적 구조를 기술하면서 「순수도덕주의」에 대한 집요한 비판, 때때로 훗날 니체의 비판을 연상시키는 비판으로 마무리짓고 있다.

문제의 구명

도덕적 세계관은 엄밀히 말해서 칸트 체계에 속하는 다음과 같은 명제들 속에 전적으로 담겨 있다. 1) 한편으로 도덕적 자기의식은 순수의무를 자신의 본질로 안다. 「자기의식은 의무를 절대적 본질로 안다. 그는 오직 의무에 의해서만 구속받으며 또한 이러한 실체(의무)가 자기의식 본연의 순수의식이다. 그러므로 의무는 자기의식에게 소원한 어떤 것이라고 하는 형식을 취할 수가 없는 것이다」(PE, Ⅱ, 144 ; PG, 424 ; 정신현상학, Ⅱ, 185).[6] 따라서 인간은 자신의 자기를 의무의 법

---

6) 우리는 이러한 전체적 분석의 일반적 관심이 인간 속에서 뿐만 아니라 신 속에서까지도 징결과 효능을 대립시키고자 하는 것이라고 말할 수 있다.

190

과 동일시한다. 인간은 더 이상 의무를 어떤 소원한 구속에 의해 그에
게 강제된 양 그의 이성에 대해 고차적인 것으로 간주하지 않는다. 보
편자(순수의무)와 자기의 동일성에 대한 확신이 도덕적 의식의 본질이
다. 「법이란 자아 안에 있는 진정한 자아이다.」 이러한 의미에서 우리
는 다시금 도덕적 의식에서 정신의 본래적인 직접성을 대하는 것이다.
2) 그러나 다른 한편으로 도덕적 자기의식은 他在가 그에게 제시되는
한에서만 그리고 매개의 과정이 순수의무의 직접성에 부가되는 한에서
만 의식이다. 자기의식은 여전히 본성, 즉 현존재를 지니고 있는데 이
는 순수의무가 아니며 따라서 극복되어야만 하는 것이다. 만일 법이 자
아 안에 있는 진정한 자아라면 그것은 참다운 자아가 아닌 자아, 참다
운 세계가 아닌 세계가 존재하기 때문이다. 그러므로 도덕적 자기의식
은 본성(필연)과 연관되어 있으며, 이 본성은 자유와 상치되므로 극복
되어야만 한다. 3) 따라서 두 개의 독립된 항이 존재한다. 즉 자기가
그 자신을 도덕적 삶과 동일시하는 바의 자유와 그리고 자기가 자기
자신을 발견할 수 있는 것이 아니라 오직 그 자신의 타재만을 인식하는
바의 자연(본성)이 그것이다. 자유와 자연——비판철학의 전 노력은 이
양자를 분리시키는 일에 경주되고 있으며, 그리하여 우리는 어떤 의미
에서는 여기서 사실상 서로 독립된 두 실재를 대하는 것이다. 「도덕적
자기의식은 철저하게 자체 내에 유폐되어 있기 때문에, 그는 이 타재
에 대해 철저히 자유롭고도 무관심한 (무차별적인) 태도를 취한다. 따
라서 현존재의 경우도 오직 자기 자신에만 관계하는 철저히 자유분방
한 현존재인 것이다」(PE, Ⅱ, 144 ; PG, 425 ; 정신현상학, Ⅱ, 185~86). 헤겔
은 이러한 논의 전체를 다음과 같은 명제로 압축하고 있다. 「자기의
식이 자유로와지면 질수록 그에 못지 않게 그 자기의식에 대해 부정
적인 대상도 자유로와지는 것이다」(PE, Ⅱ, 144 ; PG, 425 ; 정신현상학, Ⅱ,
186). 나에게 있어 본질적인 것이란 나의 의무를 행하는 일이며, 이
의무는 본성과 전혀 관계가 없다. 본성의 제 현상이란 나의 본질을
구성하고 있는 것에 대해 철저히 무관심한 (무차별적인) 법칙들로 상
호연관되어 있다. 도덕적 자기의식이 본성에 대해 상관치 않는 것처
럼 본성도 도덕적 자기의식에 상관하지 않는다. 「본성이란 무감동의
연극이다.」 4) 그렇지만 본성과 도덕의 상호독자성은 우리가 방금

지적했던 것처럼 완벽하지가 않다. 왜냐하면 그 둘 다에 관여하는 자기의식은 도덕을 본질적인 것으로 그리고 본성은 비본질적인 것으로 간주하기 때문이다. 따라서 본성의 도덕에의 종속과 동시에 일방의 타방에 대한 무관심이 존재한다. 이 두 가설은 물론 모순적이다. 그러나 도덕적 세계관 전체를 움직이는 동력은 바로 이러한 모순, 즉 도덕적 의식이 실천이성에 의해 만들어진 제 요청의 체계를 통해 회피하고자 하는 모순이다. 이 문제는 헤겔에 의해 잘 나타내지고 있다.

　이러한 관계의 근저에는 한편으로 본성과 도덕(도덕적 목적 및 도덕적 행위로서의)간의 완전한 상호무관심과 나름의 자립성이 있는 반면, 다른 한편으로 또한 의무의 배타적인 본질성에 대한 의식과 본성의 완전한 비본질성 및 비자립성에 대한 의식이 있다. 도덕적 세계관이란 근본적으로 상충된 전제들의 관계 속에 현존하는 제 계기의 전개를 담고 있는 것이다(PE, Ⅱ, 145 ; PG, 425 ; 정신현상학, Ⅱ, 186).

본성과 도덕은 서로서로에 대해 무관심하지만 그럼에도 본성은 도덕에 의존되어 있는 것이다. 그러므로 이와같이 상충된 항들을 화해시키는 하나의 종합이 요청되어야만 할 것이다. 이 종합은 첫번째 요청(행복과 도덕의 조화)에서는 즉차적으로, 두번째 요청(그 본성과 도덕 사이에서 획득된 조화를 경유한 도덕적 자기의식의 무한한 발전)에서는 대차적으로, 세번째 요청(그 안에서 이 두 항이 완전히 동일시되는, 그런 세계의 입법자)에서는 즉차대차적으로 각각 제시되고 있다.[7] 그러나 도덕적 세계관의 근저에 놓여 있는 모순은 이와 같은 요청들이 전개되어감에 따라 보다 명백한 형태를 취하게 될 것이다. 게다가 모순은 존재와 관계하는 요청의 관념 속에도 내포되어 있다.

　헤겔이 금욕주의를 제시하는 방식과 도덕적 세계관을 제시하는 방식 사이에는 일정한 유비가 있지만, 또한 이 세계관에 독특한 전개를 가능하게 하는 차이, 즉 의무관 속에 내포된 구체적인 행동에의 필

---

7) 여기서 헤겔은 칸트 체계에 대한 일반적인 비판을 개진하고 있다. 이러한 즉자대자적 종합은 인간 오성이 자기 자신 밖으로 투사하지만, 추론적 인간 오성과의 그 구체적 통일 속에서가 아니고는 실제로 존재하지 않는 원형적 지성(intellectus archetypus)이다.

192

연성도 있다. 도덕적 의식은 자신의 본질을 성찰하는 것으로 그치지는
않는다. 그는 그것을 의지한다. 그러나 의지한다는 것은 그 의지의
실현을 의지하는 것이며, 또한 이러한 실현은 본성의 계기, 즉 처음
의 도덕의 계기에 소원한 것으로 정립되었던 현실성의 계기를 담고
있다. [8]

첫번째 요청

우리는 하나의 가설로 논의를 시작하겠다. 이 가설은 우리의 변증
법을 진행해 나가는 과정에서 받아들여질 수 없는 것으로 밝혀질 것
이지만, 그것이 바로 도덕적 세계관을 언명하고 있다는 점에 비춰서
처음에는 불가피한 것으로 보인다. 즉「도덕적 자기의식이 존재한다.」
우리가 행복과 덕의 통일을 요청할 수 있는 것은 이 도덕적 자기의식
의 현실적인 실존——칸트는 이 점에 대해 의심을 품었다. 순수한 도
덕적 의지가 과연 존재하는가?——을 상정함으로써이다. 칸트의 표
현을 따르자면,「덕이란 우리로 하여금 행복해질 가치가 있도록 해 주
는 것이다.」

도덕적 의식은 오직 의무만을 의지한다. 도덕적 의식의 행동을 인
도하는 격률은 법칙에 대한 순수한 존경의 念에서 그 법칙에 복종하
고자 하는 열의이다. 그의 의도는 순수하다. 즉 그에게 중요한 것은
모든 구체적인 행위에 있어 그가 의무를 목표로 삼는다는 점이다. 그
러나 그는 의무를 아는 일에 자신을 한정시키지 않는다. 그는 의무의
실현을 열망하는 것이다. 왜냐하면 정의상 그는 보편자에 대한 知(앎)
로 만족할 수 없는 행동하는 의식이기 때문이다. 행동은 필수불가결
한 것이며 또한 의무의 관념 자체 속에 내포되어 있다. 어쨌든 행동
하지 않으면 안 된다. 이를테면 거짓말을 하지 마라, 네 이웃을 도와
라 등등. 여기서 중요한 것은 어떤 특수한 구체적 행동이 아니라 오

---

8) 이러한 이유에서 순수知는 여기서 의무로 제시된다. 만일 자기의식이 그 대상을 단
지 관조해야 할 뿐이라면, 그것은 행동하는 자기의식이 아닐 것이다. 하지만 그것은
행동하지 않으면 안 된다. 행동이야말로 매개를 다시금 자기의식 속으로 끌어들이는
것이다. 그것의 대상 혹은 그것의 본질은 의무로 제시되고 있다.

히려 그 행동과 연관된 의무이다. 순수의무는 그 의무의 실현이 세계 안에, 즉 도덕적 질서와 전혀 무관한 것으로 규정되었던 자연 안에 존재하기 때문에만 실존한다. 현상들의 계기는 도덕적 법칙과 아무런 관계도 없는 (자연)법칙을 따르고 있다. 그러므로 도덕적 의식은 고통스러운 실존으로 점철될 것이다. 도덕적 의식은 자신의 순수한 도덕적 의도에 대해 그 속에서 그 자신이 행동하고 있는 바의 자연(본성)이 자립성을 견지하고 있다는 것을 깨닫게 될 것이다. 그에게 있어 행복이란 우연사이다. 아마도 그는 도덕적으로 행동함으로써 행복을 발견할 수 있겠지만 그렇지 못할 수도 있을 것이다. 「이에 반해 비도덕적 의식은 도덕적 의식이 단지 행동할 수 있는 동기만을 보면서도, 이러한 행동을 통해서는 어떤 목적의 실행과 향유로부터 나오는 행복을 맛보기 어렵다고 보는 상황에서 어쩌면 우연적인 방식으로 자기실현을 발견할 수 있을 것이다」(PE, Ⅱ, 145 ; PG, 425 ; 정신현상학, Ⅱ, 187). 행복은 이제 헤겔에 의해 칸트가 정의했던 것처럼 그 구체적인 형식에서 단순한 욕구의 실현이 아니라 수행의 향유, 실현에 대한 만족으로 규정된다. 행복의 우연성으로 인해 덕과 행복의 통일은 종합적이지 분석적이 아니라고 칸트는 말한다. 에피큐로스 학파(쾌락주의)처럼 행복으로부터 덕을 끌어내는 것은 비도덕적이다. 그러나 스토아 학파(금욕주의)처럼 덕으로부터 행복을 끌어내기란 불가능하다. [9] 따라서 도덕적 의식은 순수의무의 형식에서만 그의 대상을 갖도록 제한하여 그가 그의 대상을 보고 또 그 자신이 실현됨을 보는 것을 방해하는 부당성(l'injustice)에 대해 불만을 토로한다. 악인을 번성케 하고 의인을 시험에 들게 하는 운명의 부당성에 대한 이와 같은 탄식은 성서에 나오는 욥의 이야기를 연상시킨다. 물론 지상에서의 인간의 운명은 척박하다.

세상에 있는 인생에게 전쟁이 있지 아니하냐.
그날이 품꾼의 날과 같지 아니하냐.

자연은 인간에게 행동할 수 있는 동기만을 부여하지만 인간은 「쓰

---

9) 《Critique de la raison pratique》, trad. française Picavet, nouvelle édition, 1943, p. 120.

라린 가슴으로」불만을 토로하지 않을 수 없으며 그리하여 다른 정의
를 열망한다.

> 하나님은 순전한 자를 버리지 아니하시고
> 악한 자를 붙들어 주지 아니하신즉,
> 웃음으로 네 입에, 즐거운 소리로 네 입술에 채우시리니.

의인의 운명과 악인의 운명간의 본질적인 대비가 있다.

> 어찌하여 악한 자가 번성하고
> 장수하며 권세를 누리는가?(《욥기》 7장 1절, 8장 20~21절)

　도덕적 의식은 행복을 부인하여 이 계기를 자신의 절대적 목적으로
부터 분리시킬 수가 있다. 그러나 칸트는 그의 이원론 때문에 행복을
철저히 경험적인 방식으로 파악한다. 「행복이란 만사가 자신의 욕망
과 의지에 따라 이루어지는 사람의 상태이다.」《실천이성비판》은 오
직 통속적인 쾌락주의나 순수도덕만을 파악하고 있다. 따라서 이 두
항은 서로간에 합치되기를 꺼리는 것이다. 셸링은 이미 칸트의 통속
적인 행복 개념이 계몽주의의 그것 못지 않게 진부하고 조야한 것임
을 간파했었다. 「우리는 경험적인 행복을 대상과 우리 자신과의 우
연적인 일치로 설명할 수가 있다. 따라서 우리는 경험적 행복과 도
덕 사이의 관계가능성이 전혀 없다고 생각할 수 있다. 왜냐하면 도덕
은 자아나 비아의 우연적인 일치가 아니고 필연적인 일치를 다루기
때문이다.」[10]

　그러나 헤겔은 칸트주의를 논구하는 과정에서 이와 같은 경험적 행
복관을 받아들일 수가 없다. 그의 초기 저작 전체는 불행한 의식과 대
비된 행복한 의식을 역사에서 모색하는 것을 다루었다. 헤겔에게 있
어서 행복은 유독 외부적 상황에 의해서만 규정되는 어떤 심정적 상태
일 수가 없다. 행복은 실현, 즉「자기 자신을 다시금 그 자신의 작품
(행적) 속에서 발견할」행위에 대한 충족인 것이다. 그 작품(업적) 속
에 스스로를 표출시킬 수 있을 때 민족은 역사에 있어서 행복하다.

---

10) Schelling, 《S.W》., Ⅰ, p. 197. 칸트에 있어서 행복의 정의는 《Critique de la raison pratique》, op. cit., p. 134.

따라서 자신의 작품 안에서 그 자신에 적확한(어울리는) 표현을 보는 예술가는 자기충족의 기쁨을 아는 것이다. 그러므로 도덕적 의식은 행복을 요구함으로써 현실세계 안에서 자기 자신에 대한 직관을 요구하는 것이다. 의무는 충족감(Erfüllung)을 결여하고 있으며, 행동하는 개인에게 그의 현실감을 부여해 주는 실재를 결여하고 있다. 「대상화되어진 목적, 실행된 의무라고 하는 계기는 곧 자기 자신을 실현된 것으로 간주하는 개별적 의식, 말하자면 향유이다」(PE, Ⅱ, 146 ; PG, 426 ; 정신현상학, Ⅱ, 187). 이러한 계기는 유독 행동에의 성향(소질)으로만 이해된 도덕에서는 직접적으로 발견되지 않고 오직 도덕의 실현이라는 개념에서만 발견된다. 최상의 선 내지 최고의 목적은 그에 따라서 실현된 도덕이라는 개념, 지상에서의 덕의 지배라는 개념이다. 이러한 맥락에서 우리는 자연적 질서와 도덕적 질서의 조화를 요청하지 않을 수 없다. 이 요청은 의식의 소망이 아니라 이성의 요구이다. 그것은 도덕의 개념 자체 속에, 즉 「순수의식과 개별적 의식의 통일」(PE, Ⅱ, 147 ; PG, 426 ; 정신현상학, Ⅱ, 189)이 그 참다운 내용을 이루고 있는 것 속에 포함되어 있는 것이다.

첫번째 요청은 즉자태와 관련되었었다. 즉자적으로 자연적 질서와 도덕적 질서는——그것들이 제시된 바의 외견상으로 나타나는 상호자립성에도 불구하고—— 일치해야만 한다. 그러나 이러한 통일을 그 의식에 대해서 이룩하는 것은 개별적인 의식에 이르러서이다. 이것이 우리를 두번째 요청에로 인도한다.

두번째 요청

자연은 완전히 독립된 세계이지만 그 속에서 하나의 대상으로서의 의식이 자신의 목적을 실현해야 하는 바의 외부세계만은 아니다. 그것은 또한 의식의 내면에서 그 의식의 본성으로서 존재하기도 한다. 인간은 자연적인 존재이다. 즉 인간은 그의 행동에 영향을 주는 충동과 경향에 의해 외부세계와 직접적으로 연계되어 있다. 나의 본성으로서의 이 자연은 그 순수한 형식에 있어서의 도덕적 의지와 대립된다. 그렇지만 본래 이 두 항은 단일한 의식 속에 현존하는 것이다. 그것들 각각, 즉 감성과 순수사유는 즉자적으로 하나의 의식이다(PE, II, 147 ; PG, 427 ; 정신현상학, II, 189). 그러나 매개는 도덕에 본질적인 것이다. 다시 말해 그 두 계기는 서로에 대해 대립된 것으로 나타난 다. 우리는 신적 의지가 아닌 도덕적 의지를 지니고 있다. 칸트는 그 두 항을 직접적으로 통일시켜 순수의무를 자연적 경향에 연결시키려 는 시도를 위험천만한 신비주의로 간주한다. 「우리는 의무에 대한 지 원병이 아니다. 우리는 한낱 의무병에 지나지 않는다.」 이성과 감성 이 필연적으로 대립되어 있는 유한한 피조물들에게는 초감성적 대상 에 대한 지적 직관이 가능하지 않은 것 못지 않게 실천적인 법칙에 대 한 자발적인 애착도 가능하지 않다.

따라서 도덕적 삶은 자신의 본성과의 투쟁 속에, 즉 자발적인 본성을 변형시켜 그것을 순수의무의 법칙에 일치시키고자 하는 노력 속에 있 을 것이다. 사실상 통일이 목표가 되지 않을 수 없다. 그러나 이러한 통일은 근원적인 통일이 아니다. 왜냐하면 그 통일은 본성의 비도덕 이기 때문이다. 오히려 그것은 정복되지 않으면 안될 통일인 것이다. 「오직 이러한 통일만이 현실적인 도덕이다. 왜냐하면 그 속에는 대립 이 담겨 있기 때문이다. 이 대립을 통해 자기는 의식 내지 최초의 현 실적인 의식, 즉 행동하는 자기인 동시에 보편자가 된다. 다시 말해 서 우리가 보고 있듯이 도덕에 본질적인 그러한 매개가 여기서 표현되 고 있는 것이다」(PE, II, 148 ; PG, 427 ; 정신현상학, II, 190). 도덕은 본성 에 적응하는 대신에 그 본성을 자기 자신에 적응시킴으로써 스스로를 실현한다. 즉 도덕은 감성적 존재를 순수한 도덕적 의지에 일치시키 기 위하여 그 감성적 존재를 철저히 변형시키는 것이다. 이렇게 획득 된 통일은 엄밀히 말해서 있을 수 없는 그 어떤 것이다. 왜냐하면 있 을 수 있는 것이란 오로지 나의 경향과 도덕적 명령 사이의 대립뿐이 기 때문이다.

그러므로 이 통일은 요청된다. 그것은 존재하지 않는다. 왜냐하면 존재하는 것이란 의식이거나 혹은 감성과 의무 사이의 고통스러운 대 립이기 때문이다. 그러나 실현되어야 할 통일이 행동하는 주체의 작 품으로 파악되지 않는 탓으로 이 요청은 즉자태를 취급하지는 않는

다. 그렇지만 이 통일은 그럼에도 불구하고 여전히 하나의 요청으로
남아 있다. 왜냐하면 그것은 궁극적으로 거부되기 때문이다. 그러므
로 우리는 주체가 계속적으로 도덕적 진보(영혼불사의 요청)를 이룰
수 있도록 무한한 生(永生)을 요청하지 않을 수 없다.[11] 그러나 지금
이야말로 도덕적 세계관의 모순이 바야흐로 명시적으로 나타날 조짐이
보이는 때다. 그것은 오직 무한한 진보, 즉 그 종말이라는 것이 모든
노력의 종식, 본성에로의 복귀이며 도덕 그 자체의 부정이기 때문에
결코 최후의 지점에 도달할 수 없는 그런 진보의 안개에 의해서 은폐
된 채로 남아 있다.

완성은 그렇기 때문에 현실적으로 도달 불가능한 것이다. 오히려 완성은
절대적인 과제로서, 즉 영원히 수행되어야 할 과제로 남아 있게 될 그런 것
으로 간주되어야만 한다. ……엄밀히 말해서 (이러한 목표에 대한) 특정한
표상은 관심거리가 될 수도 없고 탐구의 대상이 되어서도 안 된다. 왜냐하
면 그것은 모순에——과제로 남아 있어야 하면서도 또한 충족되어야만 하는
그런 과제의 모순, 더 이상 의식일 수 없고 현실적일 수도 없는 도덕의 모
순——봉착한 것이기 때문이다(PE, Ⅱ, 149 ; PG, 428～29 ; 정신현상학, Ⅱ,
191～2).

지금까지 말한 것이 도덕적 세계관의 처음 두 요청을 이루고 있는
내용이다. 첫번째 요청은 궁극적 목적에 관심을 가지며 두번째 요청
은 의식 그 자체의 진보에 관심을 갖는다. 이것들은 마치 실제적인
행동에 있어서 특수한 의식의 목적이 궁극적 목적에 관계되듯 상호 관
계지어져야 할 것이다.

세번째 요청

이러한 관계는 즉자대자적인 세번째 계열의 요청으로 나아가는데,
그것은 도덕적 의식이 구체적으로 행동하고자 할 때 빠져드는 제 모

---

11) Kant,《*Critique de la raison pratique*》, *op. cit.*, p. 131. 「(도덕적 법칙에 대한
의지의 일치)가 실천적으로 필연적인 것으로 요구되기 때문에, 그것은 그러한 완전
한 일치로의 무한누진 속에서만 발견될 수 있다.」

198

순을 해결한다. 이 마지막 요청은 현실적 의식과는 다른 의식, 즉 세계의 신적 입법자의 의식을 정립함으로써 처음의 두 요청을 해소시킨다. 그러나 사실상 이렇게 하는 것은 단지 도덕적 의식이 안고 있는 순수의무와 현실간의 근본적인 모순을 신적 입법자의 표상 속으로 천이시킬 뿐이다. 구체적인 행위는 언제나 지금 여기에서(hie et nunc) 다양한 양태들을 자체 내에 은폐시키는 하나의 특수한 경우로서 제시된다. 하나의 법칙만이 있는 것이 아니라 특정한 법칙들이 있어 그것들 각각은 다양한 행동 기회에 스스로를 적응시키기 위하여 특수한 내용을 지니고 있다. 그러나 본성(자연)으로부터 빌어온 이 내용의 특수성이 순수의무와 대립되며, 게다가 순수의무는 의식이 자기 자신에게 제안해야 할 유일한 대상이다. 어쩔 수 없이 불완전할 수밖에 없는 행동 상황에 대한 구체적인 지식이 의무 일반만을 의지하고 인식하는 이 도덕적 의식의 순수지식과 대립되고 있다. 그러면 도덕적 의식은 어떻게 행동하는가? 바로 이 점에서 세계의 신적 입법자가 개입한다. 그는 규정된 다시 말해서 제한된 의무를 裁可하는 것이다. 도덕에서 종교로의 이행 역시 칸트에게서 발견되고 있다. 종교는 우리로 하여금 모든 의무들 각각을 신의 명령들 중의 하나로 보도록 하는 것이다. 「이렇게 해서 신학은 곧 바로 종교로, 즉 우리의 의무들을 신적인 명령들로 인정하는 것에로 나아간다.」[12] 이것은 우리가 생각할지 모르는 타율성의 원리는 아니다. 이 다른 의식의 존재는 불가피한 요청이다. 그것은 우리에게 善의 주권이 세계 속에 실현될 가능성을 보장해 준다. 행동의 격률은 신에 대한 공포나 신을 기쁘게 하려는 열망이 아니다. 그것은 언제나 순수의무에의 의지이다.[13] 그렇지만 이러한 격률을 통해 다수의 의무들이 수다한 것으로 봉헌된다. 신적 입법자는 우리들 안에서 분리된 것, 즉 보편자와 특수자를 그 자신 안에서 통일시킨다. 하나의 의식 안에서 (즉 대자적으로) 그는 첫번째 요청 속에서 즉자적으로 정립되었던 의무와 실재의 조화를

---

12) Kant, 《Critique du Jugement》, trad. Gibelin, p. 285.
13) Ibid., p. 2, 《Critique de la raison pratique》, (op. cit., p. 134 ff)에서 신적 입법자의 요청은 도덕적으로 필연적인 것으로 나타난다. 「그러므로 지고의 선은 도덕적 의도에 대응하는 인과성을 지닌 자연의 최고 원인을 상정할 경우에만 세계 안에서 가능하다.」

표상하는 것이다.

  따라서 도덕적 의식은 자기 자신을 벗어나 다른 의식 속으로 내용
과 형식의 통일, 즉 그 자신이 거부한 특수자와 보편자의 통일을 투사
하여 이 다른 의식 속에서 비도덕의 징표를 본다. 「첫번째 의식(즉 우
리의 의식)은 모든 규정된 내용에 무관심한 순수의무를 담고 있다.
의무란 이와같이 내용에 대한 무관심일 뿐이다.」 그러나 다른 의식은
마찬가지로 본질적인 행동과의 본질적인 관계를 담고 있으며 (왜냐하
면 순수의무 및 순수知의 관념만으로는 구체적으로 행동하는 것이 불
가능하기 때문이다), 규정된 내용에 대한 필요성을 담고 있다. 「만일
다양한 의무들이 이 다른 의식에게 규정된 의무들로서 타당하다면 그
것은 이 의식에게 내용을 의미하게끔 해 주는 형식이 본질적이듯 내
용 그 자체도 본질적이기 때문이다.」 내용에 대한 필요성은 우리의 의
식을 벗어나 신적 입법자의 의식에 놓여 있다. 「따라서 신적 입법자
는 규정된 의무와 순수의무간의 매개이고 또 의무를 한정(규정)하는
이유도 타당성을 지니는 것이다」(PE, Ⅱ, 151 ; PG, 430 ; 정신현상학, Ⅱ,
145).

  그렇지만 우리는 행동을 한다. 그리고 행동함에 있어서, 즉 행동에
대한 생각뿐 아니라 행동이 일어나는 그 순간으로부터 우리는 이 다
른 의무와 마찬가지로 처신한다. 우리는 특수자를 의지한다. 그렇
지 않을 경우에 우리는 진지하게 의지하지 않기 때문이다. 다시 말
해서 우리는 「어떤 것」을 이루고자 하기 때문에 현실을 우리의 목적
으로 간주한다. 따라서 의무는 순수의무로서 다른 의식 속에서 즉
순수의무의 입법자의 의식 속에서 발견된다. 그리고 의무는 오직 이
다른 의식의 매개를 통해서만 우리에 대해 신적이다. 우리가 앞서 제
시한 두 가지 가설에서 우리는 우리의 의식을 양분하여 우리 자신에
서 정립할 수 없는 것을 다른 의식 속에 정립하게 되었다. 그 모든
경우에서 그것은 우리 자신이 아닌 바이며 다른 한편으로 반대의 경
우에서 우리 자신인 바였다. 이 다른 의식은 때로는 특수자 그 자체
를 재가하는 것으로서, 또 때로는 순수의무나 혹은 추상적 보편자를
재가하는 것으로서 나타난다. 이와 같은 가설들 중의 일방으로부터 타
방으로의 이행에 의거해서 우리는 본성(자연)과 의무, 내용과 형식의

근본적인 분리에 근거해 있는 도덕적 세계관 속에 모순을 은폐시킨
것이다. 헤겔이 여기서 제시하고 있는 칸트 비판은 세계에 대한 그의
「도덕적 견해」의 비판을 훨씬 능가하고 있다. 그것은 또한 유한적 오
성과 무한적 오성이라는 칸트의 이원론을 겨냥하고 있는 것이다.

도덕적 세계관만이 문제시되는 한 우리는 그것의 모순적인 출발점
이 어디로 갈지를 명백히 안다. 도덕적 세계관은 순수의무를 자기 자
신 안에 있는 것으로서, 다음으로는 자기 자신을 넘어서 있는 것으로
정립한다. 또한 도덕적 세계관은 현실을 자기 자신 바깥에 있는 것으
로서, 다음으로는 자기 자신 안에 있는 것으로서 정립한다. 그리하여
그 세계관은 도덕을 오직 다음과 같은 형식으로만 「표상」하기에 이른
다. 먼저 그것은 자기 자신을 실존하고 행동하는 도덕적 자기의식으
로 정립함으로써 현실과 순수의무를 재통일시키지만, 그와 동시에 그
것은 이 통일을 스스로에게 자기의식에 대해 부정적인 것이라 할 대
상으로 표상한다. 따라서 이 통일은 즉자적인 조화로서의 자기의식
바깥으로 떨어진다. 도덕적 세계관의 자기는 그래서 더 이상 현실적
으로 존재하는 도덕적 자기의식이 아니다. 그것이 현실 속에 존재하
는 한 그것은 더 이상 도덕적이지 못하다.

두번째로, 현실적인 도덕적 의식이 존재하지 않는다는 명제로부터
출발함으로써 도덕적 세계관은 도덕적 현실이 존재하지 않는다는 결
론에 도달할 수 있을 뿐이다. 그리하여 그것은 피안에 존재하는 순수
의무인 것이다. (이 점으로부터 의인에게 있어서 행복을 요구하는 요
청은 의인이 없기 때문에 도덕적인 기초가 없다.)

마지막으로, 도덕적 세계관은 앞서의 두 가지 가설들을 하나의 「표
상」 속으로 결집시킨다. 즉 현실적인 도덕적 자기의식이 존재한다.
또는, 현실적인 도덕적 자기의식이 존재하지 않는다. 이와 같은 표상
은 하나의 항에서 다른 항으로, 즉 현실로부터 순수의무로 혹은 순
수의무로부터 현실로 계속적으로 이행함으로써만 모순을 회피한다.
각각은 차례로 상대방에로 이행한다. 현실성은 다른 의식의 표상 속
에서 순수의무로서 포착되며 그 역도 마찬가지이다.[14] 다른 의식은

---

14) 특히 Kant, 《Critique of Practical Reason》, p. 127을 참조하라.

이와 같은 이행을 은폐시키는 데 기여할 뿐이다. 「이럼으로써 도덕적 자기의식이 있다고 하는 첫번째 명제가 재천명되지만 이것은 도덕적 자기의식이 존재하지 않는다는 두번째 명제와 결부되어 있다. 다시 말해서 도덕적 자기의식이 존재하지만 단지 표상 속에서만 존재한다. 혹은 다시 엄밀히 말해 도덕적 자기의식은 존재하지 않지만, 그럼에도 불구하고 이것은 어떤 다른 의식에 의해 도덕적인 것으로 타당시되는 것이다」(PE, Ⅱ, 155 ; PG, 434 ; 정신현상학, Ⅱ, 200). 칸트의 도덕적 세계관이 안고 있는 난제들은 그의 이원론의 경직성과 그것을 넘어서야 할 필연성에 놓여 있다. 의식은 마침내 그 대상을 知와 의지로서 즉 자기로서 파악한다. 그러나 동시에 知와 의지를 현실에 대립시킴으로써 의식은 그것들을 脫自的인 것으로서, 비현실적인 보편자의 형식을 띤 순수知와 순수의지로서 정립한다. 칸트에게 있어 자기란 탈자(au delà de Soi)로 정립된 것이라고 말할 수 있겠다. 게다가 자기는 이 두 계기들의 통일이기 때문에, 즉 자기는 현실인 동시에 순수의무이기 때문에 그 자기는 진리로서의 자기확신에 도달할 수가 없다. 자기의 진리는 사실상 자기이다. 그러나 이러한 진리는 여전히 자기에게 소원하다. 자기는 언제나 그 자신을 이루고 있는 이와 같은 변증법을 감지하지 못한 채 그 자신을 변위시키는 것이다.

대체로 칸트 철학은 자연인식이 자기인식(知)이고 자기인식(知)은 자연인식임을 간파하지 못했다. 칸트 철학은 통일을 그 진리로 정립했었지만 여하한 변증법적 성격도 진리를 인정하기를 거부함으로써 그것은 인식(知)으로부터 진리를 배제시켰고 자기 자신을 망각한 변증법에로 빠져들어갔다. 칸트의 도덕적 세계관 속에 표현된 것은 바로 이러한 변증법이다. 그러나 그 세계관은 스스로를 의식하지 못하기 때문에 그것은 일련의 전이 혹은 변위(Verstellungen)에 빠진다. 도덕적 세계관이 그것들을 회피하고자 노력하는 한 이와 같은 변위들은 더욱 애매해진다. 우리가 마지막으로 고찰해야 할 것들은 이와 같은 변위들이다. 그것들은 도덕적 의식이 그 자신의 표상 속에서 사실상 행동 속에서 통일시킨 것을 분리시키기를 고집할 때 일종의 위선으로 발전한다. 이 위선을 피하기 위해 우리는 자기 자신을 실

채 및 보편성으로 의치하는 차기확신적인 행동하는 정신으로 나아가
야 할 것이다. 물론 행동하는 정신의 이와 같은 확신 속에서 변증법
이 다시 발견될 것이다. 그러나 그것은 자기 자신에 대한 의식으로
고양될 것이며 구체적인 자기는 자기 자신에 대해서 보편자와 특수자
그리고 무한자와 유한자의 통일, 즉 변증법적 통일이지만 칸트가 인
간 오성에서는 부인하여 피안의 무한적 오성 속에 정초시켰던 아직은
긍정적인 통일이 될 것이다. 15)

도덕적 세계관의 제 이율배반; 변위

  헤겔의 도덕적 세계관에 대한 논구는 칸트 철학 전체에 대한 비판
이지 그의 실천철학에 대한 비판으로 그치는 것이 아니다. 〈선험적
분석론〉에서 칸트는 비변증법적인 우리에 대한 진리의 논리를 발견
했다. 한편 변증론에서 그는 가상의 논리를 보았는데, 이는 불가피하
게 인정되지 않을 수 없다 해도 우리의 형이상학적 제 오류의 원천이
다. 그는 이성(오성과 대립된 것으로서)을 한갓 실천이성으로 전화
시킴으로써, 그리고 도덕적 진리나 제 요청의 체계가 더 이상 이러한
변증론 속으로 휩쓸려들어가게 되지 않을 진리를 제시해야 함을 요구
함으로써 그 변증론을 피하고자 노력했다. 그러나 사실상 칸트에 따
를 경우 우주론적 논증이 그랬던 것처럼 이 도덕적 세계관은 「모순
덩어리」이다. 칸트는 분석론이 이미 변증론이었다는 것과 다른 한편
으로 변증론이 적극적인 함축을 지녔다는 것을 간파하는 데 실패했다.
그는 그의 체계가 필요로 했던 통일을 자기의식 너머로 내던지지 않
을 수 없었으며, 게다가 통일을 그의 사유의 발전단계에 따른 다양한
이름——물자체, 본체, 무한한 오성——하에서 언제나 자기의식의 자

---

15) 인간은 스스로에 대해 도덕적 세계관이 그 자신 너머로 변위시킨 「이 다른 의식」
   이 되었다고 말해질 수 있겠다. 신적인 것과 인간적인 것은 서로를 닮는다. 이는 헤
   겔의 《정신현상학》이 말하고자 하는 의미 전체가 아닌가? (제Ⅵ부, 3장을 참조하
   라).

기와 대립된 접근불가능한 그 무엇으로 만들지 않을 수 없었다. 그
러나 자기와 즉자태, 내재와 초월의 대립은 그것이 그의 철학에서 보
여지는 것처럼 견지될 수는 없다. 왜냐하면 결과적으로 이 철학의 특
징은 「본질을 자기 자신으로 인식하는 것」이기 때문이다. 절대적 진리
는 자신의 대상 속에서 스스로를 인식하고 의치하는 자기 너머에 존
재할 수 없다. 「결국 의식은 여기서 그의 충족과 만족을 달성하는 것
같다. 왜냐하면 의식은 그 대상이 더 이상 의식 자신을 넘어서 있
지 않기 때문에 의식도 더 이상 그 대상을 넘어설 필요가 없을 때에
만 만족을 발견할 수 있기 때문이다.」 그렇지만 우리가 지적했던 것
처럼 칸트는 참으로 대상을 자기의 바깥에 정립한다. 「그러나 이 즉
자대자적 존재 역시 자기의식으로부터 자유로운 어떤 것이 아니라 오
히려 자기의식에 대해서 또 자기의식을 통해서 존재하는 어떤 것으
로 정립된다」(PE, Ⅱ, 156 ; PG, 434 ; 정신현상학, Ⅱ, 200~1). 헤겔에 따르면
이것은 칸트 체계 전체에 침투해 있는 근본적인 모순이다. 존재인식
(知)이 될 자기인식(知)에서, 즉 사변적 관념론에서 절정을 이루는
대신에 칸트의 체계는 자기를 그 자신 너머에 정립하는 데서 절정을
이루고 있다. 칸트에 있어서 자기의식은 현실, 자연, 실존 등등의 의
식과 대립된 것으로서 순수의무 및 순수知에 대한 의식이다. 순수의
무와 순수知는 피안으로 투사되었다. 비록 우리가 끊임없이 그것들을
지향한다 할지라도 우리는 그것들에 대해 아무런 직관도 갖지 못한
다. 현대적인 용어로 표현하자면, 칸트 철학은 「도덕적 가치」의 철학
을 출범시켰으며 자기의 너머에 존재하는 동시에 자기를 통해서만 그
리고 자기에 대해서만 존재하는 이러한 목적은 엄밀히 가치이지 사
변적 진리는 아니라고 말할 수 있겠다. 그렇지만 추상적 보편자로서
간주된 바로 이러한 가치야말로 헤겔이 도덕적 세계관을 비판하게
된 이유이다. 명백한 기쁨을 가지고 헤겔은 그 길을 처음 시작하는
사람들이 빠져드는 반성되지 않는 모순들을 상세히 매거하고 있다. 이
러한 모순들은 애매한 체 變位로서 전면에 드러난다. 어떤 사람이 행
동하려고 한다고 하자. 그는 하나의 테제를 정립하거나 定位할 것이
다. 그러나 행동하거나 행동하고 난 후에 그는 무의식적으로 그것을
변위시킨다. 비록 그가 이와 같은 변위 내지 轉位에 속하는 얼뜨기일지

라도 그는 여전히 일정한 지적 정직성을 견지하고 있다. 그러나 그가 더 이상 속지 않을 수 있는 순간이 올 것이다. 그 순간에 이전의 애매한 변위는 가식이 되거나 혹은 심지어 위선이 된다. 그렇게 되는 것을 피하기 위하여 도덕적 의식은 구체적인 자기로서의 자기 자신에 대한 표상으로 되돌아가지 않으면 안 된다. 다시 말해 도덕적 의식은 칸트가 부인했던 자기직관을 허용하여 스스로의 확신 속에서 그 내재적 진리를 갖는 정신의 확신이 되어야만 하는 것이다. 확실히 변증법은 이 새로운 상황에서 다시 나타날 것이지만 이제 그것은 전혀 다른 성격을 띠게 될 것이다. 《정신현상학》전체의 관점에 비추어 볼 때, 칸트주의에 대한 이와 같은 논구는 자기소외된 즉 자신의 실체와 대립된 정신으로부터 그 진리를 자기知 속에 지니는 자기확신적 정신으로 이행하는 데 기여한다. 이러한 시각에서 본다면, 칸트 철학은 참으로 매개차로서 등장한다. 정신은 대상을 자기 자신 너머에 지닐 수 없는 것으로서, 더우기 아직은 그 대상을 자기 자신의 바깥에 정립하도록 계속적으로 강요받는 것으로 개진되는 것이다.

우리는 이제 앞서 기술했던 다양한 요청들을 따라 도덕적 세계관 속에서 의식에 의해 수행된 제 변위의 상호작용을 개략적으로 묘사할 것이다. 우리는 다음과 같은 일련의 전제들로부터 시작한다. 즉 현존하는 도덕적 자기의식이 있다. 도덕적 자기의식은 순수의무를 자신의 대상으로 지니며 게다가 실제로 그 순수의무를 열망한다. 그러나 도덕적 자기의식의 본질은 자연이나 혹은 구체적인 현존재——그 법칙들은 자립적인 것으로 주장된다——와 대립된다. 첫번째 요청은 즉자적으로 (대립된) 두 항이 화해해야 한다고 주장한다. 그러나 도덕적 의식이 행동할 때——그리고 그것이 행동할 수 없을 때——그는 이 즉자태를 진지하게 받아들이지 않는다. 「왜냐하면 행동한다는 것은 내면적인 도덕, 목적의 실현에 다름아닌 것, 그 목적을 통해 규정된 현실의 산출 내지는 도덕적 목적과 현실 자체의 조화의 산출에 다름아니기 때문이다」(PE, Ⅱ, 157 ; PG, 435 ; 정신현상학, Ⅱ, 202). 행동하기에 앞서 나는 이러한 조화를 믿을지 모른다. 그러나 내가 행동할 때 나는 그것을 실현한다. 스스로 육체와 영혼을 행동 자체에 부여함으로써 나는 내가 나를 넘어서 있는 것으로 정립했던 일치가 현존함을

경험한다. 따라서 나는 이러한 일치가 언제나 나를 넘어서 있다고 주
장하는 테제를 변위시키는 것이다. 이와 같은 일치가 현존할 때, 나는
이른바 적절히 향유라 불릴 수 있는 것을 경험한다. 그리고 이 향유
는 나로부터 사라져 버렸고 또한 언제나 나를 초월해 있는 것으로 생
각되었던 것이다.

   행동하고 난 순간 사실상 나는 궁극적인 목적에 비추어 볼 때 나
의 특수한 실현이 전혀 무의미하다는 것을 확인한다. 작품(행동의 결
과)이란 우연적인 것이며 이성의 목표도 언제나 이 개별적인 행동의
내용을 초월해 있다. 즉자태로서 정립되어야 할 것은 우리의 궁극적
인 목적이자 한계인 것이다. 「실현되어야 할 것은 보편적 선인 까
닭에 선한 것은 어떤 것도 행해지지 않았다」(PE, Ⅱ, 158 ; PG, 436 ; 정
신현상학, Ⅱ, 203). 그러나 이렇게 말하는 것이 실제로 도덕적 세계관
내에서 문제를 변위시킨다는 것을 누가 알지 못할까? 중요한 것은
궁극적인 목적이 아니라 오히려 불가분적인 도덕적 행동 그 자체이
다. 선의지의 유일한 행동이 세계 속에 있다면 모든 것이 행해진 것
이다. 「도덕적 행동이란 어떤 우연적이며(zufälliges) 제한된 것이 아
니다. 왜냐하면 그것은 순수의무를 그 본질로 지니고 있기 때문이다.
순수의무는 유일무이한 총체적 목적을 이루고 있다. 그러므로 그 내
용이 지니는 어떤 한계에도 불구하고 이 유일무이한 총체적 목적의
실현으로서의 행동은 절대적인 총체적 목적의 성취인 것이다」(PE, Ⅱ,
158~59 ; PG, 436 ; 정신현상학, Ⅱ, 204). 목적은 기만적으로 뒤바뀌어졌
다. 다시 말해서 순수의무로부터 현실에로, 즉 본성 내에서의 구체적
인 실현으로 이행되었던 것이다. 그런데 이제 이러한 실현은 포기된
다. 그러나 결과적으로 우리는 더 이상 행동하지 않는다. 우리는 본
질이라고 할 순수의무를 성찰한다. 반면 그 자신의 법칙에 따르는 독
립된 본성은 그것이 내키는 대로 가는 것이 허용된다. 그러나 이것은
견지하기 어려운 입장이다. 왜냐하면 순수의무의 본질은 이미 행동의
필연성을 함의하고 있기 때문이다. 어떻게 하든 우리는 행동하지 않
으면 안 된다. 따라서 순수의무가 본성(자연)의 법칙이 되어야만 하
는데, 이것은 개별적 의식을 훨씬 넘어서 있는 하나의 실현을 함축하
고 있다. 그러나 여기서 모순이 극명하게 나타난다. 순수의무가 마침

내 본성 전체의 법칙이 될 경우 사태는 어떻게 진행될 것인가? 의무
──유일한 본질로서──는 그것이 본성의 저항에 의해 규정되기 때
문에 순수하고도 단순하게 지양될(aufgehoben) 것이다. 다시 말해서
의무란 오직 노력과 그에 상응하는 저항이 있을 때에만 존재하는 것
이다. 「도덕적 행동이 곧 절대적 목적이기 때문에 절대적 목적이란
도덕적 행동이 결코 존재하지 않는다는 것이다」(PE, Ⅱ, 159 ; PG, 437 ;
정신현상학, Ⅱ, 205).

　도덕적 의식은 우리가 첫번째 요청에서 방금 정립했던 문제들 전체
를, 즉 도덕과의 관계에 있어서의 본성의 총체성을 변위시키고 나서
두번째 요청의 지반에로, 즉 나의 본성(이른바 「감성」)과 순수의무
의 관계 문제에로 피신할 것이다. 서로 모순되는 두 항이 언제나 동
일하게 남아 있다. 그 두 항이란 경험적 실존과 그리고 순수의무와
순수知로서의 본질이다. 그러나 우리는 이제 그것들을 의식 자체의
내부에서 고찰할 것이다. 이 점에서 즉자적으로 존재하는 도덕과 관
련하여 가장 중요한 것은 나의 본성을 완성시키거나 혹은 오히려 본
성이라는 말이 애매하기 때문에 나의 감성적 실존을 그 즉자태에 일
치시키는 일이다. 감성은 제거될 수 없다. 왜냐하면 감성이 없다면
행동이 불가능하기 때문이다. 「의식은 경향과 충동의 지양(Aufhebung)
을 진지하게 취급하지 않는다. 왜냐하면 이것들은 바로 自己 自身을
실현시켜 나가는 自己意識이기 때문이다」(PE, Ⅱ, 161 ; PG, 438 ; 정신현
상학, Ⅱ, 206). 열정이 없이는 아무것도 행해지지 않는다. 행동은 순
수의식으로부터 행적(작품)──여기서 매개항은 제 경향 및 감성 일
반으로 구성된다──에로의 이행을 의미한다. 도덕적 행동은 그것이
존재하기 위해서 스스로에게 감성적 형식을 부여하여 그 나름의 차례
에 가서는 충동이 되어야만 할 필요가 있다. 이러한 것이 감성의 제
거라고 하는 테제가 변위되어 나의 감성적 본성의 도덕과의 일치를
말하는 이유이다. 그러나 나의 감성은 그 자체의 선한 출생을 지니고
있기 때문에 이러한 일치는 소여되는 것이 아니다. 오히려 소여된 것
은 비도덕적이다. 그러므로 우리는 즉자적인 조화를 요청해야만 하는
데, 이것은 무한한 누진 속에서 대자적인 조화로 되어야 한다. 칸트는
그가 다음과 같이 적었을 때 《실천이성비판》에서 문제를 극명하게 제

시했다.

그렇지만, 도덕법칙에 대한 의지의 완전한 일치(복종)는 성인의 경지, 즉 감성적 세계에 속한 여하한 이성적 존재도 그의 생존시에는 결코 도달할 수 없는 완전성이다. 이 완전성은 그럼에도 불구하고 실천적으로 필수적인 것으로 요구되기 때문에, 그것은 이 완전한 일치를 향한 무한성에 이르는 진보 속에서만 발생할 수가 있다. 순수한 실천이성의 제 원리를 따라서 우리는 그와 같은 실천적 진보를 우리의 의지의 실제적 대상으로 인정하지 않으면 안 된다.[16]

그러나 여기서 변위는 방법으로까지 격상되었다. 즉 그것은 문제의 영속적인 변위인 무한한 누진(progress ad infinitum)이 되었다. 만일 감성적 의지로서의 의지가 도덕에 순종(일치)한다면 무슨 일이 일어날 것인가? 「(이러한 반성 속에서) 도덕은 스스로를 거부할 것이다. 실제로 도덕은 절대적 목적을 순수한 목적으로서 그리하여 여타의 모든 목적과의 대립 속에 있는 것으로서 의식할 뿐이다」(PE, Ⅱ, 162 ; PG, 439 ; 정신현상학, Ⅱ, 208). 이러한 대립 혹은 이러한 매개가 없다면 도덕도 있을 수가 없다. 그렇기 때문에 확실히 문제의 해결이 무한히 연기되고 있다. 우리는 무한한(영원한) 과제, 즉 언제나 과제로만 남아야 하는 것을 말한다. 그렇지만 이 경우 우리는 도덕에 있어서의 진보를 이룩해야만 하며, 마치 목적지에 영원히 도달하지 못하는 漸近線과도 같이 결코 도달되지 않을 목표에 접근해야만 한다. 그러나 만일 이것이 신기루(망상)가 아니라면 순수의무의 영역에서는 정의상 (양적인) 증감이 아무런 의미가 없기 때문에 그것은 적어도 문제의 새로운 변위일 것이다. 만일 우리가 그것들을 어쨌든 규정하고자 한다면 우리는 확실히 감소에 대해 말하지 않을 수 없을 것이다. 왜냐하면 우리는 투쟁이 종식되어 더 이상 그와 같은 의무가 존재하지 않게 될 상태로 다가설 것이기 때문이다. 사실상 「오직 하나의 순수의무만이 또는 오직 하나의 도덕만이 존재할 뿐」(PE, Ⅱ, 162 ; PG, 439 ; 정신현상학, Ⅱ, 208~9)이지, 「궤변가의 방종이나 광신자의 어리석은 추측」에 이르는 길을 열어 둘 상이한 정도는 존재하지 않는다. 그러나

16) Kant, 《Critique de la raison pratique》, op. cit., p. 131.

우리는 「사실상」이라고 말했다. 그런데 사실상 아직은 순수의무에 순종하지 않는 감성적 의지가 있으며, 따라서 현실적인 도덕적 의식이란 사실상 존재하지 않는다. 그렇지만 우리는 도덕적 의식이 존재했다는 전제로부터 출발했다. 도덕은 존재하기 위해서 완전해야 하기 때문에 도덕적 자기의식이 존재하는 것이 아니라 오히려 그 자체의 불완전성을 의식하지 않으면 안될 불완전한 자기의식이 존재한다. 바로 여기서 도덕은 그 대립물로 변형된다. 이제 첫번째 요청으로 되돌아가 보자. 의무가 우리로 하여금 행복한 가치가 있게 해 준다고 하면서 의인의 행복을 요구했다. 그러나 의로운 인간이란 존재하지 않는다. 그 때문에 이 행복에의 요구는 그 자체로 즉자대자적이다. 「바로 여기에서 비도덕이 그 진면목을 드러낸다. 즉 도덕이 문제가 아니라 도덕과 무관한 상태의 즉자대자적인 행복이 문제인 것이다」 (PE, Ⅱ, 163 ; PG, 440 ; 정신현상학, Ⅱ, 209). 그럼에도 우리는 운명의 부당성에 대해 불평한다. 우리는 현실세계에서 의로운 인간에게는 불행이 찾아오고 사악한 인간에게는 행복이 다가가는 것을 본다.

그러나 내가 福(善)을 바랐더니, 禍(惡)가 왔고
광명을 기다렸더니 암흑이 왔구나.
……악인은 재앙의 날에 시험을 받고 악인은 진노의 날에 구원을 받도다.
그의 면전에 그의 길을 선포할 자 누구며,
그가 행한 것에 대해 복수할 자 누구더냐?(〈욥기〉 30 장 26 절, 31 장 30~
31 절)

그러나 순수한 인간이란 존재하지 않으므로 이러한 요구는 근거가 없다. 또는 오히려 근거가 자의적이다. 그것은 사람들이 자신들의 마음 깊은 곳에 숨기고 있는 감정 속에 들어 있다. 그는 질투심이 많다. 그는 타인들의 행복으로 고통받는다. 그는 타인들의 성공을 시기한다. 「따라서 이 판단의 의미는 도덕으로 위장한 질투이다」(PE, Ⅱ, 163 ; PG, 440 ; 정신현상학, Ⅱ, 210). 타인들의 행복을 요구하는 것 역시 자의적인 기초를 지니고 있다. 그것은 우리가 그들에 대해 갖는 호감을 표현한다. 그것은 우연적인 호의를 희망하는 것이다.
현실 내지 실존과 순수의무간의 모순에 빠져 허우적거렸고 또 「도

덕적 의식이 존재한다, 도덕적 의식은 존재하지 않는다」고 하는 이율
배반에 도달했던 도덕적 세계관을 구출하는 데는 의식 자체의 변위
를 실행에 옮겨 차안 곧 우리 자신의 의식 속에 놓일 수 없는 것을
피안이라는 다른 의식 속에 정초시키는 길만이 남아 있을 뿐이다. 지
금에 이르기까지의 이전의 변증법 전체는 즉자태를 자기에 대립시키
는 초월을 향한 이와 같은 변위로 마무리지어진다.

우리는 세번째 요청(헤겔이 그것들을 개진하는 바의 순서에서)이
세계의 신적 입법자의 그것임을 기억하고 있다. 그러나 우리의 것이
아닌 이러한 의식은 때로는 지정된 의무들의 원천, 내용과 형식, 특
수자와 보편자간의 관계의 원천으로, 또 때로는 순수의무로서의 순수
의무의 원천으로 밝혀지곤 한다. 하지만 의무를 우리의 의식을 초월
해 있는 것으로 정립함으로써, 우리는 그것을 우리 스스로가 받아들
일 수 없는 것으로 정립하는 것이다.[17] 그러나 이처럼 우리의 의식
을 통해서만 존재하는 피안을 정립하는 것은 궁극적인 모순에 봉착
한다.

도덕적인 의식은 그 안에서 도덕이 본성(자연)이나 감성과 궁극적인 관계
를 지닌다는 점에서 자신의 불완전성을 정립한다. 그러나 실제로 도덕적 의
식은 도덕이 단적으로 본성이나 감성과의 부정적인 관계만을 지닌다는 점을
도덕의 본질적인 계기로 간주한다. 이에 반해서 순수한 도덕적 본질은 그
것이 본성이나 감성과의 투쟁 너머로 고양되었기 때문에 그것들과 부정적인
관계를 지니지 않는다. 따라서 사실상 남아 있는 것이란 모두가 그것들과의
긍정적인 관계, 앞에서 불완전하고 비도덕적인 것으로 간주되었던 바로 그
것이다(PE, Ⅱ, 115 ; PG, 442 ; 정신현상학, Ⅱ, 212).

다른 한편으로 현실과 아무런 관계도 없는 순수도덕에 관해 말하
는 것은 일관성 없는 추상을 말하는 것이어서 이제 도덕, 의지 그리
고 행동은 모두가 의미를 상실한다. 투쟁을 넘어서 있으면서도 또한

---

17) 《정신현상학》의 마지막 章(제Ⅶ부를 보라)에서, 헤겔은 도덕적 세계관에서 자기가
　　스스로를 본질로서 외화시키고 있음을 보여 준다. 이러한 계기는 사물을 내면이나 현
　　상 너머의 초감각적인 것으로 보는 오성의 계기(제Ⅱ부 3장 참조)에 해당한다. 헤겔
　　에 따르면 사물(본질로서의)의 계기와 자기의 이러한 계기(스스로를 그 자신 너머에
　　정립하는)의 비교는 자기와 존재의 변증법적 동일성을 드러내 주는 것이다.

도덕의 본질이 될 이 도덕적인 신적 입법자는 하나의 모순적인 종합이다. 앞으로 보게 될 것이지만 헤겔적인 변증법에서 유한한 실존으로부터 무한한 본질의 분리는 극복되고 있다. 무한한 본질은 유한한 실존 속에서 자기 자신을 충족시키며 유한한 실존은 본질성에로 고양된다. 추상적 보편자란 존재하지 않는다. 오히려 정신의 절대적 자기는 바로 이러한 화해이다. 투쟁을 넘어서게 될 추상적 신은 절대정신이 아니다.

그러나 「도덕적 세계관」은 자기와 구별되는 즉자태를 곧 바로 의식의 계기로 만들기 위하여 단지 그것을 정립할 뿐이다. 순수의무는 현실적 의식 너머에 있을 것이다. 그러나 순수의무는 또한 의식 안에 있을 것이다. 게다가 그것이 피안인 한에서 그것은 더 이상 어떤 것을 의미하지 않는다. 다시 말해서 그것은 내재와 초월 사이를 부유하는 것이다. 순수의무는 자기와 즉자태의 구별을 진지하게 받아들일 수가 없다. 왜냐하면 그 자신이 즉자태로서 제안한 것을 순수의무는 그 자신의 자기의식 속에서 현실성을 결여한 한낱 사유된 항으로 간직하고 있기 때문이다. 다시 말해서 순수의무는 자기와 즉자태의 구별에 어떠한 진리도 부여하기를 거부하는 것이다. 어떤 다른 의식 속에서 순수의무는 보편자와 실존의 이러한 통일을 도덕의 완성으로 간주한다. 반면 자기 자체 내에서 순수의무는 그것을 미완성의 징표로 간주한다. 때로 순수의무는 현실이나 실존을 無라고 할 어떤 것으로 정립하고 또 때로는 초감성적인 실재로 정립하고 있다. 여기에서 형식상의 모순은 「도덕적 세계관이 필연적인 것으로 간주하는 바를 자기의 피안에 전위시킨 사실」에 놓여 있다. 그 형식상의 모순이 순수의무와 현실(비본질적이면서도 아직은 없어서는 안 되는) 사이에 개재하는 내용상의 모순도 포괄하고 있다. 그러므로 도덕적 세계관은 그의 자기 자신에 대한 확신 속으로 복귀하기 위하여 그 자신의 진리에 대한 이러한 표상을 거부해야만 한다. 이리하여 이 확신 속에서 도덕적 세계관은 새로운 직접성 속에서처럼 순수의무와 현실의 통일을 발견한다. 이 통일이 도덕적 세계관의 구체적인 자기인데, 그것은 더 이상 표상된 진리가 아니라 구체적으로 무엇이 옳은가를 직접적으로 인식한 진리이다. 게다가 신념으로서의 이러한 확신이 자기 자신에 대한 그 자신의 진리인 것이다. 마침내 도덕적 세계관의 기만적인 이원론이 지양되었다. 즉 정신은 자기의 피안에로 초월하지 않으면서도 자기 자신을 인식하는 것이다. [18]

18) 전능한 신은 비도덕적일 것이다. 반면 그리스도와 같이 권력의 유혹을 거부할 순수한 신은 비현실적이 될 것이다. 그렇지만 창조적 정신 속에서, 즉 자기확신적 정신 속에서 실현되어야만 하는 것은 모름지기 이러한 순수성과 효능의 화해이다.

2

자기확신적 정신; 自己인가 자유인가
(정신적 自己의 세번째 요청)

서론 ; 양심 章의 일반적 의의

더할나위없이 풍부하면서도 복잡다기하고 함축적인 작품인《정신현상학》속에서 헤겔은 스스로 이전 단계를 되돌아보고 간략히 요약할 필요가 있음을 느낀다. 정신 부문의 마지막 장이 바로 그와 같은 경우이다. 그는 이전의 전개 전체의 합목적적 의미를 보여 주고 이러한 전개의 도정에서 접했던 자기의 다양한 유형들을 강조하고 있다(PE, II, 170 ; PG, 445~46 ; 정신현상학, II, 218~19).[1] 즉 추상적 인격체 ; 금욕주의의 형식적 자기의식(외화를 거치지 않은 직접적인 자기)에 대응한다. 혁명적 시민 ; 그 대상은 일반의지(외화의 세계의 자기)이지만 현존하는 세계 안에서 스스로를 구체화할 능력이 없는 일반 의지. 마지막으로 도덕적 의지 ; 그 진리는 더 이상 정신적 주체(정신적 실체 전체에 의해 풍부해진 상태로 자기 자신에로 복귀한 자기)에 소원하

---

1) 따라서 정신의 세 가지 세계에 대응하는 자기의 세 가지 유형은 1) 직접적 자기, 2) 실재 속에서 자신을 직접적으로 부정하는 자기 그리고 3) 자신의 역사를 떠맡아 매개의 운동 자체 속에서 스스로를 정립하는 주체이다. 이 장에서 우리는 이러한 세번째 자기의 전개를 본다. 칸트의 도덕적 의지는 그것을 알리는 전조에 불과했다. 첫번째 유형은 보편자와 개별자의 통일에, 두번째는 그것들의 직접적 대립에, 세번째는 그것들의 진정한 매개에 각각 대응하고 있다.

지 않다. 참으로 칸트 체계는 자기, 즉 자율적인 정신적 주체의 사상의 절정을 이루고 있다. 바로 이와 같은 자아의 자율이야말로 독일 관념론——그 원천은 루터의 종교개혁과 자유심리의 원천 속에서 찾아질 수 있다——의 가장 중요한 사상을 최상으로 표현하는 것이다. 그렇지만 충분히 자율적인 자기의 사상은 칸트의 도덕적 세계관 속에서나 혹은 피히테의 그것 속에서 실제로 실현되지 않았다. 칸트 이후의 독일관념론의 발전은, 헤겔이 이미 〈신앙과 지식〉에서 그것을 摘示했던 것처럼 보다 심원하고 특히 보다 구체적인 자아의 자율이라고 하는 표현에로 우리를 인도한다. 야코비, 쉴라이에르마허, 셸링 그리고 노발리스의 작품들을 통해 우리는 칸트의 도덕적 세계관, 즉 의지로부터 독립된 법칙을 지닌 본성과 무력한 것으로 남을 수밖에 없도록 낙인 찍힌 순수의무를 끊임없이 대립시킴으로써 해결 불가능한 모순에 빠져든 세계관의 협소한 한계를 극복할 수 있게 되었다. 이 도덕적 세계관에서 행동하는 자기, 자신의 운명을 창출하는 정신은 자기 자신을 이를테면 그 자신 너머(au delà)나 혹은 그 자신 아래(en deçà)에 정립한다. 그는 결코 자기 자신과 일치하지 않는다. 다시 말해서 사실상 그는 행동하지 않는다. 그러나 만일 우리가 이 자기를 그 현실성 속에서 행동하는 바로 그 순간에 고찰한다면 도덕적 세계관의 모순은 해결될 것이다. 「이 세계관의 근저에 놓여 있는 구별은 전혀 구별일 수 없는 것으로 나타난다. 따라서 그것은 순수한 부정성 속으로 수렴된다. 그러나 이러한 부정성은 모름지기 자기, 즉 순수知인 동시에 이 개별적인 의식으로서의 자기知이기도 한 단순한 자기인 것이다」(PE, Ⅱ, 174 ; PG, 449 ; 정신현상학, Ⅱ, 223~4). 본성과 의무는 더 이상 인간의 행동——세계 속의 이 표적——이 불가능할 정도로 대립하지는 않는다. 본성과 의무가 자기의 유기적 통일 속으로 결집된 것이다. 따라서 이 정신의 변증법의 도달점을 이루는 것은 더 이상 그 자신을 초월해 있는 어떤 것도 알지 못하는 이 자유로운 자기——그의 진리는 그가 진리에 대해 갖는 확신이다——이다. 우리는 참된 정신——객관정신——으로부터 출발했는데, 여기서 주관적 확신은 객관적 진리 속으로 소멸했다. 교양과 외화의 매개를 거친 후에 우리는 (객관적) 진리가 주체의 자기확신 속으로 소멸한 바

214

의 객관정신에 도달한다. 정신은 더 이상 실체가 아니고 오히려 전적으로 자기 자신 속으로 복귀되어 있다. 다시 말해서 정신은 총체적인 견지에서 주체가 된 것이다. 모름지기 이러한 것이 양심(Gewissen)으로서의 자기가 표현했던 것인 자기확신적 정신이다. 여기서 정신의 발전과 관련하여 우리는 헤겔 체계 전체를 관류하고 있으며《정신현상학》의 서설이 그토록 명료하게 표현했던 근본 사상을 입증할 수가 있다. 「오직 체계의 서술을 통해서만 정당화될 수 있을 것이지만 나의 견지에서 보면 일체가 다음과 같은 사실에 걸려 있다. 즉 진리는 실체로서뿐만 아니라 그와 못지않게 주체로서 파악되고 또 표현되어야 한다는 것이다」(PE, Ⅱ, 17 ; PG, 19 ; 정신현상학, Ⅱ, 71〜2). 정신에 관한 변증법적 전개의 마지막에 이르러 등장하는 것은 자신의 역사를 창출하는 주체, 즉 보편자를 그 자신 너머에 추상적 보편자의 형식으로 지니는 대신에 그 보편자를 자신의 파토스(πάθος)로서 자체 내에 흡수·통합해 버린 주체이다. 무한한 생이 그 생보다 고차적인 생의 자기의식으로 고양되듯이 우리의 출발점을 이루었던 가족이나 희랍의 도시국가의 실체적 정신은 더 이상 그 내면의 신념 너머의 다른 어떤 것도 알지 못하는 자기확신적 정신 속에 반영된다. 의식은 가능한 한 여하한 내용으로부터도 자유로와졌다. 「그것(양심)은 법칙으로서 타당해야만 하는 일체의 특정한 의무로부터 방면되었다. 그리하여 자기 자신에 대한 확신력 속에서 양심은 속박하거나 해방할 수도 있는 절대적인 자족(αὐτάρχεια)의 위엄을 겸비하고 있는 것이다」(PE, Ⅱ, 182 ; PG, 456 ; 정신현상학, Ⅱ, 234).

헤겔은 또 다시「事象 자체」의 개념을 취하는데, 이는 그 말의 엄밀한 의미에서 그가 정신의 영역에 진입할 때 사용했던 것이다. 인간 개체성이 자기 자신을 진실되게 표현하고자 할 때, 그것은 진정한 인간의 작품인「事象 자체」의 개념에 직면하였다. 그러나 그것은 여전히 내용이 없는 개념이요, 어떤 것에든지 적합하지만 어느 것에도 확고하게 결합되지 않는 추상적인 술어였다. 이 개념은 우리가 그것이 각인과 만인의 작품, 즉 인간에 의해 정립된 바로서의 실재, 따라서 단순히 발견된 자연의 사물로서의 사물(Ding)을 대체했던 실재와 동일시됨을 볼 때 비로소 우리에게 그 충분한 의미를 보장했다. 이 인간

작품은 인륜적 정신 속에서, 가족과 민족 속에서, 사회적 유기체 속에서——개체성은 그 최초의 표현이었다——그 실체성을 획득했다. 그리하여 그것은 교양의 세계——여기서 자기소외된 정신은 그 대상을 그 자신 밖에 소여된 것으로 파악했다——에서 권력, 富, 천국, 유용성, 일반의지 등의 형태로 外的 실존을 획득했다. 그러나 그곳에서 「事象 자체」는 술어라고 하는 특성을 상실했다. 다시 말해서 그것은 「행동하는」 주어(주체)가 되었던 것이다. 「마침내 양심 속에서 事象 차체는 자기 자신 안에서 이 계기들 전체를 인식한 주체가 된 것이다」(PE, Ⅱ, 176 ; PG, 451 ; 정신현상학, Ⅱ, 227).[2]

따라서 헤겔은 정신에 관한 변증법적 논의 전체의 의의를 적시하기 위하여 자기와 「事象 자체」에 관한 그의 견해를 다시 취하고 있다. 정신은 자신의 역사를 창출하는 인간 주체가 되었다. 정신은 더 이상 보편자를 그 자신의 밖에 지니지 않으며, 더 이상 우주에 대립하지도 않고, 오히려 그것을 자체 내에 담지·흡수해 버린다. 정신은 자유로운 주체이다. 참으로 누군가 물을 것이다. 우리가 이야기하고 있는 것은 어떠한 주체인가? 사실상 그 질문은 곤혹스러운 것이다. 왜냐하면 실체적 정신이 그 전개의 출발시에 스스로에 대해 반성하는 바의 자기란 자연적인 개체성의 자기인 것 못지 않게 보편적인 자기이기도 하기 때문이다. 적어도 이러한 것이 「事象 자체」를 다시 취하는 과정에서 시사되는 바이다. 칸트의 도덕적 세계관이 기초해 있는 그것들 간의 구분은 견지될 수 없는 것으로 밝혀졌다. 양심(Gewissen)은 엄밀히 그 개체성의 내용을 곧바로 순수의무와 순수知로 아는 선한 의식, 즉 스스로의 실존적인 결단을 내리는 순간에 「즉자태와 자기, 순수한 목적으로서의 순수의무와 그 순수한 목적에 대립된 본성 내지 감성으로서의 현실」을 통일시키는 의식이다.

따라서 도덕적 자기의식이 자기 자신의 내면으로 복귀했을 때, 그는 더 이

2) 우리는 의식의 전개과정에서 어떻게 이전의 제 관념이 풍부해지고 보다 정확해지는가를 알 수 있다. 「事象 自體」, 즉 인간적 수준에서의 객관성은 정신에 이르기 전에는 한낱 추상에 지나지 않았다. 그것은 참다운 정신과 더불어 실체성을, 자기소외된 정신과 더불어 外的 실존을, 그리고 변증법의 이 마지막 계기에서는 주관성을 획득했다. 우리는 이전의 제 계기가 지양되었다(aufgehoben)고 덧붙일 수 있겠다.

216

상 순수의무의 의식을 현실적 의식에 대립된 공허한 규범으로 만들지 않을 구체적인 도덕적 정신이다. 오히려 여기서 순수의무와 그것에 대립된 본성은 지양된(aufgehoben) 계기들이다. 마침내 이러한 정신은 그 직접적인 통일 속에서 자기 자신을 실현하는 도덕적 본질이며 그 행동은 직접적으로 구체적인 도덕적 형태인 것이다(PE, Ⅱ, 171 ; PG, 446~47 ; 정신현상학, Ⅱ, 220).

행동하는 정신적 개체성은 헤겔이 여기서 고찰하듯 구체적인 정신이다. 그리고 물론 헤겔이 여기서 인간의 역사가 극히 많은 예들을 제시하는 바의 위대한 행동인을 생각하고 있다는 것도 불가능한 것이 아니다. 만일 우리가 논평하고자 하는 바의 이 장을 이해하고자 한다면 앞서 언급된 낭만주의의 인물들에 덧붙여 우리는 헤겔의 상상력에 붙박혀 떨어질 수 없는 특별한 인물, 즉 나폴레옹을 언급하지 않으면 안될 것 같다. 나폴레옹은 자신의 창조적 가능성들을 인간에게 드러냈던 행동인으로 나타난다. 자유로운 정신은 추상적 보편자를 현실에 대립시키기를 멈추지 않으면서도 자신의 행동의 타당성에 대한 내면적 확신을 발견함으로써 행동하고 또한 본질을 소유하는 창조적 정신이다. 여기서 기술된 것은 창조적 결단의 순간이다. 그리하여 보편자는 행동을 초월하는 대신에 그것의 생성·전개 속으로 흡수·통합된다. 다시 말해서 보편자는 칸트적인 도덕주의에서처럼 추상적 즉자태, 다가설 수 없는 초월이기보다는 인간 행동의 한 계기, 즉 대타적 존재가 된 것이다. 그 자체로서 볼 때 보편자는 소멸되지가 않았다. 오히려 그것은 다른 개체성들에 의한 행동의 인정이라고 하는 구체적인 의의를 획득했던 것이다. 모름지기 이러한 인정이 자기의식의 변증법에 있어서처럼[3] 인간 개체성이라고 하는 관념을 구체적 보편자에로, 즉 자기를 다른 자기들의 매개를 거친 우리로서 정립하는 그런 보편자에로 확정시키는 것이다. 인간 개체성의 행동이 진정한 행동이 되기 위해서는 인정되어야만 할 것이다. 다시 말해서 그의 행동은 이러한 인정에의 요구를 자체 내에 담지하여 보편적 자기의식의 지반 속으로 번역될 수 있어야만 한다. 「지속성(행동의 일관성을 이루고 있는

3) 제 자기의식의 전개에 있어서의 「인정」의 변증법과 정신적 동물의 왕국과 관련해서의 「제 개체성의 유희」의 변증법을 참조하라. 보편자는 타자화함으로써 칸트적인 초월성에서 내재성으로 이행한다. 그것은 인간 역사의 생성 속에서 실존할 것이다.

것이라고 말할 수 있겠다)을 부여하는 지반이란 곧 보편적 자기의식
이다」(PE, Ⅱ, 184 ; PG, 458 ; 정신현상학, Ⅱ, 238).

　「자체 내에 실체적 정신을 반영하고 있는 바의 주체란 무엇인가?」
우리가 앞서 물었던 이 질문에 대해서는 오직 한 가지 답변만이 가
능한 것처럼 보인다. 즉 이러한 주체는 그 역사의 견지에서 고찰된 인
류이다. 왜냐하면 개인적 자기로부터 발단된 행동의 진리치를 결정하
는 것은 오직 역사이기 때문이다. 그러나 헤겔은 「개인적인 자기」라고
하는 용어를 사용하지 않는다. 헤겔은 개별자와 보편자가 칸트의 도덕
적 견해에서보다 더욱 고차적인 형식으로 대립되고 있는 바의 행동하
는 자기의 변증법을 조탁하는 일에 스스로를 제한한다. 개별자란 그
행동이 언제나 유한한 행동인, 즉 그 자신의 자유 속에서 한계에 봉
착하지 않을 수 없고 그리하여 자체 내에서, 즉 절대적인 것으로 간
주된 그 자신의 특수한 견해 속에서 악 자체를 발견하지 않을 수 없
는 그런 행동하는 의식이다. 여기서 보편자는 판단하는 의식이다. 이
의식은 행동하는 의식과 대립되어 그 자신의 한계, 즉 행동한다는 사
실이 아니라 한낱 판단한다는 사실 속에 놓여 있는 한계를 자각하지
못하고 있다. 판단하는 의식과 최 것는 의식은 자기의식의 두 가지 형
태인데 그들은 주인과 노예나 혹은 고귀한 의식과 비천한 의식의 그
것처럼 그들 상호간의 역할을 교환한다. 그러나 이 변증법에서 정신
은 자체 내에서 악과 화해하여 절대정신이 된다. 기독교적인 죄의 용
서의 변증법은 비극적인 역사철학의 상징적인 표상인데 여기서 행동
하는 정신의 유한성은 언제나 정신의 고양 운동의 테두리 안에서 반
전되며 또한 과거는 미래로부터 그 의미를 기대한다. 그러므로 정신
이 자기 자신을 절대정신으로 파악하는 것은 모름지기 이와 같은 치양
(Aufhebung) 속에서, 즉 죄의 의식 속에서가 아니라 죄에 대한 용서
의 의식 속에서이다.

　이것은 새로운 현상학에로, 즉 종교나 철학 그리고 철학의 진리인
절대知의 현상학에로의 이행이다.《정신현상학》의 이 마지막 장(「현상
학」이라고 부르기에는 여전히 어려운 장)을 강조하기에 앞서 우리는
자기확신적인 정신에 관한 장을 좀더 상세하게 연구할 것이다. 이 장
은 때때로 오늘날에 말하는 이른바 「실존분석」에 근접해 있는 그 분

218

석의 상세함 때문에도 중요하다. 첫째로, 헤겔은 개별성의 측면에서의 행동하는 청신, 자기(행동하는 과정에서의 개인적 자기의 자유라고 하는 계기, 즉 법이 인간을 위해서 제정된 것이지 인간이 법을 위해서 존재하는 것은 아니라고 하는 계기)를 고찰한다. 다음으로 그는 보편성의 측면 속에서의 자기확신적인 청신(자신의 순수성의 어느 것도 잃지 않기 위해서 행동을 거부하는 것으로 끝나는, 정관적인 아름다운 영혼의 계기)을 고찰한다. 그리고 마지막으로 그는 이 두 측면들의 화해를 통해 절대화된 청신을 고찰한다. 따라서 죄 짓는 의식과 판단하는 의식이 전개하는 변증법은 죄를 용서하는 기독교식의 개념화 속에서 헤겔적인 지양(Aufhebung) 속에서 절정을 이루게 되는 것이다.

I. 양심(Gewissen) ; 행동하는 개체성

인간은 언제나 특정한 상황에 구속되어 있다. 그의 개체성은 경험적인 존재로부터 분리될 수 없다. 그는 여기나 혹은 저기에서 실존한다(Dasein). 그의 행동은 결코 일반적인 행동이 아니라 특수한 구체적 행동, 즉 특정한 경우의 행동(ein Fall des Handelns)이다. 현대철학은 인간이 언제나 상황 속에 존재하지 않을 수 없다는 바로 이 필연성과 그리고 모든 상황을 초월하여 여하한 경험적 존재나 현존재로부터 본질적으로 구별되는 순수자아가 될 가능성의 부재를 강조했다. 나는 특정한 가족에 그리고 특정한 민족에 속한다. 내가 행동하고자 할 때, 나는 이미 과거에 매여 있다. 따라서 나는 어떤 구체적인 것을 동시에 의지하지 않고서는 나 자신이라고 하는 것을 절대적으로 의지할 수도 없다.[4] 다른 한편으로 인간적 의지는 동물적인 본능과는 달리 이와 같은 경험적 존재 속으로 완전히 흡수되지는 않는다. 현대철학자 야스퍼스(K. Jaspers)는 자기와 그의 경험적 존재의 통일을 역사성으로 입증하고자 노력했다.[5] 양심, 즉 구체적인 도덕적 의

---

4) 우리는 오직 어떤 것을 意志함으로써만 意志할 수 있다는 것은 이미 피히테가 지적한 바 있다.

식에 관한 헤겔의 분석은 야스퍼스의 그것과 類比가 없는 것이 아니
다. 물론 그 차이는 상당히 뚜렷하다. 야스퍼스는 그의 철학이 절대
적 관념론, 즉 헤겔의 체계처럼 총체성 내에서——비록 그것이 헤겔
의 의미로는 무한하다 해도——모든 부분적인 관점들, 모든 세계관들
혹은 모든 특수한 진리들을 흡수·통합하는 데서 절정을 이루는 체계
와 혼동되는 것을 보는 것만큼 크게 우려하는 일이 없다. [6] 그는 「진리
는 전체이다」라는 헤겔적인 긍정에 대해서보다는 그와 같은 총체화의
가능성 자체를 반대한다. 그에게 총체화란 키에르케고르로부터 빌어
온 말인 實存에 대한 모반과도 같다. 키에르케고르는 이 말을 헤겔적
인 철학적 전통에 대립시킴으로써 그것에 철학적 의미를 부여했던 인
물이다. [7] 그러나 《엔치클로패디》에 정식화된 바의 헤겔적인 체계에
반대했을 당시의 키에르케고르의 생각에서 청년 헤겔이 크게 벗어나
있지 않았다는 사실이 밝혀졌듯이 마찬가지로 우리는 헤겔이 여기서 말
하는 양심을 야스퍼스가 말하는 실존의 「역사성」과 비교할 수 있다고
믿는다. 이러한 비교는 우리로 하여금 여기서 논구하고 있는 장의 몇
가지 난해한 구절들을 명료화할 수 있도록 허용해 줄 것이다. 그것은
아마도 심지어 헤겔이 여기서 의미하는 바의 자기——현실과 순수知
의 불가분적 통일——가 무엇인가를 보다 잘 이해할 수 있도록 허용
해 줄 것이다. 그 자신의 존재를 확신하는 자기란 이미 자신의 역사
성을 담지한 실존이다. 물론 헤겔이 「실존해명」에서 멈추지 않는다는
것, 또한 그가 스스로의 독특한 근원적 세계관을 박차고 나와 무한한
총체성을, 즉 모든 특수한 실존자에 의해 더더욱 요구되는 절대적 진
리를 이룰 수 없는 실존자를 초월해야 한다고 주장한 것은 의심할 여
지가 없다. 바꾸어 말하면, 철학자로서 헤겔은 그 경험들을 그가 재
구성했던 바의 실존자들 바깥에 스스로를 정초시키고 있다. 그러나 야

---

5) Jaspers, 《*Philosophie*, Ⅱ ; *Existenzerhellung*》(Berlin, 1932), p. 118 (Geschichtlichkeit).

6) 헤겔이 《정신현상학》의 서설에서 말했던 바에 따르면, 진리는 전체이다. Jaspers 가 거부한 것은 제 실존의 이러한 전체의 가능성이다(*op. cit.*, p. 415 ; 〈*Existenz un­ter Existenzen*〉을 참조).

7) 키에르케고르와 헤겔의 관계에 대해서는 특히 J. Wahl, 《*Études Kierkegaardiennes*》(Aubier)를 보라.

스퍼스에게 있어서 이것은 근본적으로 의미가 없다. 야스퍼스에게 실존은 그 유한성의 의식이 없이는 있을 수 없으며, 실존은 언제나 초월과 대면하고 있다. 다시 말해서 실존은 그 자신의 진리를 다른 진리들과 비교하기 위해 그것을 떠날 수는 없지만, 그럼에도 실존은 모든 실존자들에게 유일한 진리가 될 절대적 진리를 요구하는 것이다. 이러한 모순은 야스퍼스 철학의 요체이며, 따라서 왜 그의 변증법이 이율배반으로 남는가 하는 이유이다.[8] 그러나 그것은 헤겔의 경우와 다르다. 헤겔은 이 초월을 구체적인 보편자, 즉 한낱 역사성만이 아닌 역사로서의 보편적 자기의식에 의거하여 이룩할 수 있다고 주장한다. 그러나 만일 우리가 야스퍼스가 실존해명(Existenzerhellung)이라고 명명한 책을 편견없이 읽어 본다면, 실존은 「그것이 협소하면 할수록 더욱 심오하다」는 야스퍼스의 주장에도 불구하고, 그 자신은 사실상 《정신현상학》의 저자가 그러는 것처럼 「특수한 세계관들」을 기술하고 있는데, 더우기 그는 철학자로서 그것들을 고찰하고 있으며, 그리하여 스스로를 그것들 위로 격상시키고 있다는 것을 아울러 깨달을 것이다. 야스퍼스의 입장이 안고 있는 이러한 난점은 흔히 지적되어 왔던 것이지만, 그것을 다시 이 자리에서 논급한다는 것은 이 책의 범위를 넘어서는 일이다. 우리는 단지 두 철학자의 최종적인 결과가 그토록 쉽게 대조될 수 있기 때문에 약간은 대담하게 보일지도 모르는 비교를 변명하고자 했을 뿐이었다.

우리는 종종 「Gewissen」을 「선한 의식(bonne conscience)」으로 번역할 것이다. 왜냐하면 그것은 무엇이 구체적으로 정당한가를 「직접적으로 인식하여 실행에 옮기며」 또한 그 자신에게 정당해 보이는 것과 정당한 것 그 자체(사실상 그것은 그 자체와 의식에 대해서 사이의 구분을 넘어섰다)를 구별하지 않는 행동하는 의식이기 때문이다. 양심은 이전의 변증법의 도덕적 의식(das moralische Bewusstsein)과는 판이하다. 도덕적 의식은 언제나 순수의무 및 실재와 대립되어 있다. 실재는 깊이도 뜻도 없는 현존이었다. 반면 순수의무는 현존이 없는 것

---

8) Jaspers, *op. cit.* 오성의 패러독스는 다음과 같다. 진리는 개별적이다. 하지만 여타의 진리들과의 관계 속에는 여러 진리들이 존재하는 것 같다. 하지만 다시금 유일의 진리, 즉 절대적 가치와 상대성은 상호 배척하지 않는다는 진리가 존재하는 것이다 (p. 419).

이었다. 따라서 순수의무를 의지한다는 것은 사실상 자기 자신을 의
지한다는 것이다. 그리고 도덕적 의식의 대상은 자기와 다른 것일 수
없었지만, 그와 동시에 그것은 현존하는 자기, 구체적으로 행동하
는 현실적인 자기를 초월해 있었다. 그렇기 때문에 도덕적 의식은 행
동을 요구했던 그 자신의 본질에도 불구하고 전혀 행동하지 못했던 것
이다. 왜냐하면 의무 그 자체는 한낱 순수知의 대상인 것을 넘어서
의지되고 실행되어야 하기 때문이다. 우리는 이미 이러한 도덕적 의
식이 연출하는 모든 이율배반들을 살펴보았다. 그러므로 여기서는
「도덕적 의식은 전혀 행동하지 않으며, 전혀 실현되지 않는다」는 헤
겔의 말을 되풀이하는 것으로 충분하다고 믿는다. 도덕적 의식에게 있
어서 그 의식의 즉자태는 추상적인 비현실적 본질이거나 또는 몰정신
적인 현실로서의 존재이다」(PE, Ⅱ, 175 ; PG, 450 ; 정신현상학, Ⅱ, 225).

　　도덕적 의식에 따르면, 내가 오직 순수의무 이외에는 다른 어떤 의무도 수
행하지 않음을 의식할 때 나는 도덕적으로 행동하는 것인데, 사실상 이는 내
가 전혀 행동하지 않음을 의미하는 것이다. 그러나 내가 현실적으로 행동할
때 나는 어떤 다른 것, 즉 눈앞에 현존하는 하나의 현실과 내가 창출하고자
하는 또다른 현실을 의식하고 있다. 나는 특정한 목적을 지님과 아울러 나
는 특정한 의미를 수행한다. 여기에 도덕적 의식이 오로지 의도했던 순수의
무와는 다른 어떤 것이 놓여 있는 것이다(PE, Ⅱ, 173 ; PG, 448 ; 정신현상학,
Ⅱ, 222~3).

　　그렇지만 도덕적 의식이 연루되어 있는 이와 같은 모순들은, 어쨌
든 우리가 행동해야 하며 하나의 결정을 내려야만 하기 때문에 행동
하는 바로 그 순간 소멸된다. 만일 내가 국가의 통치권자이고 이러저
러한 상황 속에 놓여 있다면, 나는 특정한 목표를 내세울 것이며 내
가 개입된 상황과 밀접하게 연결된 이 구체적인 목표를 실제로 욕구
할 것이다. 마찬가지로 나는 가족의 상속재산을 관리하거나 내 친구
중 이러저러한 사람들에게 도움을 주겠다고 제안한다. 「목적의 실현
이 곧 행동의 목적이다.」 순수의무와 실재의 대립은 현실과 존재일
뿐 아니라 순수知, 자기知이기도 하는 자기 속에서 해소된다. 따라서
도덕적 순수성에 관한 칸트적인 분석이 완벽한 실천 불능에서 파국을
맞이하였는 데 반해서, 진정한 도덕적 행동은 언제나 실존적인 증거

222

를 상정했다. 나는 이 상황, 나의 상황 속에서 무엇이 행해져야만
하는가를 알고 있다. 그러므로 이제 행동하는 자기의 부정성 안에서
즉자태와 현실적인 것간의 분리를 뛰어넘는 과정에서 나는 자유로이나
자신을 의지하기 때문에 내가 의지하는 그것에 집착한다. 예나 시절
에 쓰여진 초기의 텍스트에서 헤겔은 이미 참다운 행동은 언제나 실
존적인 이것을 상정한다고 말했다. 즉「개념에까지 고양된 규정은 바
로 그러한 사실로 인한 이상적인 규정이다. 따라서 그 반대규정도 마
찬가지로 정당하게 정립될 수가 있다.……다른 한편으로 직관이라고
하는 표현은 이것, 즉 어떤 가능성이 그것과 확고히 결부되어 있어 여
타의 다른 가능성 내지 타재는 절대적으로 부정되는 그런 생동적인 관
계를 담고 있다. 그런데 비도덕은 이 타재 속에 놓여 있을 것이다.」[9]
　즉자태를 실재와 대립시켰던 도덕적 의식 역시 마치 보편적 場——
여기서 각기 독자적인 다수의 의무들에게 부동의 실체성이 허용되었
다——처럼 처신했다. 이 관점에서 본다면 행동은 그것이 언제나 어
떤 의무의 의식적인 위반을 함축할 것이기 때문에 여전히 불가능했다.
그러나「양심은 오히려 부정적인 一者 즉 다양한 도덕적 실체들을 無化
시키는 절대적인 자기이다. 양심은 이러저러한 특수한 의무를 이행하
는 것이 아니라 구체적으로 정당한 것을 알고 행하는, 의무에 순종하
는(pflichtmäsiges) 단순한 행동이다. 따라서 대체로 양심이란 본질적
으로 도덕적 행동, 즉 그 속으로 도덕성이라고 하는 그 이전의 행위
가 뒷받침되지 않은 의식이 이행해 들어간 행동인 것이다」(PE, Ⅱ, 172 ;
PG, 447~48 ; 정신현상학, Ⅱ, 222).

　여기서 자기는 우리에게 앞서 구별되었던 제 계기의 부정적 통일로
서 드러났다. 그것은 현실과 추상적 의무를 재통일한다. 그것은 자기
자신을 그 우연성 속에서 충분히 타당한 것으로서, 즉「그 직접적인
개별성을 순수知와 순수행동으로서, 참다운 현실성과 참다운 조화로
서 아는 것」(PE, Ⅱ, 169 ; PG, 445 ; 정신현상학, Ⅱ, 218)으로 파악한다. 그
러므로 이제부터는 칸트적인 도덕적 의식이 인간 너머에 정초하여 끊
임없이 변위시켰던 구체적인 자기가 우리의 관심사이다.

---

9) Hegel, 《S.W.》, éd. Lasson, Ⅶ, p. 360.

여기서 양심으로서의 인간 개체성은 인륜적 세계의 직접성에로 복
귀하고 있는 것처럼 보인다. 「이러한 자기확신은 또한 직접적인 것이
므로 그것은 현존재 그 자체를 담지하고 있다」(PE, Ⅱ, 170 ; PG, 446 ;
정신현상학, Ⅱ, 219). 그것은 주저하거나 행해져야 할 것에 대해 끊임
없이 얼버무릴 필요가 없다. 그것은 직접적으로 무엇이 정당한가를 알
고 있다. 그것은 자신의 양심의 소리에 인도되어 마치 본능적인 양 행
동하는 것이다. 루소가 언급한 바 있었던 이 양심의 소리는 「본능이
육체에 대응하는 것처럼 영혼에 대응한다.」 헤겔은 비록 그 자신이 곧
개인적인 도덕성을 비판하는 방식의 애매성을 밝히고 또 선한 의식
내에서 아직 스스로에 대해 깨닫지 못한 악한 의식을 드러낸다 할지
라도 이 개인적인 도덕성을 비판하는 것으로 시작하지는 않는다. 우
리는 행동하지 않을 수 없다. 그런데 어떠한 행동도 순수의무와 구체
적인 의무가 혼연일체되지 않고서는 가능하지 않을 것이다. 마찬가지
로 크레온과 안티고네는 그들이 행해야 할 바를 알았었다. 크레온은
인간의 법을, 안티고네는 신의 법을 각기 철저히 고수했다. 용어의 충
분한 의미에서, 그들은 그야말로 성격들이었다. 그들 안에서 본성은
결단과 일치했다. 따라서 진정 우리는 인륜적 세계의 본성(자연)의 일
종을 형성했던 직접성을 되찾은 듯하다. 게다가 근원적인 직접성에로
의 이와 같은 복귀는 헤겔적인 도식과도 일치한다. 모든 생은 근원적
인 직접성으로부터 출발하여 분열과 매개의 시기를 거친 후에 이 직
접성에로 복귀하는 식으로 생성·전개된다. 구체적인 자기가 표현하
는 이러한 일치와 더불어 도덕적인 정신은 다시 자연적인 정신이 된
다. 칸트가 말했던 「감성」과 「순수한 실천이성」이 이제 행동하는 동
시에 현실적인 단일한 자기를 구성하는 것이다.

그렇지만 아직 직접적인 인륜적 정신과 우리가 지금 논구하고 있는
양심 사이에는 현저한 차이가 있다. 인륜적 정신은 한낱 참다운 정신,
실체적 정신일 뿐이었다. 따라서 우리는 문자 그대로 그 세계에서 자
기는 아직 실존하지 않았다고 말할 수 있다. 그것은 한낱 비실재적인
그림자였을 뿐이었다. 개체성과 의무간의 조화·일치는 이 개체성이
단순히 그 자신 속에 내재했던 법을 표현했다는 사실로부터 발단되었
다. 크레온은 그 자신이 본래적으로 담지하고 있었던 인간의 법을 현

시하는 데 주저하지 않았다. 신의 법과 관련한 안티고네에 있어서도 사정은 마찬가지이다. 그러나 교양의 운동을 거친 지금 정신은 자기 속으로, 즉 자유로운 인격성 속으로 철저히 재흡수·통합되었다. 헤 겔적인 언어로 표현하자면, 인륜적 정신은 전적으로 진리이지만 절대 적인 자기확신은 결여했던 것이다. 양심은 이와는 대조적으로 순수 히 자기확신이다. 그것은 법, 참된 질서를 표현하지는 않는다. 그것 은 근원적인 사실로서의 자기의 자유, 모든 결단의 원천이다. 안티고 네는 그녀가 따랐던 법의 기원을 알지 못했다. 「지금도 어제도 아닌, 언제나 이 법은 존속했었다. 누구도 그것이 언제 나타났는지를 알지 못한다.」 안티고네는 단지 법의 구현일 뿐이었으며, 따라서 그녀의 결 단의 직접성은 이 구현의 완벽성을 표현했다. 현실적인 자기는 그것 이 실체적 정신, 즉 희랍의 도시국가 내지 가족의 습속을 박차고 나 올 때 비로소 일체를 자기 자신 속에 장악하게 된다. 다시 말해서 현 실적 자기는 어떤 것이 그 자신의 내면적 확신, 그 자신의 신념과 무 관하게 타당성을 가질 수 있다는 것을 더 이상 인정하지 않는 것이다. 따라서 이러한 신념(Überzeugung)은 그 자신의 본질이지 내재적이거 나 외적인 질서가 아니다.

　양심은 일체의 규정된 것에 대한 절대적인 부정성이기 때문에 그것은 여 하한 내용도 자신에게 절대적인 것으로 인정하지 않는다. 따라서 양심은 자 기 자신에 의거하여 그 자신을 규정한다.……이전의 의식의 제 형태 속에서 선이나 혹은 악으로서, 법칙과 법으로서 제시되었던 일체는 직접적인 자기 확신과는 다른 것이다. 그것은 이제 대타적 존재로서의 보편자이다. 또는 다 르게 고찰한다면, 그것은 의식을 자기 자신과 매개시킴으로써 의식과 그 고 유의 진리 사이에 등장하여 의식의 직접성을 이루기보다는 의식을 그 자신 으로부터 분리시키는 그런 대상인 것이다(PE, Ⅱ, 178 ; PG, 453 ; 정신현상학, Ⅱ, 230).

양심의 본질은 절대적인 신념이다. 자신의 신념에 따라 행동하는 것, 자기 자신에 의거하여 그 자신을 규정하는 것, 그리하여 마침내 어떤 추상적이고 비현실적인 본질성 속에서(순수의무가 그랬던 것처 럼)가 아니라 현존재 속에서 구체적으로 자유로와지는 것——이러한 것이 양심이라고 하는 자기를 특징지우는 것이다. 자기는 스스로를 절

대적인 자기로 안다. 자기는 스스로에게 의무인 것을 느끼는 자기감정
속에서 직접적으로 의무를 경험한다. 자기는 단독으로 결정하며, 오
직 단독으로서만 결정한다. 자기에게 있어 자유란 자기결단이라고 하
는 근원적인 특성, 즉 야스퍼스가 실존 속에서 모색하려던 특성인 것
이다. 여기서 헤겔은 신념을 강조한다. 《아름다운 영혼의 고백》에서
괴테는 여주인공으로 하여금 다음과 같은 생각을 표현하게 했다. 「나
는 내 생각에 어긋나게 행동하기보다는 오히려 기꺼이 부모 곁을 떠
나 이국 땅에서 생계를 이어 가겠다.」 또는 「여론에 부딪혔을 때, 나
의 심오한 신념과 나의 결백은 그야말로 나에게 가장 확실한 보증인
이었다.」[10]

그러나 어떻게 우리는 신념이 언제나 확실한 내용으로 되고, 주어
진 개체성의 상황, 즉 일반적으로는 우리가 「감성」이라고 부르는 것
과 관련되어 있다는 것을 확실히 믿을 수 있는가? 이 질문 속에는
신념과 상황의 우연성 내지 언젠가는 명백해져야만 하는 감성적 내용
의 우연성간의 관계가 놓여 있다. 자기의 자유는 恣意에 의해 얼룩진
것으로서 드러나지 않을 수가 없다. 궁극적으로 볼 때 이러한 자유는
차의(Willkür)일 것이다. 바로 여기서 선한 의식(Gewissen)은 그것이
아직 자신을 깨닫지 못하고 있는 바로서의 악한 의식임을 발견한다.
선한 의식은 자신의 유한성을 자각할 것이며, 죄책감 곧 어쩔 수 없
는 죄의식을 지니게 될 것이다. 「왜냐하면 오직 돌만이 순진무구하기
때문이다.」

　　따라서 의식은 자신에 의거하여 그 자신을 규정한다. 그러나 규정성 그 자
　　체를 포괄하는 자기라고 하는 圓圜이 이른바 감성이다. ……그러나 양심에게
　　있어서 자기확신은 순수한 직접적 진리이다. 그리하여 이러한 진리가 내용
　　으로서 표상된 양심의 직접적인 자기확신, 말하자면 일반적으로 개별자(개
　　인)의 자의성이요, 그의 무의식적인 자연적 존재의 우연성인 것이다(PE, Ⅱ,
　　178 ; PG, 453 ; 정신현상학, Ⅱ, 230~1).

그렇지만 우리는 아직 지나치게 앞질러 분석을 밀고 나가서는 안 된
다. 괴테가 표현한 것처럼[11] 「주관적인 것과 객관적인 것을 교묘하게

---

10) 괴테의 《W. Meister》에서 〈아름다운 영혼의 고백〉.

226

혼동하는 오류」를 비난하기는 지극히 쉽지만 그것을 피하기는 그다
지 쉽지 않다. 왜냐하면 그것은 아마도 불가피한 것이기 때문이다. 인
간의 행동을 고찰해 보자. 「특정한 경우의 행동이 있다고 가정해 보
자. 이 경우는 인식하는 의식에게는 하나의 대상적인 현실이다. 양심으
로서 그 의식은 그 경우를 직접적이고도 구체적으로 알고 있다. 그
리고 동시에 그 경우는 의식이 그것을 알고 있는 한에서만 존재한다」
(PE, Ⅱ, 171 ; PG, 447 ; 정신현상학, Ⅱ, 220). 知는 그것이 대상과 다른 한
에서 우연적이지만 이 구별은 이제 지양된다. 현존재, 즉 내가 행동
하고자 하는 순간에 나의 것이 되는 경험적 상황은 나의 근원적 知가
되었다. 그래서 이 현존재는 내가 나 자신에 대해 갖는 확신 속에서
파악되는 것이다. 우리는 앞에서 이 知와 존재의 통일을 야스퍼스의
역사성과 비교할 것을 제안한 바 있다. [12] 이제 헤겔로부터 이 구절의
해석을 시도해 보자.

그러나 즉자태와 자기의 구별이 지양되었기 때문에 특정한 경우의 행동
은 그것이 즉자적으로 있는 바로서 知의 감성적 확신 속에 직접적으로 존재
한다. 또한 그것은 이 知 속에 있는 한에서만 즉자적으로 존재한다. 실현으
로서의 행동이란 따라서 의치의 순수한 형식이다. 즉 그것은 존재하는 경우
로서의 현실을 수행된 현실로 단순히 전환시키는 운동, 대상적 知의 단순
한 방식을 의식에 의해 산출된 것으로서의 현실에 대한 知의 방식에로 단순
히 전환시키는 운동이다(PE, Ⅱ, 171 ; PG, 447 ; 정신현상학, Ⅱ, 220~1).

이제 知가 의지로, 인식된 구체적인 경우가 행동하는 의식에 의해
산출된 실재로 바뀌어진 이와 같은 전환이 의미하는 것은 무엇인가 ?
내가 행동할 때 나는 언제나 특정한 상황 속에 있으며, 또 현존재로서
이러한 상황――나의 종족, 나의 사회적 환경, 이 순간에 있어서 다
소간 정확한 나의 삶의 분위기――은 특정한 知의 대상이 될 수 있다.
그러나 여기서 즉자적으로 있는 바로서의 존재는 이 존재에 대한 知
와 구별되지 않는다. 구체적인 상황이란 그것이 오직 나에 대해서 있

11) 《Lettres de Goethe à Schiller》, lettre 56, trad. française de L. Herr, p. 74
(Plon, 1923).
12) Jaspers, op. cit., p. 119. 「본래 여기서 존재와 知는 불가분적으로 결합되어 있
다.」 또한 헤겔을 역사성 일탈의 대변자로 비판하는 p. 147을 참조하라.

는 한에서만 실존하는 것이다. 「사실상 그 내용은 그것에 대한 이해를 갖고 있는 의식의 관심에 의해 규정된다」고 말하는 것은 이 구체적인 상황이 이를테면 그 상황을 주재할 수 있는 어떤 초인격적 의식에 의해 규정된다는 의미에서 객관적이 아님을 의미하는 것이다. 따라서 나의 자유로운 자아는 규정된 존재의 「현사실성」과 연관된 것으로 나타나고, 이 규정된 존재는 역으로 나의 가능성들과 긴밀하게 접맥되어 있다. 다시 말해서 그것은 인식되는 동시에 의지되는 것이다. 왜냐하면 그것은 단순한 靜觀의 유희를 즐기기 위해서 그것을 정관한다고 하는 문제가 아니라 행동하는 의식의 추동력 속에서 그것에 관여한다고 하는 문제이기 때문이다. 나는 주어진 상황을 나 자신이 취하거나 받아들인 상황으로 전환시켜야 한다. 다시 말해서 나는 대상적 인식(知)을 의식에 의해 산출된 실재로 변형시키지 않으면 안 되는 것이다.

야스퍼스가 이름 붙힌 「역사성」——이는 amor fati(비극에의 사랑)라는 개념을 환기시켜 준다——의 테두리 안에서 상황의 현사실성과 철저히 사유될 수 없는 실존의 자유 사이에는 하나의 연관이 있다. 나는 자유로우며 나의 실존은 한낱 가능성일 뿐이지만 결코 무관심한 (무차별적인) 가능성은 아니다. 나는 언제나 역사 속에 구속되어 있지만 이 역사는 나의 것이다. 그렇기 때문에 그것은 역사일 뿐 아니라 역사성이 기도한 것이다. 나와는 상이한 존재의 역사는 결코 역사성이 아니다. 그것은 모든 가능성을 상실한 대상으로 나타나는데, 바로 그 사실로 인해 내가 그것에 대해 갖고 있는 知와는 구별된다. 여기서 상황에 대한 인식은 이 상황에 대한 나의 구체적인 관심에 의해 규정된 것으로서(PE, Ⅱ, 172 ; PG, 447 ; 정신현상학, Ⅱ, 221) 더 이상 상황 그 자체와 구별되지 않는다. 상황은 나 자신에 대한 나의 인식 속으로 흡수되고, 역으로 이러한 인식은 의치가 된다. 실재는 관조되기보다는 의지되는 것이다. 의지는 구체적인 인식의 제한에 의해 제약을 받는다. 그러나 이 인식은 상호 교환을 통해 제 가능성에의 활로를 개척한다. 만일 주어진 경우——존재의 치반 속에 있는 경우——가 신뢰할 정도로 존중된다면, 이 신뢰성은 창조적이다.[13] 왜냐하면 이 경우는 「수행된 현실」로 전환되기 때문이다. 이 대상적 知는 마치 의식에 의해 산출된 어떤 것에 대한 知인 것처럼 실재에 대한 知가 된다. 이러한 amor fati 는 그 총체적으로 주어진 실재에 대한 체념이기보다는 스스로에게 부과하는 동시에 나의 작품이 되기도 하는 실재의 창조적인 수용인 것이다.

우리가 방금 시작했던 비교를 시도하지 않고서 이 텍스트를 진지하게 논평한다는 것은 거의 불가능해 보인다. 대상적 知의 의치에로의 이같은 전환에 우리는 달리 어떠한 의미를 부여할 수 있었을까? 행동하는 자기는, 만일 그가 행동하기를 원한다면 모든 상황이 동일한 수준에서 존재하는 것과의 관계에 있어 초인격적 자아의 입장을 취할 수는 없다. 그는 그 자신의 세계관 속에 깊이 뿌리박고 있다. 그는 이 견해를 하나의 진리로서 뿐 아니라 진리 차체로서 정립하는 것이다(우리는 헤겔 속에서 이 말이 종종 오늘날 우리가 말하는 「가치」에 상당함을 상기해야 한다). 이러한 진리는 그 자신의 진리인 동시에 절대적인 진리이다. 그것은 그 신념의 성실성으로 인해 절대적이며 또한 이러한 신념의 성실성이 의식의 본질 자체가 되었다.

여기서 우리가 이미 불가피하다고 지적했던 「주관적인 것과 객관적인 것의 교묘한 혼동」이 다시 일어난다. 헤겔의 시대에, 시간상으로 그와 보다 가까왔던 루소와 야코비는 그에게 典範의 역할을 할 수 있었다. 야코비는 칸트가 간과했던 도덕적 의식에 있어서의 개체성이라고 하는 측면을 분명하게 간파했다. 헤겔의 정의에 따르면 야코비의 철학은 「유한한 실존과 주관성의 독단론」이다. 하지만 그 철학이 칸트의 도덕에 반대하는 논거를 취할 때, 그것은 칸트가 행했던 훨씬 이상으로 구체적인 도덕적 행동의 제 조건을 기술하고 있다. 추상법에 대해, 즉 칸트적인 보편자에 대해 야코비는 도덕적 천성을 대립시킨다. 야코비를 해석하면서 마담 드 스텔(de Staël)은 다음과 같이 말한다. 「도덕이나 혹은 詩와 관련해서, 법은 우리에게 단지 우리가 해서는 안 되는 것만을 가르칠 수 있다. 그러나 만유 안에서 선한 것과 숭고한 것은 우리에게 오직 우리 마음의 신성에 의해서만 드러난다.」 양심은 순수의무의 공허함을 알고 있다. 게다가 우리는 행동을 하지 않을 수 없기 때문에 양심은 행동의 긍정성을 그 도덕적 천성 속에

13) G. Marcel 의 표현.

서 발견한다. 예나 시절의 논문에서 헤겔은 야코비가 피히테에게 보
낸 편지의 이 구절에서 표현된 양심의 소리라고 하는 개념화에 거의
무조건적으로 찬사를 보내고 있다. 「물론 나는 아무것도 원치 않는 그
런 의지에 반대하는 무신론자이며 믿음이 없는 자입니다. 나는 필라
데스가 오레스테스——그는 법이란 인간을 위해 만들어진 것이지 인
간이 법을 위해 만들어진 것이 아니기 때문에 티몰레온이 그랬던 것
처럼 살인을 하고자 한 자입니다——대신에 자신을 내세웠을 때 그랬
듯이 기만을 행하고 거짓을 일삼고자 하는 자입니다.」 이러한 도덕적
개인주의는 아름답기조차 하다. 그것은 때때로 종합적이며 생동적인
이성의 대체물이 되기도 한다. 헤겔은 야코비의 정식을 거의 문자 그대
로 인용하고 있다. 「이제 법이 자기를 위해서 있는 것이지, 자기가 법
을 위해서 있는 것은 아니다」(PE, Ⅱ, 174 ; PG, 449 ; 정신현상학, Ⅱ, 224).
그렇지만 헤겔이 예나 시절의 논문에서 언급하고 있듯이 도덕적인 아
름다움(美)은 두 측면 중 어느 것도 결여해서는 안 된다. 「그것은 개
체성으로서의 활력을 결여하여 죽은 개념을 쫓아가서도 안 되고, 개
념과 법의 형식, 보편성과 객관성의 형식을 결여해서도 안 된다.」[14]

이러한 이유에서 우리는 다시금 행동하는 자기 속에서 마치 우리가
개인적(개별적)인 측면을 발견한 것처럼 보편적인 측면을 발견하는 것
이다. 우리는 이미 나의 신념의, 진리에 대한 나의 인식의 성실성 속
에서 나는 나의 진리를 절대적 진리 그 自体로서 정립했다고 말하지
않았던가? 외부에서 볼 경우 이 초월에의 요구가 자기의 신념이 어
떠한 임의의 감성적 내용에 접맥될 수 있고, 그리하여 그것이 부인하
기 어려운 자의성과 유한성을 담고 있을 때 의미하는 바는 무엇인
가? 사실상 행동하는 의식은 「즉자적 존재와 대자적 존재의 통일 속
에서, 순수사유와 개체성의 통일 속에서」(PE, Ⅱ, 181 ; PG, 455 ; 정신현
상학, Ⅱ, 233) 자기 자신을 견지하지만, 그러나 우리에게 이러한 통일
은 이미 파괴되는 중이다. 내용과 형식이 대립하고 있다. 「직접적인
개별성은 도덕적인 행위의 내용이다. 그리고 이 행위의 형식은 모름지
기 순수한 운동으로서, 즉 知나 혹은 고유의 신념으로서의 이 자기이

---

14) 헤겔은 그의 논문 〈*Glauben und Wissen*〉의 일부를 야코비에 할애(éd. Lasson,
Ⅰ, pp. 262~73)하고 있다.

다」(PE, Ⅱ, 173 ; PG, 449 ; 정신현상학, Ⅱ, 223).

그러면 우리는 칸트주의로 되돌아가고 있는 것은 아닌가? 따라서 우리는 다시 도덕적 세계관의 제 모순에 빠지고 있는 것은 아닌가? 그렇지는 않은 것 같다. 왜냐하면 이제 보편자는 구체적인 의미를 획득했고, 또 그것은 추상적인 피안, 즉 다가설 수 없는 초월 대신에 대타적 존재, 즉 의식의 한 계기가 되었기 때문이다. 이 계기는 다른 자기들에 의한 나의 신념의 인청 요구로서 표현된다. 마찬가지로 자기의식은 오직 다른 자기의식의 매개를 통해서만 존재하였다.

a) 신념의 인정

양심은 그 자신의 진리를 자기 자신에 대한 직접적인 확신 속에 지니고 있다. 이러한 확신은 신념으로서, 순수한 자기知로서 곧 의무이다. 「의무는 더 이상 자기와 대립해서 나타나는 보편자가 아니다. 오히려 이와 같은 분리상태에서는 의무는 아무런 타당성도 지니지 못한다는 것이 인식된다. 이제 법칙이 자기를 위해서 있는 것이지 자기가 법칙을 위해서 있는 것은 아니다」(PE, Ⅱ, 174 ; PG, 449 ; 정신현상학, Ⅱ, 224). 이것은 오히려 애매하다. 하지만 그것은 헤겔의 논거에 있어서 극히 중요한 변증법적 이행이다. 보편자란 그것이 도덕적 세계관에 있어서처럼 더 이상 초월은 아니다. 신념의 자기 자신과의 동등성과 같이 그것은 선한 의식, 즉 양심의 기초이다. 신념은 즉자태이다. 반면 신념의 내용은 대자태, 즉 순수본질의 구별이다. 행동 내용의 형태가 등장하는 것은 바로 이 신념에 기초해서인데 의식에게 이 기초는 대자적 존재, 즉 엄밀히 말하면 하나의 계기가 되는 것이다. 법칙은 자기를 위해서 있다. 그렇지만 이 계기는 본질적인 계기로 남는다. 보다 정확히 말하면 칸트적인 보편자의 초월이 순수하지만 비현실적인 것으로 머물렀던 데 반해서 이제부터 그것은 실제적인 존재가 된다. 즉 하나의 계기로서 그것은 구체적인 의식의 대상인 것이다. 「의무는 이제 더 이상 단순히 추상적인 순수의식이 아니라 그 자체에 있어 직접적으로 현실적인 것이다」(PE, Ⅱ, 175 ; PG, 450 ; 정신현상학, Ⅱ, 225). 보편성은 신념이 자기의식들간의 관계를 전제하는 한에서 바로 이 신념이다. 내가 신념을 가질 때, 나는 나의 신념

이 나 자신에 대한 것 못지 않게 타인들에 대해서도 타당하다고 전
제한다. 다시 말해서 나는 나의 신념에 대한 인정을 모색하거나 요
구하는 것이다. 우리는 이제 이와 같은 인정을 살펴보아야 한다. 그
것은 직접적이며 구체적인 방식으로 이전에 비현실적이었던 보편성을
표현하고 있다. 「양심은 순수한 의무나 혹은 추상적인 즉자태를 포기
하지 않았다. 오히려 이 순수의무는 보편성으로서 스스로 타자와 관
계하는 본질적인 계기이다. 이제 양심은 자기의식들을 매개하는 공동
의 지반이 된다. 이 지반이 곧 실체인데, 여기서 행동은 지속성과 현
실성, 즉 타인들에 의해 인정됨이라고 하는 계기를 지니게 되는 것이
다」(PE, Ⅱ, 175 ; PG, 450 ; 정신현상학, Ⅱ, 225).

불어로 번역하기가 대단히 어려운 이 양심이라고 하는 말과 의식간
의 구별을 통해 헤겔은 우리가 설명하고자 했던 변증법적 이행을 할
수 있었다. 양심에게 있어서 신념과 신념의 내용은 분리되지가 않는다.
말하자면 그것들은 실존적으로 연관되어 있는 것이다. 그러나 의식에
게 있어서는 대립이 필연적으로 다시 나타나며, 의무는 정신적 존재
라고 하는 의미에서의 존재(인정을 위한 場)로 바뀐다. 우리는 헤겔
이 추상적인 즉자태로부터, 즉 칸트적인 의미에서의 의무로부터 자기
의식에 의한 상호인정이라고 하는 구체적인 실체로 진행할 수 있었던
방편이라고 할 이 논리적이거나 혹은 오히려 변증법적인 논거의 타당
성을 의문시할 수 있겠다. 그러나 또한 우리는 곧바로 그것이 지닌
의의와 중요성도 알 수가 있다. 추상적 보편자가 구체적 보편자로 되
고 행동하는 자기를 초월해 있는 의무가 인간 공동체로서의 보편적
인 자기의식으로 된다. 그런데 우리는 헤겔이 이 지반을 「존재」라고
부른 사실로 해서 오류에 빠져서는 안 된다. 문제의 이 존재는 《정신
현상학》의 출발점을 이루었던 감성적 확신의 차원에서의 추상적 존재
가 아니며, 자연적 존재의 의미에서의 존재도 아니다. 존재는 이제 정
신의 場, 다시 말해서 상호연관된 인간적 자기의식의 공동체이다. 나
의 행동에 타당성과 일관성을 부여할 수 있는 것은 오직 이 정신적
존재뿐이다. 물론 우리는 유아론자에 동의하여 「各人에게는 그 자신
의 진리를」이라고 말해야만 한다. 그러나 우리는 오직 하나의 진리
만이 있으며 그의 진리는 살아남기 위해서 인정되어야 한다는 것도 만

인이 잘 알고 있다고 즉시 덧붙이지 않으면 안 된다. 그리하여 자기
의식들간의 인정투쟁, 즉 자기의식은 생존하기 위해서 타인들이라고
하는 매개를 필요로 하기 때문에 그것이 없이는 생존할 수 없을 그런
투쟁이 이제는 고차적인 수준에서 보다 구체적인 형태로 제시된 신념
의 인정에 대한 이와 같은 요구를 예시해 주고 있다.

　내가 행동할 때, 나의 행동은 자기의식의 場 속에서 나 자신의 신
념을 표출한다. 이 행동은 오직 이 場 속에서만 의미를 지닌다. 그 존
재는 정신적 존재요, 그 진리는 타인들에 의한 인정을 전제한다. 나의
행동이 가치, 즉 그 의의가 있음을 알기 위해서, 우리는 그 행동이 특
수적 의식으로부터 보편적 의식의 場으로 전이되기를 기다려야만 한
다. 이러한 전이는 처음에는 순전히 형식적인 문제로 나타난다. 내가
신념을 갖고 행동하는 순간, 나의 행동은 즉각적으로 인정되어야 할
것이다.「이러한 신념이 곧 즉자태 자체이다. 다시 말해서 그것은 즉
자적으로 보편적인 자기의식이거나 인정태이며 그럼으로써 현실이다.
따라서 의무에 대한 신념에 따라 수행된 것은 직접적으로 일관성과
현존재를 지닌 것이다」(PE, Ⅱ, 175 ; PG, 450 ; 정신현상학, Ⅱ, 226). 이러한
것이 적어도 아직은 이 인정의 갖가지 난관들이나 혹은 모든 특수한
행동이 그것에 수반된 신념의 인식에 적합한지의 여부를 두루 조사
해 보지 않은 상태의 행동하는 의식이 지니고 있는 소박한 믿음이다.
그럼에도 인간적 場 속에서 표출되어야 하는 것은 바로 이러한 신념
──즉자적으로 보편적인──이다. 이러한 場은 보편적 자기, 만인의
자기동일성(ipséité)일 것이다. 엄밀히 말해서「事像 자체(die Sache
selbst)」란 자기들의 통일을 담고 있는 보편적 주체이다.

　의식이 어떻게 이 부적합성을 발견하고 또한 동시에 그것을 치유하
는 수단, 즉 로고스로서 개별적인 자기를 보편적인 자기로 표현하는
언어를 발견하는가를 보여주기에 앞서서 우리는 다시 한번 우리가 방
금 구체적 보편자에 도달했다는 것과 이 구체적 보편자는 자기의식들
의 상호매개로서의 정신이라는 것을 강조하지 않을 수 없다. 의무는
그것이 칸트주의에서 지녔었고 또한 그것을 초인간적이어서 사실상 비
실재적인 어떤 것으로 만들었던 고양된 입장을 상실했다. 칸트주의에
서 의무는 여하한 현존재도, 여하한 현재성도 지니지 못했다.「도덕

적 자기의식은 인정태, 현존하는 순수의식이라고 하는 계기를 지니고 있지 않다. 따라서 그것은 전혀 행동하지도, 전혀 실현하지도 않고 있는 것이다」(PE, Ⅱ, 175 ; PG, 450 ; 정신현상학, Ⅱ, 225). 이제 행동은 단순히 대상적인 지반 속에서 도덕적 자기의식이 지닌 개별적인 내용의 표현인데, 그 지반의 한 가장자리에서 이 내용은 보편적이며 인정된 내용이 된다. 게다가 그것이 인정되었다고 함은 엄밀히 말해서 행동을 현실적인 행동으로 만드는 것이다. 행동에 일관성과 실재성을 부여하는 것은 인간의 역사, 상호관계하는 자기의식의 공동체이다. 보편자는 현존한다. 그것은 보편적인 자기이다. 게다가 이러한 보편적 자기는 이미 신념의 형태를 띤 자기의 내면성 안에 현존해 있는 것이다. 이 신념이야말로 공통의 場 속에서 표출되어야 하고, 그럼으로써 바로 그 행동의 내용과 연관된 채로 남아야 하는 것이다.

그러나 이것은 엄밀히 말해서 커다란 문제를 야기시킨다. 의식은 그의 행동의 자의적인 성격, 그의 신념의 무규정성, 괴테가 아름다운 영혼의 감정 속에서 노골적으로 비난했던 「주관적인 것과 객관적인 것의 교묘한 혼동」을 발견할 것이다. 의식은 신념을 진술하는 언어 속에서만 현존재가 개별적인 동시에 보편적임을, 즉 만인의 자기동일성임을 발견할 것이다. 행동하는 개별적 의식은 이 신념의 언어 속에서 보편적 의식이 될 것이다. 지금까지 우리는 개별성의 측면에서 행동하는 자기를 살펴보았다. 이제 우리는 자신의 신념을 표명하는 자기를 보편성의 측면에서 살펴보겠다.

b) 신념의 무규정성

의무는 이제 자기의식 상호간을 연결하는 하나의 고리에 지나지 않는다. 그러나 의무의 내용은 여전히 자연적인 개체성으로부터, 즉 도덕적 천성으로부터 빌린 것이다. 내가 행동할 때, 나는 내가 양심적으로 나의 행동의 모든 상황들을 검토할 수 없다는 것을 매우 잘 알고 있다. 사실상 이와 같은 상황들은 나의 지식의 제한된 테두리를 넘어서 무한히 확대되는 것이다. 나는 그것들 모두를 알 수 없다. 따라서 이 지점에서 知는 無知에 부닥친다. 그렇지만 그것은 나 자신의 지식이므로, 나는 나의 불완전한 지식을 충분하고도 완전한 지식으로 받

아들인다. 동일한 것은 의무의 규정에 대해서도 참이다. 오직 순수의
무만이 절대적이다. 그러나 나는 순수의무가 공허하다는 것을 알고 있
기 때문에 이것이 나의 의무라는 단순한 신념에 나 자신을 제한하지
않을 수 없다. 이러한 신념은 본질적이다. 그러나 역으로 그것은 순
수의무만큼이나 공허하다. 그렇지만 우리는 어쨌든 행동해야 한다.
개인은 하나의 결정을 내려야 하며 그는 그것을 독자적으로 행해야
한다. 다시 말해서 그는 그것을 그의 감성적 개체성의 테두리 안에서
찾아야만 하는 것이다.

　이제 어떤 내용도 순수의무로 정립될 수가 있다. 신념은 형식적인
신념으로 남는 것이다. 만일에 우리의 행동이 의무와 일치함을 그 행
동이 의무로서 고찰되는 바의 방식을 확고하게 부여잡음으로써 우리
들 자신에게 납득시킬 수만 있다면, 우리는 무엇이든지 정당화할 수
가 있는 것이다. 내가 나의 재산을 증식시켰다고 가정해 보자. 나의
생명과 나의 가족의 생명을 보존한다고 생각하는 것이나, 좀더 낫게
는 타인들에게 유익한 일을 할 수 있는 가능성을 예견하는 것은 나의
의무이다. 만일 타인들이 나의 행동에서 기만적인 무엇을 발견한다면
그것은 그들이 그 문제에 대해 다른 측면을 받아들이기 때문이다. 「따
라서 타인들에 대해 나 자신의 자립성을 주장해야 하는 의무가 타인
들이 〈폭력〉이나 〈불의〉라고 부르는 것들에 의해 채워지고, 또한 나
자신의 생명을 보존하고 이웃에게 유익함을 줄 가능성을 보존하는 의
무가 그들이 말하는 〈비겁〉으로 채워지는 것이다. 그러나 그들이 말
하는 〈용기〉는 종종 이와 같은 두 의무에 역행한다」(PE, Ⅱ, 179 ; PG,
454 ; 정신현상학, Ⅱ, 231). [15] 견강부회는 불가피한 것이다. 용납할 수 없
는 것은 의무에의 순종이 이러한 앎(知) 속에 들어 있다는 사실을 무
시하는 처사이다. 「이 앎이 없다면, 비겁은 비도덕적이라고 하는 어
리석음을 범할 것이다.」 따라서 양심은 여하한 내용으로부터도 자유
로우며, 여하한 특정한 의무의 구속으로부터도 벗어나 있다. 양심은

15) 헤겔은 《법철학》의 두번째 계기에서 양심에 이러한 비판적 분석 전체를 다시 취하
　　고 있다. 첫번째 계기는 (객관적) 인격체였다. 두번째 계기는 도덕적(주관적) 주체이
　　다. 이제 세번째 계기는 국가 일반 속에서 주관적인 동시에 객관적인 의지일 것이다.
　　《법철학》의 이 부분에서, 그는 《정신현상학》을 시사하고 있다(éd. Lasson, Ⅵ, pp.
　　109〜136 ; 〈Das Gute und das Gewissen〉)을 참조.

스스로 선택하는 것이다. 그러나 이러한 자유는 또한 우리가 살펴보았듯이 순전히 자의적이다.

우리 철학자들에게 드러나는 이 자의성은 그것을 경험해야 하는 행동하는 의식에게는 아직 현시되어 있지 않다. 그러므로 우리가 방금 발견했던 무규정성은 자기 그 자신에게 의식이 되어야만 한다. 일단 하나의 행위가 수행이 되어 열매가 나무로부터 분리되듯 자기로부터 분리된다면, 그것은 필연적으로 다른 자기의식들에 대해 인정되지 않은 특정한 행위이다. 다른 개체성들은 이 행위 속에서 그들 자신을 발견하지 못한다. 내가 방금 실행에 옮겼던 행동은 물론 나의 행동이다. 특정한 내용의 행동 속에서 나는 나 자신을 인식하며 나의 자기와 나의 신념과 나 자신의 조화·일치를 표현하는 것이다. 신념은 즉자적으로 보편적이기 때문에 다른 모든 사람들은 이러한 나의 知 속에서 그들 자신을 확인·인정해야 한다. 그렇지만 사태가 이런 식으로 진행되는 것은 아니다. 게다가 가정된 일치는 사실상 분열되어 있다. 참으로 그것이 수행되었다면 그 행동은 더 이상 자기知가 아니라 오히려 「만인의 자기의식이라고 하는 지반과 부등한, 그리하여 필연적으로 인정되지 않은 특정한 행동이다. 두 측면, 즉 행동하는 양심과 이 행동을 의무로서 인정하는 보편적 의식은 다같이 이 행동의 규정성으로부터 자유롭다」(PE, Ⅱ, 183 ; PG, 457 ; 정신현상학, Ⅱ, 235). 그렇기 때문에 인정이 여기서는 불가능해 보인다. 이와는 반대로 놀라운 것은 행동과 신념의 보편성 사이의 간극이다.

Ⅱ.「양심」의 보편성

그럼에도 불구하고 이러한 보편성은 그 타당성을 확보하지 않으면 안 된다. 행동은 여기서는 이전의 계기들 속에서처럼 한낱 그 질료적인 내용에 따라 고찰될 수가 없다. 행동은 그 정신적 의의가 박탈될 수는 없다. 다시 말해서 행동은 당연히 보편적인 신념을 표현한다. 그것은 하나의 知인 동시에 보편적인 知이어야 하는 것이다. 어떻게 이러한 보편성이 등장하여 그 행동을 정신적인 존재로 扮飾할 수 있는

236

가? 이러한 것이 여기서 제기되는 문제이다. 우리는 다시 문제의 항
들을 인용하겠다. 「자기는 자기로서 자기동일성을 견지하면서 현존재
속으로 진입한다. 즉 자기확신적 정신은 타재에 대해 그와 같이 자기
로서 실존하는 것이다」(PE, Ⅱ, 184 ; PG, 458 ; 정신현상학, Ⅱ, 237). 자기
의식들간을 매개하는 존재는 행동의 결과(Wirkung)일 수는 없다. 왜
냐하면 자기는 더 이상 이러한 결과 속에 담겨 있지 않기 때문이다.
그것은 이제 실존해야 하고 현실적이어야 하는 보편적인 자기의식이
다. 그러면 무엇이 자기의 표현의 참다운 양태, 즉 만인에 의해 감지
될 수 있는 객관적인 것인 동시에 이 객관성에도 불구하고 자체 내에
자기의 주관성을 보존하는 그런 양태가 될 수 있는가?

답변은 직접적이다. 즉 보편적 자기로서의 자기의 현존재는 오직 언
어, 곧 로고스가 될 수 있을 뿐이다. 행동에 대해 논평을 가하고 신
념을 표상하는 것은 언어이다. 언어만이 행동의 의미를 진술하는 것
이다. 「언어란 타자에 대해 (대타적으로) 존재하는, 직접적으로 그 자
체로서 현존하는 자기의식이다. 그것은 이 (개별적인) 자기의식이면
서 보편적인 자기의식이다」(PE, Ⅱ, 184 ; PG, 458 ; 정신현상학, Ⅱ, 238).

우리가 도달했던 경험의 수준에서는 자기확신적인 정신에 대해 유
일하게 적합한 표현은 그 내용이 언제나 특수하고 우연적으로 남는 그
런 행동이 아니라 행동하는 주체가 그 행동에 대해서 갖는 知이다.
이러한 知는 언어 속에서 객관화된다. 우리는 이미 헤겔이 언어에 할
애하는 커다란 중요성을 살펴보았다. 의식의 첫번째 계기, 즉 감각
적 확신에서 언어는 이미 그 본성을 우리에게 드러냈다. 다시 말해서
언어는 보편자를 진술하며, 또한 스스로에게 감각적인 현재성을 부여
한다. 언어는 정신의 진정한 표현이다.[16] 《정신현상학》 전체에 걸쳐
언어는 정신의 生의 모든 중요한 계기마다에 수반하고 있다. 그것은
모든 계기의 근원성을 구현한다. 헤겔은 이 지점에서도 그의 통상적
인 실행방식에 따라 언어가 갖는 그 기능상의 연속성을 강조하기 위
하여 그것의 상이한 역할들을 다시 취하고 있다. 인륜적 세계에서 언

16) 이러한 언어의 기능에 대한 논평으로는 Brice Parain 의 연구서 《Recherches sur
la nature et les fonctions du langage》(Gallimard, 1942), pp. 143 ff.을 참조하라.
〈인륜성의 체계〉에서 헤겔은 언어를 지성의 도구인 동시에 소산으로 특징짓고 있다.

어는 정신적인 자기의식이 실현하는 단순한 대상적 진리를 표현한다
(그렇기 때문에 언어는 거기서 초인격적인 사회질서의 표현일 뿐이
다). 즉 언어는 개별적인 의식에 부여된 「법 내지 명령」을 언표한다.
이 첫번째 형태의 언어는 여전히 이 세계에 의해 요구되는 바의 자기
를 결여하고 있다. 그리하여 입법자는 즉자대자적으로 타당한 것의
진술에 직면해서 소멸한다. 따라서 언어는 개인적인 행동을 계도하
는 명령을 나타내며 자아에 우월한 힘으로부터 연유하고 있는 것처럼
보인다. 이 정신의 첫번째 세계에는 또다른 형태의 언어가 있는데,
그것은 가공할 필연성에 직면해서 나타나는 탄식이요 비탄이다. 여기
서 헤겔은 물론 희랍의 비극을 생각하고 있다. 다른 곳에서 예술종
교와 관련하여, 헤겔은 정신적인 예술작품으로서의 언어로 되돌아갈
것이다.

우리가 살펴보았듯이 언어는 또한 문화의 세계에서 본질적인 역할
을 담당한다. 왜냐하면 자아가 스스로를 완벽하게 외화시키고 실체적
국가가 인격성을 획득할 수 있는 것은 언어의 매개를 통해서이기 때문
이다. 또한 자기소외된 자아의 분열을 진술하는 것도 언어이다. 단지
이 시대의 문학만이 이와 같은 정신의 분열을 표현할 수가 있다.[17]

도덕적 의식(칸트적 의미에서)에서 자기는 아직 현실적인 실존에 이
르지 못했기 때문에 그 의식은 침묵하지 않을 수 없다. 그러나 지금
이와는 대조적으로 그 내면적인 신념 속에서 스스로에 대해 확신하는
자기를 보편화하는 것은 오직 언어뿐이다.

양심의 언어를 이루고 있는 내용은 자기 자신을 본질로서 아는 자기이다.
언어는 오직 이러한 자기만을 표현하며 또한 이러한 표현이 행동의 진정한
현실성이고 타당성이다. ……보편적 자기의식은 한낱 존재할 뿐인 특정한 행
동으로부터 자유롭다. 현존재로서의 이러한 행동은 의식에게 아무런 타당성
을 갖지 못한다. 오히려 중요한 것은 이러한 행동이 의무라고 하는 신념과
또한 그 신념이 언어 속에서 실현되고 있다는 점이다(PE, Ⅱ, 185 ; PG, 459 ;
정신현상학, Ⅱ, 239).

이 구절에 대한 반응에서 어떻게 우리는 루소의 《고백록》으로부터
《젊은 베르테르의 슬픔》을 거쳐 〈아름다운 영혼의 고백〉에 이르는 문

---

17) 우리는 《Neveu du Rameau》에 대한 헤겔의 분석을 상기해야 할 것이다.

학을 생각하지 않을 수 있단 말인가? 중요한 것은 자기가 깨달았다는 것이 아니다.

왜냐하면 이 특정한 행동은 필연적으로 인정된 것이 아니라 오히려 자기가 그 신념에 따라 행동한 것에 부여하는 확신인 것이다. 모름지기 이러한 자기의 내면적인 확신이 《고백록》이나 혹은 《젊은 베르테르의 슬픔》속에서 참으로 이와 같은 자아의 문학 전체 속에서 뚜렷하게 빛을 발하고 실현된 것이다. 「그것은 현실적인 것으로 정립되어야 하는 형식이다. 그것은 그렇게 언어 속에서 실현되는 자기, 그 자신을 참된 것으로 언표하는 자기, 바로 이 언어 속에서 모든 자기를 인정하고 또 그것들에 의해 인정된 자기인 것이다」(PE, Ⅱ, 186 ; PG, 460 ; 정신현상학, Ⅱ, 241).[18] 자기가 17세기의 언어 속에서 자기 자신에게 소원해지고 또 자기 자신으로부터 소외되는 데 반하여 이 새로운 언어 속에서 자기는 그 자신을 보편적인 진리라고 하는 그 내면적 확신 속에서 진술한다.

아름다운 영혼

그러나 점차적으로 우리는 행동의 특수한 내용을 뒷전에다 두고 오직 여기서는 현실적인 것, 즉 언어라고 하는 현존재 속에서 개별적인 자아인 동시에 보편적인 자아로서의 자아를 고찰하기에 이르렀다. 행동하는 의식이 그의 보편적 측면에서 고찰되었지만 이제 그것은 정관적인 아름다운 영혼(la belle âme)이 되었다. 우리는 우리의 변증법을 행동하는 의식으로서의 양심에서 시작했다. 이제 우리는 아름다운 영혼의 변증법에 도달하였다. 이 변증법을 통해 우리는 아름다운 영혼의 운동 속에서 특정한 행동보다는 자기성찰을 보게 될 것이다.

헤겔이 당대의 문학과 철학으로부터 빌어와 아름다운 영혼에 부여하고 있는 다양한 의미들을 추적해 볼 필요가 있다. 따라서 우리는 행동에서 성찰로의 이행, 즉 아름다운 영혼을 절대적인 자기의식(헤겔은 「순수개념」이라고 말한다)으로 만드는 데서 절정을 이루는 이행을

---

18) 따라서 언어는 자기 자신을 의식하게 된 정신의 발전을 따르고 있다. 즉 그것은 객관적 질서(참다운 정신)에서 자기 자신을 확신하는 자기(주관적 정신)로 진행하는 것이다. 그러므로 우리는 희랍 세계의 언어, 자아의 외화의 언어, 분열의 언어 그리고 자아를 진리로 언명하는 (낭만주의적) 언어를 지니는 것이다.

좀더 명료하게 볼 것이다. 그런데 이 자기의식은, 그것이 자기 자신을 외화시키기를 거부하기 때문에, 즉 규정되고 외면적인 내용을 개념에 부여하기를 거부하기 때문에 자신의 주관성의 진공 속으로 침잠하여 그 어떠한 적극적 행동도 펼칠 수 없게 된다. 아름다운 영혼(die schöne Seele)이란 무엇보다도 그 이름이 가리키는 바와 같이 자신의 감정의 아름다움을 통해 경직된 의무관을 본성의 자발적인 경향과 화해시키는 수단을 발견했던 행복한 영혼이다. 예를 들자면 이러한 것은 쉴러의 영혼관이다.

「그것은 가장 어려운 의무들과 그것이 본능으로부터 획득한 가장 영웅적인 희생이 이 본능 자체의 자발적인 결과로 나타나는 바의 그런 영혼이다. 그 속에서 도덕은 본성이 된다.」[19] 미적 교육을 통해 쉴러는 칸트가 그토록 대립시켰던 두 항, 즉 자유와 본성(필연)을 화해시키고자 노력했다. 비록 칸트가 인간 본성의 통일을 해체시키기는 했어도, 그 역시 덕이 자연적인 운동의 은총을 소유하고 본성은 도덕적 生의 정신적 의미를 소유하는 바의 영혼 속에서 그 통일을 재구성 하고자 노력했다. 칸트적인 도덕주의 즉, 보편자와 법칙이라고 하는 추상적 관념은 따라서 보다 미학적인(감성적인) 인간관 속으로 지양될 것이다. 우리는 본성과 의무의 화해가 결코 칸트적인 이원론을 받아들이지 않았던 헤겔의 초기 저작들을 관철하는 주제들 중의 하나임을 알고 있다. 우리 자신은 방금 양심 속에서 직접적으로 자기 자신을 확신하는 정신, 즉 자체 내에서 진정으로 본성과 도덕의 화해를 이룩하는 정신을 살펴보았다.

그렇지만 아름다운 영혼은 구체적인 도덕적 개체성만은 아니다. 그것은 또한 행동적이기보다는 좀더 관조에 가까와지는 경향이 있다. 이러한 발전은 아마도 그 미학적인 정식화 속에서 예시되었을 것이다. 그것은 참으로 「자신의 개념 속에서 활력을 지닌 도덕적 천성」이다. 헤겔은 여기서 예나 시절의 작품 속에서처럼 야코비를 논급하고 있다. 그럼에도 야코비의 작품에 등장하는 성격들, 이를테면 알윌스(Allwills)와 볼데마르(Woldemars)는 단지 행동적이지만은 않다. 그들은 끊임없이 그들 자신에게로 되돌아온다. 도덕적 천성을 함의하는 행동 속에서

---

19) Schiller, 《*Von Anmut und Würde*》, 1793을 참조하라.

의 案出은 자기 자신에 대한 의사미학적 관조 앞에서 소멸하는 것이다. 무엇보다도 이 아름다운 영혼들은 그들의 내면적인 순수성을 자각하고 그것을 언표할 수 있는 일에 관심을 갖는다. 그들 자신에 대한 관심은 참다운 행동이 요구하는 것처럼 그들을 완전히 떠나는 것은 결코 아니다. 헤겔은 우리가 방금 인용했던 작품 속에서 다시 이 점을 강조하고 있다. 《정신현상학》에서는 도덕적 천성으로부터 자기관조로의 이행이 명백히 지시되어 있다. 「그의 행동이란 그 자신의 신성을 관조하는 일이다」(PE, Ⅱ, 187 ; PG, 460 ; 정신현상학, Ⅱ, 242).[20]

이러한 관조는 미학적인 성격 외에 종교적인 성격도 갖고 있다. 아름다운 영혼이 자기 자신 속에서 발견하는 것은 신의 소리이다. 그것의 자신에 대한 향유는 동시에 그 내면에 있는 신에 대한 향유이다. 이 점에서 쉴라이에르마허는 헤겔에 따라 야코비의 주관성을 보다 높은 정도로 고양시켰던 것이다. 헤겔이 계속해서 언급하고 있는 아름다운 영혼들의 공동체——지상에서의 신의 왕국——라는 관념은 도덕주의에서 미학주의를 거쳐 종교, 즉 《종교강론》에서처럼 미적 요소를 보지한 종교성에 이르는 이와 같은 발전 계열을 따르고 있다.[21] 자기 자신에 대한 객관적인 의식(Bewußtsein)을 스스로에게 제공하기 위하여 아름다운 영혼은 자신의 보편적인 자기를 만인의 자기로 언명하는 공동체에 참여할 필요가 있다. 이 공동체 안에서 모두가 그 마음의 갈망에 따라 행동하지만 저마다 「자기가 본질로 표현되고 인정되는 바의 담화(discours)에 의거하여」(PE, Ⅱ, 187 ; PG, 461 ; 정신현상학, Ⅱ, 242) 타인들을 인정하는 것이다. 중요한 것은 그 자체로는 보편적인 것이라고는 전혀 없는 행동보다는 저마다 타인들에게 부여하는 그 마음의 순수성과 그 의도의 섬세함에 대한 확신이다. 이와같이 자기를 신적인 것으로 아는 것이 곧 종교이다. 게다가 이 知가 직관의 대상일 때, 그것은 「그 자신의 정신에 대한 종교공동체의 말씀」(PE,

---

20) 초기 저작에서 헤겔은 주로 기독교의 중개에 의해서, 즉 그리스도의 「나의 왕국은 이 세계에 속해 있지 않다」에 의해 행동하는 영혼에서 정관하는 영혼으로 진행한다. 「아름다운 영혼」으로서의 그리스도에 관해서는 Nohl, *op. cit.*, pp. 284 ff 를 참조하라.
21) 헤겔은 〈*Glauben und Wissen*〉에서 Jacobi 를 Schleiermacher 에까지 확장시키고 있다.

자기확신적 정신 ; 自己인가 자유인가   241

Ⅱ, 188 ; PG, 461 ; 정신현상학, Ⅱ, 243)인 것이다.

여기서 우리는 또한 괴테의 소설 《빌헬름 마이스터의 수업시대》에 등장하는 〈아름다운 영혼의 고백〉을 생각하지 않을 수 없다. 소설을 쓰기 앞서 괴테는 쉴러에게 다음과 같이 편지했다. 「지난 주 나는 갑작스럽게 기묘한 영감에 사로잡혔었는데, 다행히도 그것은 지금까지 나에게 남아 있답니다. 해서 나는 나의 소설의 종교에 관한 부문을 시작해야겠다는 열의로 가득찼었읍니다. 그런데 그 주제가 가장 고상한 기만과 또한 주관적인 것과 객관적인 것의 극히 교묘한 혼동에 기초해 있는 탓으로 나는 나의 모든 힘을 한 곳으로 결집시키는 보다 큰 집중력을 필요로 했었읍니다.」[22] 괴테의 아름다운 영혼은 활동적이기 보다는 좀더 정관적이다. 그것은 괴테가 나탈리(Nathalie)라고 하는 인물 속에서 묘사했던 활동적인 기독교인과 대비되었다. 「인간의 운명은 활동적이 되는 것이다. 따라서 행동과 행동 사이에 잠짬이 있는 모든 휴지기는 계속적으로 행동을 유발하는 외계의 사물들에 대한 학습으로 채워져야만 한다.」 다시 괴테는 이 작품에서 「나는 그가 원하는 것을 알면서 중단없이 전진하는 사람, 그의 목표를 실현할 수 있는 수단을 알고 있으며 게다가 그 수단을 이해하고 이용할 수 있는 사람을 존경한다」고 말하지 않는가? 따라서 우리는 괴테의 소설에 대한 노발리스——헤겔이 아마도 그의 아름다운 영혼이라고 하는 인물의 마지막 특징으로 묘사하고자 했던——의 판단에 놀라서는 안 된다. 노발리스는 낭만주의 세대 전부가 그랬던 것처럼 그 작품을 정중히 칭찬하고 나서 그 시적인 외관의 배후에 은폐된 산문적인 의미를 비판했다. 괴테는 대상적 자연과 세계 속에서의 구체적인 행동을 등한시하는 주관적인 관념론을 거부한다. 아름다운 영혼은 자기 자신 안에서만 진력할 수 있을 뿐, 「이 시리듯 투명한 순수성 속에서 공중으로 사라지는 무정형의 아지랑이와 같이 흩어지고 마는 것이다」(PE, Ⅱ, 189 ; PG, 413 ; 정신현상학, Ⅱ, 246).

《정신현상학》에서 헤겔은, 아름다운 영혼의 발전과정 전체를 재현하고 있으며 또한 무엇보다도 그는 그 정관적인 성격을 강조하고 있다. 그것은 보편성에까지 고양되기는 했지만 자신을 벗어나지 못하는

22) 《Lettre 56》, éd. Herr, op. cit., p. 74.

주관성이며, 참으로 행동한다 해도 「자신의 사유를 존재로 변형시키 거나 자기 자신을 절대적인 구별에로 떠맡기지」 못하는 주관성이다. 이 아름다운 영혼의 소묘는——초기 작품들 속에 나타난 그리스도의 그것처럼——그것이 《정신현상학》에서 갖는 경멸적인 뉘앙스를 풍기 지 않았다. 초기 저작들에 나타난 아름다운 영혼은 그 순수성을 상실 하지 않기 위해서 운명과 대면하기를 거부했다. 즉 그것은 투쟁에 관 여된 능동적인 영혼과 달리 세계 속에서 자신의 자립성을 지키기를 거 부했지만 그것은 자신의 권리를 방어할 능력이 없는 수동적인 영혼의 비겁을 지니지는 않았다. 이러한 질곡을 벗어나기 위해서 아름다운 영 혼은 자신의 권리들을 세계의 사물들 속에 정초시키지 않았다. 따라 서 그것은 권력과 富를 거부했으며, 무엇보다도 자기 마음 속의 친교 를 통해 신의 왕국을 모색하였다.[23] 그렇지만, 「이러한 운명으로부터 의 도피는 극히 가공할 운명을 체험했다.」 세계로부터의 그의 분리는 곧 그의 운명이었다. 따라서 최대의 결백은 최대의 악과 양립하지 않 을 수 없었던 것이다.

《정신현상학》에서 제시된 아름다운 영혼의 소묘는 전혀 다른 의미 를 지니면서도 우리가 방금 묘사했던 특징들을 간직하고 있다. 아름 다운 영혼은 여전히 「세계로부터의 도피, 세계 속에서의 행동의 거부, 즉 자기상실로 끝나고 마는 거부」에 다름 아니다.

따라서 행동하는 양心과는 대조적으로 아름다운 영혼은 자체 내에 서 자기만족하는 주관성을 구현하며 또한 이와같이 도도한 주관성을 통해 신념의 언어가 이미 현시했었던 정신의 보편성을 보존한다. 그 것은 신적인 것에 대한 직관이 되는데, 이 직관은 여전히 본질——신 적인 것——과 자기의 구분을 상정한다 해도 오히려 「신적인 것의 차 기직관」, 절대적인 자기의식이다. 그러나 이 자기의식은 스스로의 의 식을 상실했다. 따라서 그의 의식에게 나타나는 대상은 더 이상 그 자 신과 구별되지 않는다. 그것은 주관적인 확신 속에서, 즉 자아=자아 라고 하는 절대적 직관——피히테는 인간에게서 부인했지만 노발리스

23) 딜레마는 다음과 같다. 즉 아름다운 영혼의 제 권리의 실재성을 인정함으로써 실 재의 정당성을 인정하느냐 혹은 실재를 방기하고 그리하여 아름다운 영혼의 제 권리 의 비실재성을 인정하느냐이다. 그 모든 경우에 있어 비극적인 모순에 직면하게 된다(Nohl, *op. cit.*, p. 285).

자신은 허용했던——을 소유함에 있어서 모든 진리를 상실한다. 「의
식으로서 그것은 자기와 그리고 그 자신에게 본질인 대상의 대립 속
으로 분리된다. 그러나 이 대상은 그야말로 철저하게 투명한 것이다.
다시 말해서 그것은 곧 그 자신의 자기인 것이다. 따라서 그것에 대
한 의식은 오직 자기 자신에 대한 知일 뿐이다. 모든 생명과 모든 정
신적 본질성은 이러한 자기 속으로 복귀된다」(PE, Ⅱ, 188 ; PG, 462 ; 정
신현상학, Ⅱ, 244). 절대적 生의 자기의식은 더 이상 대상이 아니다. 그
것은 어둠 속으로 침잠해들어가는데, 그 한가운데서 실체는 전적으
로 주체로 전화되었다. 따라서 노발리스는 「아집적인 무기력을, ……
자기 자신에게 실체성을 부여하는 것을, 자신의 사유를 존재로 전화
시키는 것을」(PE, Ⅱ, 189 ; PG, 463 ; 정신현상학, Ⅱ, 246) 고집했다. 그는
대낮의 확연한 빛보다는 이러한 내면의 어둠을 좋아하여 스스로 다음
과 같이 말했다. 「소피(Sophie)가 죽은 이래로 말할 수 없는 고독이
내 주위를 감싸고 있다. 그녀와 더불어 세계 전체가 나에게는 죽어 버
렸다. 나는 더 이상 이 세상에 살아 있는 것이 아니다.」 그러나 자기
자신에게 여하한 외화도 허락하지 않는 이 자기의식 속에서 대상으로
서의 자기는 즉자대자적으로 존재할 수는 없다. 그것은 단지 자기의
죽어 가는 메아리일 뿐인데, 그에게 있어 세계란 진정한 대상성의 각
인을 받지 못한 채 되돌아오는 그 자신의 목소리일 뿐이다. 「의식은
현존재를 지닐 수 없다. 왜냐하면 이 현실적인 자기가 현실성에 이를
수 없는 것처럼 대상적인 것은 현실적인 자기의 부정적인 것이라고
하는 데는 이를 수 없기 때문이다. 의식에게는 외화력(die Kraft der
Entäußerung), 즉 자신을 사물로 만들고(物化) 또한 존재를 담지할 수
있는 그런 힘이 결여되어 있는 것이다」(PE, Ⅱ, 189 ; PG, 462 ; 정신현상학,
Ⅱ, 245).

《정신현상학》의 결론에서, 절대知와 관련하여 헤겔은 이 아름다운
영혼관에로 되돌아간다. 자기확신적 정신은 오직 「자신의 외화와의 통
일」을 통해서만 절대적 진리를 획득한다. 철학의 마지막 말은 자체 내
에 정신의 실체성 전체를 포괄하여 그것을 그 자신에게로 환원시키는
아름다운 영혼의 주관성이 아니라 오히려 이 보편적인 주관성과 구
체적 행동의 편파성이 결집된 총체이다. 아름다운 영혼과 행동하는 의

식으로서의 양심은 화해되어야 한다. 우리가 방금 고찰했던 정신의 두 계기——그 각각은 떨어져서는 불충분하다——의 화해는 마침내 우리를 절대정신에로 인도한다. 아름다운 영혼은 자기 자신을 확신하면서도 그것이 행동의 편파성에 반대한다는 이유로 인해 한정된 정신의 보편성을 나타낸다. 이와는 반대로 우리가 처음에 언급했던 바의 양심은 행동하면서도 그 행동이 필연적으로 유한하고 제한되어 있다는 이유로 인해 한정된 정신을 나타낸다. 자기 자신에 대해 확신하는 자아의 이 두 가지 형식은 서로가 그 한계를 인정해야만 한다. 다시 말해서 행동하는 의식은 자체 내에서 필연적으로 자신의 유한성에 의해 함의된 죄를 발견해야만 하고, 또한 보편적 자기의식은 이 동일한 유한성을 유한자로부터 그의 분리 속에서 자각해야만 한다. 유한한 정신과 무한한 정신——그러나 이는 유한자로부터 분리되었기 때문에 악무한이다——의 이와 같은 화해가 정신의 최상의 변증법이다. 그것은 극단적인 분열의 한 가장자리에서 이루어진 생동적인 화해를 나타낸다. 이러한 것이 죄의 용서의 변증법인데, 여기서 정신은 자력으로 절대정신으로 생성해가며 오직 그렇게 생성해가는 과정에서만 절대정신인 것이다.

Ⅲ. 惡과 그 용서

a) 대립의 제 항

본성과 그리고 자기를 초월해 있는 순수의무로서의 추상적 보편자 간의 대립은 유지될 수가 없었다. 정신은 구체적인 도덕적 정신(양심)이 되었다. 그러나 「도덕적 세계관」이 대립시켰던 것을 자신에 대한 그의 직접적인 의미에서 화해시키는 이 구체적인 정신으로부터 출발할 때, 우리가 이미 극복했다고 생각했던 대립이 새로운 차원에서 재현된다. 그리고 이것이야말로 도덕적 세계관에 대한 장의 결론이 시사했던 바(PE, Ⅱ, 168 ; PG, 444 ; 정신현상학, Ⅱ, 217)이다. 보편자로서의 정신(「여기서는 보편성과 의무가 본질인 데 반해, 이 보편자와는 반대로 대자적으로 존재하는 개별성은 오직 지양된(aufgehoben) 계기로서

만 타당하다」)이 「개별적 개체성으로서의 정신(여기서는 단지 계기로
서만 타당한 즉자태나 혹은 보편자와는 반대로 자기확신이 본질이다)」
(PE, Ⅱ, 191 ; PG, 464 ; 정신현상학, Ⅱ, 248)과 대면한다. 따라서 우리는 아
무런 진전도 이룩하지 못한 것처럼 보인다. 하지만 이제 대립은 구
체적인 형식을 취하고 있다. 좀더 정확히 말하자면 우리에게 제시된
것은 의식의 두 형태인데, 그 각각은 두 계기——보편자와 개별자——
를 상이한 가치들로 함축하고 있는 것이다. 더우기 이 두 형태는 양
심으로부터, 내적인 자기확신으로부터 전개된다. 그것들은 그것들의
공통원천을 개별적이면서도 그에 못지 않게 보편적이고, 직접知이면
서도 그에 못지 않게 순수知인 확신 속에 지니고 있다. 그것들 중의
하나가 행동하는 정신인데, 이 정신은 존재 속에서 자신의 현실성을
행동으로서 정립하여 그 행동의 정당성을 직접적으로 확신한다. 다른
하나는 아름다운 영혼으로서, 이 영혼은 점차적으로 행동의 특정한 내
용을 포기하면서 자신의 生이 분쇄되는 것을 거부하고 자신의 순수
한 주관성 속에서 자아의 보편성을 언표한다. 행동하는 의식과 아름
다운 영혼은 모두가 구체적인 형태들 속에서 도덕적 세계관이 추상
적 항들의 이율배반이라는 형식으로 단일한 의식에 한정시켰던 것을
구현하고 있다. 우리가 도달했던 수준에서는 인간의 순수한 본성, 즉
독자적인 법칙들을 지니면서도 그와 못지 않게 독자적인 순수한 보편
성과 대립된 본성을 운운한다는 것이 불가능하다. 정신은 하나의 총
체성으로서 자기 자신을 분열시킨다. 그리하여 이러한 분열이 그것이
요구하는 화해와 마찬가지로 언어에 의거하여 현존재 속에 나타나 있
는 것이다. 정신은 어떤 면에서는 특수적 정신으로서뿐만 아니라 보
편적 정신으로서도 소여된다. 일방이 타방에 반발하는 운동은 일방이
그 타방을 지향하는 운동 못지 않게 현재성을 지녀야 하며, 주인과 노
예의 변증법 내지 고귀한 의식과 비천한 의식의 변증법 못지 않게 전
형적이며 구체적인 변증법을 생기시켜야 한다. 따라서 일정한 외견
상의 차이에도 불구하고 (그 변증법적) 발전은 칸트의 도덕적 의식과
비교해서 고려해 볼 만하다. 행동하는 의식과 아름다운 영혼과 그리
고 언어 속에서의 정신의 현존재에 대한 소묘를 통해 우리는 실존 그
자체 속에서 유한한 정신과 무한한 정신을 대립시킬 수 있는데, 이러

246

한 대립은 그 자체의 心化를 통해 그것들 상호간의 유기적인 화해를
이룩하는 것이다. [24]

b) 유한한 정신 ; 죄의 의식

우리는 《정신현상학》의 텍스트를 따라 우리가 이제 다시 취하고자
하고, 우리가 다수의 그 가능한 의미들로 되돌아갈 가능성을 남겨 두
고자 하는 변증법의 여러 가지 애매성을 충분히 인식하고 있다. 다양
한 해석의 가능성을 열어 주는 이러한 애매성이 물론 이 철학적 텍스
트의 풍부성을 이루는 것이기는 하지만, 그럼에도 불구하고 그것은
역사가에게는 곤혹스러운 일이 아닐 수 없다. 그 애매성들을 은폐시
키는 것은 엄밀히 말해서 전형적인 (혹은 좋다면 상징적인) 동시에 구
체적인 이 변증법의 특성인 것이다. 헤겔과 마찬가지로 우리는 죄 지
은 의식에서 출발할 것이며, 다음으로는 이러한 대립 속에서 심판하는
의식이 되는 다른 의식을 고찰할 것이다. 그러나 죄 지은 의식이란 일
종의 내면적인 반전을 통해 이제는 「사악한 의식」으로 된 양심 혹은
「선한 의식」이라 했던 것에 다름 아니다. 여기서 우리는 현대 철학자
의 기지를 생각해 볼 수 있겠다. 「선한 의식이란 양심(Gewissen)에 귀
기울기를 거부하는 것에 다름 아니다.」[25] 이러저러한 구체적인 상황
속에서 자신이 해야 할 바를 직접적으로 알고 있는 이 의식, 구체적인
상황에 실존적으로 연루되어 있는 이 의식은 어떻게 죄 지은 의식이
될 수 있는가? 여기에는 「유한성은 필연적으로 악하다」고 말해질 수
있는 것처럼 철학자들이나 신학자들 속에서 종종 발견되는 하나의 형
이상학적 요청이 있다. 정신은 유한하다. 때문에 그것은 악하다. 이
러한 유한성은 우리 자신의 피규정성과 혼동된 제약, 실존적인 선택

---

24) 불행한 의식이나 혹은 고귀한 의식과 관련하여, 우리는 이미 헤겔적 현상학의 특
성을 강조한 바 있다. 그것은 의식의 제 계기의 조형적 형태(Gestalt)에 도달하는 문
제이다. 보편자와 개별자, 무한한 정신과 유한한 정신은 여기서 의식의 두 가지 구
체적 형태이다. 게다가 각 형태는 다른 형태를 자체 내에 유폐시키고 있다. 그렇기
때문에 왜 대립이 모순 및 화해가 되고 마침내 동일성이 되는가가 가능한 것이다.
25) Heidegger, 《Sein und Zeit》, op. cit., p. 292. 우리는 하이데거의 이 표현을 인용
하고 있지만, 하이데거의 텍스트가 담고 있는 정신은 헤겔의 그것과는 전혀 다르다.
헤겔에 있어서는 부정성, 죄, 부정적인 것을 진지하게 받아들인 필요성, 분열이 존
재하지만 이 모든 것에도 불구하고 거기에는 화해가 존재한다.

을 함축하고 있다. 「실존한다는 것은 제약이라고 하는 죄를 범하는 것
이며 무력감을 갖는 것이다.」[26] 이러한 맥락에서 헤겔은 「오직 돌만
이 결백하다」고 말할 수 있는 것이다. 왜냐하면 행동하는 정신은 필
연적으로 세계에 관여하지 않을 수 없고 특수적인 어떤 것이 되지 않
을 수 없으며 게다가 동시에 이 불가피한 특수성을 극복해야 할 소명
을 느끼지 않을 수 없기 때문이다. 이 등식——그중 한 항은 제약이
고 다른 항은 죄이다——은 많은 문제를 제기한다. 우리가 그것을 읽
어낸 바의 의미에 따르면, 우리는 인간의 상황 자체를 종교적으로나
혹은 순전히 철학적인 방식으로 해석하는 것이다. 우리가 이 논쟁에
개입할 필요는 없다. 그렇지만 인간에 있어서 죄의 기원이라는 문제
는 차치한다손 치더라도 그의 실존 자체와 결부된 이와 같은 죄의식
을 발견하지 않는다는 것은 불가능한 일이다. 실존에는 일정한 편협
성이 있다. 이 편협성이 실존의 심원성을 이루기도 하지만 실존에는
엄밀히 말해서 이 편협성과 결부되어 있으면서 동시에 근원적인 자
유, 즉 우리가 정확히 위상을 설정할 수도 거부할 수도 없는 근본적
인 자유와 결부된 죄의식이 수반되고 있다. 헤겔주의에서 행동하는
정신은 단독으로 스스로를 결정한다. 그러나 동시에 행동하는 정신은
그 자신의 진리가 절대적인 자유로서 인정될 것을 요구한다. 타인에
의한 나의 신념의 인정 요구는, 우리가 살펴 보았던 것처럼 양심 속에
현존하는 보편성의 계기를 전제하고 있다. 따라서 행동하는 정신이
그 자신의 말들 속에서 언표하는 보편성과 그의 행동의 특수한 내용
간의 대비는 마침내 그 자신에게 현시되어, 정신은 자기 스스로 그
자신의 내면 속에 들어 있는 악을 의식하게 되는, 말하자면 죄 지은
의식이 되는 것이다.

　　양심이 공허한 의무를 자기 자신으로부터 끌어낸 특정한 내용으로 채울
때, 양심은 이 특수한 자기로서의 그 자신이 스스로를 위해 내용을 조달한
다고 하는 긍정적인 의식을 갖는다. ……양심은 그것이 대자척으로 있는 바
와 그것이 대타척으로 있는 바간의 대립, 즉 보편성 내지 의무와 그 의무

26) Jaspers, 《Philosophie》, op. cit., Ⅱ, p.204. 헤겔이 인간의 존재에 대해 피투성
(Geworfenheit)이라는 표현을 사용하고 있음은 주목할 만하다(PE,Ⅱ,276 ; PG,537 ;
정신현상학, Ⅱ,362).

를 벗어나 자체내 반성된 것 간의 대립을 의식하게 되는 것이다(PE, Ⅱ, 190
~91 ; PG, 463~64 ; 정신현상학, Ⅱ, 247).

악에 대한 의식은 따라서 행동상의 유한성과 내재적인 요구인 자기
의식들 간의 상호인정의 지반 사이의 대립과 연관되어 있다. 나는 나
의 신념을 타인들에게 언표함으로써 보편자를 인정한다. 그리고 나서
나는 판단을 기다린다. 게다가 나는 나의 목표의 개별적인 내용이 내
가 선언한 이 보편성에 부적합하다는 것을 알고 있다. 만일 이러한 대
립이 충분히 인식된다면, 그것은 이른바 「위선」이며 그리하여 이 위
선은 폭로되지 않으면 안 되는 것이다. 그것은 보편적 의식이 죄 지은
의식 속에서 적발한 것이다. 「이와 같은 대립의 운동은 처음에는 악
의 본래적인 모습과 그 악의 표출된 모습간의 동등성의 형식적 수립
이다. 그러므로 악은 악이라는 것, 다시 말해서 악의 현존재는 악의
본질과 동일하다는 것, 위선은 폭로되어야만 한다는 것이 밝혀지지 않
으면 안 된다」(PE, Ⅱ, 191 ; PG, 464 ; 정신현상학, Ⅱ, 248). [27] 이러한 동등
성은 결코 보편자에 대한 구두상의 인정에 의해서는 수립되지 않으며
──왜냐하면 위선이란 이른바 악이 덕에 표하는 경의이므로──또한
그 자신의 내면적인 법칙을 고집하는 의식에 의해서도 수립되지 않는
다. 내면적 법칙이 한낱 의식 자신의 것일 뿐이라는 사실은 그것이 보
편적으로 인정되지 않았다는 것을 의미한다. 그러나 의무는 이제 보
편적 의식의 형식을 취했으며 개별적 의식도 그의 실존적인 고립을 극
복하여 적어도 그의 언어에 의해서나마 보편적인 인정에 이르는 길을
열어 놓았다고 자처하고 있다.

c) 보편적 의식

따라서 우리가 지금 모색하고 있는 동등성을 수립하는 수단을 발견
하게 되는 것은 행동하는 의식을 통해서가 아니다. 주인의 의식이 자
기 자신을 모르는 노예의 의식으로 드러난 것처럼 혹은 고귀한 의식
이 결국에는 비천한 의식으로 나타난 것처럼 여기서도 또한 심판하는

---

27) 우리는 헤겔의 제 분석, 이를테면 대자적 존재와 대타적 존재의 대립, 타인들에 의
한 나의 인정의 내적 요구와 판단되어야 할 필요간의 대립이 불러일으키는 현대적
반향을 주목하지 않을 수 없다.

의식의 형식에서의 보편적 의식은 그가 심판하고자 하는 죄 지은 의식
과 동일한 것으로 우리에게 드러난다. 그러므로 이 의식을 도덕적 판
단이라고 하는 구체적 형식 속에서 고찰해 보자. 첫째로 이 의식은 그
의 보편성을 단순히 그의 판단에 의해서는 드러낼 수가 없다. 그가 위
선을 악으로 낙인 찍을 때, 그는 사악한 의식이 스스로를 그 자신의
법칙 위에 정초시켰던 것처럼 그의 판단을 그 자신의 법칙 위에 정초
시킨다. 다시 말해서 그의 열의는 이미 그가 행하고 있다고 생각하는
것의 정반대를 수행하는 것이다. 「그는 그가 〈참다운 의무〉라고 명명
한 것, 보편적으로 인정되어야만 하는 것이 인정되지 않은 것임을 보
여 준 것이다」(PE, Ⅱ, 193 ; PG, 466 ; 정신현상학, Ⅱ, 251). 그러나 우리는
아직 좀더 천착해 보아야만 한다. 이 의식은 우리에게 그 자신이 악
하고 편파적이라는 것을 보여 준다. 그리고 행동하는 의식이 고백하
게 되는 것은, 다시 말해서 또 다른 고백을 기대하는 하나의 고백을
통해 자기 자신을 완전히 타인에게 열어 보이게 되는 것은 자기 자신
속에 들어 있는 위선을 자각하면서부터이다. 그러나 실제로 악에 반
대함으로써 그는 행동하는 대신에 심판하며 이러한 비실제적인 판단
을 실제적인 행동으로 간주한다. 「그는 자신의 순수성을 훌륭히 보존
했다. 왜냐하면 그는 행동을 하지 않았기 때문이다. 그는 판단행위가
현실적인 행위로 취급되기를 바라는 위선에 다름 아니다. 다시 말해
서 그는 행동을 통해서 보는 단지 그 자신의 흠잡을 데 없이 깨끗한
심정만을 토로함으로써 자신의 공정성을 입증하는 위선인 것이다」
(PE, Ⅱ, 193 ; PG, 466 ; 정신현상학, Ⅱ, 251~52).[28] 따라서 그는 스스로를
그가 심판하는 의식과 동열에 놓는다. 즉 그는 심판된 의식과 마찬가
지의 형국에 처하는 것이다.

　결국, 행동하는 대신에 심판하거나 정관하는 이 의식은 단지 악을
정관할 뿐인데, 바로 여기서 그는 다시금 그 자신이 대변한다고 자처
하는 보편성에 스스로가 부적합함을 보여 주고 있다. 만일 그가 행동
하지 않는다면 그것은 아름다운 영혼으로서의 자신의 순수성을 보존
하기 위해서이지 무한한 生을 자기 자신 안에 가두어 놓기 위해서가

---

28) 보편적 의식으로서 헤겔은 여기서 대중들이 위인에 대해 가하는 판단을 생각하고
　　있다(다음에 이어지는 나폴레옹에 대한 암시를 보라).

아니다. 그러나 그가 첫번째 의식 속에서 악을 지각했을 때, 그는 엄밀히 말해서 정신의 生이 통일한 것을 분리시킴으로써 행동의 구체적 총체성을 파괴한 것이다. 모든 실제적인 행동은 하나의 구체적 전체로서 간주되어야 한다——여기서 헤겔은 주로 행동하는 인간과 그리고 혼히 대중의 의식이 그들의 행위에 대해서 부여하는 사소한 설명들을 생각하고 있다——다시 말해서 모든 실제적 행동은 그것이 이러저러하게 소여된 개체성과 연관되어 있기 때문에 특수적이지만, 그 범위와 일반적인 의의에 있어서는 그것은 또한 구체적 보편자라는 의미에서 보편적이다. 인간의 행동은 언제나 행동이라는 것 못지 않게 열정이다. 「열정이 없이는 어떤 위대한 일도 행해질 수가 없다.」 인간의 행동이란 개체성에 대한 제한된 표현이며, 이러한 한계 내에서 그것은 열정이다. 그러나 그것은 또한 이 개체성을 통해 행동하는 정신의 표현이며, 그 점에서 그것은 보편적 행동인 것이다.[29] 심판하는 의식은 구체적이며 생동적인 전체를 파괴시킨다. 「그는 행동을 그 것과는 다른 의도나 이기적인 동기에 의해 설명한다」(PE, Ⅱ, 194 ; PG, 467 ; 정신현상학, Ⅱ, 253). 위인의 행위 속에서, 그는 행동의 한 계기에 지나지 않는 불순한 동기만을 끄집어 내어 비난한다. 다시 말해서 그는 위인이 「그가 행한 것을 의지하고 그가 의지한 것을 행한다」는 점을 보지 못한 채 모든 것을 명예욕이나 혹은 공명심에 의해 설명하고자 애쓴다. 「시종(valet de chambre)에게는 영웅이란 없다.」 헤겔은 나폴레옹의 이 말을 몇 년 뒤에 괴테를 고무시켰던 다음과 같은 평과 함께 인용하고 있다. 「후자가 영웅이 아니기 때문이기보다는 전자가 시종이기 때문이다」(PE, Ⅱ, 195 ; PG, 468 ; 정신현상학, Ⅱ, 254). 마찬가지로 판단에 있어서는 그것이 개체성의 개별적 측면을 행동의 보편적인 측면에 대립시킬 수 없으며 따라서 행동하는 인간에 대하여 도덕의 시종 역할을 담당할 수 없는 바의 그런 행동이란 없다. 그렇기 때문에 무한한 정신은 오직 자기 자신을 끊임없이 극복함으로써만 존재하는 것이다.[30]

---

29) 우리는 이미 헤겔에게 있어 초기 저작을 필두로 그리고 보다 명시적으로는 예나 시절의 정치학 관계의 제 저작에서, 보편적 정신은 「개별적 활력」이 없이는 있을 수 없음을 지적하였다. 이념은 언제나 개별적 형태 속에서 나타나는 것이다.

그가 거울 속에서처럼 자신을 판단하는 의식 속에서 그 자신을 볼때, 행동에 관여된 의식은 자기 자신 속에 들어 있는 악을 인정하고 그 자신에게 화해의 가능성을 열어 둔다. 악을 용납한다는 것은 다른 자아와 그 자신의 자아의 연속성을 인정하는 것이다. 그와 반대로 그는 동일한 용납을 기대하는데, 이는 그들 상호간의 동일성을 표현할 것이다. 그러나 그것은 일어나지 않는다. 즉 판단하는 의식은 자신의 판단을 고집한다. 그는 이와 같은 고립에의 절대적 의지, 이와 같은 타인들과의 연속성의 단절을 고수함으로써 자기 자신을 악으로 확증하는 「냉혹한 마음」이 되는 것이다. 따라서 이 보편적 의식, 행동하지 않는 아름다운 영혼, 행동하는 대신에 판단하는 의식, 자신의 도도한 침묵 속으로 후퇴하는 냉혹한 마음은 모두가 자기 자신의 대립물이 된다. 그는 보편자라고 하는 연속성이 되기보다는 그 자신이 스스로 세계에 개방하고 존재에 동의하기를 거부했기 때문에 스스로의 내면적 자기 속에서 순수한 개별자라고 하는 불연속성이 된 것이다. 만일 그가 자신의 도도한 태도를 고집한다면, 그는 아름다운 영혼이 그랬던 것처럼 순수존재로, 하지만 정신이 결여된 존재로 타락할 것이다. 그러나 이제는 동등성이 수립되었기 때문에 「냉혹한 마음을 해체시켜 그것을 보편성으로 고양시키는 것은 고백하는 의식을 통해 이미 표현된 동일한 운동이다.」 따라서 용서의 「예」는 화해의 말이요, 자아의 다른 자아 속에서의 인정——이와 같은 상호교환 속에서 절대정신을 현현시키는 죄의 용서——이다. 절대정신은 결코 유한한 정신에 대립된 추상적인 무한한 정신이나 자신의 유한성을 고집하여 언제나 자신의 타자로서의 차안(en deça)에 남아 있는 유한한 정신이 아니다. 절대정신은 이 두 자아의 통일이며 대립인 것이다. 따라서 자아=자아라는 등식은, 만일 우리가 그 동일성 못지 않게 그 이원성을 강조한다면, 모름지기 그 구체적인 의미 전체를 갖추고 있는 것이다.

두 자아가 그들의 대립된 현존재를 서로간에 단념하는 바의 그런 화해의

30) 절대자를 「비극적인 것」으로 개진하는 〈자연법의 학적 취급방식에 관하여〉의 다음의 구절을 참조하라. 「보편자는 스스로를 열정과 죽음에로 내맡김으로써 스스로를 실현한다. 이와는 반대로 개별자는 이러한 지양을 통해 스스로를 보편성의 수준으로 고양시킨다」(éd. Lasson, Ⅶ, p. 384).

「예」는 이원성에까지 확장된 자아의 현존재, 즉 자기동일자로 남아 있으며 또한 자신의 완전한 외화와 대립 속에서 자기 자신을 확신하는 자아의 현존재이다. 이러한 「예」는 자기 자신을 순수知로 아는 자들의 한 가장자리에 그 모습을 나타내는 신에 다름 아니다(PE, Ⅱ, 200 ; PG, 472 ; 정신현상학, Ⅱ, 262).

d) 이 변증법의 의미

우리는 이미 죄의 용서에 관한 헤겔 변증법의 풍부성과 애매성을 지적한 바 있다. 이제는 그것에로 돌아가야 할 때이다. 삼위일체 및 성육신과 더불어 헤겔이 그의 철학적 사유의 토대들 중의 하나로 만든 이 기독교 교리에 우리는 어떤 의미를 부여해야 하는가? 헤겔은 신비주의자는 아니다. 기독교 사상이나 경전들 속에서 그는 종교적 경험보다는 하나의 철학적 상징을 모색하고 있다. 이미 그의 청년기 저작들 속에서, 즉 우리가 오늘날 「실존주의적」이라 부르고 또 철학적 해석이 덜 표면화되었던 저작들 속에서 헤겔이 이러한 종교적 경전들에 관해 묻는 것은 인간 본성에 관한 보다 직접적인 지식이다. 사실상 이러한 경전들은 그에게 그 자신의 철학적 변증법이 전범으로 삼게 될 살아 있는 변증법을 제시해 준다.

우리가 죄의 용서라고 하는 테제의 애매성을 언급할 때, 우리는 그것이 일방적으로 담고 있는 철학적 의미가 불명료하기보다는 오히려 이러한 철학적 의의를 중심으로 그 풍부함에 주석가가 놀라거나 혹은 그 대신으로 가능한 해석들의 다양성에 그가 낙담하는 그런 구체적인 의의들의 후광이 지속적으로 존재한다고 말하고자 하는 것이다. 만일 그것이 무한한 정신과 유한한 정신의, 보편자와 개별자의 대립과 화해의 철학적 범위를 명시하는 문제로 그친다면 과제는 어렵지 않을 것이다. 그러나 그것들에 대해 헤겔이 제시하고 있는 구체적인 서술은 한 작품에서 다른 작품으로 바뀐다 해도 결코 불필요한 휘장 정도로 치부될 수는 없다. 아마도 우리가 오늘날에 가장 민감하게 반응하는 것이 그것일 것이다. 헤겔적인 변증법은 詩와 마찬가지로 그 형식과 무관하지가 않다.

죄의 용서의 변증법은 《기독교의 정신과 그 운명》이라 명명된 프랑크푸르트 시절의 단편——이 단편은 우리가 앞서 언급했던 아름다운

영혼의 소묘를 담고 있다[31]——속에서 제시되었다. 법이라는 보편자
를 범죄행위에 대립시키는 정의의 관점에서 본다면 여하한 화해도 불
가능해 보인다. 행해진 것은 행해진 것이다. 즉 범죄자는 언제나 범
죄자일 것이다. 「법 앞에서, 범죄자는 단지 범죄자일 뿐이다. 그러나
후자가 인간 본성의 한 단편일 뿐인 것처럼 전자의 경우도 마찬가지
이다. 만일 법이 전체이며 절대자라면, 범죄자는 단지 범죄자일 뿐이
다.」 그러나 「죄인은 인간이지, 현존하는 죄가 아니다.」 그의 행위에
의해서 죄인은 스스로 그가 근거짓고 있는 바의 이 절대적인 운명을
초치했으며, 그의 운명과 대결함으로써 그는 자신을 그 운명 너머로
고양시킨다. [32] 무한한 生은 행동으로 인해 분열되어 화해를 열망한
다. 왜냐하면 그 生은 여전히 범죄자 속에 존재해 있기 때문이다. 그
리스도의 숭고함도 이와같이 生을 사랑으로서 발견하는 데 있다. 믿
음을 발견한 어느 곳에서든 그리스도는 서슴없이 「너의 죄가 너를 사
해 주었느니라」고 말한다. 왜냐하면 그에게 있어 믿음이란 정신(성
령)에 의한 정신(성령)의 이해, 율법과 운명 너머로의 고양을 상징하
기 때문이다. 그리스도는 아직 믿음을 가진 죄인에게는 존재하지는
않았지만 그가 지향하고 있었던 성령을 신뢰했었다. 「예수는 마음속
에 조화와 사랑을 간직하고서 그들의 운명을 극복했던 자들을 알아보
았다. 그는 인간 본성에 대한 단편적인 이해를 필요로 하지 않았다」
고 말하는 것은 그가 유한한 生의 한 가장자리에서의 무한한 生의 내
재를 발견했다는 것을 의미한다. 「이에 반해서 유대인들은 죄의 용서
를 이해할 수가 없었다. 왜냐하면 그들에게는 절대적인 분리가 있었
기 때문이다. ……그들은 모든 조화, 모든 사랑을 외화시켰으며(멀리
했으며) 그들 자신을 소원한 존재 속에 정초시켰다.」[33] 이 구절에서
나타나는 생각은 죽은 대립을 대체한 산 화해라고 하는 생각이다. 행
위는 여전히 존속한다. 그러나 그것은 하나의 과거로서, 즉 미래로부

31) Nohl, *op. cit.*, pp. 243~301. 특히 pp. 376ff; Gesetz und Strafe.
32) *Ibid.*, pp. 278ff.
33) *Ibid.*, p. 289. 헤겔이 법이라는 추상적 보편자를 운명으로 대체하여 사랑을 통한
    화해의 사상을 생각하는 것은 바로 이 구절에서이다. 「이러한 삶의 감지, 다시금 자
    신을 발견하는 감지는 곧 사랑이며, 사랑 속에서 운명이 화해를 이룩하는 것이다」
    (p. 283).

터 그 의미를 기다리는 과거로서 우리가 지금 논평하고 있는 《정신현
상학》의 구절에서 헤겔이 다소 다른 어조로 말하고 있듯이 치유될 수
있는 상처로서 존속하는 것이다. 「정신의 상처는 아무런 흉터 자국도
남기지 않은 채 치유된다. 행위는 불멸하는 그 무엇이 아니다. 오히
려 그것은 정신에 의해 자체 내로 환수되고 있다. 따라서 행위 속에
존재하는 개별성의 측면은, 그것이 의도로서건 현존하는 부정성과 한
계로서건 직접적으로 소멸하는 것이다」(PE, Ⅱ, 197 ; PG, 470 ; 정신현상
학, Ⅱ, 258). 대개의 낭만주의자들처럼 헤겔은 무한자의 유한자 속에
서의 내재를 철저히 사유하고자 한다. 그러나 이것은 그를 비극적인
역사철학으로 인도했다. 무한한 정신은 유한한 정신을 넘어서, 행동
하고 죄를 범하는 인간을 넘어서 생각되어서는 안 된다. 게다가 아직
은 무한한 정신 자체가 인간사에 참여하고자 한다. 정신의 참다운 무
한성, 그 구체적인 무한성은 이와 같은 타락 없이는 존재할 수 없다.
신은 인간적인 유한성과 인간적인 고통을 무시할 수가 없다. 반대로
유한한 정신은 한계 속에(en-deça) 갇혀 있지가 않다. 그것은 자기 자
신을 극복하고 또한 부단히 그 자신의 초월을 향해 추동된다. 바로 이
초월행위야말로 정신의 유한성에 대한 가능한 치유이다. 따라서 헤겔
주의는 신과 인간의 통일의 문제, 그들의 대립을 보존하는 그들의 화
해——헤겔이 말하는 외화——의 문제를 제기하는 것이다. 34)

그렇지만 이 죄의 용서의 변증법은 우리가 인용한 《정신현상학》의
구절에서 몇 가지 특수한 성격들을 제시하고 있다. 즉 그것은 행동하
는 인간에 심판자를 대립시켜 다시금 자기의식들간의 의사소통의 문
제를 다룬다. 행동하는 인간은 그 자신을 타인들로부터, 보편적인 자
기의식들로부터 고립시킬 수가 없다. 그는 우리가 살펴 보았던 것처럼
기본적인 인간 욕구로서의 인정에의 욕구를 절감하고 있다. 자기의식
은 오직 인정의 매개를 통해서만 존재한다. 자기의 인정이 구체적인
정신적 존재를 이루는 것이다. 그런데 도덕적 심판은 죄 지은 의식이
그럴 수 있는 만큼이나 악으로 보였었다. 「심판받고 싶지 아니하거든

---

34) 〈*Glauben und Wissen*〉, éd. Lasson, Ⅰ, p. 346 에서 사변적인 성 금요일(부활주
일 직전의 금요일)을 참조하라. 마찬가지로 헤겔적인 논리는 곧 직관적(神的) 오성
과 추론적(인간적) 오성의 화해이다.

심판하지 말아라」는 성서의 구절을 논평하면서 헤겔은 때때로 질투심
이 강한 대중들이 위인에게 내리는 심판 속에서 위선과 비천이 덕을
가장하여 은폐되어 있음을 발견한다. 타인들의 행동에 대한 심판은 행
동보다는 말하기만 일삼으며, 행동 속에서 그의 가능한 보편성을 발견
하기보다는 언제나 그 행동을 악으로 해석한다. 그는 마침내 자신을
정신적인 공동체로부터 고립시키는 「냉혹한 심장」(의 소유자)가 되는
것이다. 악은 이러한 고립 자체로, 즉 단절로서 나타난다. 타인의 고
백에 대해서 「그는 그 자신의 영혼의 아름다움을…… 언제나 자기동일
적인 성격의 완고한 태도와 그리고 자기 자신에 집착하여 타인에게
스스로의 자세를 숙이지 않는 자의 침묵을 대립시킨다」(PE, Ⅱ, 196 ;
PG, 469 ; 정신현상학, Ⅱ, 256).

　이 변증법 속에는 극히 많은 가능한 주제들이 뒤얽혀 있기 때문에
비평가는 임의로 한두 주제를 강조하여 그것들이 어떻게 계속적으로
전개되었는가를 보여 줄 수가 있다. 도덕적 심판의 비판, 그것을 고
무할 수 있는 동기, 그리고 분석해 볼 경우 그 비순수성이 드러나는
것들은 예를 들어 니체에게서도 발견될 수가 있다. 즉 현대철학은 헤
겔이 극히 중시했던 자기의식들간의 관계 문제인, 의사소통과 인정의
어려움들을 강조하고 있다.

　우리가 이미 언급했던 것처럼 이 변증법 전체의 일반적인 철학적 의
미가 동일한 애매성을 제시하고 있는 것은 아니다. 우리는 그것을 개
략적으로 지적한 바 있다. 칸트나 피히테의 도덕적 세계관은 도덕적
질서, 善을 우리 세계 너머에 정초시켰다. 정신은 차안에서는 실현되
지 않는다. 그러나 그 경우 정신은 아마도 우리가 현실 속에서 수행
하는 것 안에서보다는 우리를 촉발하는 의도(사념) 속에 거주할 것
이다. 이러한 것은 레싱의 해결방식이었다. 그에게 있어서는 진리의
탐구가 본질적인 것이었으며 이 진리의 정태적 소유보다 더욱 가치가
있었다. 至高者를 열망하는 것은 그것이 안고 있는 갖가지의 결함과
유한성에도 불구하고 본질적인 것이 아닌가? 비록 이러한 해석이 헤
겔의 그것과 유사해 보이기는 해도 그것은 사실상 전혀 다르다.

　인간의 발전이 제시하고 《정신현상학》이 다시 추적하고 있는 기나
긴 오류의 역사 전체는 사실상 하나의 타락이지만 우리는 이러한 타

256

락이 절대자 자체의 일부이라는 것, 그것은 총체적 진리의 한 계기이라는 것을 배워야 한다. 절대적 자기는 이러한 부정성 없이는 표출될 수 없다. 즉 그것은 오직 「아니오」에 「아니오」라고 말함으로써만, 오직 필연적인 부정을 극복함으로써만 절대적인 「예」이다. 「정신의 진정한 生은 이러한 초월행위 속에 있다. 그것은 언제나 한계 속에(en-deça) 갇혀 있는 죄의식 속에 있지 않으며 언제나 초월적인 피안의 의식 속에도 있지 않다. 오히려 그것은 죄의 용서의 의식, 대립을 통한 화해의 의식 속에 있다.」[35] 이러한 것이 우리가 자아=자아라는 것에 부여하는 의미이다.

《종교철학강의》에서 헤겔은 이러한 견해를 《정신현상학》에서보다도 첨예한 방식으로 표현하고 있다.

　모두가 그 자신인 바로 남는다는 규정은 유한성의 형식 속에 사로잡혀 있다. 그는 악을 행했다. 그러므로 그는 악하다. 악은 그의 안에 그의 質로서 들어 있다. 그러나 도덕에서, 그리고 보다 낫게는 종교에서 정신은 자유로운 것으로, 그 자체 긍정적인 것으로 인식된다. 따라서 악만큼이나 멀리 미치는 인간 속의 이 한계는 정신의 무한성에게는 無이다. 정신은 사물들을 주관하며 발생했던 것을 발생하지 않았던 것으로 만들 수가 있다. 행동은 참으로 기억 속에 남아 있지만 정신은 스스로 그것을 박탈해 버린다. 다시 말해서 유한자, 악 일반은 부정되는 것이다.[36]

하지만 이 텍스트는 우리가 여전히 《정신현상학》에서 발견하는 범비극주의를 충분히 강조하지는 못하고 있다. 헤겔의 낙관주의는, 악이란 전체의 내부에서 소멸하는 부분적인 관점일 뿐이라고 보는 라이프니츠의 그것과 다르다. 무한한 生 자체가 유한성과 부정성이 없이는 존재하지 않는다. 예나 시절에 헤겔은 「무한자는 유한자 못지 않게 불안하다」고 적었으며, 또한 「역사의 刑場」이 없다면 「정신은 생명을 잃은 고독한 자가 될 것이다」(PE, Ⅱ, 313 ; PG, 564 ; 정신현상학, Ⅱ, 409)고 적었다.

신은 인간의 역사 너머에 초월적인 심판자로서 정립되어 있지 않다. 오히려 인간의 역사 자체가 신의 계시인 것이다. 죄의 용서라고 하는

35) Royce, 《Lectures on modern Idealism》, op. cit., p. 208 을 참조하라.
36) 《Philosophie der Religion》, éd. Lasson, XIV. Dritter Teil, 「절대종교」, p. 172.

데제에서 시작한 경험의 새로운 분야, 즉 탐구해야 할 인간 경험의 새로운 차원이 우리에게 열려 있다. 이것이 종교의 주제가 될 것이다. 절대정신은 우리에게 현시된다. 따라서 종교의 현상학이 연구하게 되는 것도 바로 이러한 절대정신의 현현인 것이다.

3

종교 ; 신비주의인가 휴머니즘인가

역사적 내력

헤겔은 《정신현상학》의 긴 장을 종교에 할애하고 있다. 종교와 관련해서 그는 예술에 대해 언급한다. 그는 예술종교가 종교의 전개과정의 한 계기로서 고대 희랍에 대응한다고 생각하고 있다. 그가 예술을 종교로부터 분리시키고 절대정신을 세 단계, 즉 예술, 종교 및 철학[1]에서 파악한 것은 훨씬 뒤에 가서의 일이다. 종교는 절대知에 선행한다. 그것은 이미 사변적 진리에 대한 서술이지만 특수한 지반, 즉 표상(Vorstellung)의 그것 안에서이다. 헤겔에게 있어서 종교는 그것이 계몽주의에서처럼 추상적인 理神論이나 혹은 칸트와 그리고 심지어 피히테에게서처럼 도덕적 삶의 연장, 실천이성의 요청이 아니다. 칸트와 피히테의 도덕적 관념론은 대체로 당대의 철학자들 내지 작가들에 의해서 극복되었다. 그것의 불충분성은 쉴라이에르마허에 의해 종교적인 영역에서 느껴진 것 못지 않게 쉴러에 의해 미적 영역에서도 느껴졌었다. 우리는 《정신현상학》에서 헤겔이 「도덕적 세계관」을 비판한 것을 살펴보았다. 그러나 헤겔의 종교관과 칸트의

---

1) 《미학강의》에서조차 예술과 종교의 구별이 헤겔에게는 뚜렷하지가 않다. 처음으로 절대정신을 예술, 종교, 철학으로 표현한 것에 관해서는 〈피히테 철학과 셸링 철학의 체계의 차이〉, éd. Lasson, I, p. 91을 보라. 절대자의 직관과 관련해서 헤겔은 셸링의 사상을 발전시켜 예술, 종교 및 사변에 대해서 말하고 있다.

그것간의 차이를 이해하기 위해서 우리는 헤겔의 초기 저작들인 베
른과 특히 프랑크푸르트 시절로 돌아가 보아야 할 것이다. 예를 들어
칸트가 예수라는 인물 속에서 순수도덕의 도식을 봄으로써 종교에서
모든 실정적 내지 역사적 요소를 순화하여 그 본질적인 것들을 실천
철학 속에서 보존하고자 노력했던 데 비하여 《예수의 생애》를 여러 차
례 개작했던 헤겔은 종교의 실정적 요소들을 철학적 사변 속으로 흡
수·통합하고자 했다. 그에게 있어 종교는 도덕과는 특별히 다르다.
민중종교로서 그것은 어떤 독특한 세계관을 표현하기 때문에 이 종교
가 갖는 우연적이며 역사적인 측면들이 간과되어서는 안 된다. 「인간
은 필연적으로 영원자에 대한 그의 사유를 그의 사유의 우연성과 결
합한다.」[2] 민중이 역사 속에서 스스로에 대해 지니는 의식이 곧 종교
가 표현할 수 있는 바이며 그 자체로서 종교는 그것의 탄생을 관장했
던 시간적인 상황을 넘어서는 것이다. 이미 초기의 헤겔에 있어서 종
교는 인륜적인 사유이면서 그와 못지 않게 사변적인 사유이다. 「헬레
니즘의 정신」, 「유대주의의 정신」, 그리고 「기독교의 정신」이 있으며
이 상이한 정신들에는 역사상의 상이한 종교들이 대응하고 있다. 계
몽주의의 추상적인 종교나 칸트의 「단순한 이성의 한계 내에서의 종
교」는 종교 속에 정시된 근원성을, 즉 정신의 이러한 자기의식 속에
표출된 영감을 설명해 주지 못한다.[3]

종교에 대한 이러한 반성——헤겔에게는 특별히 신비적이지는 않지
만 아직은 자신을 반성으로서 알지 못하는——을 통해서 헤겔 자신의
사유가 형성되었다. 그의 동창생이자 친구인 횔더린의 영향하에서,
그는 희랍의 판타지와 신화들의 정신적 의미, 희랍 비극의 종교적 의
미를 재발견하고자 했다. 《인간의 미적 교육에 관한 서한》의 저자인
쉴러처럼 그는 美(아름다움) 속에서 칸트가 열망했으면서도 그의 분

2) Hegel, 《*Travaux de Jeunesse*》, *op. cit.*, p. 143.
3) 우리는 헤겔이 그의 초기 저작에서 개진했던 문제 전체를 다음과 같은 물음으로 압
축시켜 볼 수 있다. 실정성 (즉 역사적인 것, 경험)에 어떤 가치가 부여될 수 있겠는
가? 이성이나 혹은 인간 본성에 비추어 볼 때 하나의 오점인 이러한 실정성은 때때
로 헤겔에 의해 외적 규정, 자유에의 장애물로, 또 때로는 생의 본질적 계기로 간주
되고 있다. 실정성이 운명으로 된 푸랑크푸르트 시절에 와서야 그것은 비로소 그 참
다운 의의를 띠게 되었다.

석적 방법으로 인해 결코 이룩할 수 없었던 화해를 보았다. 「美와 그리고 오직 美만이, 수동성은 능동성을 배척하지 않는다는 것, 질료는 형식을 배척하지 않는다는 것, 제한은 무한을 배척하지 않는다는 것을 보여 준다.」[4] 희랍의 異敎는 그 신들 속에 표출되었던 인간에 대한 직관을 가지고 있었으며 따라서 희랍의 종교는 본질적으로 예술작품이었다. 우리는 《정신현상학》에서 헤겔이 동방의 민족들에게 적합한 자연종교와 기독교 사이에 쉴라이에르마허가 명시하고자 했지만 실패에 그치고 말았던 예술종교(Kunstreligion)를 도입할 때 다시금 이러한 개념화를 천착하게 될 것이다.

쉴라이에르마허의 《종교강론》은 헤겔의 초기 작품들과 동시대의 작품이다. 종교에 관한 이 강의들은 쉴러의 《인간의 미적 교육에 관한 서한》과 동일한 방향으로 나아갔다. 즉 그는 선험적 관념론을 미학적 내지 종교적 관념론으로 定向하는 데 기여했다. 하지만 쉴라이에르마허의 어조는 헤겔의 그것과는 전혀 다르다. 그것은 종교에 대해 반성하는 철학자의 어조라기보다는 자식의 영적 영감을 타인들에게 전달하고자 하는 예언자의 어조이다. 쉴라이에르마허의 작품을 여러 차례 시사하고 있는 《정신현상학》의 서설은 이와 같은 예언적 어조에 대한 비판을 담고 있다. 그러나 헤겔은 셸링의 영향 못지 않게 그의 영향도 회피하지 않았다. 그는 쉴라이에르마허를 〈피히테 철학과 셸링 철학체계의 차이〉에서 언급하고 있으며, 예나 시절의 논문에서는 그를 야코비보다 더욱 높게 평가하고 있다. 쉴라이에르마허는 선험철학의 한계 내에서 종교에 대해 특별한 지위를 부여할 것을 주장한다. 칸트와 피히테는 종교의 사변적인 내용을 등한시하고 또 그것이 아마도 형이상학(이론철학)과 도덕의 근원적인 종합을 담고 있을지도 모른다는 것을 알지 못한 채 그것을 순수한 도덕적 신앙으로 환원시켰다. 「종교의 독창성, 그 고유의 의미를 존중하지 않고 그것을 그것이 아닌 바로 환원하고자 하는 것은 종교에 대한 최대의 모독을 보여 주는 것이다.」 그토록 신중하게 제 영역을 구분하였던 칸트는 「우주(Universum)에 대한 직관」인 종교의 영역을 등한시했다. 공동체의 영적 표현인 이러한 직관은 피히테가 보여 주었던 것처럼 인간의 최

---

4) Schiller, 《Werke》, XII, 102.

상의 능력인 창조적 구상력에 달려 있다. 「구상이 인간의 가장 근원
적인 요소이며 따라서 구상을 벗어난 모든 것은 그것에 대한 반성에
지나지 않는다는 것을 알아야 한다.」 우주에 대한 인간의 상이한 관
점들, 무한자의 유한자 내의 현존을 경험하는 인간의 방식은 구상의
계도를 전제로 한다. 쉴라이에르마허는 유일신론과 관련해 어쩌면 헤
겔이 했었을지도 모를 다음과 같은 논급을 하고 있다. 「유한자 밖에
서 무한자를, 대립하는 것 밖에서 대립된 것을 모색한다는 것은 확실
히 착각이다.」[5] 헤겔이 예를 들어 「표상의 지반」 속에서 발전하는 종
교에 관해 언급할 때, 그는 아마도 쉴라이에르마허에 의해 영향을 받
고 있을 것이다. 그러나 만일 쉴라이에르마허가 종교의 독창성을 도
덕 및 이론철학과 관련해서 조심스럽게 특징짓는다면, 그의 사유는
미적 직관과 종교적 직관의 한계를 다룰 때보다 훨씬 명확하지가 못
하다. 그에게 있어서 종교와 예술은 「그것들의 친화성을 감지하는 친
근한 영혼」[6]과도 같다. 그는 종교를 마치 그것이 음악인 양 이야기
한다. 「종교적 감정은 종교음악처럼 모든 인간의 행동에 수반하고 있
다.」[7] 종교는 生이라는 단조로운 음악에 화음을 이루어 준다. 그는
위대한 성직자들, 종교예술가들, 즉 신자들에게 도덕적 신앙과 사변
적 지식이 서로서로 넘나들고 있는 바의 우주에 대한 직관을 전달하
는 사람들을 언급한 것이다.[8]

종교에 대한 헤겔의 생각은 《정신현상학》에서 나타나는 바로 미루
어 볼 때 이와 같은 예언적 설교와는 거리가 멀지만 그것 역시 종교
속에서 보다 고차적인 정신의 형식을 보고 있다. 종교는 정신의 자기
의식이다. 그렇지만 그것은 아직은 절대知가 아니다. 왜냐하면 정신
에 의한 정신의 이러한 파악은 표상의 지반에서의 파악이기 때문이
다. 또한 그렇기 때문에 예술은 당연히 모든 종교의 계기이고 보다

---

5) Schleiermacher, 《Reden》, éd. Pünger (1879), p. 155.
6) Ibid., p. 173.
7) Ibid., p. 71.
8) Kroner는 그의 《Von Kant bis Hegel》에서 칸트의 도덕적 관념론에서 미적 내지
종교적 관념론——이 시기에 시작한 헤겔에 의해서 명백히 파악된——에, 그리고 다
음으로는 사변적 관념론으로서의 이러한 관념론에 대한 사유에 이르는 독일 관념론
의 전개 과정을 대단히 훌륭하게 추적하고 있다.

특수하게는 종교의 일정한 형식을 특징짓고 있는 것이다. 자연종교, 예술종교 및 계시종교(기독교)라고 하는 헤겔의 편성은 아마도 쉴라이에르마허에게서 시사받았을 것이다. 그러나 후자가 종교를 종교에 관한 철학적 사유 너머로 고양시키거나 혹은 적어도 그것들을 혼동하는 경향을 보이고 있는 데 비해서 헤겔은 종교나 예술에서처럼 단지 철학적 사유의 예시적인 표상만을 보고 있다. 절대知는 종교 너머로 고양되지만, 이 종교도 사실상 참다운 내용을 제시한다. 그러나 종교는 표상의 형식 속에 있기 때문에 이러한 내용은 종교공동체에게는 소원한 내용으로서 나타난다. 「종교공동체는 그 자신이 무엇인가에 대한 의식을 지니지 않고 있다」(PE, Ⅱ, 289 ; PG, 547 ; 정신현상학, Ⅱ, 379). 헤겔의 작품에서 철학은 종교가 덧붙여야 하는 것에 의해, 특히 철학이 그 해석자임을 자처하는 바의 기독교에 의해 풍부해진 것처럼 보인다. 그러나 지식을 신앙 위로, 개념을 종교적 표상 위로 고양시킴으로써 헤겔은 유달리 종교의 범위를 축소시킨 것은 아닌가. 헤겔 자신은 포이에르바하의 해석처럼 종교를 단지 그 본질적 요소들을 부정하기 위해서만 보존하는 그런 종교해석에의 길을 열어 놓은 것은 아닌가?

《정신현상학》에서의 종교

헤겔에 따르면 종교는 이미 의식의 선행형태들 속에 현존하고 있었다. 의식의 경험이, 비록 그 자신은 그것을 알지 못한다고 할지라도 언제나 정신적 실체에 관한 경험이라고 한다면, 어찌 그렇지 않을 수가 있겠는가? 오성은 감각적인 현상 너머에서 초감각적인 내면을 발견했다. 그러나 이러한 내면은 의식의 자기 속에는 결여되어 있었다. 자기의식은 추상적인 자기의식으로서 그 자유의 이상을 자기 자신 너머로 투사했고 또 대상성 속에서 자기 자신과 불변적인 의식(자기의식에게는 단지 주관적인 열망일 뿐인)과의 통일을 회복하기를 열망했던 불행한 의식으로서 우리에게 나타났다. 마침내 정신과 관련하여 우리는 冥府의 종교를 보았다. 여기서 운명은 無化시키는 밤이었는 데 비해 無로 환원된 자기는 아직 참다운 보편성에로 고양되지 않았다. 교양의 세계의 신앙에서나 혹은 계몽의 종교에서 도덕적 세계관을 확장하는 종교에서처럼 의식은 일종의 종교적인 경험을 그 자신의 한계로 알았다. 그렇지만 헤겔의 말에 따르면 지금까지 우리는 종교를 단지 의식의 관점으로부터만 고찰했을 뿐이었다. 「그러나 즉자대자적인 절대적 본질, 정신의 차기의식은 이러한 형식들 속에서 현시되지 않았다.」 만일 우리가 이 구절을 믿는다면, 우리가 진입해 들어가고 있는 경험의 새로운 분야를 특징짓는 것은 그것이 「정신의 자기의식」[9] (PE, Ⅱ, 203 ; PG, 473 ; 정신현상학, Ⅱ, 263)에 대한 (현상적인?) 발현일 것이라는 점이다.

이것은 우리가 해명하지 않을 수 없는 여러 모로 애매한 정식이다. 그 정식은 우리에게 어떻게 종교가 독자적으로 일련의 근원적 경험을, 즉 현실적인 역사 내에서의 특수한 역사를 구성할 수 있는가를 납득시켜 줄 것이며 또한 우리가 느끼기에 이 종교의 변증법에서 무엇이 본질적인 문제인가로, 즉 자기 자신에게 신적 내지는 무한한 정신을 표상하는 유한한 의식과 이 무한한 정신 자체의 관계 문제로 우리를 인도해 줄 것이다. 달리 말하면, 우리는 우리가 여전히 현상학을 다루고 있는가 혹은 종교에 관한 부문에서 우리는 이미 본체론(만일 우리가 《정신현상학》을 전범으로 하여 형성된 이 용어를 사용할 수 있도록 허락되었다면)에 진입한 것은 아닌가 하는 여부를 물어야 할 것이다.

「종교란 유한한 정신에 의해 표상된 바로서의 절대정신의 자기의식이다.」[10] 종교가 정신의 자기의식이라고 하는 사실은 그 종교를 이전의 모든 경험과 대비시켜 준다. 그것은 단지 우리에게 있어서, 즉 철학자에게 있어서의 경험이었을 뿐 동일한 방식으로 현상적 의식에게

---

9) 이 구절에서 헤겔은 종교의 관점으로부터 의식의 이전의 계기들 전체를 요약하고 있다. 그러나 그러한 계기들 속에서 그것은 단지 절대적 본질의 의식의 문제이지, 아직은 이러한 본질의 자기의식의 문제는 아니다.

10) R. Kroner, 《Von Kant bis Hegel》, op. cit., Ⅱ, p. 403. 우리가 방금 지적했던 어려움을 해결하기 위해 Kroner는 덧붙인다. 「그러나 유한하거나 혹은 현상적인 정신은 그 자체가 절대정신의 생성, 즉 자기 자신을 의식하게 된 절대정신에 지나지 않는다.」

현상되지는 않았다. 《정신현상학》의 처음의 세 부문(의식, 자기의식, 이성)에서 우리는 개별적 의식의 전개과정을 추적하였다. 정신과 더불어 경험의 대상은 「세계」가 되었으며 이 세계는 즉자적으로 사실상 정신적 실체였다. 그러나 그것은 아직 정신으로서의 자기 자신에 대한 의식은 아니었다. 그것은 自己知의 地盤 속에서 자기 자신을 위해 실존하지 않았다. 그렇기 때문에 헤겔은 그것을 종교와 관계하는 정신으로서——즉 아직은 정신의 의식이 아닌 직접적 정신으로서의 정신(PE, Ⅱ, 207 ; PG, 476 ; 정신현상학, Ⅱ, 267)——묘사하면서, 다음과 같이 말하고 있다. 「지금까지 고찰되었던 정신의 제 형태——참다운 정신, 자기소외된 정신 및 자기확신적 정신——는 모두가 자기 자신을 그 세계에 대립시킴으로써 그 세계 속에서 자신을 인식하지 못하는 정신의 의식(아직은 정신의 자기의식이 아니다)을 구성한다」(PE, Ⅱ, 205 ; PG, 475 ; 정신현상학, Ⅱ, 265). 그 전개과정의 마지막에 가서만, 즉 양심과 아름다운 영혼과 더불어 정신은 자기 자신에 대한 의식을 그의 최고의 진리로 획득하는 것이다. 거기서 정신은 자기 자신을 우리에게 「이원성에까지 확장된 자아의 현존재, 즉 자기동일자로 남아 있으며 또한 자신의 완전한 외화와 대립 속에서 자기 자신을 확신하는 자아의 현존재」로서 현시한다. 「그것은 자기 자신을 순수知로 아는 자들의 한 가장자리에 그 모습을 나타내는(erscheinende) 신인 것이다」(PE, Ⅱ, 200 ; PG, 472 ; 정신현상학, Ⅱ, 262). 따라서 의식은 더 이상 도덕적 세계관에서처럼 언제나 변위되어 있는 세계나 피안을 파악하지는 않는다. 오히려 정신은 정신을 파악하는데, 타자 속에서의 자기의 이러한 순수한 인정이 곧 정신의 자기의식이다. 실체로부터 주체로 자기 자신을 생성·전개시킨 정신은 오직 우리에 대해서만 그것 자신인 바를 자기 자신에 대해서도 그것 자신인 바로 되었다. 다시 말해서 정신은 자기知가 된 것이다. 그리고 이것은 자기 자신에 대한 새로운 반성의 출발점이다. 이러한 반성은 정신장의 마지막에 이르러 「신」이라는 말로 특징지워진다. 「그것은 자신을 순수知로 아는 자들의 한 가장자리에서 그 모습을 나타내는 신이다.」 신적인 것의 이러한 현시는 하나의 독특한 역사를 지니고 있다. 그것은 현상학 내에서의 특수현상학의 원천이다. 성 보나벤튜어(Saint Bonaventure)의 「인

간의 신을 향한 여정(itinerarium mentis in Deum)」이라는 말이 그것
에 적절히 적용될 수 있겠다.

　그렇지만 우리는 왜 절대정신의 자기의식이 현상학적 변증법을 초
래하고 반대로 이것은 일련의 불완전한 형태들로 제시되는가를 물어
야 할 것이다. 만일 정신이 정신으로서의 자기知가 되었다면, 우리
는 현상학적 전개의 종착점에 도달한 것이 아닌가? 정신은 마침내
자기 자신을 발견하기에 이르렀다. 정신은 실존하면서 동시에 대자적
이다. 정신은 더 이상 자신의 확신과 대립된 진리를 갖지 않는다. 오
히려 정신의 개념에 본질적인 이러한 이원성 내에서 확신과 진리는
더 이상 서로에 대해서 소원하지 않으며 또한 그것들 각각은 상대방
에 대해서 정신이다. 하지만 우리는 「현실적인 정신과 자신을 정신으
로 아는 정신간이나 혹은 의식으로서의 정신과 자기의식으로서의 정
신간의 차이」(PE, II, 210 ; PG, 479 ; 정신현상학, II, 271~2)가 아직은 정
신에로 되돌려지지 않았음을 주목하지 않으면 안 된다. 유한한 정신
과 무한한 정신간의 변증법적 화해의 의미를 파악한 사람들에게는 이
러한 차이는 지양되었다. 그러나 종교의 개념이 단지 정립되어 있을
때, 그것은 직접적으로 지양된 것이 아니다.

정신의 의식과 자기의식간의 차이
　정신을 아는 정신은 자기의식인 동시에 의식이다. 정신은 자신을
그 자신에게 표상한다. 게다가 정신은 그것이 표현한다고 추창하는
것과 완전히 일치하기 전까지는 종교로 전화될 소지가 많은 이 차기
의 표상이다. 의식이 성찰하는 대상은 언제나 정신이지 더 이상 소원
한 세계가 아니다(바로 이러한 의미에서 종교는 정신의 자기의식이
다). 동시에 그러나 그것은 의식의 대상, 즉 그 형식이 직접적으로
본질의 완전한 계시는 아닌 그런 대상이다. 상이한 종교들——이는
또한 단일종교의 제 측면이기도 하다——은 오직 형식에 의해 구별되
는데, 이 형식 속에서 제 종교는 그것들에 공통된 본질, 즉 정신의
자기의식을 의식에 현시한다.

　앞으로 살펴보게 될 상이한 제 종교 역시 단일종교의, 나아가서는 모든

개별종교의 상이한 측면들만을 표상할 뿐이다. 또한 하나의 현실종교를 다른 종교로부터 구별해 주는 것 같은 표상들이 이들 각각 속에서 발견되고 있다. 그러나 동시에 상이성은 종교의 상이성으로 간주되어야 한다. 왜냐하면 정신이 그의 의식과 그의 자기의식간의 구별에 놓임으로써 정신의 운동은 이와 같은 근본적인 구별을 지양하여 의식의 대상인 형태에 자기의식의 형식을 부여한다는 목적을 지니고 있기 때문이다(PE, Ⅱ, 212 ; PG, 481 ; 정신현상학, Ⅱ, 276).

종교와 더불어 우리는 진정으로 인간 경험의 새로운 영역에 도달했다. 정신은 자신을 그 자신에게 표상한다. 정신은 이전의 경험들 속에서처럼 단순히 그 세계에 대한 의식이라기보다는 대자적인 자기知이다. 「정신의 자기 자신과의 직접적인 통일은 基體이거나 혹은 순수의식이어서, 그 속에서 의식이 분리·분해된다」(PE, Ⅱ, 210 ; PG, 479 ; 정신현상학, Ⅱ, 273).[11] 이로부터 정신의 본질은 절대정신을 이루고 있는 그러한 자기知이다. 왜냐하면 정신이란 오직 자기 자신을 아는 한에서만 절대적이기 때문이다. 하지만 정신의 발현은 그 정신이 이러한 본질과 불일치하는 형식하에 스스로 현시된다는 점에서 여전히 불완전하다. 그러나 다시금 왜 정신은 이와같이 불완전한 형식 속에서, 말하자면 자신을 그 자신에게 대상으로 표상함으로써 스스로를 현시하는가? 정신이 자신의 대상 속에 있는 바란 곧 자신의 본질 속에 있는 바가 아닌가? 왜 이러한 필연성은, 종교적인 자기의식의 대상의 근본 형식이 (여전히 극복되어야 할 표상의 지반을 제외한다면) 정신적 자기의식과 동일한 바의 開示 내지 계시(offenbar) 종교 속에서만 충족되는가? 왜 이러한 점진적 계시가 동시에 종교적 의식, 다시 말해서 언제나 영적 공동체(특정한 역사적 민족이거나 혹은 엄밀히 말해서 종교공동체)의 의식인 그 의식의 독특한 조탁인가?

---

11) 우리는 좀더 단순하게 말할 수 있을 것이다. 즉 여기서 도달된 새로운 지반은 정신의 자기知라는 것이다. 그러나 이 지반 속에서 정신은 다시금 스스로를 의식으로 정립한다. 즉 정신은 스스로를 자신의 형태로 창출하며 또한 이러한 형태화──표상의 기초로서의 이러한 지반에 다소간 적합한──는 그것이 표상해야만 하는 것에 도달할 때까지 스스로를 변혁시킨다. 이러한 변증법의 마지막에 이르러 자신을 아는 정신은 자기 자신에 대해서 그것의 최초의 직접적이었을 뿐인 상태로 되돌아갈 것이다.

첫째, 우리는 이러한 진보가 헤겔 철학에서 언제나 필연적이라고
말할 수 있다. 「그것은 단지 정립된 종교의 개념일 뿐이다」(PE, Ⅱ,
210 ; PG, 479, 정신현상학, Ⅱ, 272). 정신은 이제 직접적으로 자기知이
다. 그러나 이러한 직접성은 언제나 始源이다. 그리하여 정신은 다
시 그것이 직접적으로 있는 바로 되어야 한다. 정신은 이 새로운 경
험의 지반, 즉 이 자기知의 형식 속에서 자기 자신을 초탁해야만 한
다. 따라서 정신은 우리에 대해서 정립되어 있을 뿐 아니라, 그에 못
지 않게 정신 스스로가 자기 자신을 정립하는 것이다. 그런데 이와같
이 극히 일반적인 답변은 보다 흥미롭고 또한 헤겔이 종교의 변증법에
관한 머리말 중에서 강조하고 있는 그런 특수한 답변을 자체 내에 포
함하고 있다.

종교의 정신은 여전히 세계 내 정신이다. 우리가 화해의 사상(죄의
용서의 변증법) 이래로 극복해 왔던 이러한 차이는 아직 현상적 의식
에게는 초극되지 않았다. 현실적인 정신——예를 들어 동방의 정신,
희랍의 정신, 근대인의 정신——은 세계 내에서 살아간다. 종교 내
에서의 정신으로서, 그것은 또한 정신의 자기知이다. 이러한 종교의
정신은 정신의 모든 계기들(의식, 자기의식, 이성, 직접적 정신)을 전
제하고 있다. 다시 말해서 그것은 그것들의 단순한 총체이거나 그것
들의 절대적인 자기이다. 그것들이 종교와 연관된 한에서, 이러한 계
기들은 시간상으로 표상되지는 않는다. 그것들은 그것들의 공통적인
심원성을 이루었던 정신적 실체의 제 속성, 즉 그것들이 복귀해 들어
가는 즉자태가 되었다.

그러나 이제 이 정신적 실체는 그 현상을 하나의 전체로 만들었으
며, 그리하여 이 총체성이 종교와 모든 개별종교 속에 내재해 있다.
따라서 종교의 변증법은 (이전의 변증법과 관련시켜 볼 때) 긍정적이
다. 종교의 현상학은 더 이상 정신만이 진리라는 확신에로 고양해 가
는 의식의 현상학이 아니다. 자기知에 도달했기 때문에 그 자신의 본
질에 적합한 표현을 모색하는 것은 모름지기 정신 자체이다. 게다가
「오직 전체만이 시간 속에 있으므로」, 오직 이러한 역사만이 진정으
로 역사이다. 바로 이러한 정신이 하나의 총체성으로서 절대적 자기
知에로 고양되며 이러한 운동이 전체의 생성·전개로서 시간적인 운

동이다. 제 종교의, 즉 총체적인 정신의 연속은 그 내적 전개의 표현인 역사적인 형식을 취하고 있다.

이러한 역사적 전개는 현실적 정신과 종교의 정신간의 관계에 대응한다.[12] 개별종교는 비록 그것이 정신의 모든 계기를 전제하고 있다고 할지라도 그의 의식을 통해 그 자신 속에 그의 자기의식을 지닌 세계정신을 표현하는 일정한 규정을 소유하고 있다. 「예를 들어 동방종교에서 나타나는 신의 인간화(肉化)는, 그 현실적 정신이 화해를 결여하고 있기 때문에 아무런 진리를 갖지 못한다」(PE, Ⅱ, 214 ; PG, 482 ; 정신현상학, Ⅱ, 277). 대부분의 종교는 사실상 다른 모든 종교 속에서 발견되는 표상들을 담고 있다. 그러나 중요한 것은 진정으로 그 현실적 정신에 대응하는 표상, 즉 그것이 취하고 있고 그 속에서 이 현실적 정신이 참으로 자기 자신을 인식하는 바의 표상이다. 종교의 역사는, 즉 정신의 자기知의 역사는 동시에 종교 속에서 자기 자신이 정신임을 아는 세계정신의 역사이다.

여기서 우리는 다시 헤겔이 그의 초기 작품들 속에서 종교에 대해 품었던 개념화에 도달한다. 이 당시 헤겔은 종교 속에서 특정한 실재정신의 반영――동방의 정신, 희랍의 정신, 유대주의의 정신, 기독교의 정신――을 보았지만 여기에 덧붙여 우리는 이 자기知의 생성의 구조를 발견하는 것이다. 진정 종교의 기초는 정신의 자기知이다. 그러므로 그 전개의 종착점은 이와 같은 정신의 정신으로서의 완전한 知(앎), 즉 세계정신의 특정한 역사에 대응하는 차이성이 극복된 바의 知이어야 한다. 그때야 비로소 정신은 자기 자신을 정신의 형태 속에서 알며, 그리하여 그 대상의 역할을 하는 현실적 정신과 종교의 정신간이나 혹은 의식과 자기의식간의 완전한 화해가 존재하는 것이다. 정신이 자신을 그 자신에게 표상하는 수단으로서의 대상(그의 의식)이 정신의 형태속에 있다(그것은 모든 종교의 기초를 이루는 이 자기의식 내지 본질과 동일하다). 다시 말해서 그것은 더 이상 단순히 상징적인 대상만은 아닌 것이다.

---

12) 「현실적 정신」은 우리가 「세계 내 정신」이라고 불렀던 것과 동일한 것이다. 종교의 정신은 총체적 정신으로서 특수적 규정에 의해 특징지어진 세계 내 정신과 대립된다.

이 점을 보다 간략하게 설명해 보자. 세계 속에서의 우리의 삶과 우리의 종교적 의식은 구별된다. 따라서 우리의 종교적 의식은 여전히 불완전한 상태에 있으며 세계 속에서의 우리의 삶도 여전히 참다운 화해를 이루지 못한 채로 있다. 우리의 종교적 의식은, 그것이 절대정신의 징표 내지 상징으로서 우리가 살아가고 있는 바의 세계를 이용하기 때문에 완전하지가 못하다. 정신이 자신을 그 자신에게 표상하는 것은 이러한 대상——종교에서 그것은 더 이상 순수한 대상성, 자기의식의 부정이라는 성격을 지니지 않는다——의 중재를 통해서이다. 그러나 이러한 대상, 즉 역사의 현실적 정신은 동시에(그 충분한 권리를 존중하지 않는) 하나의 상징으로 취급되어 그것이 표상한다고 추장하는 것에 적합하지 못한 것으로 파악된다. 이제 우리는 처음 시작했던 의식과 자기의식간의 차이로 되돌아왔다. 정신은 자신을 정신으로 안다. 그러나 그 덕분에 정신이 자신을 그 자신에게 대상으로 표상할 수 있는 바의 의식은 이 절대知에 부적합하며, 따라서 그것은 이러한 대상이 자신을 정신으로 아는 정신 자체의 형태가 되기까지는 앞으로 계속 추동해 가야 한다. 이러한 대상은 세계정신, 즉 현실적 정신으로서 아직은 자신의 본질, 무한한 정신과 화해를 이루지 못하고 있다.

종교에서의 정신이 자신을 그 자신에게 표상하는 한, 그것은 확실히 의식이다. 그리고 종교 속에 유폐된(포용되어 있는) 현실이란 그 정신의 표상의 형태이며 扮飾이다. 그러나 이러한 표상 속에서 현실은 그의 충분한 권리, 이를테면 단순한 분식일 뿐만 아니라 자유롭고도 독자적인 현존재이다는 것을 존중받지 못하고 있다. 반대로 현실은 자체 내에 완성을 결여하고 있기 때문에, 그것은 그것이 마땅히 표현해야 할 바, 즉 자각적인 정신에 도달하지 못한 하나의 특정한 형태이다. 정신의 형태가 자각적인 정신을 표현할 수 있기 위해서는, 형태 자체가 정신과 다른 어떤 것이 아니어야 한다. 따라서 정신은 자신을 그 자신에게 현시하거나 혹은 그것이 자신의 본질 속에 있는 바로서 현실성을 지녀야 한다(PE, Ⅱ, 206 ; PG, 475～76 ; 정신현상학, Ⅱ, 266～67).

따라서 종교의 최고 형식은 계시종교일 것이다. 왜냐하면 이 경우 정신은 그것이 본질 속에 있는 바대로 자신에게 현시될 것이기 때문이며 신의 현실적인 肉化, 영적 공동체 속에서의 신의 죽음과 부활이 모름지기 자기 자신을 아는 정신의 현존재일 것이기 때문이다. 게다가 그러한 특수한 순간에 세계정신 내지 유한한 정신은 무한한 정신과 화해를 이루게 될 것이다. 바로 이러한 화해가 이 변증법의 출발점에서는 한낱 우리의 것에 지나지 않았지만 이제 의식의 대상이 될 것이다. 현실적 정신은 궁극에 가서는 절대정신과 동일해져야만 하며 또한 절대정신은 자신을 현실적 정신 속에서 절대정신으로 알아야만 한다. [13]

두 변증법의 차이와 통일

종교의 변증법은 통합되어야 할 두 가지 상이한 요구를 충족시키고 있다. 한편으로 그것은 정신으로서의 그것 자신인 바를 자기 자신에게 표상하면서 최초의 직접적인 자기知를 벗어나 그의 자기 표현에 자기 자신의 형식을 부여하는 데까지 발전을 거듭해야 하는, 그런 정신의 자기知의 내적 전개이다. 「정신은 스스로를 그것의 본래적인 모습으로 창출해 나감으로써만 참으로 자기知이다.」 다른 한편으로 그것은 스스로의 종교 속에서 자신에 대한 이상적인 표현을 발견하는 특정한 세계정신의 반영이다. 이 두 변증법은 세계정신의 진보와 정신의 자기知의 진보가 상호연관되어 있기 때문에 사실은 단지 하나의 변증법에 지나지 않는다. 세계정신은 정신으로서 정신의 자기知의 생성(정신이 정신임을 자각해가는 과정)이다. 그러나 사실상 종교는 그것을 규정하고 있는 현실적 정신을 넘어서지 못한다. 헤겔은 《엔치클로패디》에서 다음과 같이 말하고 있다. 「악한 신의 상관자, 즉 자연적 신은 악이요, 자연적 인간이요, 자유를 결여한 인간이다. 신의 순수한 개념, 즉 정신적 신은 그 상관자로서 자유로운 신을 지닌다. 인간이 신에 대해 지니는 표상은 인간이 자기 자신과 그리고 자신의 자유에 대해서 지니는 것과 대응한다.」 따라서 종교는 인간 실존의

13) 헤겔의 서술은 애매하다. 그러나 그 착상은 간단하다. 종교의 변증법의 마지막에 이르면 더 이상의 초월행위는 없을 것이다. 세계 내 정신은 절대정신 그 자체일 것이다. 더 이상의 상징이나 초월은 없을 것이다. 정신은 그 자신의 참다운 형태 속에서, 그 자신의 역사 속에서 스스로를 관조할 것이다. 일체가 계시될 것이다. 하지만 계시종교에서조차 「표상의 지반」으로 인해 일정한 초월행위가 있을 것인데, 그렇기 때문에 현실적 표상은 오직 절대知 안에서만 일어나는 것이다.

한 부분에 지나지 않는다는 사실과, 그 다른 부분이 인간의 세계 내
에서의 삶이라는 사실은 종교가 완벽하지 않음을 의미한다. 종교란
인간에게 그의 의식을 위한 상징으로서 봉사하고 또한 그의 특수적
정신을 규정하는 그런 부분인 것이다.

종교의 일반적 변증법

종교의 일반적 변증법은 정신의 그 자신에의 점진적인 계시를 이루
고 있다. 이러한 계시의 첫번째 계기는 자연종교인데, 여기서 정신은
자기 자신을 직접적으로 인식하고 있다. 따라서 정신이 자신을 그 자
신에게 표상하는 데 기여하는 대상은 존재 일반(의식)의 형식이거나
혹은 노예(직접적인 자기의식)에 대립된 바로서의 주인의 형식을 지
니고 있다.

이러한 존재는 물론 감각이나 다양한 질료나 혹은 그밖의 일면적인 계기
들, 목적들 및 규정들로는 충족되지 않는다. 오히려 그것은 정신에 의해서
충족되며 자기 자신에 의해 진리와 현실 전체로 인식된다. 하지만 이러한
충족이 그 형태와 동등한 것은 아니다. 즉 본질로서의 정신은 자신의 의식
과 동등하지가 않은 것이다(PE, Ⅱ, 210 ; PG, 479 ; 정신현상학, Ⅱ, 272).

이러한 직접성의 형식은 정신에게는 어울리지가 않는다. 그것은 신
적 실체에나 해당되지 신적 주체에는 해당되지가 않는다. 그렇기 때문
에 이 계시의 두번째 계기는 정신이 자기 자신을 지양된 자연성 내지
자기의 형태에서 인식하는 바의 것이다. 「이러한 형태는 따라서 예술
종교이다. 왜냐하면 그것은 의식의 산출작용을 통해 자기라고 하는 형
식에까지 고양되었으며, 그리하여 의식은 그의 대상 속에서 그의 행
위 내지 자기를 직관하기 때문이다」(PE, Ⅱ, 211 ; PG, 480 ; 정신현상학,
Ⅱ, 273). 이 종교 속에 반영된 세계정신은 희랍의 도시국가의 정신,
즉 희랍의 정신이다. 정신은 한갓된 자연의 추상적 직접성을 지양·
극복했다. 정신은 자력으로 유한한 자기, 즉 하나의 예술작품이지만
첫번째 계기의 심원성은 결여한 자기가 되었다. 이와 같은 두 계기는
세번째 계기 속에서 화해를 이룬다. 「직접성이 자기인 것 못지 않게
자기도 직접적인 자기이다.」 참 인간이요 참 신이며, 스스로의 역사

가 현실적인 역사를 이루는 기독교의 신이 자기를 대상적인 예술작품
으로 표상하는 희랍의 제 신을 대체한 것이다. 그리하여 정신은 자신
을 즉자대자적인 것으로 인식한다. 게다가 정신은 즉자대자적으로 있
는 바대로 표상되기 때문에, 그것은 곧 계시(개시)종교이다. 이와 같
은 종교의 전개과정은, 비록 처음에는 직접적인 상태에 있을지라도
스스로의 매개운동을 통해 자신을 그 자신에로 고양시키는 정신의, 혹
은 스스로의 심연 속에서 자기 자신을 개시하는 정신의 절대적 자기
의식의 생성과정이다.

현상학인가 본체론인가

우리는 다시금 처음의 정의로 되돌아왔다. 즉「종교는 유한한 정신
에 의해 표상된 절대정신의 자기의식이다.」역사에 있어서 민족이나
종교공동체에 의한 절대정신의 표상이 종교의 현상학적 측면——이는
종교가 현상학 내지 제 현상의 연구가 될 수 있도록 해 준다——이다.
그러나 다른 한편으로 그것이 절대정신의 자기의식이라고 하는 사실
은 그것을 본체론으로 만드는 경향이 있다. 종교의 변증법이 정신의
知에로 발전해 가는 세계정신의 전개에 대한 하나의 응답인 한에서
그것은 현상학에로 복귀한다. 왜냐하면 종교의 변증법의 계기들 각각
은 총체적 진리에 부적합한 원초적 현상이기 때문이다. 그러나 그것
이 하나의 내적 변증법인 한에서, 즉 자기 자신에 대한 知의 생성이
고 또 정신의 그 자신에로의 개시와 마찬가지인 한에서 그것은 신의
생성과 흡사하며 그리하여 참다운 본체론이다. 그러면 이 두 측면은
화해될 수 있는가? 그것들은 헤겔적 신학의 근본 문제를 제기하고
있는 것은 아닌가? 어떻게 유한한 정신, 즉 인간의 관점이 무한한
정신, 즉 신의 관점(만일 우리가 이 말을 사용할 수 있다면)과 화해
될 수 있는가? 종교란 유한한 정신, 즉 인간이 신에 대해서 갖는 표
상이 아닌가? 혹은 그것은 신이 자신에 대해서 갖는 知(인식)인가?
헤겔에게 있어서 이러한 문제에 대한 답변은 아무리 그것이 모호하
다 해도 의심스러운 상태에 있지는 않다. 종교는 일자인 동시에 타자
이다. 사실상 바로 그것이 우리가 출발점으로 간주했던「화해의 사
상」, 즉 무한한 정신의 강림과 유한한 정신의 고양에 의해 우리에게

지시된 바이다. 유한한 정신, 현상적 정신은 그 자체가 자기 자신을
의식해 가는 절대정신에 다름 아니다. 그렇기 때문에 이러한 관계의
변증법이 종교의 역사 전체를 지배하고 있는 것이다. 절대知에 이르
기 전일지라도 종교는 이미 현상학이 본체론으로 바뀌고, 절대정신이
자신을 그 자체로 개시하며, 자신을 인간에게 현시하는 과정에서 자
신을 그 자신에게 현시하는 바의 그런 계기이다.[14]

　절대정신, 즉 신은 종교가 그것에 대해 갖는 知를 넘어서 있지 않다.
신이란 그 자신의 현현 밖에 정초되어 있는 생명 없는 진리가 아니다.
신의 본질은 자신을 시간 속에 현시하고, 또한 그렇게 자신을 현시함
으로써 그의 영원성 속에서 자신을 그 자신에게 현시하는 것이다. 이
처럼 신적인 生에 참여하는 것은 인간 속의 그리고 인간을 통한 자
기知이다. 이러한 개시는 정신이 참으로 그것이 있는 바대로 인식하
고 또 자신을 그렇게 인식하는 바의 기독교에서만 완성된다. 여타의
모든 종교에서는 정신의 현시는 불완전하며 (동일한 것이지만) 상징
적이다. 그렇기 때문에 그들 종교에서 인간은 신과 진정으로 화해를
이루지는 못하는 것이다.

　따라서 문제는 인간과 신의 통일, 유한자와 무한자의 통일의 문제
이다. 《엔치클로패디》에서 헤겔은 보다 분명하게 적고 있다. 「신은
오직 그가 자신을 아는 한에서만 신이다. 그러나 또한 신의 자기知는
그가 인간으로서 갖는 자기知이며, 인간이 신에 대해 갖는 知는 인간
이 신 속에서 자기 자신에 대해 갖는知와 동일한 연장선상에 있다.」[15]
따라서 문제가 바뀌어지는 것 같다. 다시 말해 그것은 우리가 마이스
터 엑크하르트와 야콥 뵈메에서 그 기원을 찾아볼 수 있는 신비주의
와 관계하는 것인가, 혹은 일종의 인간의 종교, 즉 포이에르바하에서
발견되는 바와 같은 인간학과 관계하는가의 여부를 인식하는 문제가
된 것이다. 신비주의인가 혹은 인간중심주의인가 ?

　헤겔은 마이스터 엑크하르트의 다음의 구절을 인용하는 것을 좋아

---

14) Jakob Böhme 와 더불어 「거대한 신비는 스스로를 드러낸다(Mysterium magnum
　　revelans seipsum)」고 말할 수 있겠다.
15) Hegel, 《S.W.》, (1844) XV ; 《Vorlesungen über die Geschichte der Philosophie》,
　　Dritter Teil, pp. 273 ff. 헤겔은 《정신현상학》에서 「신의 진노」(PE, Ⅱ, 279 ; PG,
　　539 ; 정신현상학, Ⅱ, 366)와 관련하여 Böhme 를 인용하고 있다.

274

했다. 「신이 나를 바라보는 눈은 내가 또한 신을 바라보는 눈이다. 나의 눈과 신의 눈은 단지 하나일 뿐이다. 만일 신이 존재하지 않는 다면 나는 존재하지 않을 것이다. 만일 내가 존재하지 않는다면 신도 존재하지 않을 것이다.」 한 걸음 더 나아가 독일의 신비주의 신학자 뵈메에서 우리는 헤겔적 사유에 대한 극히 폭넓은 예시를 발견한다. 그의 《철학사강의》의 한 구절에서, 헤겔은 뵈메를 스피노자에 대립시키고 있다. 스피노자에게 있어서, 신은 한낱 실체이다. 신은 주관성으로서 주체, Moïte로서 파악되지 않고 있다.[16] 반면 뵈메가 모색하고 있는 것은 인격적 생으로서, 주체와 자기知로서의 신이다. 그 독일의 신비주의자는 그의 전생애에 걸쳐서 자기 자신 안에서, 즉 자신의 주관성의 역사 속에서의 신의 반영을 모색했다. 파라셀수스(Paracelsus)에게 있어서 인간은 「소우주(microcosm)」였다. 뵈메에게 있어서 인간은 「小-神(microtheos)」이었다. 위대한 신비(mysterium magnum)는 자신의 신비를 드러내고자 하는 욕구이며 의지이다. 부뜨룩(Boutroux)은 다음과 같이 적었다. 「뵈메의 全신학은 절대적인 인격체의 가능성의 조건에 대한 분석이다.」 참으로 우리는 인격체를 말하지 않을 수 없다. 신은 무근거, 존재하는 일체의 무의식적 원천이 아니다. 신은 곧 자기知이다. 신은 자체 내에서 스스로를 생성하며 발견한다. 신은 시간인 동시에 영원이다. 뵈메의 Moïte는 이미 헤겔이 말하는 개념, 즉 절대적 자기인 것이다.

「범신론」이 그 통속적인 의미에서 대립의 한 항을 다른 항 속으로 소멸시키는 것이라면, 헤겔을 그러한 범신론으로 비난한다는 것은 불가능하다. 신 안에서의 자기의식은 유한성을 상정하며 또한 유한성은 반대로 신적인 무한자와 화해되어 스스로를 무한성으로 지양해야 한다. 헤겔에게 있어서 신은 자기 자신을 인식하는 진리이다. 인간이 신에 대해 갖는 자기知는 신적 생의 바깥에서는 존재할 수가 없다. 그러나 비록 헤겔이 신비주의를 재고한다 하더라도 그는 우리가 앞서 인용했던 자들과 유사한 신비주의자는 결코 아니다. 그러므로 우리는

---

16) Hegel, 《Werke》, (1844) XV, 《Vorlesungen über die Geschichte der Philosophie》, Dritter Teil, pp. 273 ff. 《정신현상학》에서 헤겔은 신의 진노와 관련하여 Böhme를 인용하고 있다(PE, Ⅱ, 279 ; PG, 539 ; 정신현상학, Ⅱ 366)

신의 생, 신의 자기知가 인간이 「보편적인 자기의식」으로서 자기 자
신에 대해 갖는 知 속에서 완전히 표현되지 않는가를 물어야 할 것이
다. 이러한 맥락에서 본다면 포이에르바하의 해석——인간을 신에게
로 통합하기보다는 신을 인간에게로 통합하는——은 진정 헤겔의 「종
교」철학의 결과가 아닌가?

포이에르바하가 말하는 것처럼

헤겔의 절대정신이 아니라 인간이 종교의 중심이다. 비록 종교——혹은
오히려 신학——자신은 그것을 인정하지 않는다 해도 인간을 숭배하는 것은
자아가 아니라 종교인 것이다. 즉 신이 인간이요, 인간이 신이라고 말하는
것은 종교 자신이다. 추상적인 신, 순수한 이성적 존재 ens rationis 를 인
정하기를 거부하는 것은 자아가 아니라 종교이다. 그리고 그것에 대한 증거
는 종교 속에서 신이 인간이 된다는 것이다. [17]

그러나 비록 헤겔이 이러한 인간중심주의로 경도되는 것 같기는
해도 그는 신이 인간에로의 완전한 환원을 거부하고 있다. 그는 언
제나 인간은 어느 정도 필연적으로 자신을 초월해야만 한다고 주장했
다. 인간의 가장 커다란 고통——불행한 의식의 형식——은 신적인
것을 자신에게로 흡수·통합한 인간 자신에게만으로 환원되지 않으면
안 된다. 만일 신 자체가 죽었다면 무엇이 남겠는가? 이것은, 예를
들어 신의 부재와 인간의 자기초월의 필연성에 관한 니체와 하이데거
의 주제들을 예시해 주는 심대한 사상이 아닌가?

인류의 생이 신적 생, 즉 신적 자기의식의 한 계기를 이루고 있는
바의 신비주의와 신을 인간에게로 환원시키는 철학적 인간학 사이에
서 헤겔이 선택하는 것은 무엇인가? 그는 확실히 신비주의자는 아니
다. 비록 그가 특정한 신비주의자들의 정식들을 취하여 자신에게 유
리한 방법으로 해석한다 해도 그는 이미 그것들 속에서 그 자신의 변
증법의 모상을 보고 있는 것이다. 게다가 그의 해결방식은 포이에르

---

17) Feuerbach, 《L'essence du Christianisme》, (trad. française, op. cit., p. 77). 신
이 인간이 됨은 단지 인간이 신이 됨을 드러내 줄 뿐이다(p. 335). 「인간이 신에 대해
서 갖는 의식은 인간이 그 자신에 대해서 갖는 의식이다. 그러나 인간은 신에 대한
그의 의식이 그 자신에 대한 의식임을 모르고 있다. 종교는 비록 간접적이기는 해도
인간이 그 자신에 대해서 갖는 최초의 의식이다」(p. 52). 헤겔은 또한 인간은 우주
(Universum)의 영적 근원이라고 말한다.

276

바하적 의미에서의 인간학도 아니다. 헤겔은 神-人(Dieu homme)을
계승했던 우주척인 신적 인간에 대해 언급하고 있다. 그러나 그의 사
유는 불명확한 채로 남아 있으며, 그의 추종자들이 다양하게 해석할
수 있는 소지를 남겨 두고 있다. 오직 이러한 화해(분리와 통일을 모
두 상정하는) 속에서만 정신은 그것이 절대화되기 때문에 진정으로
절대자라고 해도 절대정신은 유한한 정신을 초월하면서 동시에 그 유
한한 정신을 통해서만 존재한다. 이렇게 볼 때 헤겔이 종교에 할애하
고 있는《정신현상학》의 구절들을 예술에 관한 논의와 함께 읽어 보
면, 인간적 생의 신적 생에로의 통합보다는 오히려 종교의 인간적 해
석이라고 하는 인상을 많이 받는 것이다. [18]

I. 자연종교

종교의 생성과정은 대체로《정신현상학》의 일반적 운동을 제한하고
있다. 자연종교는 존재의 형식으로 스스로에게 현현된다. 예술종교는
자기의식에 대응한다. 거기서 정신은 스스로에게 예술작품의 형식으
로 현시된다. 계시종교는 이성에 대응한다. 거기서 정신은 그것이 즉
자대자적으로 존재하는 바로서 현현된다. 동시에 우리가 앞서 살펴
보았던 것처럼 이러한 계기들 각각은 역사 속의 현실적 정신과 일치
하고 있다. 헤겔의 박학다식은 이 일반적인 틀 속에서, 특히 그의 마
지막 저서인《종교철학강의》속에서 여지없이 발휘되고 있다.《정신
현상학》에서는 단지 그 틀만이 주어지고 있지만, 가장 흥미롭고 가장
구체적인 전개는 예술종교 및 기독교와 관련되어 있는 것이다.
자연종교에서 정신은 자연대상들을 신격화한다. 그것은 빛의 종교

18) 차안과 피안이라는 주된 기독교적 이원론을 극복하고자 하는 헤겔의 노력은 우리
에게는 헤겔적 사유의 본질적 특성처럼 보인다. 세계 내 정신과 절대정신의 완전한
화해에 도달하는 것이 종교의 변증법의 목적이 아닌가? 그러나 이 경우 역사적 전
개를 벗어난 어떠한 초월도 더 이상 존재하지 않는다. 이러한 제 모순 속에서 헤겔적
사유——일정한 제 정식화에도 불구하고——는 우리에게는 종교로부터 상당히 거리
가 있는 것처럼 보인다. 현상학 전체는 「수직적 초월」을 「수평적 초월」로 환원시키
고자 하는 영웅적 노력으로 보인다.

(조로아스터 교 : 배화교)이고, 다음으로는 식물과 동물의 종교(최초
의 인도교)이며, 마지막으로 여전히 본능적으로 작용하기는 해도 피
라미드와 오벨리스크*를 건설한 자연종교의 정신이다. 이것은 예술가
이기 전에 장인인 것이다. 그러나 여기서 신적인 것의 형태는 그것
이 처음에 지녔던 자연적 직접성이라고 하는 성격을 상실한다. 자연
은 이미 무의식적으로 극복되었으며, 정신은 스스로를 예술작품 속에
서 확인하기 시작하는 것이다. 그의 직접적 형식에 있어서, 정신은 자
신에게 떠오르는 태양의 빛으로 나타난다. 감성적 의식에게 소여된
실존은 정신이 아니다. 오히려 이 실존이 정신에게 하나의 상징, 즉
반성의 결과가 아닌 상징의 역할을 하는 것이다. 정신이 자신의 존재
에 대해 갖는 직접적 확신은 여기서 그와 못지 않은 감성적 의식의
직접적 확신과 혼연일체가 된다. 만일 자기의식의 심연이 곧 본질의
밤이라면, 그 심연 개시는 여명의 빛에 의해 창조된 제 형식 속에서
의 감성적 세계의 직접적 현시일 것이다. 그리하여 절대자는「만물을
포용하고 충전하며 또한 그의 무정형의 실체성 속에서 보존된 동방의
빛으로」나타난다. 하지만 아직 이 순수자아는 단순한 실체일 뿐이어
서 그 속에서는 어느 것도 지속성을 갖지 못하며 또한 자기 내적 반
성을 행하지도 못하고 있다.「그 실체의 제 규정은 자립성을 획득하
지 못한 채 다수의 이름을 지닌 일자의 이름으로 남을 뿐인 그런 속
성들에 지나지 않는다」(PE, Ⅱ, 215~16 ; PG, 484 ; 정신현상학, Ⅱ, 280). 정
신의 운동 속에서, 이 동방의 실체는 주체가 되어야 한다. 따라서 태
양은 동쪽에서 떠올라 서쪽으로 기우는 것이다. 그러나 우리는 여전
히 실체의 이러한 자기 자신에로의 기울음으로부터, 그리고 스스로를
주체로 의식하는 주체에로의 그 실체의 전화로부터 멀리 떨어져 있
다. 그 최초의 형식에 있어서 이 실체는 유한자의 부정이다. 그것의
숭고함은 단지 창조과정에서만 선명하게 보여진다. 여기서 자신의 표
상을 발견하는 현실적인 정신은 동방의 천체주의의 정신이다. 무한자

---

* 오벨리스크 : 方尖塔. 고대 이집트의 신 제국 시대에 테베 부근에 건설된 기념비.
한 개의 적색 화강암의 청두 4각주로서 가늘고 길며 상부가 뾰족하다. 태양을 상징하
며 측면에는 상형 문자로서 국왕의 공적을 조각하였다. 특히 런던의「클레오파트라
의 바늘」및 로마의 라테란 앞 광장에 있는 것은 유명하다.

278

와 유한자는 화해를 이룩하지 못한 채 상호대립하고 있다. 즉 절대자가 전능한 주인의 형식을 취하는 데 비해서 인간은 노예의 형식을 취하고 있는 것이다.

그렇지만 일체를 자기 자신 속으로 흡수·통합해 버리는 이「노도와 같은 생」은 즉자적 부정성이다. 그것은「자신의 실체로부터 생존(근거)을 빌어오는」유한자의 한 가장자리에서 그렇게 (즉자적인 반성으로) 현시되어야 한다. 그것들의 직접적인「대자적 존재」속에서 신격화된 자연적 형식들에 대한 지각은 직접적인 정신적 확신으로 대체된다. 무한성은「좀더 약하거나 좀더 강한 것, 혹은 좀더 빈약하거나 좀더 풍부한 헤아릴 수 없이 많은 정신들로 분화된다」(PE, Ⅱ, 216; PG, 485; 정신현상학, Ⅱ, 281). 자연형태들 속에 존재하는 대자적 존재는 아직은 정신적 자기가 아니다. 희랍의 조각에 의해 조탁된 인간의 형태 속에서 진정으로 이러한 신적인 것의 운동을 표상하기 위해 정신은 자신을 자연 너머로 고양시키고 그것에 작용을 가함으로써 그것을 초월하지 않을 수 없었다. 절대자는 이 원시적인 형태의 대자적 존재 속에서 처음에는 식물로, 다음에는 동물로 구상되고 있다. 이것이 그 말의 엄밀한 의미에서의 범신론, 즉 유한한 사물들이 곧 신이 되는 바의 종교이다.「자기에 대한 몰자기적 표상에 지나지 않는 꽃의 종교의 순박함은 싸움에 휘말려든 생의 진지성 속으로, 즉 동물의 종교의 죄로 이행한다」(PE, Ⅱ, 216; PG, 485; 정신현상학, Ⅱ, 281). 여기서 스스로의 표상을 발견하는 현실적인 정신은 언제나 서로간에 싸움을 일삼는 비사회적인 종족들의 정신이다. 동물의 제 형상은 이러한 자연적 집단들의 제 정신을 상징하는데, 그들은 그들의 자립성을 인정받기 위한 투쟁을 통해 획득하는 것 외에는 어떠한 정신적 생도 지니지 못하고 있다. 이러한 종족들은「서로가 죽음을 걸고 싸울 뿐더러 특정한 류의 동물들을 마치 그들의 본질인 것처럼 의식하게 된다.」결국 그들은「그들 자신을 여타의 것들로부터 고립시킴으로써 그들의 보편성을 깨닫지 못하는 동물적 생」에 지나지 않는다. 마치 자연적인 자기의식의 전개과정에 있어서 생사를 건 투쟁의 진리는 노동과 봉사를 통해 보다 높은 단계의 자기의식에로 스스로를 고양시켰던 노예의 형성과정이었던 것처럼, 여기서는「서로서로를 물고 뜯는 동물

의 정신들에 의해 그 행위가 한낱 부정적일 뿐 아니라 평화적이고 긍
정적이기도 한 匠人이 우위를 획득하고 있다」(PE, Ⅱ, 217 ; PG, 485 ; 정
신현상학, Ⅱ, 282). 자기는 자기 자신을 산출하며 그것이 산출한 사물
속에서 그 자신을 조탁한다. 그러나 처음에는 자기의 이러한 산출이
무의식적이다. 마찬가지로 오성은 자신을 자연 속에서 파악했지만 알
지 못하는 상태에서 그랬던 것이다. 이러한 계기가 장인적 정신의 계
기이다. 「장인은 자신의 사유를 파악하지 못했기 때문에」, 그것은 아
직 예술가의 계기가 아니다. 「그것은 마치 벌들이 그 집을 짓는 것처
럼 일종의 본능적인 작업인 것이다」(PE, Ⅱ, 228 ; PG, 486 ; 정신현상학,
Ⅱ, 283). 이 당시 헤겔이 주로 헤로도투스(Herodotus)와 희랍 일반에
대한 기록들을 통해 알았던 이집트가 특별히 장인의 종교에 해당한
다. 자연에 의해서보다는 오성의 제 형식에 의해 영감을 받았던 이
와 같은 추상적 산물들의 결과는 자신의 작품 속에서의 정신에 의한
정신의 발견이 될 것이다. 무의식적인 작업은 단지 점차적으로만 자기
의 표상을 획득한다. 피라미드에서 자기는 곧 죽은──내면적이며 은
폐된 상태로 남아 있는──정신이다. 혹은 달리 그것은 외면적인 자
기로서 제 작품에 그 의미를 부여하는 여명의 빛이다.

    그 과정에서 사원과 影象은 건축과 조각의 분리 및 조정을 통해 점
차적으로 세련화된다. 전자는 정신의 즉자태를 표상하고, 후자는 정
신의 대자태를 표상한다. 건축은 추상적인 형식들에서 보다 생동적
인 형식들로 발전한다. 기둥(石柱)의 변증법은 식물의 생과 오성의
정연한 형식을 혼합시킨다. 동물의 형상들이 최초의 투박한 조각들
속에 표현된 것처럼 이러한 생은 장인에 의해 재생된다. 따라서 정신
은 그것이 제한하는 것 너머로 고양되는 것이다. 동물의 형상은 「어
떤 다른 의미, 즉 사상을 지닌 상형문자가 된다」(PE, Ⅱ, 220 ; PG, 488 ;
정신현상학, Ⅱ, 286). 서서히 인간의 형상이 동물의 형상으로부터 분리
되고 있다. 그러나 작품은 그것의 의미를 자체 내에 담고 있지 않다.
그것은 그 내적 의미를 외부세계에 표출할 수가 없다. 다시 말해서
그것은 「언어」, 즉 그것을 충족시켜 주는 의미 자체의 존재기반을 결
여하고 있는 것이다. 그런데 이러한 언어는 멤논의 조상(les statues
de Memnon)*에서처럼 아직은 지나치게 외면적이거나 혹은 그 순수한

외면성은 단순히 그것이 무한히 심오한 의미를 감추고 있음을 말할 뿐인 검은 돌(la pierre noire)에서처럼 지나치게 내면적이다.

내면적인 것과 외면적인 것은 정신이 낳은 딸이라고 할 작품 속에서 결합되어야만 할 것이다.

형상, 말 그리고 행동에서 보여지는 이러한 괴물들은 정신적인 형상 속으로, 즉 자체 내로 귀일하는 외적인 것과 자기 자신에 의해 스스로를 외화하는 내적인 것 속으로 해소된다. 다시 말해서 그것들은 사상 속으로, 즉 자신을 산출하고 자신의 형상을 그 사상에 적합하게 보존하는 투명한 현존재로서의 사상 속으로 해소되는 것이다. 이제 정신은 곧 예술가이다(PE, Ⅱ, 221∼22 ; PG, 483 ; 정신현상학, Ⅱ, 288).

Ⅱ. 예술종교

헤겔이 예술종교의 도입부에 할애했던 몇 안 되는 페이지는 표현상의 어떤 중후함에도 불구하고 특별히 아름답고도 시사적이다. 예술종교는 인륜적 정신, 즉 우리가 참다운 정신이라는 이름 아래 연구했던 바로 그 정신의 자기知이다. 이러한 실재적 정신은 더 이상 동방의 전제주의의 정신 혹은 여전히 자연의 생 속에 매몰된 비사회적인 종족들의 정신이 아니다. 오히려 그것은 자연의 미개상태를 극복했으면서도 아직은 주관성의 추상성과 고뇌에 도달하지 못한 인간 공동체의 실체적 정신이다. 그것은 「아름다운 개체성(개성)」의 계기이다. 희랍의 도시국가는 자각적인 작품, 즉 「보편적이며 개별화되어 있으며 구체적인 정신」으로 나타난다. 자연은 직접적으로 정신적 자기의 적절한 표현인 데 반해서 자기는 스스로를 그 실체로부터 추상하지 못했다고 말할 수 있겠다. 희랍의 도시국가의 습속은 各人의 작품인 동시에

* 멤논의 조상 : 멤논은 이집트 및 희랍의 신화에 나오는 이디오피아의 왕. 새벽의 여신 에오스(Eos)와 트로이의 왕자 티토누스(Tithonus)의 아들. 트로이 전쟁 당시 숙부인 트로이의 성주 프리아모스(Priamos)를 도와 희랍 연합군을 격파했으나, 아킬레스와 싸우다가 전사하였다. 아침 이슬은 곧 에오스의 눈물이라고 한다. 희랍 사람이 이집트 테베의 나일강가에서 한 쌍의 아메노테프(Amenotep) 왕의 거상을 발견했을 때 그 동쪽의 것을 멤논의 조상이라고 하였다. 이 조상은 이른 아침에 돋는 햇빛을 받으면 일종의 금속적인 기성을 발한 까닭에 유명하다.

만인의 작품이다. 이러한 실체 속에서 살아가는 민족은 자유로운 민족이다. 이 행복한 평형상태는 그 유한성 속에서도 완벽한 인간의 평형상태다. 그러나 그것은 세계정신의 청년기에 대응하는 불안한 평형상태다. 이러한 평형상태에 도달하기 전에는 인간은 자연에 압도되어 그 자신을 인간으로서 발견하지 못했다. 반면 그 이후에 인간은 자신을 초월하여 그 자신 속에서 무한한 불안의 의식을 지니게 될 것이다. 따라서 자연종교와 기독교 사이에서 유한한 인간으로서의 정신의 자기의식인 이 예술종교가 떠오르는 것이다.

그러나 인륜적 정신의 이 자기의식은 이미 그 정신을 넘어서 있다. 그것은 인륜적 정신의 절정인 동시에 그 몰락의 시초이다. 자기 자신을 안다는 것, 자기 자신을 의식하게 된다는 것은 스스로를 그의 존재 너머로 고양시킨다는 것이다. 우리가 참다운 정신, 즉 객관정신의 이름 아래 연구했던 정신은 더 이상 그것이 그 자신을 알던 때의 모습은 아니다. 자각은 존재의 진리와 자기의 확신을 조화롭게 통일시켰던 직접적인 확신을 파괴시킨다. 그것은 자기가 이미 그 실체로부터 자기 자신을 환수하여 그 주관성에로 깊숙이 침잠해 들어갔다고 상정하는 것이다. 고대 희랍 예술의 아름다움(美)은 정신이 자신을 그 실재 너머로 고양시켰을 때, 정신이 그 대상적 진리로부터 순수한 자기知로 복귀했을 때 나타난다. 따라서 이 예술은 더 이상 인륜적 존재가 아니라 오히려 이러한 존재의 기억이며 내면화(Erinnerung)인 것이다. 「이 자기의식은 자신의 세계의 상실을 비통해 하면서도 이제는 자기의 순수성을 벗어나 현실 너머로 고양된, 자신의 본질을 산출하는 (즉 그것을 재산출함으로써 그것을 산출하는) 자기확신적 정신이다」(PE, Ⅱ, 225 ; PG, 491~92 ; 정신현상학, Ⅱ, 291). 훨씬 뒤에 가서 민족 일반의 역사와 관련하여 헤겔은 다음과 같이 적었다. 「따라서 그것은 자신의 가장 진보적인 행동 속에서 그 자신을 파악하고자 하는 민족정신이다. 정신의 고귀성은 자신을 인식하는 것, 즉 자신에 대한 직관뿐 아니라 사유에 도달하는 것이다. 모든 민족정신은 이러한 행동을 완성시켜야 한다. 그러나 이러한 완성은 마찬가지로 그것의 몰락이며 또한 이러한 몰락은 다른 단계, 다른 정신의 등장을 예시하는 것이다.」[19]

희랍의 정신이 자기知가 되고 그 자신을 예술작품 속에서 재현할 때, 이러한 기억은 고차적인 형식의 징표가 된다. 예술종교의 발전은 그 정신이 추상적인 주관성에로, 즉 이러한 예술적인 창조행위 속에서 아직은 창조적인 활동의 형식으로서만 존재하는 순수개념에로 이행하는 것이다. 「이러한 형식은 그 속에서 실체가 모습을 드러내어 스스로를 주체로 만들었던 밤(夜)이었다. 자기 자신에 대한 순수한 확신이라는 이와 같은 밤으로부터 인륜적 정신이 자연과 그 직접적 현존재에서 해방된 형태로서 소생(부활)하는 것이다.」 이러한 밤은 주체의 창조적인 활동이다. 그러나 주체는 처음에는 자신의 작품 속으로 소실되어 미처 자신을 그처럼 창조적 활동으로서 표상하지는 못했다. 「자신의 불가양도적인 힘을 의식하고 있는 이 순수한 활동성은 무형의 본질(그것의 파토스)과 씨름한다. 여기서 그것을 장악하게 되자 순수한 활동은 이러한 파토스를 그의 소재로 만들어 그의 내용으로 삼는다. 그리하여 이러한 통일은 하나의 작품으로서, 즉 개별화되고 표상된 보편적 정신으로 등장하는 것이다」(PE, Ⅱ, 226 ; PG, 492 ; 정신현상학, Ⅱ, 293).

이처럼 대상적으로 표상될 수 있는 일체, 즉 개념을 제외한 일체인 정신의 그 자신 속에서의 절대적 확신은 이러한 신적인 예술작품 속에서 존재할 것이다. 희랍의 정신은 자신을 외부로(au dehors) 현시하면서도 정신을 오직 이와 같은 현시의 능력으로만 아는 정신이다. 계시는 기독교에서 사실상 완성된다. 그러나 그 계시는 대상적인 현시 이상이다. 다시 말해서 기독교가 이러한 현시에 대한 부정, 즉 밤의 심연이라는 계기를 간직하는 데 비해서 예술적 정신은 오직 낮의 생명만을 아는 것이다.

예술종교가 독자적으로 전개하는 변증법은 우리를 주관성의 개시로 인도하는데, 예술종교는 이미 자신의 실체에 대한 인식(知)을 통해 그리로 자신을 즉자적으로 고양시켰다. 따라서 그 속으로 실체가 스스로를 해소시켰던 바의 자기의 이러한 절대적 확신은 마침내 정신이 자기 자신을 관조하는 바의 형태가 되는 것이다. 그러나 이 경우 아직까지는 표상으로서만 있을 뿐인 희랍의 비극은 기독교적인 드라마,

---

19) 《Philosophie de l'Histoire》에 대한 헤겔의 서문.

즉 현실적인 역사 속에서 펼쳐진 신의 생과 사의 드라마가 될 것이
다. 따라서 이 변증법은 객관적이며 선험적인 예술작품에서 주관성으
로, 자연에서 정신으로, 물성에서 자기로, 실체에서 주체로 이행한
다. 이러한 생성과정을 이루는 세 계기는 추상적인 예술작품——여기
서 인륜적 정신은 순수한 신적 형상의 모습(형식)으로 스스로에게 현
시된다——생동적인 예술작품——여기서 인간은 축제와 놀이 속에서
조탁된 신적인 것의 형상이 된다——그리고 정신적인 예술작품——여
기서 정신은 서사시, 비극 및 희극의 언어 속에 현시된다——이다. 언
어는 자기 자신에 대한 순수한 확신 속에서 스스로를 해소시키는 생
성과정을 자신의 운동 속에서 재현하고 있다. 서사시는 신들의 조형
적 형상들을 재현하며, 비극은 생동하는 예술작품을 연장시키고, 그
리하여 마침내 희극 속에서 인간은 자신을 신들의 운명으로 인식한
다. 다시 말해서 인간은 자기 자신 속으로 신적 실체성의 전체를 흡
수·통합한 것이다. 따라서 인간은 행복한 의식이면서도 그에 못지 않
게 여전히 자신의 실존에 대해 무지한 불행한 의식이다.

추상적인 예술작품
  예술작품은 그 두 가지 극단적인 형식, 즉 올림피아 신들을 표상하
는 조각과 찬가(hymne)로 표현되는 순수서정시에 있어서 추상적이
다. 희랍의 건축과 조각 속에서, 정신은 자기 자신을 표상한다. 그
리하여 사원은 신의 彫像을 간직하지 않을 수 없다. 신적인 것에 대
한 이러한 표상은 그것이 순수한 대상성인 한, 또한 창조적인 정신이
스스로를 자신의 작품과의 관계 속에서 망각하는 한 추상적이다. 신
들의 조형적인 이미지는 예술가의 개체성(개성)을 사상한 채 인간사
의 동요나 불안 너머의 그 평온한 보좌 위에서 군림하고 있다. 바로
이러한 사실 속에 그의 위대성과 그의 한계가 동시에 놓여 있는 것이
다. 「신의 형상은 실존의 자연적 조건들에 내재하는 빈곤성을 거부한
다.」 이러한 형상은 순전히 인간적인 형상이다. 그것은 자체 내에 거
인들의 통치에 대한 희미한 추억만을 간직하고 있을 뿐이다. 또한 동
물은 제우스의 독수리나 미네르바의 올빼미처럼 하나의 상징의 단계
로 내려갔다. 그것은 더 이상 이렇게 표상된 한낱 원초적인 자연의

힘들이 아니라 오히려 자기 자신을 의식하는 민족의 투명한 정신들이
다. 희랍의 도시국가는 아테네 속에서 스스로에 대해 경의를 표한다.
하지만 이러한 평온은 예술작품을 창조하는 활동성을 결여하고 있다.
그것은 자신의 생성 너머에 있는 것이다. 「그러므로 비록 개념이——
예술가로서건 감상자로서건——예술작품을 그 자체 속에 절대적인 영
감이 깃든 것으로 언명한 나머지 그 작품의 제작자나 관람자로서의
자신을 망각할 정도로 충분히 사심없다 해도, 오히려 우리는 자기 자
신을 의식한다고 하는 계기가 없어서는 안 되는 정신의 개념을 확고하
게 고수하지 않으면 안 된다」(PE, Ⅱ, 229 ; PG, 495 ; 정신현상학, Ⅱ, 297).

희랍의 철학에서도 이데아는 주관성 너머에(au delà) 있다. 즉 이
데아는 그 개념의 생성과정을 그 순수하고 객관적인 본질과 합치시
키지 못하고 있다. 플라톤주의는, 비록 주관적 확신이 그것에 의해
진리가 스스로를 정립하고 확립하는 그런 운동일지라도 그것을 진리
에로 통합시키지는 못한다. 사랑은 결핍이다. 그것은 사랑받는 대상
편에(en deça) 있다. 이에 비해서 헤겔은 진리를 자기확신으로 포착
하는 것이다.

따라서 예술작품은 그 자체만으로는 영감이 깃든 현실적인 전체가 아니
다. 오히려 그것은 그것이 생성된 과정과 연관되어 고찰할 경우에만 이러한
전체인 것이다. 예술작품에 공통된 사실, 이를테면 의식 속에서 산출되어
인간의 손을 통해 제작된다고 하는 것은 개념으로서 실존하는 개념의 계기
이며, 따라서 예술작품과는 대립된 것이다(PE, Ⅱ, 229 ; PG, 495 ; 정신현상
학, Ⅱ, 296).

다시금 우리는 헤겔이 매우 특별한 의미로 「개념(Begriff)」이라는
용어를 사용하고 있음을 본 것이다.

조형적인 예술작품은 추상적이었다. 왜냐하면 대상적 진리로서 그
것은 창조적인 개체성을 넘어섰기 때문이었다. 찬가라고 하는 순수서
정시는 그와는 정반대의 이유에서 추상적이다. 특수한 의식을 전체
의식의 작용 속에서 용해시키는 찬가의 유동성은 순수한 내면성이다.
「만인 속에 점화된 찬가란 다종의 자기의식 속에서 자신의 행위를 만
인의 행위와 동일한 것으로서 그리고 단순한 존재로서 의식하는 정신
적인 흐름이다」(PE, Ⅱ, 231 ; PG, 496 ; 정신현상학, Ⅱ, 299). 찬가의 언어는

신탁(oracle)의 언어보다 훨씬 더 순수하다. 왜냐하면 신탁의 언어는
상황의 우연성과 경험의 자의성을 표현할 뿐이기 때문인데, 이것은
결정으로서는 필연적이지만 내용에 관해서는 그렇지 못하다.

헤겔이 그토록 강조한 조각과 서정시간의 대립은 니체에 의해 다시
취해졌다. 아폴로적인 예술과 디오니소스적인 예술의 대비는 다음에
이어지는 생동적인 예술작품에서도 나타날 것이지만 이미 이 구절에
서도 나타나고 있다. 여기서 헤겔은 외면성과 내면성을 매개하는 통
일을 모색하고 있으며, 그는 그것을 祭祀(culte)의 운동 속에서 발견
한다. 제사는 신적인 것과 인간적인 것, 본질과 자기의식의 생동적
통일 속에서 절정을 이룬다. 제사를 지내는 가운데 인간적 자기의식
은 그 자신 너머에서 군림하는 올림피아 신에 점점 가까이 다가가지
만 반대로 인간 속에서 추상적 신은 그 자신에 대한 의식을 획득한
다. 횔더린이 말했던 것처럼 인간이 신들의 이름을 지어 준 사실에서
신들은 실존이 아니라 자기의식을 획득하는 것이다. 「신들은 기꺼이
인간의 마음 깊숙한 곳에 머물려고 한다.」 신은 인간의 도움 없이는
스스로를 충족시킬 수 없으며, 인간도 스스로를 신에로 고양시킴으로
써만 자신을 발견한다. 따라서 제사는 인간적 자기를 정화시켜 그것
이 至福에 참여할 수 있도록 인도하는 것이다. 하지만 제사는 화해
이전의 죄나 혹은 악의 의식 속에 발견될 기독교의 내면성이라는 심
오한 의식을 인간 속에 끌어들이지는 못하고 있다. 따라서 본질과 자
기의 화해가 피상적인 차원에 머무는 것처럼 이러한 정화도 외면적
인 차원을 벗어나지 못한다.[20] 봉헌(Sacrifice)이라는 형식 속에서 인
간은 자신의 특수성은 부인하는데, 반대로 바로 그렇기 때문에 대상
적인 본질도 소멸한다. 「봉헌된 동물은 신의 상징이며, 소모된 과일
들은 살아 있는 농업의 여신(Ceres)*과 酒神(Bacchus) 그 자체이다」
(PE, Ⅱ, 235 ; PG, 500 ; 정신현상학, Ⅱ, 304~5). 따라서 인간의 봉헌은 상

---

20) 헬레니즘과 기독교간의 비교가 헤겔의 초기 저작 전체를 지배하고 있다. 우리는 이
   러한 비교가 근본적으로 헬레니즘에 호의적임을 알고 있다. 단지 점차적으로만 헤겔
   은 기독교를 이교도 위로 끌어올리고 있다. 동시에 그는 「절대자는 주체이다」는 그
   의 철학적 입장에 도달한다.
 * 농업의 여신 : 로마 신화에 등장하는 풍요와 오곡의 여신. 뒤에 희랍 신화의 데메테
   르와 동일시되었다. 또한 冥府의 여신으로서의 성격도 아울러 가지고 있다.

호적으로 그들 자신을 인간에게 현시하는 신들의 봉헌인 것이다. 신
들은 그들의 추상적 보편성을 부인하여 인간적 의식을 획득하는 반면
에 인간은 그의 특수성을 부인한다. 하지만 그것은 여전히 진정한 봉
헌, 다시 말해서 정신이 스스로를 그처럼 정신에게 봉헌하고 빵과 포
도주의 신비가 피와 살의 신비가 되는 기독교적인 봉헌이 되지는 못
하는 것이다.

생동적 예술작품

제사의 결과는 인간적인 것과 신적인 것의 직접적 통일이다. 예술
작품은 이제는 더 이상 추상적인 작품이 아니다. 그것은 생동적인 작
품인 것이다. 스스로를 인간에게 표상하는 것은 인간 그 자신이다.
인간은 그 자신이 신적 본질과 합일되어 있음을 알고 있다.[21] 酒神들
과 火神들은 더 이상 멀리 떨어져 있는 신들이 아니라 오히려 신격
화된 인간들이다. 인간들이 彫象의 자리를 대신 차지하였다. 그러나
여기서는 신적인 것의 형체만이 실현되어 있다. 다시 말해서 그것은
내면성을 결여한 외면성이다. 반면 내면성은 무의식적인 신비성 속에
서, 즉 자연의 본질이 스스로를 인간에게 드러내어 인간의 자각적 삶
에 관여하는 동시에 인간에게 자신의 심연을 전달할 때 나타난다. 농
업의 여신 시어리스와 주신 디오니소스의 신비 속에는 흔히 생각되는
따위의 비밀은 전혀 없다. 오히려 그와는 반대로 이 자기와의 완전
한 합일에 이르고 있다. 「따라서 본질은 철저히 탈은폐되어 자기에게
현시된다.」 地神은 스스로 轉身하는 과정에서 양육이라는 여성적 원
리가 되거나 생식력이라는 남성적 원리가 된다. 「자연은 식료와 음료
로서의 그 유용성 속에서 마침내 그 자신의 최고의 완성에 이른다.
왜냐하면 여기서 자연은 보다 높은 실존의 가능성이 되며, 따라서 정
신적 현존재와 접촉하게 되기 때문이다」(PE, Ⅱ, 238 ; PG, 503 ; 정신현상
학, Ⅱ, 309).

무의식적인 신비성과 아름다운 형체가 인간이 자신의 명예를 위해

---

21) 희랍 민족 속에서 헤겔은 인간적인 것과 신적인 것의 직접적 통일을 실현한, 역사
적으로 행복한 민중을 보았다. 헤겔은 그의 초기 저작 속에서 대조적으로 양자의 분
리를 더욱 심화시키는 유대의 정신을 희랍 민족에 대립시켰다(《정신현상학》에서의 불
행한 의식을 참조).

베푸는 향연 속에 결집되어 있다. 그러나 이 신비성은 자기의 소유를 결여하고 있으며, 이 아름다운 형체도 본질의 심연을 결여하고 있다. 「다시금 언어는 내면성에 못지 않게 외면적이고 외면성에 못지 않게 내면적인 바의 완벽한 지반이다」(PE, Ⅱ, 240~41 ; PG, 505 ; 정신현상학, Ⅱ, 303). 이러한 언어는 더 이상 신학의 언어나 찬가의 언어나 혹은 주신의 광란의 언어가 아니다. 그것은 스스로에게 명료해져서 제 표상의 신전을 초월적인 동시에 내재적인 지반 속에, 즉 로고스의 지반 속에 정립한다.

정신적 예술작품

우리는 마침내 예술작품에 도달하는데, 이것은 언어의 지반 속에서 이전의 계기들 전체, 즉 서사시(épos)에서의 올림피아 신들, 비극(tragédie)에서의 신적인 것과 인간적인 것의 생동적 통일, 마지막으로 고대 희극(comédie)의 행복한 자기확신에서의 신적 실체성의 해소를 재검토하게 될 것이다. 마침내 모든 실체가 인간적 자기 속으로 해소되었다. 신적인 것은 더 이상 대리석에서가 아니고, 오히려 자신을 보편성에로 고양시킬 수 있는 민족의 언어에서 실현되고 있다. 바로 여기서 희랍인들은 그들에게 가장 적합한 표상을 획득한 것이다. 호머의 신들, 아이스퀼로스와 소포클레스의 비극, 그리고 아리스토파네스의 희극은 총체적으로 신적인 것의 인간적인 것에로의 복귀라는 일반적 의미를 지닌 하나의 변증법적 전개를 이루고 있다. 인간적 자기는 처음에는 예술가가 그의 조상 앞에서 그러하듯 그가 그의 노래 속에서 드러내는 세계 앞에서 여지없이 무너져 버린다. 서사시의 세계는 신과 인간의 세계이다. 하지만 그 세계의 담지자인 시인은 그의 노래의 내용 속으로 소멸하는데, 이것은 하나의 거대한 추리(syllog-isme)로 나타난다. 정상에서 양극단 중의 하나는 자신들의 변함 없는 평온 가운데 그 어느 것도 잃어버림이 없이 행동에 참여하는 올림피아 신들로 이루어져 있다. 반면 토대에서 다른 극단은 시인이다. 그는 이 세계의 개별적 주체로서, 그것을 창출하기도 하고 억제하기도 한다. 그의 파토스는 자연의 위력이 아니라 기억의 여신(Mnémosyne), 의식의 각성, 즉 「이전에 직접적이었던 본질의 기억(내면화)」이다.

「시인은 자신의 내용 속으로 소멸된 기관이다. 따라서 중요한 것은 그 자신의 자기가 아니라 그의 뮤즈(詩神), 그의 보편적인 노래이다」(PE, Ⅱ, 243 ; PG, 507 ; 정신현상학, Ⅱ, 316). 중심에서 매개 항은 영웅들(아가멤논, 아킬레스, 율리시즈)로 이루어진다. 이들은 시인과 마찬가지로 특별한 인간이면서도 「한낱 표상된, 그리하여 동시에 보편성이라는 자유로운 극단, 즉 신들과 마찬가지로 보편적인 인간이다.」 그런데 서사시에서 희극으로 이어지는 운동은 그 추리의 완벽한 반전을 제시하고 있다. [22] 희극에서는 사실상 시인이라는 개별적 자기가 본질적인 것이 되었던 데 반해, 신적 세계의 보편성은 자기의 사적인──따라서 소멸되어 가는──실체성으로 격하되었다. 이러한 운동의 중심부에서 비극은 신적인 것과 인간적인 것을 가장 밀접하게 결합하고 있다. 다시 말해서 자기가 언어의 운동 속으로 진입하는 데 반해 신적인 것은 실체의 내적 힘에 의거하여 조직되는 것이다.

서사시와 관련하여 그의 주석가들 중의 한 사람이 말했던 것처럼 헤겔은 우리에게 호머의 시들의 현상학을 제공하고 있다. [23] 그는 시인의 언어를 철학적으로 번역했던 것이다. 문제는 두 세계, 즉 신적인 것과 인간적인 것의 통일에 있다. 행동에 연루됨으로써 신들은 초인처럼 보인다. 이에 반해서 기억의 회상을 통해 그들 나름으로는 보편성에까지 고양된 인간들은 可死的인 신들이 된다. 희랍 세계 전반의 통일과 같은 행동의 통일은 로마 제국의 통일과 같은 추상적 통일이 아니라 생동적이며 유연한 통일이다. 하지만 이러한 표상의 통일은 그것의 불안정성을 무분별한 다수의 신들 속에서뿐만 아니라 이 신들이 인간과 맺고 있는 관계 속에서도 드러내지 않을 수 없었다. 전자는 그들의 평온을 행동 속에서 견지하면서 희극적이리만큼 웅장한 특성들을 현시하는 데 반해 후자는 그들이 행동하는 개체성의 힘이라는 사실에도 불구하고 비극적인 무기력이라는 특성을 현시하고 있다. 「이들 신적 위력들의 진지성은 따라서 어리석을 정도로 불필요하다. 왜

---

22) 우리는 헤겔에게 있어 추리가 본질적으로 보편자에서 규정의 매개를 통해 개별자로 나가는 운동임을 되풀이할 필요가 있을까? 제 항의 병치가 아니라 매개의 행위 자체, 즉 무한한 관계가 있는 것이다.

23) R. Kroner, *op. cit.*, Ⅱ, p. 408.

냐하면 인간이 사실상 행동하는 개체성의 힘이기 때문이다. 게다가
그 개체성이 투여하는 노력과 노동도 마찬가지로 쓸모없는 고통에 지
나지 않는다. 왜냐하면 일체를 조종하는 것은 오히려 신적인 위력이
기 때문이다」(PE, Ⅱ, 244 ; PG, 508 ; 정신현상학, Ⅱ, 317). 신들과 인간들
모두의 머리 위에서 사전이라는 추상적 통일, 말하자면 詩의 객관적
리듬과 詩語의 초인격성 속에 진술된 시간의 운동이 군림하고 있다.
운명은 아직 스스로를 자기로서 인식하치 못하고 있는 것이다. [24]

비극에서는 아직 자기 자신을 의식하지 못하는 개념의 필연성으로
서의 이러한 추상적 필연성이 내용에 접근하는 반면에 시인의 언어는
초인격적 언어이기를 멈춘 채 그 내용에 참여하고 있다. 시인은 드라
마에 직접적으로 관여하는 배우가 된 것이다. 「주인공 자신이 話者이
다. 그리고 연극은 청중──동시에 관중인──에게, 즉 그들의 권리
와 목적, 그들의 규정성의 위력과 의지를 인식하고 언명할 수 있는
자각적인 사람들에게 공연된다」(PE, Ⅱ, 247 ; PG, 511 ; 정신현상학, Ⅱ,
321). 그들의 언어는 일상생활의 그것이 아니다. 오히려 일상언어는
그 크기와 엄밀성에 있어 주인공의 파토스를 표현하고 있다. 언어는
인륜적 행위를 상황의 우연성으로부터 벗어나게 하여 스스로를 행위
로 표현하는 「제 성격」을 그 상황의 순수성 속에서 제시한다. 운명이
인간에게 다가와 그의 삶의 중력의 중심이 되는 동시에 인간을 그 자
신 너머로 고양시킨다. 이러한 비극적 행위의 영역이 「스스로의 분산
·해체를 의식하게 된 서사시의 언어」이다. 「그것은 노인들의 합창 속
에서 그의 지혜의 표현을 발견하는 일반 민중 그 자체이다. 민중은 사
실상 자신들의 대표를 그 합창의 무기력 속에 두고 있다. 왜냐하면
민중이란 그들 자신과 대립해 있는 통치라는 개체성의 긍정적이며 수
동적인 소재를 이루고 있기 때문이다」(PE, Ⅱ, 248 ; PG, 511 ; 정신현상학,
Ⅱ, 322). 우리는 헤겔이 여기서 제시한 희랍 비극의 내용에 대한 개념
화를 강조하지는 않을 것이다. 그것은 우리가 상세히 언급했던 참다

────────
24) 여기 이념 속에서 종교는 다시금 우리가 이미 기술했고 또한 참다운 정신에서 추
    상적 인격체로 인도하는(이 책 제Ⅴ부 1장 및 2장 참조) 실체적 운동을 취하고 있
    다. 헤겔은 계시종교에 비추어 이러한 표상과 실체적 정신의 관계를 행복한 의식에
    서 불행한 의식으로의 이행 속에서 입증하고 있다(「계시종교」를 참조).

운 정신의 자기知에 다름 아니다. 여기서 서로 맞서고 있는 제 위력
——그 각각은 자연적인 동시에 정신적인 제 성격 속에 자신의 육화
를 두고 있다——은 신의 법과 인간의 법, 가족과 도시국가의 위력이
다. 이러한 제 성격의 각각의 중심부에서 나타나는 신적인 것의 분리
란 知와 無知, 아폴론과 에린느의 그것이며 또한 그것들의 통일은 곧
인륜적 실체 그 자체의 통일이다. 「제우스는 그것들의 상호관계의 필
연성이다.」헤겔에 따르면, 희랍의 비극은 희랍의 철학자들에 의해
요청된 신들의 통일을 실현하기 시작하고 있다. 그것은 그 자신의 내
적 법칙에 따라 知와 無知로 양분되어 그 통일을 망각이라는 화해 속
에서 모색하는 개념 자체이다. 그러나 이러한 운명은 아직 자기 자신
을 발견하지 못한 자기의식이다. 「자기의식, 단순한 자기확신은 실
체적 본질과 추상적 필연성이라는 부정적 위력, 제우스의 통일이다.
그것은 일체가 그리로 복귀하는 바의 정신적 통일이다」(PE, Ⅱ, 253 ;
PG, 517 ; 정신현상학, Ⅱ, 331). 따라서 우리는 참다운 정신이 추상적 자
기확신으로 몰락해 가는 과정을 지켜보았다. 이제 실체적 세계는 다시
금 그 세계의 부정적 위력인 자기 속에서 스스로를 발견하는 것이다.
    이러한 자기의 부정성은 마침내 희랍의 희극 속에서 스스로를 자기
로서 현시한다. 자기는 이제 그가 흡수・통합되었었던 내용 너머로
자신을 고양시켰다. 자기는 신들과 인륜적 위력들의 운명이 된 것이
다. 또한 자기는 스스로를 그렇게 인식하고 있다. 인간과 신들이 주
장하는 바와는 대조적으로 그들이 보여준 무기력이 희극의 원천이다.
비극적 배우는 그의 자연과 혼연일체가 되어 자신을 그 자신 너머로
고양시켰다. 하지만 지금 그는 이러한 실체적 요소들의 무상성을 말하
면서 그것들을 그것들의 본래적인 모습, 즉 자기 안에서만 그것들의
의미를 지니는 유한한 계기들로 환원시키고 있다. 주인공은 주인공이
기를 멈추고 일상인이 된다. 다시 말해서 배우는 그의 가면을 벗어던
지고 맨몸으로 (아무런 분장 없이) 무대에 등장한 것이다. 서사시 속
에서, 나아가서는 비극 속에서 분리되었던 신적인 것과 인간적인 것
이 완전히 통일되었다. 하지만 이는 인간적인 것과 우연적인 것만이
남아 자기가 그들의 보편성 속에서 인륜적 위력임을 자처하는 신들을
조소하는 식의 통일이다. 따라서 스스로를 희랍의 도시국가의 권력으

로 아는 민중은 「자신에 대한 스스로의 견해와 자신의 직접적인 현존
재, 자신의 필연성과 자신의 우연성, 자신의 보편성과 자신의 통속성
간의 우스꽝스러운 대조를 나타내 보이고 있다」(PE, Ⅱ, 255 ; PG, 519 ;
정신현상학, Ⅱ, 333). 민중은 자신의 神性을 상실함으로써 자신과 그리
고 자신의 신들에 대해 냉소적인 태도를 취하는 것이다.

 근대의 희극에서도 고대 희극의 진지성이 나타나고 있다. 왜냐하면
인간은 한낱 유한한 가치만을——예를 들어 돈——지닌 절대자에로
고양되어, 무대 자체에서가 아니라 오히려 연극을 관람하는 관객들
사이에서 웃음이 일어나는 것 같기 때문이다. 이와는 대조적으로 희
랍의 희극에서 웃음은 배우들의 몫이다. [25] 이러한 배우의 자기야말로
모든 신적 내지 인간적 위력들의 끊임없는 해체를 입증해 보임으로써
그것들의 무상성을 언명하고, 또한 그것들 자체로 환원됨으로써 한낱
뜬 구름에 지나지 않는 인륜적 법칙의 무상성을 언명하는 당사자이
다. 반면 선과 미라고 하는 추상적 사유는 그것들이 지닌 내용의 우
연성으로부터 방면될 경우 그 외관에 관계없이 어떤 것으로든 채워질
수가 있다.

 인륜적 세계는 자신의 실체를 상실하여 자신의 운동을 종결지음으
로써 자기 자신을 확신하는 자기 속으로 완전히 해소되었다. 이로부
터 희극의 본질적 내용을 산출하여 그것을 구성하고 있는 것은 바로
이러한 확신이다. 다시 말해서 그것은 행복한 의식, 「자기확신에로의
일체의 보편적인 것의 복귀이다. 따라서 이러한 확신은 공포의 완전
한 부재, 소원한 일체의 비본질성, 즉 이 희극을 벗어나서는 어디서
도 발견될 수 없는 의식의 안녕이요 평정인 것이다」(PE, Ⅱ, 257 ; PG,
520 ; 정신현상학, Ⅱ, 335~6).

 이러한 쾌적감을 표현하는 원리는 다음과 같이 언명될 수 있다. 즉
「자기는 절대적 본질이다」고. 그러나 이러한 자기는 스스로의 일관성
의 결여를 발견하지 않을 수 없다. 다시 말해서 자기가 스스로를 획
득한다고 주장할 때 그는 그 자신이 자기 자신으로부터 소외되어 있음
을 발견한다. 그 자체가 유한하기 때문에 자기는 인간적인, 너무나

---

25) 고대 희극과 근대 희극——후자가 전자의 운명이다——에 관해서는 예나 시설의
   ⟨Droit natuel⟩, éd. Lasson, Ⅶ, pp. 385 ff 를 참조하라.

인간척인 자기다. 이러한 절대적 자기확신의 진리는 그것이 자기 자신의 대립물이라는 점이다. 자기는 행복한 의식임을 자처한다. 그러나 자기는 스스로가 불행한 의식, 「그에게는 신 자체가 죽은」 그런 의식임을 배워야 한다. 따라서 그것은 보다 고차적인 형식의 종교, 즉 기독교의 활동무대인 것이다. 그러나 이러한 희랍 희극의 변증법 속에서 우리는 헤겔주의에서 끊임없이 재현되고 있는 하나의 사상을 발견한다. 즉 인간은 신적인 것의 진리이다. 그러나 인간이 신적인 것을 자신에게로 환원하는 순간, 다시 말해 인간이 자신을 초월하는 운동을 상실하는 순간, 그는 자신을 상실한다. 따라서 「신 자신이 죽었다」는 생경한 표현이 나타나는 것이다.

Ⅲ. 계시(개시)종교

행복한 의식에서 불행한 의식으로의 이행, 즉 고대 세계의 종말과 전반적인 쇠퇴가 기독교의 역사적 제 전제를 이루고 있는 데서 마침내 정신은 스스로를 정신의 형식으로 인식하게 될 것이다. 예술종교는 우리를 실체로서의 정신의 知에서 주체로서의 정신의 知로 인도했다. 동방의 종교에서 절대자는 자기의식 그 자체가 소멸한 바의 실체로 현시된다. 따라서 유한한 존재로서의 인간은 단지 속성에 지나지 않는다. 그의 생은 노예의 생이며 보편적 존재는 그의 내면에서 각성되고 있는 자기知와 전혀 참다운 관계를 맺고 있지 못하다. 이러한 종교는 곧 공포와 전율의 종교이다. 이미 그 종교의 주체인 신——만일 우리가 그를 이렇게 부를 수 있다면——은 유한자를 초월해 있다. 신이란 추상적인 즉차태이다. 그렇지만 예술종교는 이러한 신적본질을 인간화했다. 다시 말해서 의식 자체가 그 자신의 활동에 의해 신적인 것의 형상을 정립함으로써 실체는 그의 전개과정의 마지막에 이르러 스스로를 자기 안으로 완전히 외화시켰던 것이다. 「의식의 개별성 속에서 자기 자신을 완전히 확신하고 있는 정신 속으로 본질성 전체가 침잠되었다. 이러한 경박함을 나타내는 명제는 다음과 같이 표현될 수 있다. 즉 자기는 절대적 본질이라고」(PE, Ⅱ, 258 ; PG, 521 ; 정

신현상학, Ⅱ, 337). 그러나 문제의 자기는 한낱 추상적인 부정일 뿐이
다. 혹은 달리 표현하자면 자기는 스스로를 유한한 자기로서, 정신을
박탈당한 자기로서 발견한 것이다. 금욕주의 의식의 방약무인한 형
식적 긍정에서 나타나는 부동의 자기확신의 희열은 회의주의 의식의
진정 불가능한 불안을 거치면서 신적인 것의 총체적 상실의 의식으로
무너져내리지 않을 수 없다. 현실적으로 이러한 상실은 인륜적 세계
의 소멸인데, 이제 그것은 로마의 신전에 보존된 기억일 뿐이다.

　　신들의 영원한 법칙에 대한 신뢰는 특수자를 인식한다고 생각되었던 신탁
과 마찬가지로 묵묵부답이다. 彫像들은 이제 생동적 혼이 빠져 달아나 버
린 돌에 지나지 않고, 찬가들도 신앙이 사라져 버린 말에 지나지 않는다.
신들의 식탁은 정신적인 음식과 음료를 제공하지 못하고, 신들의 놀이와 축
제에서도 더 이상 그들 자신과 본질과의 통일에 대한 즐거운 의식이 일어나
지 못하고 있다(PE, Ⅱ, 261 ; PG, 523 ; 정신현상학, Ⅱ, 340～1).

　　운명은 이러한 과거 세계를 기억의 내면성과 사유의 보편성 속에 보
존했을 뿐이다. 하지만 바로 그러한 사실로 해서 운명은 자기 자신을
정신으로 의식하는 정신의 탄생을 가능케 했던 것이다(PE, Ⅱ, 262 ; PG,
525 ; 정신현상학, Ⅱ, 343).

　　이러한 탄생은 이중의 기원을 지니고 있다. 한편으로 그것은 실체
의 외화로부터 유래하는데, 그것의 실현을 우리는 예술종교에서 보았
다. 다른 한편으로 그것은 대립된 운동으로부터 유래하는데, 그 운동
의 진행과정에서 자기가 스스로를 외화시켜 본질에로 고양되고 있다.
따라서 본질이 자기의식으로 전화되는 반면에 자기의식은 본질에로
전화되는 것이다. 참 인간이며 참 신인 그리스도의 역사적 현존은 이
두 운동을 나타내고 있다. 그리스도 안에서 추상적 본질로서의 신은
더 이상 의식 산출의 매개작용을 통해서가 아니라 직접적으로, 즉「신
적 본성과 인간적 본성은 동일하다」(PE, Ⅱ, 267 ; PG, 529 ; 정신현상학,
Ⅱ, 349)는 것을 드러내 준 감각적 필연성에 의거해서 자기의식이 된다.
그러나 신 안에서 인간 역시 자기 자신을 본질에로 고양시켜 단순한
유한성으로서의 그 자신을 극복하고 있다. 이는 앞서의 것과는 반대
되는 외화, 즉「정신의 의식이 자신의 출발점인 자연종교로 환원되는

것이 아니라 오히려 그 반전이 자기의식 자체에 대해서 그리고 자기의
식을 통해 실현되도록」(PE, Ⅱ, 259 ; PG, 522 ; 정신현상학, Ⅱ, 338) 실체를
복원시키는 자기의 외화인 것이다. 자기확신의 외화는 이미 불행한 의
식 속에 나타나 있다. 행복한 의식의 자기가 겪는 비극적 운명은 그가
자신을 모색할 때 그 자신을 발견할 수 없다는 점이다. 그는 이른바
脫自的이다. 그가 자신을 발견했다고 생각할 때, 그는 그 자신이 상
실되었음을 발견하는 것이다. 그리하여 인간은 자기의식으로서 그의
자기확신을 외화시킨다. 그는 그것을 하나의 피안으로, 하나의 불변
적 본질로 간주하는 것이다. 그러나 대자적 존재의 불가분적 통일로
인해 이러한 외화는 여전히 의식상태에 머물러 있으며 「그리하여 그
것은 자기의 이러한 외화 속에 지양되어 그 자신의 실체의 주체로 남
아 있는 것이다.」 그러나 불행한 의식은 기독교의 역사적 전제에 지
나지 않는다. 다시 말해서 불행한 의식이란 자기 자신을 거부하여 다
시금 객관성 속에서 본질과 그것의 내용인 자기의식간의 통일을 발견
하고자 하는 주관성의 고뇌에 다름 아닌 것이다.

이것이 그리스도의 계시, 즉 그의 탄생, 삶과 죽음, 그리고 공동체
안에서의 부활이 현실 속에서 제시하고 있는 내용이다. 불행한 의식
그 자체를 논구하는 과정에서 우리는 단지 기독교의 한 측면만을 살
펴 보았다. 그래서 우리는 즉자태나 혹은 스스로를 인간에게 통일──
개별적 자기가 실체가 되는 반면 실체는 자기가 되는 바의──로서
드러내는 본질의 운동은 방치해 두지 않을 수 없었다. 그런데 다시
되풀이하지만 이러한 통일은 존재 속에서 구상된 것이 아니다. 그것
은 제 사물의 본 바탕과 관련하여 여전히 의심의 여지를 남겨 둘지도
모르는 하나의 해석이 아니다. 그것은 「자연과 역사 모두에 환상적으
로 부착된」 내적 의미, 즉 「종교가 그의 현상화 과정에서 의식에게
직접적으로 부여하는 것과는 다른 내적 의미」(PE, Ⅱ, 264 ; PG, 526 ; 정
신현상학, Ⅱ, 345)가 아닌 것이다. 오히려 이러한 통일은 하나의 직접
적인 계시이다. 감각적 확신에서 오성으로 이행함으로써 개념이 우
리에게 생성되었다고 하는 것은 참으로 사실이다. 그러나 우리에게
있었던 것은 또한 정신의 의식과 그의 직접적 의식에게도 있지 않으
면 안 된다. 사유된 필연성은 직접적인 필연성과는 구별된다. 그러나

이러한 구별은 개념 속에서 사라진다(PE, II, 264 ; PG, 526 ; 정신현상학, II, 345).[26] 필연적인 것으로 사유된 것은 또한 경험 속에서도 현시·발현되지 않으면 안 된다. 「인간의 경험 속에 존재하지 않는 것이란 아무것도 없다.」 역사적 실정성이라고 하는 계기가 개념의 본성 속에 담겨 있다. 개념이란 「자기 자신을 외화시키는 것」이며 현존재에로 전화되면서도 또한 그 현존재 속에서 개념으로 남는 것이다.

실제적인 세계정신이 인간 본성과 심척 본성의 통일에 대한 인식(知)에 이르렀을 때, 이러한 통일은 여전히 정신의 의식에게 실정적이지 않으면 안 된다. 이러한 실정성이 곧 그리스도의 감각적 현존이다. 「나를 본 자는 아버지를 본 자이니라.」「믿음의 의식은 이러한 神性을 보고, 만지고, 듣는다.」 그는 인간적 자기의식을 보고 있다. 그러나 동시에 그는 신을 보는 것이다. 왜냐하면 본질과 감각적 현존재가 이 인간적 자기의식 속에 현존해 있기 때문이다. 「가장 낮은 자가 또한 동시에 가장 높은 자이다. ……최고의 본질이 하나의 존재하는 자기의식으로서 보여지고 들려지고 등등 한다는 것은 사실상 그 개념의 완성이다. 이러한 완성을 통해, 본질은 그것이 본질인 것 못지 않게 직접적으로 현존하는 것이다」(PE, II, 268 ; PG, 529 ; 정신현상학, II, 350).[27]

단지 우리에 대해서나 즉자적으로뿐만 아니라 자기 자신에 대해서도 이처럼 존재에로 생성하는 것이 곧 개념으로서의 개념이다. 그것은 직관에게 실체와 주체, 감각적인 것과 정신적인 것, 보편자와 특수자, 무한자와 유한자의 통일로서 소여된다. 이러한 통일 속에서 신은 정신으로 인식된다. 「왜냐하면 오직 정신 속에만 인간과 신의 통일이 있기 때문이다.」 정신이란 참으로 자신의 외화 속에서의 자기 자신에 대한 知이다. 다시 말해서 정신은 자신의 타재 속에서 그것의 자기동일성을 견지하는 운동으로서의 본질인 것이다(PE, II, 266 ; PG, 528 ; 정신현상학, II, 347). 따라서 존재는 침투 불가능한 직접성이 아니다. 그것은 본질이다. 그러나 그것은 한낱 자기 자신과의 불변적

---

26) 이것이 곧 헤겔이 a posteriori 와 a priori 의 필연적 통일을 표현하는 방식이다.
27) 우리는 왜 정신이 이러한 종교 속에서 완전히 자기 자신에게 개시되었는가의 이유를 알고 있다.

동등성으로서의 본질, 유한한 인간적 자기의식과 대립된 그 자신의
무한성으로서의 본질만은 아니다. 존재는 직접적 현존재로서의 본질
이며, 또한 이러한 현존 속에서 그것은 자기 자신의 부정이다. 「따라
서 자기로서의 존재는 이 특수적 자기인 동시에 보편적 자기이기도
하다.」이제 계시종교가 인식하고 있는 바는 다음과 같다. 「이전 세
계의 희망과 기대는 오직 이러한 계시를 지향하는 가운데서만 절대적
본질이 무엇인가를 직관하고 그 속에서 자기 자신을 발견하려는 것이
다. 절대존재 속에서 자기 자신을 관조하는 기쁨이 자기의식에게 감
지되어 세계 전체를 포착하는 것이다. 왜냐하면 자기의식은 곧 정신
이기 때문이다」(PE, II, 269 ; PG, 530 ; 정신현상학, II, 351).

　　따라서 그리스도의 인식——기독교의 실정성 전체——은 한낱 감각
적 인식만은 아니다. 그것은 이러한 현존과 더불어 소여되어 있고 게
다가 하나의 종교공동체, 즉 정신이 스스로를 보편적 자기의식으로
실현하는 바의 교회에 속하는 사변적 인식(사변知)이기도 하다. 「존
재와 본질의 이러한 통일, 직접적 현존재로서의 사유의 통일은 그것
이 이 종교적 의식의 사상이나 혹은 그것의 매개知인 것 못지 않게
그것의 직접知이다」(PE, II, 268 ; PG, 530 ; 정신현상학, II, 358). 여기서 신
은 그것 자신인 바로 계시되고 있다. 신은 본래적으로 있는 바대로
현존한다. 신은 정신으로서 현존하는 것이다. 따라서 헤겔은 기독
교공동체의 사변知의 다양한 계기들을 전개시킬 것이다. 인간적 본
성과 신적 본성의 통일은 사실상 정태적인 통일이 아니라 하나의 생
성이며, 엄밀히 그것이 지금 그 자신에게 현시되는 바로서의 정신을
이루고 있는 변증법이다. 신적 인간은 모든 「감각적 여기」 및 모든
역사적 「여기」와 마찬가지로 시간 속으로 소멸하지 않을 수 없다. 그
러나 그는 또한 轉身하여 부활한다. 따라서 개별적 자기는 스스로를
외화시켜 신적 본질로 고양되지만 반대로 신이라는 추상적 본질은 죽
어서 개별적 자기로 되는 것이다. 이러한 통일이 정신(성령), 즉 종
교공동체의 보편적 자기의식 속에 표현되어 있다. 이 구체적 정신은
종교적 의식이 사유하거나 혹은 오히려 스스로에게 표상하는 변증법
의 진리이다. 사실상 종교적 의식은 아직 개념적 사유 내지 절대적
자기知가 아니다. 아직은 자기 자신에 대한 의식을 충분히 지니지 못

했기 때문에 종교적 의식은 그 자신인 바로서의 정신을 아직 소원한 표상의 형식 속에서 표현하고 있다. 다시 말해서 종교적 의식은 본질과 자기의식의 관계를 성부와 성자의 관계로 말하는 것이다. 그 의식은 역사적 사건들과 우연적 연속을 그것들이 한낱 내재적 필연성의 개시에 지나지 않는 곳으로 끌어들이고 있다. 우리는 종교공동체의 이러한 사변知를 헤겔이 여기서 그것을 제시하는 바대로 신속히 추적해볼 것이다. 헤겔은 성부, 성자, 그리고 성신의 지배, 「즉 로고스, 자연 그리고 유한한 자기, 마지막으로 보편적 자기, 즉 공동체 안에서의 정신」을 구별하고 있다. 그러면 표상의 언어에서의 공동체의 이러한 사변知가 헤겔 철학이 개념의 언어로의 진정한 번역임을 주장하는 것의 텍스트라는 점에 주목해 보자.

공동체의 사변知

공동체의 知와 생으로 화한 계시가 감각적 세계 속에서——성령의 종교로서——어떻게 스스로를 현시하고 있는가? 헤겔은 《정신현상학》에서 이러한 문제를 빠른 속도로 설명하고 있다. 그러나 사실상 그는 초기의 작품들을 다시 취하고 있을 뿐이다. 《정신현상학》에서 그의 사상은 완숙한 경지에 이르러 스스로에 대한 확신으로 가득 차 있다. 그러나 프랑크푸르트 시절의 신학 논집들 속에서 보여지던 탁월한 연구들, 이를테면 기독교의 제 원천, 즉 복음서들과의 실존적 관계는 거의 사라져 버렸다. 철학적 해석이 종교적 제 원천을 도금해 버린 것이다.

절대종교는 「의식에게 존재하는 일체는 대상적 실재이다. 일체는 외부로부터 우리에게 다가온다. 따라서 감각적인 것은 하나의 실정성이다. 우리가 직접적인 직관 속에서 우리 앞에 지닌 것을 제외한다면 시초에 실정적인 것이란 전혀 없다」[28]는 의미에서 실정종교이다. 그것이 사유의 수준으로 고양될 수 있기 전에 계시는 먼저 「하나의 순수한 소여」로서 스스로를 드러내야만 한다. 따라서 기독교는 이중의 의미에서 계시종교이다. 그것은 자신의 의식에게 나타나는 자기확신적 정신의 심연의 발현이다. 그러나 그것 역시 하나의 소여이다. 다

28) 헤겔의 《Philosophie de la religion》에서.

시 말해서 그것은 처음에는 소원한 것이며, 그리하여 자기의식이 자체 내로 흡수·통합하기 위하여 개념적으로 파악하지 않으면 안 되는 것이다. 우리는 「정신」을 믿어야 한다. 직접적인 신앙의 정신적인 신앙에로의 이러한 전화가 곧 공동체의 생이다. 따라서 이것은 절대종교에서 하나의 본질적인 역할을 담당하는 것이다. 우리는 교부철학——비록 헤겔은 확실히 그러한 철학의 세련화를 의도하지 않았을지라도——이 《정신현상학》에서 시작할 때 비로소 가능했다는 것을 지적한 바 있다. [29] 헤겔에게 있어서 이러한 공동체는 오히려 이성, 즉 스스로를 공동체 안에서 조탁하는 보편적 자기의식이 지닌 최초의 불완전한 형식이다.

사도들은 감각적 대상성의 완전한 파멸로 인해 여전히 그들로부터도 분리되었던 역사적 그리스도를 보기도 하고 듣기도 했다. 「여기와 지금」에서의 그리스도의 현존은 정신적 현존으로 바꿔어져야만 했다. 그러나 사유된 이러한 매개는 그들에게는 감각적 세계의 힘 가장자리에서 수행되었다. (시간적) 과거와 (공간적) 격리는 「그에 따라 직접적인 양태가 매개되거나 혹은 보편적으로 정립되는 바의 불완전한 형식」(PE, Ⅱ, 270 ; PG, 531 ; 정신현상학, Ⅱ, 353~4)이다. 사도들은 정신의 현상학의 단초를 이루는 감각적 「여기」의 변증법이 함축하고 있는 의의 전체를 이해해야만 한다. 직접적으로 현존하는 신은 사라져야 한다. 그는 더 이상 존재하지 않는다. 그러나 그는 존재했었다. 이러한 과거존재(Vergangenheit)는 기억(Erinnerung) 속에서, 즉 공통적인 기억의 내면성 속에서 하나의 정신적 현존이 되어야 한다. 오직 사도들의 의식이 그를 보고 들었기 때문에만 그것은 정신적(靈的) 의식이 되는 것이다. 정신(성령)은 더 이상 그들로부터 분리되어 있지 않다. 정신은 그들 속에 거주하는 것이다. 「두세 사람이라도 나의 이름으로 모

---

29) 우리가 《정신현상학》을 번역하면서 붙인 주(PE, Ⅱ, 270)에서 교회는 사실상 肉化의 사건을 정신화하는 구체적이며 보편적인 자기의식으로 등장할 것이다. 그러나 헤겔주의는 특수자 속에서의 보편자에 대한 知와 보편자 속에서의 특수자에 대한 知에 자족하고 있다. 헤겔의 다음의 말을 참조하라. 「철학은 현실 속에서의 직접적인 열정의 동요로 점철된 노고를 벗어나 성찰의 고요한 왕국 속으로 숨는다」(《Philosophie de l'Histoire》, trad. française Gibelin, op. cit., Ⅱ, p. 238). 헤겔에게 있어서 이러한 공동체는 그가 절대知 장에서 적고 있는 것처럼(PE, Ⅱ, 306 ; PG, 559 ; 정신현상학, Ⅱ, 400) 아직은 불완전한 형식으로서만 있을 뿐이다.

인 자리라면 나는 거기에 그들과 함께 하리라.」따라서 정신은 현실의
직접적인 자기로 남을지라도 그것은 공동체의 보편적 자기의식이라고
하는 형식(PE, Ⅱ, 270 ; PG, 531 ; 정신현상학, Ⅱ, 353)」에서이다. 「나를 기
억하며 이것을 행하라」는 사실상 과거로의 복귀를, 그러나 보다 고차
적인 힘에로의 복귀를 상징하는 것이다. 왜냐하면 과거는 공동체의
역사에 의해, 다시 말해서 단순한 반복일 뿐만 아니라 끊임없이 이어
지는 계시이기도 한 공동체의 전통에 의해 매개되고 공동체 속에서 살
아 움직이는 정신이 되기 때문이다. 「이러한 정신의 총체성을 이루는
것은 고립된 개별자(그리스도)가 아니라 오히려 공동체의 의식과 그
리고 그것이 이 공동체에 대해서 있는 바와 더불어 있는 개별자이다」
(PE, Ⅱ, 270 ; PG, 531 ; 정신현상학, Ⅱ, 353). 이러한 공동체는 그의 역사
가 진행되어 가는 과정에서 스스로를 끊임없이 개혁하여 그의 원천,
즉 신적 인간의 말씀과 행함에로 되돌아가고자 할 것이다. 하지만 이
러한 개혁에의 요구는 의의가 전혀 없는 것이 아니지만 그것은 본래
의 직접성을 개념의 요구와 혼동하고 있다.

　　따라서 이와같이 자기 자신을 계시하는 정신이 그야말로 즉자대자적으로
무엇인가하는 것은 이를테면 공동체 안에서의 그 정신의 풍부한 생을 해명
하여 그것을 그 최초의 실마리로, 즉 불완전한 원시공동체의 표상이나 심
지어 실제적인 인간(그리스도) 자신이 말했던 바로 복귀시킴으로써는 결코
천명되지가 않는다. 이러한 복귀의 이면에는 개념에 이르려는 본능이 놓여
있다. 그러나 이러한 본능은 그 최초의 발현의 직접적 현존재로서의 개념의
기원을 개념의 단순성과 혼동하고 있는 것이다(PE, Ⅱ, 271 ; PG, 532 ; 정신
현상학, Ⅱ, 355).

　　이러한 불모 상태로부터는 단지 몰정신적인 기억들만이 생길 뿐, 공
동체의 자기로 화한 정신적 자기, 즉 보편적 자기로 고양된 자기, 「보
편성 속에서 자신의 현실성을 상실하지 않는 보편성으로서의」자기의
사유가 생기는 것은 아니다.
　　공동체의 知는 그것의 실체인 동시에 그것의 자기확신이다. 공동체
속에서 이러한 知는 의식의 여정에서 분리되어 나타났던 두 계기, 즉
공동체의 자기확신에 대응하는 불행한 의식이라는 주관성의 계기와 그

리고 공동체의 실체에 대응하는 *교양의 세계의 신앙*이라는 객관성의 계기를 재통일시키고 있다. [30] 공동체는 확신이기도 한 진리를 소유하고 있다. 달리 말하자면 공동체에서 진리는 그것에 소원한 내용이 아니다. 오히려 공동체는 그 자체가 진리이며, 이 진리가 공동체의 자기知이다. 우리가 이 두 계기를 분리상태 속에서 대면했던 것은 전혀 우연이 아니다. 단지 자기의식만을 논구함으로써 우리는 그의 즉자적 진리로부터 유리된 자기확신의 계기를 발견하지 않을 수 없었다. 다른 한편으로 교양의 세계를 논구함으로써 우리는 이러한 진리를 신앙의 실체로서, 그러나 앞서 순수통찰에 나타난 자기확신은 결여한 것으로 발견하지 않을 수 없었다. 그 두 계기가 재통일을 이루게 되는 것은 종교의 현상학 속에서이다. 왜냐하면 종교는 정신적 실체의 자기의식이기 때문이다. 하지만 종교공동체는 이러한 정신의 知의 최고의 형식은 아니다. 표상의 양태는 의식과 자기의식을 분열된 것으로 간주한다. 절대知는 이 마지막 형태의 분열을 극복할 것이다.

공동체의 知의 세 계기는 그것들이 여전히 공동체에게는 표상의 지반 속에서 존재할 때 이미 우리에게는 개념의 지반 속에서 존재하고 있다. 따라서 헤겔의 서술방식은 이중적이다. 헤겔은 이러한 계기들이 종교적 의식의 표상 속에 존재하는 바가 무엇인가, 그리고 동시에 그것들이 우리에게 의미하는 바가 무엇인가를 해명한다. 성서의 역사는 세계의 창조와 더불어 시작하고 있다. 그러나 창조라고 하는 말은 「개념 그 자체를 그 절대적 운동에 따라 명시하기 위한 표상의 언어」 (PE, Ⅱ, 276 ; PG, 536 ; 정신현상학, Ⅱ, 361)이다. 세계의 창조 이전이나 혹은 오히려 세계가 존재하지 않을 때, 신은 순수사유의 추상이다. 그런데 헤겔에게 있어서 그 추상은 우리의 추상이 아니다. 그것은 부정성인 절대자의 내부에 있는 것이다. 이러한 순수추상이 즉자적 정신인 한, 그것은 한낱 외면적이며 단순한 본질만은 아니다. 다시 말해서 그것은 이미 타자성이며, 그리하여 그 자체로서 그것은 로고스이다. 종교적 의식은 스스로에게 신을 세계의 창조 이전에 삼위일체로 표상하여 「개념의 형식을 대신하여 성부와 성자의 자연적 관계들

---

30) 이 책 제Ⅴ부 3장을 보라.

을 끌어들이고 있다」(PE, Ⅱ, 274 ; PG, 535 ; 정신현상학, Ⅱ, 359). 우리에
게 이러한 로고스는 그것이 사변논리 속에 보여지는 바로서의 자기 자
신에 대한 사유이다. 「만일 정신의 제 계기가 그 순수성 속에서 파악
된다면 그것들은 그것들 자체 내에서 자기 자신과는 반대되는 것이어
서 오직 전체 속에서 평화를 찾는 한에서만 존재하는 그런 불안한 개
념들일 것이다」(PE, Ⅱ, 274 ; PG, 535 ; 정신현상학, Ⅱ, 359).

그러나 로고스는 자연이나 세계가 없이는 존재하지 않는다. 표상이
「창조」라는 말로 번역하고 있는 바는 개념의 운동을 표현하는 것이
다. 순수사유의 지반 속에서 他在는 사실상 정립되지 않는다. 게다가
외화(그것이 없다면 절대자는 대자적으로 존재하지 않으며 따라서 정
신이 아니다)는 아직 완전하지가 못하다. 로고스와 자연은 상호요구
를 하고 있다. 세계가 없는 신이나 혹은 자연이 없는 순수사유는 자
기 자신으로부터 분리된 것이다. 그것은 단지 타재에 대립된 계기에
지나지 않는다. 물론 이러한 타재는 본질이 로고스인 한 이미 그 본
질 속에 담겨 있다. 그러나 이러한 타자성은 타자성이라는 개념에 지
나지 않는다. 「그러므로 타자 속에서의 자기 자신에 대한 이러한 단
순한 직관 속에서 타재는 그 자체로서 정립되지 않는다. 그것은 순수
사유 속에서는 직접적으로 아무런 차이도 아닌 차이, 즉 그들의 본질
에 비추어 볼 때 양자가 대립되어 있지 않은 바의 사랑에 대한 인정인
것이다」(PE, Ⅱ, 275 ; PG, 536 ; 정신현상학, Ⅱ, 361).[31] 그러나 정신이란 그
것이 현실적으로 자기 자신을 부정할 경우에만 현실적이다. 정신은
절대부정성으로서 그것을 재확립하는 이러한 부정이나 매개 속에서만
자기인 것이다. 따라서 순수사유의 지반 속에서 신은 그 자신의 타
자화, 곧 자연으로서의 그 자신의 부정이다. 「태초에 신은 하늘과 땅
을 창조했다.」엄밀히 말해서 사유의 지반이 아니라 표상의 이러한 지
반 속에서의 차이가 하나의 실체적 실존을 획득한다. 그리하여 정신
은 마치 상실된 것인양 스스로에게 외면적으로 된 것이다. 하지만 로
고스가 자연의 타자인 것과 똑같이 자연도 로고스의 타자에 그치는
것은 아니다. 오히려 자연 속에는 본질적인 타자성이 있다. 성서의

---

31) 서설에서 부정적인 것의 고뇌에 관한 구절(PE, Ⅰ, 18 ; PG, 20 ; 정신현상학, Ⅰ, 73)
을 참조하라.

역사가 세계의 창조를 말할 때, 그것은 세계가 즉자적으로 파악될 수 없다는 것, 세계는 언제나 하나의 계기로 정립된다는 것을 의미하는 것이다. 헤겔은 나중에 「자연은 즉자적으로, 말하자면 이념 속에서 신적이다. 그러나 자연이 존재하기 때문에 그 자연의 존재는 그의 개념과 대응하지 않는다. 차라리 그것은 결코 해소되지 않는 모순이다」[32]라고 말하게 된다. 신은 창조 안에서 자기가 된다. 그러나 세계는 그것이 이러한 운동 자체를 표현하는 한 세계 내 유한한 자기가 된다. 「하지만 세계는 산산히 해체되어 (자연적 실존의) 완전성과 그 외적 질서 속으로 내던져진 이러한 정신만은 아니다. 그런데 정신은 본질적으로 단순한 자기이기 때문에, 이러한 자기도 마찬가지로 세계 속에 현존해 있다. 그것은 현존하는 정신, 즉 의식을 지니고 있고 자기 자신을 타자로서 혹은 자기 자신으로부터 세계를 구별하는 개별적 자기이다」(PE, Ⅱ, 276 ; PG, 537 ; 정신현상학, Ⅱ, 362). 낭만주의적 이미지에 따르면, 정신은 자연의 심연으로부터 유래되었기 때문에 먼저 그 자신이 되기에 앞서 자연인 것이다. 그렇기 때문에 자연상태 내지 원초적 결백의 상태는 필연적으로 소멸하지 않을 수 없다. 종교적 의식은 먼저 지상의 낙원을, 다음으로는 불복종을 말한다. 그리하여 인간은 선악과를 따먹음으로써 그가 창조 속에 상실되었을 때 그 자신의 것이었던 결백을 상실한 것이다. 그러나 우리는 인간이 이러한 동물적 결백을 떠나 대자적인 정신이 되지 않을 수 없다는 것을 알고 있다. 「그것이 사실상 자기와 정신이기 위해서, 마치 영원한 본질이 스스로를 그 자신의 타재 속에서 자기 자신과의 동등성을 견지하는 운동으로 제시하는 것처럼, 그것은 먼저 자기 자신에게 타자가 되지 않으면 안된다」(PE, Ⅱ, 276 ; PG, 537 ; 정신현상학, Ⅱ, 362~3). 인간적 의식의 이러한 분열이나 혹은 그 속으로 끌어들여진 이러한 타자성이란 모름지기 善과 惡의 知(인식)이다. 인간은 이러한 대립의 場으로서 그리고 그가 그 자신에 대해서 곧 이러한 모순의 의식인 한에서 자신을 악으로 간주하여 선을 그 자신 너머로 배척한다. 따라서 그는 신과 그 자신의 차이성 및 동등성을 정립하는 것이다. 즉자적으로 정신은 자기 자신을 절대자로서, 본질로서의 신적인 것으로서 인식하지만 대자적으

---

32) 《Encyclopädie》, éd. Lasson, V, 208.

종교 ; 신비주의인가 휴머니즘인가   303

로는 비절대자로서, 세계 내 존재로서 인식하고 있다. 이러한 모순이
정신을 자기인 동시에 정신으로 만든다. 그러나 그것은 아직 이 점을
자각하지 못하고 있다. 사실상 이러한 모순은 유한한 정신의 모순만
은 아니다. 절대정신은, 그가 언제나 이러한 모순을 즉자적으로 정
립하는 동시에 그것을 극복하기 때문에——이는 논리적 용어로는 그
의 부정성이고, 보다 구체적인 용어로는 그의 自己性 내지 정신이다
——절대적이다. 그렇기 때문에 종교적 의식은 악의 기원을 인간을
넘어선 천사의 타락 속으로 추방할 수 있다. 그러나 악을 신 속에서
그 신의 분노로 보고자 한 뵈메의 시도에도 불구하고, 종교적 의식
은 악을 신 속에서 표상하기에 이르지는 못했다. 다시 말해서 표상적
사유는 모순의 항들을 그것들의 몰정신적 外面性 속에서 파악하기 때
문에 신 자신이 그의 타자성을 정립하여 마침내 스스로를 자기로서
그리고 정신으로서 발견한다는 것을 이해할 수가 없는 것이다(PE, Ⅱ,
279 ; PG, 539 ; 정신현상학, Ⅱ, 366). [33]

　이러한 생각이 종교적 의식에 떠오르기는 하지만 肉化의 사건으
로서 그리고 신적 인간의 희생과 자발적인 죽음으로서이다. 비록 현
존재가 신적 본질과의 관계에서 악이라고 해도, 그럼에도 불구하고
신은 스스로를 육화시켰다. 신적 본질은 그 자신에게 소원한 현존재
로 스스로를 비하시켰다. 그러나 매개자(그리스도)의 희생과 죽음 속
에서 그것은 그 소원한 현존재를 지양하여 다시금 그것을 그 자신에
까지 고양시켰다. 여기서 그리고 오직 그 경우에만 신은 자기 자신을
정신(성령)으로서 계시했던 것이다. 그렇기 때문에 그의 죽음은 근원
적 본질, 즉 자연종교가 알았던 전부인 추상적 신이나 혹은 실체로의
순수하고 단순한 복귀가 아니다.

　　신적 인간의 죽음은 죽음으로서는 추상적 부정성이다. ……그러나 그것은
　　……유일하게 부활, 죽음의 죽음을 이해했던……공동체의 자기의식 속에서
　　이러한 자연적 의미를 상실한다. ……죽음은 더 이상 그것이 직접적으로 의
　　미하는 바, 즉 이 개별자의 비존재가 아니다. 죽음은 자신의 공동체 속에

---

33) 이러한 모순의 의식으로서의 인간이 스스로를 악으로 정립하고 선, 곧 신을 그 자신
　　밖에 정립하는 바의 운동은 불행한 의식의 운동을 연상시킨다. 그것은 동일한 변증
　　법인 것이다.

살아있는 정신의 보편성으로 전환되어 그 속에서 나날이 죽으면서 또한 나
날이 부활하는 것이다(PE, Ⅱ, 286 ; PG, 545 ; 정신현상학, Ⅱ, 376).

그리스도의 죽음은 따라서 공동체의 정신, 즉 보편적 자기의식의 정
립이다. 그리스도 안에서 일어났던 운동이 이제는 공동체의 내부에서
수행되어야 하며 그것에게 소원한 것이기보다는 오히려 그것 자체의
운동이 되어야 한다. 이는 제 3 의 지반, 즉 자기의식의 지반에로의
이행이다. 「따라서 자기의식은 제 3 의 지반 속에, 보편적 자기의식
속에 정립된다. 그것은 자기의식 자신의 공동체이다. 공동체의 운동
은 자신과 자신의 표상을 구별하는 자기의식의 운동과 마찬가지로 즉
자적으로 생성된 것의 산출운동이다」(PE, 284 ; PG, 543 ; 정신현상학, Ⅱ,
372〜3). 즉자적으로 생성된 것은 추상적이며 소원한 신의 강림, 인간
적 실존과 신의 화해, 즉 정신으로 정립된 신의 존재이다. 공동체는
반대로 그리스도의 죽음과 부활을 내면화함으로써 유한한 실존과 신
적 본질을 화해시키지 않으면 안 된다. 이 두 변증법의 관계가 곧 매
개자의 죽음이다. 그러므로 가능한 모든 의미 속에서 이해되어야만
하는 것은 다음의 구절, 즉 「신 자신이 죽었다」는 것이다.

그리스도의 죽음은 신적 인간의 죽음일뿐만 아니라 추상적 신──
그의 초월성은 근본적으로 인간의 실존을 인간의 신적 본질로부터 분
리시켰다──의 죽음이기도 하다. 그리스도의 삶과 죽음은 「단순한 사
유의 순수함이거나 혹은 비현실적인 정신이 현실적이 됨」(PE, Ⅱ, 287 ;
PG, 546 ; 정신현상학, Ⅱ, 377)을 의미한다. 죽은 것은 「자기로서 정립되
지 않은 신적 본질의 추상이다. 정신으로서 신은 공동체의 보편적 자
기의식이 되었다. 이러한 자기의식은 그의 역사의 매개과정을 통해
자신의 특수성을 보편성으로 고양시키고 그 속에서 특수자가 죽음을
거듭하고 있는 이러한 보편성을 구체적이며 운동하는 것으로 만든다.
자기 자신에 대해서 정신은 모름지기 우리가 종교의 즉자태로서 대면
했었고 그로부터 우리의 변증법이 발단되었던 화해에 다름 아니다.
「이러한 자기의식은 실제에 있어 우리가 특수자의 실제적인 죽음을
생각하는 것과 마찬가지로 죽지는 않는다. 오히려 그것의 특수성은
그것의 보편성 속으로, 즉 자신을 그 자신과 화해시키는 본질인 그
것의 知 속으로 죽는 것이다.」 인간 실존의 비극은, 설령 「악이 선

이다」라고 말해진다고 해도 제거되지는 않는다. 왜냐하면 판단의 「이다」는 직접성으로서 정신이 없이도 존재하는 것으로 발견되는 데 비해서, 지금 이 자리에서 문제시되는 것은 생동적인 정신이기 때문이다. 비극은 유한한 실존이 스스로를 보편성에로 고양시키고 이 보편성 속에서 죽어가는 운동 속에 존재한다. 반면에 이러한 실존 속에서 보편성은 자기자신에로 생성되어 죽은 자 속에서 투명하게 나타나는 것이다. 헤겔이 《정신현상학》의 서설에서 적고 있는 것처럼 「현상이란 발생과 소멸의 운동, 즉 그 자체는 발생하거나 소멸하는 일 없이 즉자적으로 존재하는 운동이며 현실과 진리의 생의 운동을 이루는 것이다」(PE, I, 40 ; PG, 39 ; 정신현상학, I, 101~2). 매개자의 죽음은 사도들이 헛되이 보존하고자 했던 감각적 차안(en-deça)의 죽음만이 아니라 그에 못지 않게 모든 인간적 실존에 치유할 수 없을 정도로 붙박혀 있는 불가해한 피안(au-dela)의 죽음까지도 상징하고 있다. 이러한 죽음을 통해서 실체는 총체적으로 주체로 전화되는 것이다. 「신 자신이 죽었다. 이 생경한 구절은 가장 단순하고 가장 친근한 자기知의 표현, 다시 말해서 자기 자신을 벗어나서는 더 이상 어떤 것도 구별할 수도 없는 그런 자아=자아라는 밤의 심연 속으로의 의식의 복귀를 나타내는 표현이다.」[34] 그러나 이러한 표현은 신적인 것의 실체를 상실했던 불행한 의식의 고뇌에 다름 아니기 때문에 그것은 이 개별적 의식의 외화이며 공동체 속에서 살아 움직이는 구체적 정신으로의 고양이다. 이러한 공동체는 더 이상 개별적 인물로서의 그리스도가 아니라, 오히려 그 속에서 육화가 영원성을 띠게 된 바의 聖靈이다. 그리스도 중심적인 성서관은 점차적으로 사라지면서 공동체로서의 이러한 보편적 그리스도에게 자리를 양보하게 되는 것이다. 「신적 인간——혹은 죽어 버린 인간적 신——은 즉자적으로 보편적 자기의식이며」, 이제 그것은 이러한 공동체가 정신에 대해 갖는 합 속에서, 즉 그 자신의 자기知인 知 속에서 대자화되는 것이다. 「따라서 이러한 자기知는 그것을 통해 실체가 주체가 되고 그 실체의 추상성과 비활력성이 소멸되는 가운데 모름지기 그 실체가 실현되어 단순하

---

34) 헤겔이 예나 시절의 《Realphilosophie》에서 다음과 같이 표현했던 것은 바로 이러한 주관성의 심연이다. 「자아는 소멸의 밤이다」(Ⅱ, 185) 또한 「우리는 無이다」(Ⅱ, 80).

고도 보편적인 자기의식이 되는 그런 정신화(Begeistung)이다」(PE, Ⅱ, 287 ; PG, 546 ; 정신현상학, Ⅱ, 377～8).

그러나 아직 종교공동체는 절대知의 불완전한 형식에 지나지 않는다. 이러한 공동체 속에서 표상이 자기의식에로 되돌아온다 해도 그러한 복귀는 자기의식에게는 현실적이 아니다. 왜냐하면 자기의식은 여전히 자기 자신에로의 복귀를 표상하고 있기는 해도 공동체가 구현한 화해를 아직 그 자신의 작품으로 보지는 못하고 있기 때문이다. 공동체란 참으로 자기 자신을 인식하고 있는 진리이다. 그러나 공동체는 이러한 진리를 산출하는 것을 인식하고 있지는 못하다. 자기의 전개과정으로서의 진리의 산출운동이 곧 절대知에 속하는 것이다. 「공동체 스스로의 화해는, 마치 타자에 의해 수행된 화해가 과거의 저 멀리 있는 그 무엇으로 현시되는 것처럼 그 자신에게는 미래의 저 멀리 있는 그 무엇으로 보인다.」 과거에 대한 향수, 미래에 대한 열렬한 기대가, 개선한 교회를 자기 자신 밖으로 내던져버린 채 시간성의 형식으로 스스로에게 제시되는 피안 속에서 자신의 해방을 기다리는 공동체의 불완전성을 이루고 있다. 개별적인 신적 인간은 추상적 신을 그의 아버지로, 현실적 자기의식을 그의 어머니로 삼고 있다. 이에 반해 보편적인 신적 인간, 즉 공동체는 그 자신의 행동과 그 자신의 知를 아버지로 삼지만, 그가 단지 느끼고 있을 뿐 의식적으로 직접적이고 현실적 대상으로는 직관하지 못하는 영원한 사랑을 그의 어머니로 삼는 것이다(PE, Ⅱ, 290 ; PG, 548 ; 정신현상학, Ⅱ, 380). 공동체의 화해는 바로 이러한 사랑 속에 놓여 있다. 그러나 사랑은 공동체에게는 비현실적인 것으로 보인다. 공동체의 의식 속으로 들어오는 것이란 변혁을 기다리는 세계이다. 세계는 사실상 즉자적으로 본질과 화해를 이루고 있다. 하지만 이러한 즉자는 의식 자체에게는 소여되어 있지 않다. 그러므로 세계의 의식 내지 현실적 정신은 이러한 공동체에게 있어 그 자신의 종교적 의식으로부터나 종교 속의 정신으로부터 구별되는 것이다. 우리는 의식과 자기의식의 구별처럼 종교의 변증법의 추진력이었던 이러한 구별이 여전히 존속하고 있다는 것을 알고 있다. 그것은 공동체에게는 즉차척으로 지양되었다. 그러나 「이러한 즉자는 실현되지 않았거나 혹은 아직 절대적인 대자적 존재가 되지 못했다.」

　그러나 헤겔 자신에게 있어 이러한 실현은 무엇을 의미하는가? 현실적 정신, 즉 역사의 정신이 그 자신의 자기知가 된다는 것과 그리고 이러한 자기 자신에 대한 知가 역사 속에서 그 자신의 의식에 현시된다는 것은 참으로 유한한 인간의 실존과 본질의 화해를 함축하고 있는 것이다. 그러나 이 화해가 우리의 작품으로 파악될 때, 이러한 이중의 요구는 영원한 진리를 시간적으로 정립하는 신적 인류에로 인도한다. 헤겔의 체계가 안고 있는 갖가지 난점들은 모두가 유한자와 무한자, 개별자와 보편자간의 이 궁극적 관계 속에서 시간과 영원성의 형식으로 결집되지는 않는가? 《정신현상학》은 자기의 이러한 절대知의 시간적 조건들을 제시하고 있다. 그러나 어떻게 우리는 이 절대知를 파악할 수 있는가? 어떠한 공동체가 불완전한 종교공동체를 계승하고 있는가? 역사는 우리에게 단지 생장과 소멸을 거듭하는 민족들만을 제시하고 있다. 이러한 삶과 죽음의 부침 속에서 정신은 다시금 그것이 곧「자신의 타재 속에서 자기동일적인 것」임을 발견하여 그 자신의 영원한 자기知, 즉 철학이 되는 자기 자신에 대한 知 속에서 안식처를 구하고 있다. 그러나 철학은 한낱 앎(知)인가? 혹은 그것은 동시에 함(行)인가? 이 마지막 질문들은 절대知 장에 의해 해결되어야 할 것이지만 그 장에서 그것들은 단지 제기되고 있을 뿐이다. 19세기와 20세기의 철학자들의 작품들 속에서 헤겔주의는 하나의 변증법적 종합으로서는 불안한 것임이 입증되었다. 다시 말해서 그것은 다양한 해석의 소지를 열어 두고 있는 것이다.[35]

---

35) 실제로 절대정신은 인류의 자기知로 나타나며 이러한 자기知는 현실 역사를 그 자신의 대상으로서──의식으로서──지녀야만 한다. 종교공동체에서는 여전히 초월행위(과거에 대한 향수나 혹은 미래에 대한 기대)가 존재한다. 철학에서 이러한 자기知는 우리의 행동과 동일하다. 우리는 마르크스의 다음과 같은 말을 생각해 볼 수 있겠다. 「지금에 이르기까지 철학자들은 여러가지 방식으로 세계를 해석해 왔을 뿐이다. 하지만 문제는 그것을 변혁하는 것이다.」

Ⅶ.
결 론

현상학과 논리학; 絕對知

《정신현상학》의 어떤 장도 그 책의 대단원을 장식하는 「절대知」만큼 애매하지는 않다. 물론 이 애매성은 주제 자체의 난해함, 그 책의 발간 상황으로 충분히 납득할 만한 성급한 편집과정에서 비롯되었을 법한 헤겔의 의도 변화 등 여러 원인을 갖고 있다. 이와같이 외적인 상황들만이 헤겔이 절대知, 즉 사변철학을 다룰 때 중세교회로부터 시작하여 당대의 철학에 이르는(PE, Ⅱ, 307 ; PG, 560 ; 정신현상학, Ⅱ, 400~1)[1] 철학의 전개과정 전체를 단 한 페이지 속에 압축시켰던 사정을 설명해 줄 수 있다. 그 페이지의 극단적인 압축은 그 해석을 용이하지 않게 만든다. 《정신현상학》의 서설(Vorrede)은 그 책이 끝난 이후에 결론의 의도와 유사한 의도를 가지고 쓰여졌기 때문에 우리는 이 장을 해석하는 데 그것의 도움을 빌 수가 있다. 헤겔에게 있어서 그것은 《논리학》을, 말하자면 학문 체계의 제2부——제1부는 《정신현상학》이다——이룬다고 생각되는 사변철학을 도입하는 문제이다.[2] 어떤 의미에서는 철학 전체라고도 할 이러한 논리의 독창성이란 무엇인가? 《정신현상학》은 어떻게 그것을 예비하고 있는가? 종교 너머로 고양되는 이 절대知의 의미란 무엇이며 종교는 어떻게 지양되는가? 이 절대知는 왜 세계사에 있어 다른 시대가 아닌 바로

---

1) 헤겔은 데카르트로부터 스피노자와 라이프니츠를 통해 피히테에 이르는 철학적 사유의 운동을 단 한 페이지에 요약하고 있다. 그러나 그는 어떤 철학자의 이름도 거론하지는 않는다.
2) 서설과 서론의 차이에 대해서는 제Ⅰ부 「《정신현상학》의 일반적 고찰」을, 이 책의 발간 경위에 대해서는 제Ⅰ부 3장 「《정신현상학》의 구조」를 각각 참조하라.

이 시대에 등장하는가? 그 본질에 있어 비시간적인 이 절대知에서 시간이 담당하고 있는 역할은 무엇인가? 이러한 것들이 헤겔이 이 장에서 제기하는 주된 물음들이다. 그 모두가 한결같이 헤겔 철학을 이해하는 데 중요하다.

그렇지만 절대知에 관한 장의 편성은 상당히 분명하다. 우리는 그것을 《정신현상학》의 불어 번역본에 들어 있는 한 각주에서 지적했었다(PE, Ⅱ, 293, n, Ⅰ). 이전의 특정한 의식의 제 형태를 돌이켜봄으로써 헤겔은 어떻게 자기가 스스로를 存在와 同一한 것으로 경험하는가를 보여 주는 것으로 시작한다. 자기와 존재 사이의 이러한 동일성은 자기의 다양한 제 외화 및 대——의식적——존재의 제 성격을 통해 구체적으로 밝혀졌던 것이지만, 그것은 존재의 學인 동시에 자기의 존재 안에서의 정립의 學에 대한 견해로 그 대단원의 막을 장식하는 《정신현상학》의 궁극적인 결과이기도 하다. 이러한 자기에 대한 사유, 이러한 존재의 논리는 사유의 사유인 동시에 만유의 사유로서 절대知를 이룬다. 두번째 절에서 헤겔은 본질적으로 개념의 형식으로 존재하는 이 學의 특성들을 개략적으로 제시하는 한편 이 절대知의 역사적이며 철학적인 전제들을 검토하고 있다. 그리하여 마지막 절에 가서 헤겔은——그의 圓環的 방법을 따라——이 존재론적 논리로부터 현상학에로, 즉 자연과 역사로 되돌아간다. 현상학이 사변철학에 이르는 도정인 것처럼 사변철학 역시 우리를 의식의 경험과 그 생성(전개)에로, 즉 공간(자연)과 시간(역사)에서의 정신의 외화로 되돌리고 있다.

주지하듯이 사유의 일반적인 운동보다는 그 세부적인 내용들을 다루는 데서 갖가지 어려움들이 따른다. 그러나 이 세세한 내용들이 본질적인 것이다. 어떤 철학자를 절대적 관념론자라고 말하는 것은, 만일 우리가 이 관념론이 시사하는 정확한 의미를 파악할 수 없다면 아무런 의미가 없다. 「자아(Moi)」(혹은 「자기 Soi」, 반성과 동일성은 앞의 자아 Ich 보다는 자기 Selbst 라는 용어에 의해 보다 잘 지시되기 때문이다)와 존재의 동일성은, 만일 우리가 그 범위와 그 결과들(예를 들어 知와 존재의 변증법적 성격)을 구체화하지 않는다면 한낱 말에 그치고 마는 지극히 일반적인 명제이다. 그런데 우리는 지나치게 다른 의미에서 「개념(Begriff)」이라는 말을 대해 왔기 때문에 「학문, 즉 철학이란 본질적으로 개념의 형식 속에 존재한다」와 같은 명제에 우리가 무심코 제시하는 해석에 대해서조차 아무런 의심을 갖지 않는다. 헤겔에 있어 철학의 논리에의 환원은 결코 형식주의나 심지어 그에게 종종 비난이 가해졌던 主知主義(말하자면 그가 오직 그의 사유에 의해서만 우주를 선천적으로 구성한다는 관념)로 빠지지 않는다. 오히려 그것은 논리의 정신화로 나아간다. 만일 우리가 헤겔을 이해하고자 한다면, 그러기 위해서라도 철학의 논리에의 이러한 환원을 정확하게 해석하는 것이 중요하다. 헤겔에 대한 대강의 윤곽을 추정하기보다는 이 자리에서 우리는 헤겔적 사유의 일정한 특성들을 보다 잘 부각시켜 그 자체로 드러나는 해석상의 어려움들을 지적하기 위하여 그의 물음들 몇 가지를 파악하는 것이 바람직하다고 생각한다.

I. 정신현상학의 제 특성

우리는 《논리학》과 비교될 때 나타나는 《정신현상학》의 두드러진 특성들을 강조하는 것으로 시작한다. 그리하여 우리는 이 《논리학》의 정확한 특성과 상이한 관점이기는 해도 헤겔 철학 전체를 나타내는 그 두 책 사이의 연관을 구체화하는 데 유리한 입장에 서게 될 것이다.

직접적으로 존재하는 바의 정신이란 의식이다. 「따라서 직접적 현존재라고 하는 지반은 學의 이 부분(현상학)이 여타의 부분들로부터 구별될 수 있는 특성이다.」 이러한 지반 속에서 의식은 이원성으로서 제시된다. 「정신의 직접적 현존재, 즉 의식은 知와 이 知에 부정적인 대상성이라고 하는 두 가지 계기를 지니고 있다」(PE, I, 31 ; PG, 32 ; 정신현상학, I, 91). 이 구별은 《정신현상학》 내지 의식의 경험의 學 전반을 특징짓는다. 그것은 모든 인식론, 특히 칸트의 선험철학이 근거하고 있는 구별에 다름 아니다. 다시 말해서 그것은 주체와 객체, 知(인식)와 존재, 대자와 즉자, 확신(Gewissheit)과 진리(Wahrheit)의 구별이다. 헤겔은 그것을 이와 같은 구별들 가운데 마지막 형식으로 보

다 빈번하게 제시하고 있다. 의식이란 의식의 진리를 이루며 그 의
식에게 소원한 타자로서 나타나는 대상에 관한 의식이다. 그러나 다
른 한편으로 의식은 이 진리에 대한 그 자신의 知도 의식하고 있다.
의식이 갖는 知는 그 자신의 知에 대한 知, 즉 주관적 반성——존재
나 실체에 대한 자기의 반성——으로 도금되어 있다. 이 두 계기 사
이의 부등성이 현상학적 전개의 추진력이다. 그것이 이른바 경험의
주 원천인 것이다. 우리는 이러한 사실을 현상학적 전개의 기법을 검
토했었던 이 책의 첫머리에서 강조했었다. [3]

知와 그 진리의 구별은 「개념의 내적 대립」(PE, Ⅱ, 311 ; PG, 562 ; 정
신현상학, Ⅱ, 405)[4]이다. 그것은 《정신현상학》의 마지막에 가서야 사라
지는 구별이다. 넓은 의미로 해석한다면 그것은 知는 존재에, 자기
는 실체에 대립됨을 의미한다. 존재는 의식에게 자기에 대해 소원한
것으로 나타난다. 자기는 그 자신의 편에서 보면 그것이 지니는 반성
적 성격으로 인해 존재와 구별된다. 이런 이유로 인식론에 한정된 철
학은 모두 물자체에, 즉 知에게는 침투 불가능한 불투명한 존재에 부
딪치게 될 것이다. 인식은 언제나 주관적 인식일 것이고, 오성은 언
제나 우리의 주관적 오성일 것이며, 제 사물의 기초인 존재는 인식
불가능해질 것이다. 칸트는 문제(「어떻게 선천적 종합판단이 가능한
가?」)에 대한 그의 탁월한 언명에도 불구하고, 종합판단들을 근거짓
고 「경험가능성의 조건은 동시에 경험대상의 가능성의 조건이다」라는
그의 주장에도 불구하고 어떤 측면에 있어서 로크의 주관성을 한 치
도 벗어나지 못했다. 인간 정신의 자연적 태도는 그러므로 비판적 회
의주의로 전락하는 소박한 실재론이다. [5]

그러나 《정신현상학》은 知의 대상이 정신적 실체에 다름 아님을 보
여 주었다. 정신적 실체란 우주 안에서 스스로를 파악하는 정신, 의
식에게 스스로를 그 대상으로 제시하는 정신이다. 이것은 《정신현상

---

3) 제Ⅰ부 1장 「《정신현상학》의 의미와 방법」.
4) 「(《논리학》에서) 그 단순한 매개 속에서 사유로 정립된 개념은 (《정신현상학》에서
는) 이러한 매개의 제 계기를 분리시켜 스스로를 스스로에게 내적 대립으로 표상한
다」(강조는 저자).
5) 헤겔이 〈Glauben und Wissen〉, éd. Lasson, Ⅰ, pp. 235~262 에서 행하고 있는 특
히 탁월한 연구를 참조하라.

學》이 그의 착종·다지한 여정을 통해 점차적으로 밝혀야 하는 것이다. 존재의 知는 자기의 知로 밝혀졌으며, 반대로 자기의 知는 존재의 知로 되돌아갔다. 마지막으로 의식과 자기의식의 종합인 이성은 진정 존재를 사유로서 그리고 사유를 존재로서 파악했지만 그것은 직접적인 방식으로 그렇게 했다. 이 이성이 《정신현상학》의 이성인 한에서 그것은 「개념의 내적인 대립」, 다시 말해서 대자적인 것과 즉자적인 것, 知의 주체와 知의 객체 사이의 대립이 관찰과 행위 안에 존속하도록 허용했다. 헤겔의 말을 빌면 개념의 이러한 내적 대립이 의식 자체를 구성하고 있다. 의식은 오직 이러한 분열 속에서만 대자적으로 존재하는 자기의 이 내적 요구로부터 유래한 것이다. 자기는 오직 그 자신에 대립함으로써만 존재한다. 생은 오직 그것이 자기 자신에게 자신의 타자로서 나타나기 때문에만 자기이다. 「그러나 정신은 모름지기 그것이 자기 자신을 타자화하는, 다시 말해서 그 자신의 자기의 대상이 되었다가 이 타재를 지양하는(aufheben) 운동이기 때문에 대상이 되는 것이다」(PE, 서설, I, 32 ; PG, 32 ; 정신현상학, II, 92). [6] 우리는 헤겔 체계 전체가, 절대적 생은 그 생이 스스로를 자기에 대립시킴으로써 스스로를 정립하는 바의 운동 속에서만 절대적이라는 직관으로부터 출발하고 있다는 것을 안다. 그것은 모든 변증법 너머로 고양된 피히테의 절대적인 「예」(정립의 우위)가 아니다. 오히려 그것은 부정성을 통해서만, 즉 그의 부정의 부정을 통해서만 이러한 「예」인 것이다. 자기 자신을 첨예한 부정의 한 가장 자리에서 발견하는 생──여기에 생의 변증법을 이끌어가는 혼이 놓여 있다. 의식은 이 분리를 자기와 존재 사이의 대립에서, 즉 개념의 내적 대립에서 표현한다.

그러면 만일 이 대립이 존재와 자기의 동일성을 입증함으로써 지양된다면, 우리는 엘레아 학파의 정태주의(운동불가능론)나 혹은 셸링의 절대자, 즉 헤겔이 《정신현상학》 서설에서 다음과 같이 언급했던 동일성에 떨어지는 것은 아닌가? 「어떤 현존재를 그것이 절대자 속에 있는 바대로 고찰한다는 것은, 우리가 이제 그것을 어떤 것에 대

---

6) 이 구절에서 헤겔은 경험과 그것의 필요성을 정의하고 있다. 「이러한 경험 속에 있는 것은 사실상 그 자신의 자기의 대상으로서의 정신적 실체에 지나지 않는다.」

해 이야기하듯이 이야기할 수도 있을 것 같지만 절대자 속에서는, 즉
A＝A 속에서는 모든 것이 동일한 까닭에 그와 같은 것은 전혀 존재
하지 않는다고 언술하는 것에 다름 아니다」(PE, I, 16 ; PG, 19 ; 정신현
상학, II, 71). 의식의 현상학 너머에는, 셸링식의 동일성의 철학을 제
외하고는 그 어떤 것도 들어설 여지가 없는 것이 아닌가? 셸링은 그
의 1801 년의 체계에서 선험철학과 특히 피히테의 자아의 철학을 넘
어서기 위해 스피노자의 존재론과 재결합하였다. 지적 직관은 「절대
자의 자기직관」을 얻는데, 이러한 직관은 이 절대자의 자기 자신과
의 동일성에 대한 직관이 될 수 있을 뿐이다. 「이성의 존재에게 있어
서 최상의 법칙은 동일성의 법칙이다.」[7] 절대적 생은 자기 자신을
아는 것이므로 知는 이 생 속에 묻혀 버린다. 따라서 그것은 주관적
인 것과 객관적인 것의 총체적 무차별(무관심)이다. 존재하는 일체는
이러한 절대적 동일성이지 그것의 현현은 아니다. 존재와 존재에 대
한 知는 오직 하나일 뿐이며 동일성의 법칙은 이 통일을 표현하는 것
이다. 그러나 셸링은 실존 속에 현존하는 차별들을 무리해서 설명하
려고 하지 않는다. 그는 말한다. 「그 자체로 관찰된다면 유한한 것이
란 없다.」 그리고 「철학은 일체를 그 자체로 고찰하기」 때문에 그것
은 절대자로부터 발단하여 제 경험 속에 현시된 차별들을 파악 불가
능하게 만들 소지가 있다. 그렇지만 知는 형식을 도외시한 채 즉자태
나 본질에 만족할 수가 없다. 게다가 차별들은 단순한 양적 힘들로
서, 즉 동일한 절대직관의 표출의 상이한 정도들로서 파악될 수가 없
는 것이다. 헤겔이 셸링의 존재론을 자신의 《논리학》에서 수용하고
있기는 해도 《정신현상학》은 선험철학이나 혹은 인식론에 해당된다.[8]
그러나 대립, 본질적 차이, 추상 그리고 매개는 이 사유로부터, 즉
동시에 존재의 사유이기도 한 사유로부터 사라지지는 않을 것이다.
그러므로 우리는 더 이상 개념의 내적인 대립, 知와 존재의 내적인
대립이 아니라 다른 형식으로 제시될 내용 안에서의 대립을 발견한
다. 어쨌든 우리는 여전히 헤겔 《논리학》의 변증법적 성격을 정당화

7) Schelling, 《Werke》, op. cit., IV, p. 116.
8) R. Kroner 는 헤겔이 셸링의 존재론을 받아들인 후 《정신현상학》에서 인식론으로 돌
아가고 있으며 그리하여 다시금 《논리학》에서는 존재론으로 돌아가고 있음을 결정적
으로 보여 주었다(《Von Kant bis Hegel》, op. cit., II, p. 433).

하고 이 변증법 및 知와 존재 사이의 대립에 기초해 있는 《정신현상학》에 고유한 변증법의 차이를 강조함으로써 그 독창성을 보여 주지 않으면 안 된다.

따라서 《정신현상학》은 《논리학》의 그것과는 다르며 적어도 이 두 책에서 별개의 형식으로 제시되는 차이에 기초해 있다. 《정신현상학》에서 이 차이를 극복하려는 정신의 운동이 본래적인 의미에서 말하는 「경험」이다. 「이런 이유로 우리는 경험 속에 들어 있지 않은 것은 아무것도 인식될 수 없다고, 혹은 같은 내용을 다르게 표현하자면 느껴진 진리로서, 내면적으로 제시된 영원한 것으로서, 믿음의 대상인 성스러운 것으로서 혹은 그밖의 어떠한 표현을 사용하든 이러한 것들로서 현존하지 않는 것은 아무것도 인식되지 않는다고 말할 수 있겠다」(PE, Ⅱ, 305 ; PG, 558 ; 정신현상학, Ⅱ, 398). 실제로 경험이란 즉자적인 내용이 의식의 대상이 되어 자기확신에, 즉 자기의식에 결합된다는 사실 속에 놓여 있다. 경험은 즉자태의 대자태로의 변형이다. 그것은 「처음의 한낱 내면적인 것을 실현하고 드러내는 것, 말하자면 자기 자신에 대한 확신을 요구하는 것」(PE, Ⅱ, 305 ; PG, 558 ; 정신현상학, Ⅱ, 398)의 필연성을 나타내는 것이다.

마침내 의식의 역사——청신의 현상학은 의식의 경험의 역사, 정신적 실체의 자기에로의 점차적인 開示이다. 「의식은 자신의 경험 속에 있는 것 외에는 그 어떤 것도 인식하거나 파악할 수가 없다. 왜냐하면 이 경험 속에 있는 것은 단지 정신적 실체일 뿐이며 더우기 그 자신의 자기의 대상이기 때문이다」(PE, Ⅰ, 32 ; PG, 32 ; 정신현상학, Ⅱ, 92). 《정신현상학》에서 정신은 자기 자신을 그 자신에 대해 하나의 구경거리로 삼아 무대에 올린다. 즉 정신은 그 자신의 富를 정복하여 그것을 스스로의 바깥에 그 자신의 실체로서 정립했다가는 다시금 자기 자신에로 되돌려 가져온다. 「오직 이때에만 직접성은 의식의 재산이 됨으로써 그 현실성과 그 진리 속에서 제시된다.」 우리는 이미 칸트에 있어 이론적 경험의 영역에 한정되었던 「경험」이라고 하는 용어에 부여되어야 할 광의의 의미를 지적한 바 있다. 게다가 앞서 인용된 구절은 우리의 해석을 뒷받침해 주는 증거이기도 하다. 여기서 문제되는 것은 이론적이며 실천적이며 미적이며 종교적인 경험 등 인간의 경험 전체이다. 인간의 경험은 자기가 스스로를 발견하고 또한 실체가 스스로를 자기에게 드러내도록 허용해 준다. 이러한 경험은 필연적으로 시간 속에서 일어난다. 왜냐하면 의식 내에서 「전체는 비록 개념적으로 파악되지는 않아도 그 계기들에 선행하기」(PE, Ⅱ, 305 ; PG, 558 ; 정신현상학, Ⅱ, 397) 때문이다.[9] 따라서 개념은 의식에게 어떤 충족되치 않은 요구로서, 즉 여전히 스스로의 바깥에 있으며 자기와의 관계에서 일종의 脫者 상태에 있는 자기로서 나타난다. 요는 의식의 대상으로 현시되는 실체가 아직 파악되지 않았다는 것, 즉 자기와 관계되지 않았다는 것이다. 실체는 그것을 자기의식에, 개념에 관계시키는 경험 속에서 전개되어야만 하지만, 이때 이 개념은 가능한 경험으로서 나타난다. 이런 이유로 「시간은 현존하는 그리고 의식에게 공허한 직관으로서 표상되는 개념 자체이다.」 따라서 시간은 자기 자신을 획득하지 못한 의식, 그 자신의 자기를 탈자적인 것으로 보는 의식의 불안이다. 시간은 의식 속에 내재하는 목적론이다. 따라서 시간은 운명과 아직 자체 내에서 완성을 이루지 못한 정신의 필연성으로서, 자기의식의 의식에의 관여를 풍부히 해주는 필연성으로서, 즉자태의 직접성——실체가 의식 속에서 존재하는 바의 형식——의 운동 「혹은 반대로 처음의 한낱 내면적인 것을 실현하고 드러내는」(PE, Ⅱ, 305 ; PG, 558 ; 정신현상학, Ⅱ, 398) 운동을 시작하는 필연성으로서 스스로를 현시한다. 직관된 개념은 시간인 데 반해 개시된 내용은 즉자태이다.

그렇지만 경험을 통해 개시된 이 정신적 실체는 자기의식의 자기와 동일한 것이 아니다. 그러나 그것들의 운동의 공통 원천인 이러한 부등성은 의식에뿐만 아니라 실체에도 관계된다. 「이 부등성은 그것들 모두에 공통된 결함으로 보일 수도 있겠으나 사실상 그것은 그것들의 혼이며 동력이다」(PE, Ⅰ, 32 ; PG, 32 ; 정신현상학, Ⅰ, 92). 의식과 실체간의 부등성은 知와 그 대상간의 부등성이며 《정신현상학》에서 부단한 자기초월을 요구하는 차이이다. 「그러나 이 부등성은 또한 못

---

9) 스스로를 개념으로서 아는 개념(《논리학》) 속에서 제 계기는 그것의 생성이 이들 제 계기의 운동인 바의 충만한 전체보다 늦게 출현한다. 반대로 의식 속에서 전체는 비록 파악되고 있지는 않지만 제 계기에 선행한다.

지 않게 실체의 자기 자신과의 부등성이기도 하다. 실체의 밖에서 진행되는 듯이 보이는 것, 실체에 反하는 활동으로 보이는 것은 그 실체 자신의 행위이다. 말하자면 실체는 본질적으로 주체임이 드러난 것이다」(PE, Ⅰ, 32 ; PG, 32 ; 정신현상학, Ⅰ, 92).[10] 따라서 의식의 대상이 의식에 대해 주체가 된다. 그것의 개시는 즉자적으로 존재하는 바의 자기에 대해 스스로를 현시하는 운동으로 이루어진다. 그렇지만 그것은 본질적으로 정신이다. 그러므로 그것은 의식에게 스스로를 현시하지 않을 수 없다. 의식은 마침내 자신의 대상 속에서 그것 자신인 바(본래성)를 발견한다. 따라서 《정신현상학》에서 우리는 그 책의 단초를 이루는 직접적 존재가 사물로서, 힘으로서, 생으로서 그리하여 마침내 정신으로서 제시되는 것을 지켜보았다. 반대로 「우리인 나이며 나인 우리」로서의 이 정신은 의식에 대해 자기 자신을 확신하는 정신, 유한한 정신과 화해를 이룸으로써 정신적 주체가 된 무한한 정신, 절대정신이 되었다. 절대정신은 마침내 종교 안에 등장하여 계시종교에서 완전히 현시되었다. 종교적 의식은 그 대상 속에서 자기 자체 내에서의 그 자신인 바를 개념적으로 파악했다. 즉 그것은 자기 자신을 발견했다. 그렇지만 이 대상은 여전히 대상의 형식을 지니고 있다. 그것은 자기를 초월해 있는 것이다. 종교적 의식은 참으로 모든 사변적 진리를 간직하고 있으면서도 그것을 자기에 대립된 내용으로서 간직한다. 이에 대한 증거는 화해를 절실히 느끼면서도 그것을 종말론적인 시간 속에 투사하는 기독교적 의식의 향수 속에 놓여 있다. 「그 자신의 화해는 마치 다른 자기에 의해 이루어진 화해가 저 먼 과거의 어떤 것으로 나타나듯이 그 의식에게는 저 먼 미래의 어떤 것으로 들어온다.」 종교적 의식의 이와 같은 미래 역시 의식이 하나의 표상적 의식에 머물러 있다는 것, 진리는 그에 대해서 있지만 그가 그 자체로 이 진리는 아니다라는 것, 진리로부터의 知의 분리가 아직 극복되지 않았다는 것, 다시 말해 그것은 知 속에서가 아니라 신앙 속에서 극복된다는 것의 징표이다. 「신적이며 보편적인 인간, 즉

---

10) 헤겔은 다음과 같이 덧붙인다. 「그리하여 스스로에게 대상인 바로서의 정신……知와 진리의 분리가 지양(aufgehoben)된다.」 실제로 이것은 우리가 종교의 변증법과 관련해 보았을 때조차도 곧 《정신현상학》의 결과인 것이다.

종교공동체는 자기 자신으로서의 정신의 知와 그리고 정신으로서의 자기 자신의 知에 도달하지 못했다. 그것의 知는 절대知가 아니다.」

II.《논리학》혹은 사변철학

실체가 객관적으로 주체로서 제시되었다는 사실과 주체, 즉 자기가 그 자신의 실체와 동등하게 되었다는 사실로부터 유래한 절대知는 의식의 최종적인 형태이다. 이 최종적 형태에서, 정신의 실존지반은 더이상 의식의 현존채가 아니라 개념이며 보편적 자기의식이다. 정신은 이제 이러한 지반 속에서 '자기 자신에 대해 반성을 한다. 정신은 자기 자신에 대한 사유, 즉 로고스(logos)가 된 것이다. 이 사변논리가 무엇을 의미하며 또한 그것은《정신현상학》과의 관계에서 어떻게 특징지어지는가? 이 자리에서 우리는 모든 철학적 문헌 가운데 가장 풍부하고 가장 심오한 책의 하나인 헤겔의《논리학》에 대해 개괄적인 소묘를 제시하는 것조차 상상할 수 없다. 그러기 위해서는 우리 자신이 설정했던 범위를 현저히 뛰어넘어야 할 것이다. 그럼에도 불구하고 이《논리학》이《정신현상학》의 여러 군데에서 언급되었기 때문에, 만일 우리가 이 철학적《논리학》의 의의를 그것이《정신현상학》의 구절들에 드러난 바대로 밝히지 않는다면 우리의 과제는 참으로 완수되지 못할 것이다. 우리는 이《논리학》——〈객관적 논리학〉과〈주관적 논리학〉으로 구분된——에서 헤겔이 가장 빈약하고 가장 추상적인 범주들로부터 출발하여 점차적으로 가장 풍부하고 가장 구체적인 범주들로 고양해 가고 있음을 안다. 그는 존재로부터 시작하여 직접적 존재의 부정인 본질을 경유하여 스스로를 자신의 타재 속에서 자기동일적인 것으로 정립하는 자기에 다름 아닌 개념에 도달한다. 개념론의 마지막 부분은 객관적 논리학이었던 존재 및 본질의 논리에 대립된 것으로서의 주관적 논리학에 관계한다. 우리가 방금 언급한 구별은 어떤 면에서는 인식론의 고유한 주제였던 자기와 존재간의 구별을 상기시켜 준다. 이런 이유에서 헤겔의 사변적《논리학》은 셸링의 독단주의, 즉 동일성 체계의 존재론을 칸트의 비판주의와 화해시키고 있다고 자처하는 것이다. 《정신현상학》에서 헤겔은 경험의 기초라고 하는 칸트적 문제를 받아들였지만, 그러나 그는 경험의 이론을 사변적으로 구성하였다. 《논리학》에서 헤겔은 셸링의 문제를 받아들이고 셸링은 그의 자연철학에 앞서 몇 개 안 되는 절 속에서 절대자의 본질을 모든 특수한 문제로부터 그리고 인식의 문제와의 어떠한 연관으로부터도 해방된 이성으로서 간주하였다. 그러나 헤겔은 이 절대자의 철학을 반성의 철학과, 존재론적 독단주의를 피히테의 반성적 변증법과 화해시키고자 한다. 반성은 절대자의 바깥에 동떨어져 있는 것이 아니다. 반성된 것은 절대자 자체이며, 반성은 그 자체가 절대적이다. 이런 의미에서 절대자는 주체이다. 《논리학》에서의 제 범주체계는 「자연과 유한한 정신의 창조에 앞선 순수사유의 지배」[11]로서 제시된다. 제 범주는 우리의 인식의 범주들, 즉 우리의 유한한 오성이 그 속에서 실재를 현상으로서 사유하는 바의 형식들만은 아니다. 그것들은 또한 절대적 사유의 범주들, 즉 知(인식)뿐 아니라 실재도 (《정신현상학》에 합당한 이러한 구별은 여기서는 더 이상 적절하지 못하거나 혹은 적어도 그 의미가 바뀌어졌다) 구성하는 것이다. 「(절대적인 범주들은) 서로 유리될 수 없는 형식과 사물들의 본질성들이다」(PE, I, 250 ; PG, 222 ; 정신현상학, I, 367). 《논리학》의 본질의 제 규정에 해당하는 《정신현상학》의 知覺 장에서 헤겔은 일찍부터 다음과 같이 적고 있었다.

　　사실 오성이 모든 질료와 내용을 두루 헤쳐나갈 수 있는 것은 이러한 요소들(본질성) 덕분이다. 이러한 요소들이 오성 자체의 지배력과 일관성의 원리로 이끈다. 그것들만이 의식에게 감성적인 것을 본질이 되게 하고, 그것들만이 의식의 감성적 세계와의 관계를 규정해 준다. 또한 그것들로부터 지각과 그 진리의 운동이 일어나는 것이다(PE, I, 107 ; PG, 101 ; 정신현상학, I, 189~90).

칸트가 「범주의 연역」이라는 이름하에 처음으로 제기했던 과제가 여기서 다시금 극히 보편적인 형식으로 취해지고 있다. 자기 자신을 스스로 사유하는 것은 로고스이며 로고스의 사유는 우리의 사유——

---

11) 헤겔은 다음과 같이 엄밀하게 말한다. 「자연과 유한한 정신의 창조 이전에 그의 영원한 본질 속에 있는 바로서의 신에 대한 서술이다」(《*Logik*》, éd. Lasson, Ⅲ, p. 31).

322

물자체에 대립된 것으로서——일뿐 아니라 그것은 또한 그에 못지 않게 절대적 사유, 절대적 이성인 것이다.

知와 진리의 분리라고 하는 추상적 지반이 극복되었다. 존재는 절대적으로 매개된 것이다. 그것은 실체적인 내용이면서 또한 자아의 직접적인 소유물이다. 그것은 자기라는 특성을 지닌, 말하자면 개념이다. 그리하여 정신의 현상학은 여기에 이르러 종결된다. ……정신의 제 계기는 더 이상 존재와 知의 대립으로 분화되는 것이 아니라 오히려 知의 단순성 속에 머물러 있게 된다. 그것들은 진리의 형식 속에 들어 있는 진리여서 그것들의 다양성이란 단지 내용의 다양성에 지나지 않는다. 이러한 지반 속에서 유기적 전체로 생성되어 가는 그것들의 운동이 곧 논리학 내지 사변철학인 것이다 (PE, I, 33 ; PG, 32~33 ; 정신현상학, I, 93).

절대자의 자기사유인 이 논리는 따라서 존재 논리적이다. 그것은 존재(즉, 그 존재성)와 로고스(즉, 그 논리성)를 화해시킨다. 그것은 로고스로서의 존재이며 존재로서의 로고스이다. 그것은 칸트가 선험논리의 사상을 통해 형식논리를 지양함으로써 시작했던 작업을 완수한다. 이 사변논리는 형식논리의 공허한 형식주의에로 후퇴한 것이라기보다는 오히려 그 논리의 정신화이다. 논리는 물론 추상적이다. 그러나 이러한 추상은 우리의 작업, 즉 인간 이성이라고 할 유한한 이성의 작업이 아니다. 그것은 자기 자신을 로고스로서 사유함으로써 자연으로서의 자기 자신을 부정하는 정신 자체의 작업인 것이다. 만일 논리가 어떤 의미에서는 철학 전체라고 한다면, 철학은 상식적인 의미에서의 논리라고 하는 말로 환원될 수 없다고 말하는 것도 역시 참이다. 오히려 로고스는 정신이기 때문에 자기 자신 이상이다. 그것은 그 자신이면서 그 자신의 타자이다. 그리하여 그것은 진정으로 절대자이거나 정신인 것이다.

이 마지막 명제의 정당화는 곧 체계의 변증법——로고스, 자연, 정신——의 정당화이다. 우리는 그것을 다소 뒤에 가서 고찰할 것이다.[12] 우리는 먼저 로고스의 제 계기(존재, 본질 및 개념의 다양한 범주들) 상호간을 분리시킬 뿐 아니라 그 로고스를 자연으로부터 분리

12) 이 장의 Ⅵ절을 참조하라.

시키는 추상은 인간적 추상, 즉 직관적 오성과 대립된 추론적 오성의
작업이 아니라는 것을 주목하지 않으면 안 된다. 반성은 절대지로부
터 배제되지 않는데, 만일 배제된다면 그 절대知는 「모든 소가 검게
보이는 밤」일 것이다. 제 범주는 추상적 측차이며, 로고스의 자기 내
적 반성이다. 그것들은 이런 식으로 추상적이기 때문에 그것들 자체
의 생명, 그것들 자체의 내재적인 운동을 지닌다. 제 범주란 「소멸하
는 개별적 계기들로서 그 진리는 오직 사유의 운동 전체이며 知 자
체이다」(PE, Ⅰ, 251 ; PG, 223 ; 정신현상학, Ⅰ, 368). 따라서 헤겔은 피히
테의 변증법을 존재론과 화해시키는 것이다. 절대이성은 자기 자신을
사유하기 때문에, 다시 말해 절대이성은 정신이기 때문에 그것은 단
순한 동일성을 넘어선 변증법적 이성이다. 이 절대이성은 피히테의
事行(Tathandlung)과 유사하다. 그것은 스스로를 각각의 범주 속에
정립하는 동시에 절대사유의 이 특수적 계기라고 하는 제한과 추상
에 붙박혀 있는 유한성을 극복하는 자기이다. 따라서 자기의 이 무한
한 사유는 동시에 유한한 사유 즉 자기반성을 행하는 사유라고, 또한
그것이 동시에 유한한 사유이기 때문에만 무한한 사유라고, 혹은 다
시금 (동일한 것이지만) 헤겔의 로고스의 변증법적 성격은 칸트의
직관적 오성과 추론적 오성을 화해시킨다고 말할 수 있겠다.

《정신현상학》의 서설에서 제시되고 있는 바의 오성(Verstand)이란

분리시키는 활동이다. 이러한 활동은 가장 놀라운 그리고 가장 위대한,
또는 오히려 절대적인 위력인 오성의 힘이며 노동이다. 자체 내에서 완결되
어 정지해 있고 실체로서 자신의 모든 계기들을 끌어안고 있는 圓은 직접적
인, 그리하여 그다지 놀랄 것 없는 관계이다. 그러나 자신의 주변으로부터
분리된 우연적인 것 그 자체가 결합되어진 것이며 오직 다른 현실적인 것과
의 연관성 속에서만 현실적인 것이 그 고유의 현존재와 분리된 자유를 획득
한다는 사상은 부정적인 것이 발휘하는 막강한 위력이다. 그것은 사유의,
순수자아의 에네르기인 것이다(PE, Ⅰ, 29 ; PG, 29 ; 정신현상학, Ⅰ, 98).

확실히 이것은 철학자가 오성을 「현존하는 가장 놀라운 위력」으로
지칭했던 최초에 해당하리라. 이제 이 오성은 우리의 오성만은 아니
다. 그것은 또한 우리가 그것을 어떻게 부르고 싶던지간에 사물들의
오성이요, 존재의 오성이요, 절대자의 오성이다. 모든 규정의 유한성

을 이루고 있는 분리시키는 힘은 절대자로부터 배제되지 않는데, 그 렇기 때문에 절대자는 유한한 동시에 무한한 것이다. 우리가 방금 인 용했던 구절의 다음으로 이어지는 곳에서 헤겔이 죽음을 언급한 것은 그의 체계 전체를 지배하고 있는 하나의 像, 즉 죽음 자체에 소원하 지 않은 절대자, 죽음을 깨닫고 그 죽음 안에서 스스로를 이겨 내는 신의 像을 연상케 한다. 「정신이란 부정적인 것을 직시하고 그 부정 적인 것에 머물기 때문에만 힘인 것이다. 이와같이 머무는 것(Verwei-len)이야말로 그것을 존재로 역전시키는 마력이다. ……그것은 우리 가 〈주체〉라고 불렀던 것과 동일하다.」

그러므로 범주들의 체계, 즉 사변논리는 우리의 사유만은 아니다. 그것은 또한 절대자의 자기사유, 스스로를 로고스로서 정립하는 정신 이기도 하다. 여기서 절대이성은 지적 직관과 추론적 오성의 대립을 극복하여 그것들을 자체 내에서 화해시킨다. 「그러나 이성의 진리는 정 신, 즉 오성이나 혹은 이성보다 좀더 고차적인 정신이다. 정신은 오성 적 이성이거나 이성적 오성(verständige Vernunft oder vernünftiger Verstand)이다.」[13]

정신으로서의 이성은 절대자의 자기知이다. 그것은 보편적 차기의 식이며 그리하여 자기 자신에로 전화되는 생으로서의 진리, 즉 주체 이다. 「따라서 진리란 자리를 함께한 자 그 누구도 흠뻑 취해 버리지 않을 수 없는 박커스(Bachus) 제의 황홀경이다. 이 만취의 황홀도 그 자리로부터 떨어져 나가려는 것들(전체로서의 진리로부터 유리된 진 리들)을 자체 내에서 용해·해소시키기 때문에 그것은 투명하고도 단 순한 평온(정지)인 것이다」(PE, I, 40 ; PG, 39 ; 정신현상학, II, 102). 주 체로서의──한낱 실체에 그치는 것이 아니라──진리는 진정 자체 내 에서 존재론과 피히테적 자아론을 화해시킨다. 그것은 존재의 로고스 인 동시에 事行(Tathandlung), 즉 자아의 자기정립 행위이다. 왜냐하 면 존재란 근본적으로 자기와 동일하기 때문이다. 그것은 스스로를 일체의 규정성 속에 정립하고 스스로를 자기로부터 추상함으로써 자 신을 특징짓는 이 부정성을 통해 자기대립하는 자기이다. 여기서 헤 겔 논리의 독특한 성격이 나타난다. 즉 그것은 분석적인 동시에 종

13) 《Science de la Logique》, op. cit., éd. Lasson., III, 7.

합적이며, 동일성의 사상을 모순의 사상과 통일시킨다. 자기는 자기
자신에 모순되고, 자기 자신을 부정하기 때문에 그것은 자기 자신과
동일할 수가 있다. 헤겔의 논리에 있어 모순과 부정이 담당하는 역할
들, 존재는 자기이며 모든 동일성은 오직 그것이 특정한 내용 안에서
의 자기의 동일성이기 때문에만 의미를 갖는다는 개념화로부터 유래
한 것이다. 따라서 이러한 동일성은 그 자체가 모순적이다. 왜냐하
면 자기는 자기 자신을 부정함으로써만 자기 자신을 정립할 수 있기
때문이다.

그 단순성 내지 자기동등성으로 인해 실체는 고정되고 영속적인 것으로
보인다. 그러나 이러한 자기동등성은 또한 역시 부정성이다. 그렇기 때문
에 이 고정된 현존재는 그 자신을 해체하는 작용에로 이행하는 것이다. 언
뜻 보기에 규정성이란 타자에 관계된 것이고 그것이 전개하는 운동도 어떤
소원한 힘이 가해진 것처럼 보인다. 그러나 이러한 사유의 단순성은 모름지
기 규정성이 자신의 타재를 자체 내에 지니고 있다는 것, 그리하여 그것은
자기운동(Selbstbewegung)이라는 점을 함축하는 것이다. 실제로 이러한 사
유의 단순성은 자기 자신을 추동해 나가고 구별해 나가는 사유이다. 그것은
내면성 자체, 순수개념이다. 따라서 오성의 특성은 생성이며, 생성으로서의
오성의 특성이 곧 합리성(이성의 특성)인 것이다(PE, Ⅰ, 49 ; PG, 46~7 ;
정신현상학, Ⅰ, 112).

로고스의 한 계기로서의 유한성이란 범주들의 추상적 내지 구별적
성격, 범주들의 상호분리이다. 그러나 범주들의 무한성, 범주들의 구
체적 생성은 이러한 추상성의 지양(Aufhebung), 즉 범주들의 연속성
이며 총체성 내지 통일성이다. 이 총체성 내지 통일성은, 만일 그것
이 각이한 계기들의 점에까지 생성되어 즉 발전되어 그 유한성을 단
순한 이념이나 요청으로서 지양하지 못한다면 칸트적인 의미에서의
이념에 지나지 않을 것이다.

Ⅲ. 《정신현상학》과 《논리학》의 차이 및 그것들의 상호일치

따라서 우리는 《정신현상학》에서처럼 절대知 안에서도 차이와 매개

를 발견하지만, 이제 그것들은 다른 형식을 취하고 있다. 知와 존재, 확신과 진리 사이의 대립이 지양되었기 때문에 모든 계기는 순수규정으로서 제시되며 그것이 전개하는 운동은 그것의 한정되고 그리하여 유한한 성격에서 비롯된 결과이다. 「이러한 한에서 정신의 운동을 형성하는 계기들은 특정한 의식의 형태들로 나타나지 않는다. 오히려 의식의 차이가 자기의 내부로 되돌려졌기 때문에 이들 제 계기는 規定된 개념들로서 그리고 자기 자체 내에서 근거지어진 그 개념들의 유기적 운동으로서 나타난다」(PE, Ⅱ, 310 ; PG, 562 ; 정신현상학, Ⅱ, 404). 그럼에도 불구하고 동일한 내용, 동일한 규정들이 《정신현상학》에서는 의식의 제 형태라는 모습으로, 그리고 《논리학》에서는 規定된 제 개념이라는 모습으로 각각 제시되고 있다. 그러나 전자의 경우에 변증법은 知와 진리의 구별에 기초해 있으며, 그리하여 「이러한 구별이 자기 지양(aufheben)되는 운동이다.」 반면 후자의 경우에, 「제계기의 의식 내 현현으로부터 해방된 순수한 형태, 즉 순수개념과 그리고 그것의 전향적 운동은 오직 그 자신의 순수한 규정성에 좌우될 뿐이다」(PE, Ⅱ, 310 ; PG, 562 ; 정신현상학, Ⅱ, 405). [14] 《정신현상학》에서 이른바 변증법적인 경험은 확신에 소원한 진리와 진리를 결여한 주관적 확신 사이에서 방황을 거듭하는 것으로 나타난다. 반면 《논리학》에서는 경험 그 자체가 지양된다. 경험은 즉자대자적으로 전개되는 진리 자체이면서도 자기확신이 이 진리 속에 내재하는 바, 「이 단순한 매개, 이 통일이 개념을 이루고 있는 것이다.」 개념의 형식은 직접적인 통일 안에서 진리의 객관적 형식과 인식하는 자기의 주관적 형식을 통일시킨다(PE, Ⅱ, 310 ; PG, 562 ; 정신현상학, Ⅱ, 404). [15] 이러한 통일은 《논리학》 내지 사변철학의 전제이다. 그것은 모름지기 《정신현상학》의 결과인 것이다. 그러나 경험 속에 존재하는 것은 그 무엇도 인식되지 않으며, 따라서 현상적 의식의 경험은 그 나름의 방식으로 로고스의 전 내용을 함축하고 있다. 學의 모든 추상적 계기마다에는 현상적 정신 일반의 한 가지 형태가 대응한다. 현존하는 정신은 그

---

14) 예를 들어 우리는 감각적 확신의 변증법을 사물, 현존재 등의 그것과 비교해 볼 수 있다.

15) 우리가 「개념의 현상학적 생성」(제 Ⅱ부)이라고 명명했던 것을 개념의 존재론적 생성인 객관적 논리학(존재, 본질)과 비교해 볼 수 있겠다.

내용에 있어 學 이상으로 풍부하지도 빈약하지도 않다. 學의 순수한 개념들을 의식의 제 형태(예를 들어 지각, 오성 그리고 관찰)라고 하는 형식으로 파악하는 것이 그 개념들의 실재라고 하는 측면을 이루는 것인데, 이에 따라 실재의 본질, 즉 개념——學에서 그의 단순한 매개 속에서 사유로 정립된——은 이와 같은 매개의 계기들을 분리시켜 내적 대립에 따라 기술한다. 이 단순한 매개는 완성되지 않은 상태에 있으며, 자체 내에서 자기대립하는 개념은 知인 동時에 존재, 확신인 동時에 진리가 된다. 계속해서 우리는 《논리학》과 《정신현상학》이 대응하는 지점에까지 나아가려는 시도를 해 볼 수 있다. 《정신현상학》이란 현상주의, 즉 유한한 경험에 대한 기술이 아니다. 또는 오히려 그것은 이와 같은 기술에 그치는 것도 아니다. 그것은 오직 사변철학에만 관계된 측면인 「우리에 대해서(pour nous)」를 포함하고 있는데, 이 점에서 그것은 인식론 이상의 의미를 지닌다. 칸트는 이미 자신의 선험논리학의 관점에서 현상주의를 훨씬 능가했었지만 헤겔은 다시금 그만치 칸트적 비판주의를 극복하고 있다. 그는 사변적 경험론을 제시한다. 《정신현상학》에서 「우리」라고 말하며 경험에 관여된 의식으로부터 일정한 거리를 유지하는 철학자는 의식의 진보에 대한 사변적 필연성을, 즉 소박한 의식에게는 알려지지 않는 필연성을 인지하고 있다. 《정신현상학》은 사변적 방법에 의거하여 경험의 문제를 다룬다. [16] 역으로 《논리학》 내지 사변철학은 그의 현상학적 측면이 배제된 상태에서는 성립할 수가 없다. 그것은 사변논리인 동時에 인식론이기도 하다. 그러나 이를테면 양자의 역할이 《논리학》에서는 역전되어 있는 것이다. 인식론은 《정신현상학》의 전면에서 나타나고 있다. 반면에 사변적 사유는 「의식의 배후에」(PE, I, 77 ; PG, 74 ; 정신현상학, I , 150) 놓여 있다. [17] 《논리학》에서는 사변적 사유가 전면으로 부각되는 반면에 인식론은 오직 「우리에 대해서」, 즉 제 범주의 운동을 반성하고 사유하는 정신에 대해서 있다. 이러한 반성은, 비록 그것이 운동의 전개과정에서 아무런 역할도 담당하지 못

---

16) 제 I 부 1 장 「《정신현상학》의 의미와 방법」을 참조하라.
17) 「그러나 이러한 필연성 자체 내지는 새로운 대상의 탄생은 우리에게는 의식의 배후에서 일어나는 것이다.」

한다고 해도 그 운동을 수반한다. 그리하여 《논리학》의 마지막에 이르러서만 사유하는 정신과 그리고 존재로부터 본질로, 존재로부터 無로, 존재로부터 생생 등에로 인도하는 사유의 활동간에 동일성이 나타나는 것이다.

다시금 우리는 《논리학》에서는 존재와 자기의 동일성이 시초에 묵시적으로 전제되어 점차적으로 명시적이 되는 데 반해, 《정신현상학》에서는 이 동일성이 해결되어야만 할(그러나 사변적 사유가 이미 즉자적으로 그 자체에서 해결했던) 문제이다. 헤겔의 체계에 대해 제기된 변론들이란 한결같이 「이미 해결되었다」는 이 문제에 관련해서 뿐만 아니라 암시적인 것으로부터 명시적인 것으로, 잠재태로부터 현실태로의 이와 같은 이행과 관련되어 있다. 《정신현상학》은 경험의 기술을 초월한 그 무엇을 전제하여 그것이 경험의 생성을 가능케 한다고 비난받으며, 《논리학》은 오직 종말에 가서야만 밝혀지는 것을 시초에 상정하고 있다고 비난받는다. 바꾸어 말하면 문제시되는 것은 헤겔적인 사유 자체의 양태, 즉 사유의 원환성 내지 자기의 합목적성이다. 「진리란 곧 자기 자신의 생성이며, 자신의 종말을 자신의 목적으로 전제하여 시원으로 삼지만 오직 자신의 구체적인 실현과 자신의 종말을 통해서만 현실적이 되는 원환이다」(PE, Ⅰ, 18 ; PG, 20 ; 정신현상학, Ⅰ, 73). 「지금까지 얘기된 것은 또한 이성은 합목적적 행위이며……결과란 始源이 곧 목적이므로 바로 그 시원이라고 표현될 수 있다」(PE, Ⅰ, 20 ; PG, 22 ; 정신현상학, Ⅰ, 76).

논리학은 그것이 셸링의 절대적 동일성과는 다르며 진정한 의미의 「자기知」이기 때문에 또한 인식론이다. 스스로를 존재로서 규정된 존재, 양, 도량 등으로서 정립하는 것은 자기이다. 그러나 그 자기는 단지 《논리학》의 마지막에 이르러서야만 로고스의 제 계기들이 전개하는 운동 전체를 포괄하는 새로운 반성 안에서 그것을 명시적으로 인식한다. 바로 이 「새로운 반성」이 《논리학》에서는 「우리에 대해」 있지만 고찰되었던 계기에서는 아직 명시적으로 나타나 있지가 않다. 그러므로 이 자리에서 헤겔 《논리학》의 현상학적 성격을 나타내 주는 예를 제시하는 것이 유용할 것이다. 이 경우 《정신현상학》과 《논리학》 사이의 대응이 좀더 분명해질 것이다. 《논리학》의 출발점을 이루는 유명한 존재와 無의 대립을 검토해 보자. 이것은 《정신현상학》의 출발점과 대응한다. 그러나 《정신현상학》에서는 직접적으로 소여된 존재가 그 존재에 대해 그에 못지 않게 직접적인 知와 대립되고 게다가 실재론과 관념론간의 대립의 맹아라고 할 부등성이 조명되고 있다. 이에 반해 《논리학》에서 존재는 순수범주로서, 즉 知와 대립될 하등의 필요가 없는 사유의 대상으로서 소여된다. 존재와 그 존재를 사유하는 의식은 직접적으로, 즉자적으로 동일하다. 그렇기 때문에 이 존재는 오직 하나의 규정만을 지닌다. 즉 그것은 자기 자신으로부터 무를 배제하며 또한 그것은 그 자체가 자기 자신의 대립물, 즉 무이다. 사실상 시초에 존재는 사유 가능한 것의 전영역을 차지하고 있다. 그러나 존재의 대립물, 즉 무——이는 존재의 무이다——역시 그 자신에게 이와 동일한 외면을 요구한다. 존재와 무, 그것들은 각각 존재이며 무이지 그밖에 다른 것이 아니기 때문에 상호모순된다. 그러나 만일 우리가 이 첫번째 변증법을 반성해 본다면, 우리는 자기가 스스로를 존재로서 정립했기 때문에만 그것이 가능하다는 것을 알 것이다. 「존재는 무이다」라고 하는 판단은 존재 자체에 의해서가 아니라 이 첫번째 규정 안에 내재하는 사유하는 정신, 즉 존재 자체가 완전히 명시되어 대자적인 개념이 되는 《논리학》의 마지막에 이르기까지는 결코 명시되지 않을 그런 정신에 의해 이루어진 것이다. 존재는 곧 존재의 개념이기 때문에 그것은 이러한 운동이며 변증법이다. 그 사실은 《논리학》의 제 1 장에서 우리에게 알려져 있다. 사유는 여기서 스스로를 사유라고 생각하지 않는다. 사유는 스스로를 존재라고 생각하지만 그럼에도 불구하고 그것은 이미 암시적으로 자기 자신을 사유한다. 이 점은 「존재는 무이다」라는 판단 속에 나타난다. 따라서 우리는 《정신현상학》에 고유한 知와 존재의 대립이 암시적으로——우리에 대해——존재와 무의 대립으로 재현되고 있음을 알 수 있다. 존재, 즉 직접적 규정으로서의 즉자적 존재란 知에게는 불투명하고 옹골차서 침투하기 어려운 것이리라. 게다가 이 知는 본질의 범주(동일성, 차이성 등등)에 속하는 일종의 자기관계나 혹은 자기구별을 끌어들임으로써 첫번째 계기에 의해 단언된 직접성에는 적용될 수 없기 때문에 어떻게 우리는 이——순전히 긍정적인——존재를 즉자적으로 있다고 말할 수 있는가? 비록 존재가 사념된다 할지라도 사유는 이 존재로부터 철저히 배제된다. 그런데 존재가 없다면 사유는 무이다. 그것은 아무것도 아닌 것, 이른바 무를 사유하는 사유이다. 반대로 일체의 사유로부터 배제된 이 존재는 다시금 무로 떨어지고 만다. 사실상 사유가 존재를 사유하기 때문에 이와 같은 배제나 배척은 견지될 수 없다. 또한 이런 이유로 이 순전히 긍정적인 규정, 절대적으로 사유를 배제하는 규정은 순전히 부정적인 규정이다. 따라서 사유와 존재는 우리에 대해 존재와 무의 통일에서뿐 아니라 그 유명한 대립에 있어서도 회복되는 것이다. 그러나 이는 스스로를 존재로서 정립했던 것은 자기이다는 것과 이러한 정립행위는 유지될 수 없다는 사실에서 기인한 것이다. 말하자면 그것은 변증법을 유발하는 것이다. 자기는 절대적인 부정성이며 이 부정성은 자기의 정립행위 안에서 존재로 나타난다. 만일 자기가 존재라면 이는 존재 그 자체가 자기부정을 행하기 때문이다. 또한 만일 존재가 자기라면 이는 존재가 그 자체로 이와 같은 자기부정이기 때문이다. 그러나 다시금 이 모든 것은 《논리학》의 시초에 우리에 대해 있다. 존재가 자기의 정립행위로 나타나며 그리하여 모순으로 나타나는 것은 우리에 대해서이다. 존재 그 자체에 관한 한 그것은 한낱 무일 뿐이다.

그렇지만 논리학의 체계 규정 속에서의 자기의 이와 같은 내재를 정시하는 또 다른 방식이 있다. 우리는 존재의 문제가 가능한 것은 그 존재가 존재일 뿐 아니라 그에 못지 않게 무이기도 하기 때문이라고 말할 수 있겠다. 존재 문제란 존재의 정립의 문제이다. 「왜 무가 아니라 도리어 존재인가?」라는 물음에서 사유는 존재 너머로 고양된다. 「존재냐 비존재냐 그것이 문제로다」라는 햄릿의 사유를 되풀이하는 과정에서 두 가지 상반된 가능성에 직면해 있는 사유는, 즉 문제를 제기하는 사유는 이 두 가지 가능성을 넘어서는 것 같다. 그러나 물음 자체가 가능한 것은 오직 존재가 사전에 전제되었기 때문이라고 존재는 답변한다. 「왜 무가 아니고 존재인가?」라는 물음에서, 「이다」라는 동사가 다시 등장한다. 무가 가설적으로 존재 대신에 정립될 때, 그 무는 존재가 된다. 그러나 만일 존재 자체의 자기 자신의 정립행위에 의해서가 아니라면 어떻게 존재가 「나는 있는 자이다, 나는 여전히 나의 대립물 안에서 나이다」라고 답변할 수 있겠는가? 이러한 답변은 단지 사유의 힘, 존재 속의 자기의 힘만을 드러내 줄 뿐이다. 이 답변에서 존재는 우리에게 사유로서, 자기 자신으로서 드러났다. 존재는 더 이상 논리학의 출발점이었던 직접적인 존재가 아니다. 그 것은 이미 모순을 함의하는 본질이고 자기동일성이며 「존재는 존재이 다」다. 그리고 이 모순이라는 사실에 의해 그것은 본질 이상이다. 그 것은 모름지기 개념, 즉 자기대립물 안에서의 자기 자신인 개념인 것 이다.

따라서 진정 《논리학》의 내용은 자기 자신을 사유하며 그 계기들의 각각 속에서 자기 자신과 대립하는 그런 자기이기 때문에 이 내용은 전향적으로 추동되어 자기와 존재의 암시적인 동일성을 명시적으로 드러내는 것이다. 《논리학》에서 자아는 완전히 자기 자신을 내용 속 으로 외화시켰으며 또한 이와 같은 외화 내지 내용의 부정성이 제 범 주의 전개의 원천이다. 이러한 맥락에서 헤겔은 절대知 장을 정립하 면서 다음과 같이 표현하고 있다.

내용이란 그 존재의 자유라고 하는 측면에서 본다면 스스로를 외화시키는 자기이거나 혹은 자기 자신에 관한 知의 직접적인 통일이다. 이러한 외화의 순수한 운동은 내용상으로 볼 때 그 내용 자체의 필연성을 형성한다. 규정 된 내용으로서의 상이한 내용은 즉자적으로 존재하는 것이 아니라 관계 속 에 놓여 있다. 그것은 자기 자신을 지양하는 내용의 불안, 즉 부정성이다. 따라서 필연성이나 혹은 상이성은 자유로운 존재와 마찬가지로 자기이다. 현존재가 직접적으로 사유가 되는 이 자기의 형식 속에서, 내용은 곧 개념 인 것이다(PE, Ⅱ, 309~10 ; PG, 562 ; 정신현상학, Ⅱ, 404).

헤겔이 여기서 「내용의 존재의 자유」라고 부른 것은 추상적으로 자 체 내로 복귀하는 대신 오히려 내용 속으로 소멸해 버렸던 자기의 완 전한 외화에서 유래한 것이다. 즉 그가 말하는 「필연성」(혹은 「상이 성」)은, 자기가 자기 자신을 내용 속에 정립함으로써 자기 자신에 대 립했던 사실로부터 비롯된 내용의 운동이다. 그렇기 때문에 이 내용 은 즉자적인 추상이며 또한 자기 자신을 부정하여 필연적으로 타자 화되어가는 것이다. 그러나 이성의 특성으로서의 이와 같은 생성이 란 자기의 운동에 다름 아니다. 따라서 學은 자기 그 자체에 대한 개

념화, 자기의 자기 자신에 대한 사유인 것이다.[18]

Ⅳ. 자기와 존재의 동일성의 증명

《정신현상학》은 《논리학》의 출발점이면서 상식적 의식에게는 「머리로 걷고자 하는 시도」(PE, Ⅰ, 24 ; PG, 25 ; 정신현상학, Ⅰ, 81)처럼 하나의 패러독스인 자기와 존재의 이와 같은 동일성을 수립하고자 한다. 그것은 헤겔이 「개념」이라고 지칭한 실존지반 속에서 절정을 이루며, 오직 그 개념 속에서만——마치 에테르 속에 있는 것처럼——學은 그 자체를 위해 전개해 나갈 수 있는 것이다. 우리는 절대知에 관한 《정신현상학》의 구절들을 사용하면서 어떻게 《정신현상학》이 이러한 동일성을 증명했는가, 어떻게 이러한 學의 실존지반이 특징지어지는가, 그리고 어떻게 그것은 시간적으로 나타날 수 있었던가(어떻게 절대知의 자기의식이 동시에 인류의 자기의식일 수 있는가?)를 계속적으로 검토할 것이다.

첫번째 논점과 관련하여, 헤겔은 절대知 부문을 시작하면서 대상으로서의 의식의 대상, 혹은 대상성의 형식으로서의 의식의 대상이라고 하는 표현이 더 좋다면 어떻게 그것이 도정을 거쳐 나가면서 지양되었던가를 보여 주기 위해 다시금 의식의 특정한 형태들을 취하고 있다. 대상의 진리는 자기이다. 즉 타자의식(《정신현상학》의 첫 부문인 의식)은 자기의식(《정신현상학》의 두번째 부문)임이 밝혀졌다. 그러나 이러한 증명만으로는 불충분하다. 만일 존재가 그 진리로서의 자기로 나간다면, 역으로 자기도 자기 자신이 존재 및 대상성의 특성을

---

18) 우리는 로고스, 자연 및 정신의 변증법을 동일한 방식으로 이해할 수 있다. 로고스는 전체, 즉 자신을 자신에 대한 사유로 정립하는 자기이다. 그러나 사유에 지나지 않는 이러한 사유는 (마치 본질로서의 존재가 직접적 존재로서의 그 자신과 모순되고 그리하여 개념이 되는 것처럼) 자신을 정립함으로써 그 자신과 모순된다. 그러므로 로고스는 자신이면서 자신과는 반대되는 것이다. 그렇기 때문에 로고스는 이러한 자기 자신의 부정에 의해 정신이 되는 것이다. 그러나 로고스는 그것이 로고스 이상이고 그것이 정신이기 때문에 자기 자신을 부정하며, 이와 같이 자기 자신, 즉 자연을 부정함으로써 정신은 곧 실체적 정신이 되는 것이다.

소유하고 있는 것으로 발견하지 않으면 안 될 것이다. 스스로를 외화
시킴으로써 자기는 「物性」을 정립하고는 이 외화 안에서 여전히 자기
내 안주한다. 따라서 증명은 자기가 대상적 존재에 적합한 상이한 규
정들에 따라 스스로를 외화시키고 정립했던 바의 그런 의식의 형태들
을 모색하는 과정에 놓여 있어야만 한다. 「이러한 외화를 통해서 자
기의식은 자기 자신을 대상으로서 정립하거나, 대자적 존재의 불가분
적 통일로 인해 대상을 자기 자신으로 정립하는 것이다」(PE, Ⅱ, 294 ;
PG, 549 ; 정신현상학, Ⅱ, 382∼3).

그러면, 의식의 첫번째 경험에 의해 현시된 대상적 존재의 상이한
규정성들이란 무엇인가? 이러한 규정성들은 우리에게는 《논리학》의
경우와는 달리 그 순수한 개념적 형식 속에서 제시되지 않는다. 오히
려 우리가 의식의 상이한 형태들을 고찰함으로써 그것들을 결집시키
는 것이다. 대상은 처음에 직접적인 존재, 사물일반(감성적 확신)으
로서, 다음에는 관계, 대타적이면서 그에 못지 않게 대자적인 직접적
존재, 즉 다양한 성질들을 지닌 사물(지각)로서, 그리고 마지막으로
본질 및 보편자(오성에 해당하는 힘, 법칙 내지 현상세계의 내면)로
서 자기 현시되었다. 대상은 그 총체성에서 보면 직접적 보편자(혹
은 개별자)로부터 특수성을, 즉 매개와 규정을 거쳐 구체적 개별자
(혹은 보편자)에 이르는 운동으로서 현시된다. 「전체로서의 대상이란
추리이다. 다시 말해 그것은 보편자가 규정을 거쳐 개별성에 이르는
운동이거나, 역으로 개별성으로부터 지양된(aufgehoben) 것으로서의
그 개별성 내지 규정을 거쳐 보편자에 이르는 운동인 것이다」(PE,
Ⅱ, 294 ; PG, 550 ; 정신현상학, Ⅱ, 383).

이러한 총체성은 오직 우리에 대해서만 있다. 의식에게, 그것은 새
로운 대상, 이를테면 자기의식의 계기에서의 생이었다. 자기의식은
이러한 규정들 각각에 따라 자기 자신을 외화시켰으며 그리하여 이
物性이 세 가지 차원(사물일반, 관계, 본질)에 따라 그 스스로가 「물
성」으로서 현시되었다. 자기는 그 자신을 외화시켜 직접적인 존재,
즉 아무런 뜻도 없는 순수존재가 되어야 했다. 다시 말해 그것은 지
각의 사물처럼 관계들의 체계가 되었다가 마침내 여전히 대상적인 보
편자, 즉 오성의 「힘」과 같은 내면이 되어야만 했던 것이다. 우리는

이전의 경험 전체를 회상함으로써 이와같이 연속적인 외화들을 재발견해야 하는데, 그 결과 존재가 자기 안으로 해소되었을 뿐 아니라 자기도 그 자신을 존재 속에 정립했다는 것이 입증되었다. 따라서 자기의 불가분적 성격을 감안한다면, 자기가 스스로 물성을 정립함을 보여 줄 뿐인 자기의 이러한 외화가 사물의 진리는 모름지기 자기임을 드러내 주는 반대명제의 힘 외에도 증명의 힘을 이루는 것이다.

1. 직접적 존재로서의 자기가 그 자신을 외화시켰다. 자기는 자연을 관찰하는 과정에서 사실상 그 자신을 사물 일반으로서 발견했다. 또한 자기는 세계를 관찰했는데, 자기가 무의식적으로 이 세계 안에서 모색했던 것은 자기 자신이었다. 따라서 자기는 그 자신을 발견하지만 그는 스스로를 절대적으로 자기소외된 것으로서, 순수한 사물로서, 아무런 뜻도 없는 존재로서 발견하는 것이다. 우리가 「영혼이 있다」거나 「자기가 있다」고 말할 때, 우리는 아직 정확히 우리가 말하고 있는 바를 모르고 있다. 그러나 우리가 두개골을 성찰하여 그 안에서 자기의 존재를 발견할 때, 우리는 비로소 처음으로 「이다」라는 동사의 터무니없는 뜻(무한판단)이 자기에 적용되었음을 이해한다. 자기가 단순한 자연에로, 오늘날 우리가 사용하는 표현에 따르자면 「현존재의 현사실성에로」 퇴보하였다. 「대상이 직접적이며 무관심한(무차별적인) 존재인 한, 우리는 관찰하는 이성이 이 무관심한 사물속에서 자기 자신을 모색하고 발견한다는 것을 지켜 보았다」(PE, Ⅱ, 295 ; PG, 551 ; 정신현상학, Ⅱ, 384). [19] 자기는 곧 순수한 행동(Tat)이기 때문에 그 자기의 행동은 스스로에게 감성적 확신의 변증법의 직접적인 존재만큼이나 외면성으로서 나타났다. 따라서 표상적 의식에게는 터무니없이 보이는 무한판단이 곧 바로 의미를 전도시키는 정신적 의식에게는 차아의 존재는 사물이며 엄밀하게는 직접적이며 감성적인 사물이라고 할 만큼 극히 심대한 의미를 지닌다. 자기는 그것이 단순한 대자적 존재로 있는 것 못지 않게 이와같이 자기 자신에의 완전

─────────

19) 헤겔이 시사하고 있는 의식의 형태는 자연 및 인간 개체성의 관찰에 대한 장, 즉 골상학(PE, Ⅰ, 272 ; PG, 241 ; 정신현상학, Ⅰ, 397)으로 끝나는 그것이다. 이 책 제 Ⅳ부 3장을 참조하라. 사물로서의 자기의 의식은 유일한 근원적 자연으로서의 개체성이다.

한 외면성 속에 정립되어 있는 것이다.

2. 자기가 규정성 및 관계로서의 그 자신을 외화시켰다. 계몽의 진리를 표현하는 유용성의 세계에서 사물은 지양되었다. 그것은 오직 관계 속에서만 「자아와 그 자아에 대한 사물의 연관을 통해서만」 (PE, Ⅱ, 296 ; PG, 551 ; 정신현상학, Ⅱ, 385) 의미를 지닌다. [20] 자기는 외면적 관계들의 그물망 속에 정립되었는데, 이것이 대자적 존재를 잠정적으로 존속시켰다가는 타자들과의 관계 속에서 해체시키는 역할을 한다. 마치 지각을 통하여 사물과 그 속성들의 변증법이 스스로를 표출했던 것처럼 유용성이 전개하는 항구적인 운동도 자기를 표현하였다. 「계몽된 자아는, 그 자신의 외화를 통해」 사물을 그 자신의 자기로서」 산출했다. 따라서 그는 이 사회적 우주 안에서, 자신의 대자적 존재와 대타적 존재들이 빚은 영원한 교체 속에서 자기 자신을 발견하는 것이다. 여기서 사물과 자기는 실용주의 이래의 현대철학이 심심찮게 기술했던 도구성이라고 하는 특성을 지니고 있다. 헤겔이 제시하는 자기와 존재의 동일성의 증명이 담고 있는 구체적 성격을 개괄적으로나마 주목하지 않을 수 없다. 그것은 이러한 증명이 우리에게 시사하는 의미와 범위를 명백히 해 줄 수 있겠기 때문이다.

3. 자기는 본질이나 내면성으로서의 자기 자신을 외화시켰다. 「사물은 그 존재의 직접성이나 그 규정성에 따라 자기로서 인식되어야 할 뿐만 아니라 본질이나 혹은 내면으로서도 인식되지 않으면 안 된다. 본질이나 내면은 도덕적 의식 속에 현존하는 것이다」(PE, Ⅱ, 296 ; PG, 551 ; 정신현상학, Ⅱ, 386). [21] 오성에게 있어, 대상적인 사물은 보편자, 즉 그 자신의 현시와 대립된 현상세계의 내면이다. 칸트가 파악했던 것처럼 동일한 경우가 도덕적 의식에게도 참이다. 「도덕적 자기의식은 그 자신의 知를 절대적인 본질성으로 파악하거나 혹은 존재를 단적으로 순수의지 내지 순수知로 파악한다. 도덕적 의식은 이러한 의지와 이러한 知에 다름 아닌 것이다.」 이러한 세계관에서, 초

---

20) 헤겔이 언급하는 의식의 형태는 유용성의 세계의 그것이다(PE, Ⅱ, 121 ; PG, 407 ; 정신현상학, Ⅱ, 157).

21) 오성 속에서 본질과 그 발현간의 대립에 관해서는 PE, Ⅰ, 118 ; PG, 110 ; 정신현상학, Ⅰ, 203을 보라. 직접적 존재를 초월한 순수의지와 순수知에 관해서는 도덕적 세계관(PE, Ⅱ, 142ff ; PG, 423 ff ; 정신현상학, Ⅱ, 183 ff)을 보라.

감성적인 것이란 불가분적 관계에 있는 순수知와 순수의지로서의 자기이다. 여기서 자기는 자기 자신을 외화시켰다. 그것은 순수한 인식적 의지이다. 그러나 이 의지는, 그것이 순수한 한에서 오성의 힘이 그 현상에 대립되었던 것처럼 아직은 내면, 곧 시·공간상의 감성적 현존재에 대립된 피안이다. 그렇지만 그 어느 경우에도 이와 같은 대립은 유지될 수가 없다. 오성에서처럼 도덕적인 자기의식에게도 내면으로부터 외면에로의, 초감성적인 것으로부터 감성적인 것에로의 항구적인 이행이 있다. 「도덕적 자기의식이 자신의 세계표상 속에서 현존재를 자기로부터 방면시키는 한 그것은 그 현존재를 자체 내로 다시금 끌어들이는 것이다.」 이런 이유로 마치 오성이 이러한 이행의 통일이거나 혹은 생동하는 자기의식이 되었던 것처럼 도덕적 의식도 자신의 현존재 그 자체를 이와같이 순수한 자기확신으로 아는 양심 (Gewissen)이 되는 것이다. 만일 자기의식이 지금에 이르러 스스로를 외화시킨다면, 그것은 자기의식에게 객관적인, 동시에 주관적인, 존재인 동시에 자기확신으로 있는 그런 실존지반 속으로의 외화일 것이다. 「도덕적 의식이 자기 자신을 행동하는 자로 드러내는 바의 대상적 지반이란 자기가 자기 자신에 대해서 지니는 순수知에 다름 아니다」(PE, Ⅱ, 297 ; PG, 552 ; 정신현상학, Ⅱ, 387). [22]

Ⅴ. 學의 실존지반 ; 보편적 자기의식

따라서 자기는 존재의 모든 차원에 걸쳐 그 자신을 외화시키고 정립시켰다. 적어도 이것은 우리가 철학자로서 우리의 본분이라고 할 의식의 제 형태에 대한 상기를 통해 소급적으로 발견한 것이다. 그런데 마지막 형태인 양심은 여타의 모든 형태들을 압축된 형식으로 담지 않으면 안 된다. 그것은 우리에게 엄밀히 이 실존지반, 즉 절대知가 가능하게 된 이 에테르를 제공한다. 자기 자신을 확신하는 정신은 그의 진리를 위해, 그의 대상적 지반을 위해 모름지기 그가 그 자체

---

22) 헤겔의 증명은 자기의 우주가 객관적인 동시에 주관적임을, 이러한 구별은 자기의 관찰 속에서 초극됨을 보여 주게 된다.

내에 있다고 하는 자기확신을 지니고 있다. 이 자기知는 오직 자기의
식의 보편성에 의해서만, 즉 보편적인 인정을 통해서만 매개된다. 그
것은 언어로 표현되는데 이 언어야말로 진정한 의미에서 《논리학》의
로고스의 원형인 것이다. 우리는 명시적으로 이 실존지반을 「보편적
인 신적 인간」 안에 현존하는 보편적 자기의식이라고 말할 수 있겠다.
절대자의 자기의식이 가능하게 된 것은 바로 이와 같은 지반 속에서이
다. 이 마지막 형태는 진정 우리가 「존재의 세 가지 차원」이라고 명
명했던 것을 압축된 방식으로 제시하고 있다. 자기 자신을 확신하는
의식(양심)의 知는 존재로서 직접적으로 현존한다. 그는 스스로를 자
기 자신에 대립시켜 관계와 규정 속으로 진입하는데, 이는 그가 보편
적인 동시에 개별적이기 때문에 그리고 행동하는 의식은 필연적으로
이와 같은 이중성을 이 실존지반의 한 가장자리에 정립하기 때문이
다. 마찬가지로, 자기 자신에 대립된 것은 규정된 현존재 내지 관계
로서의 知이다. 즉 그것은 한편으로 순전히 개별적인 자기에 대한 知
이며, 다른 한편으로는 보편자로서의 知에 대한 知이다. 「그러므로 여
기서 정립되는 것은 제 3 의 계기인 보편성 내지 본질이 두 대립자 각
각에 대해 단지 知로서만 타당하다는 것, 그리하여 그 두 대립자는
마침내 아직도 잔존해 있는 이 공허한 대립을 지양하여 자아=자아라
고 하는 知가 된다는 것, 이와같이 개별적인 자기가 직접적으로 순
수知이거나 혹은 보편자이다는 것이다」(PE, Ⅱ, 298 ; PG, 552~53 ; 정신현
상학, Ⅱ, 388).

　이 마지막 구절에 표현된 유한한 정신과 무한한 정신의 화해는 모
름지기 절대知 자체, 즉 절대자가 자기 자신에 대해서 지니는 知인
동시에 보편적 자기의식에로 고양된 이 유한한 정신에 대한 知이기도
한 그런 知인 것이다.[23] 비시간적인 무한한 정신과 시간적인 인류가
자아=자아에서 대하는 이와 같은 조우, 즉 유일하게 정신을 절대적
인 것으로 만드는 이 조우야말로 《정신현상학》의 중심적인 문제이다.
그것은 종교와 철학 사이의 관계 문제를 함축하고 있다. 왜냐하면 종
교 역시 비록 즉자태의 형식에서일지언정 이러한 화해를 제시하기 때

---

23) 로고스가 사유하는 것은 사유하는 사유와 사유된 사유, 로고스와 철학자의 사유의
　　동일성이다.

문이다. 종교에서 이 화해는 信仰의 대상이다. 반면에 철학에서 그것은 행위, 즉 동시에 인식(知)이기도 한 행위이다. 그렇기 때문에 철학에서 화해는 측차대차적인 화해가 되었다. 게다가 그것은《정신현상학》과《논리학》사이의 연관성 문제를 다음과 같은 형식으로 함축하고 있다. 즉 그 자체가 비시간적인 知, 절대知가 인류의 생존과 발전과정 속에서 어떻게 시간적인 조건들을 가질 수 있는가? 헤겔주의 안에는 이와 같은 문제들에 대한 명쾌한 해결책이 없다. 더우기 위대한 헤겔적 종합이 헤겔의 사도들의 수중에서 뿔뿔이 떨어져 나가는 경향을 볼 수 있는 것도 바로 이와 같은 점에서이다. 우리의 과제는 여기서 헤겔이 이러한 문제들을 제기하는 동시에——다소 상징적으로——해결하고 있는 바의 추이를 능력이 허락하는 한 명백하게 설명하는 일에 한정시킬 뿐이다.

《정신현상학》에서「절대知」는 헤겔에게 사변논리의 구성에, 즉 이전의 체계들에 부가되어 그것들을 완성시킬 수 있는 새로운 철학체계의 구성으로 보일 뿐 아니라 세계정신의 역사에서 새로운 시대의 도래로서도 보이는 것 같다. 인류는 마침내 자기 자신에 대한 의식에 도달했다. 인류는 그 자신의 운명을 초래하고 감내할 수 있는 능력을 갖게 된 것이다. 이러한 생각——특정한 낭만주의자들에 의해 새로운 증교관으로 표출되었던——은 근본적으로 계몽주의의 사상가들과 몇몇 낭만주의 계열의 시인들에게 공통적이다. 《정신현상학》의 서설에서 헤겔은 불란서 혁명과 나폴레옹의 영웅적 행적을 거쳐오면서 독일의 철학적 발견들을 북돋았던 세대 전체의 정조를 다음과 같이 표현하고 있다.「하여간에 지금의 우리 시대가 새로운 앞날을 지향하는 탄생의 시대이며 과도기적인 전환기라는 사실을 알아차리기란 힘들지 않다. 정신이 이제는 기존의 질서와 사유형태에 결별을 고하고 그 모두를 과거의 유물로 돌려버릴 찰나에 다다름으로써 바야흐로 변혁을 맞이할 수밖에 없는 단계에 와 있는 것이다」(PE, I, 12 ; PG, 15 ; 정신현상학, I, 66).

헤겔에게 있어 절대知, 즉 철학은 전시대에 종교가 담당했던 역할을 떠맡아야 할 운명을 타고난 것 같다. 헤겔의 초기저작들 속에는 민족으로 하여금 역사 속에서의 그 자신의 운명과의 화해를 파악할 수 있게끔 해주는 종교를 벗어나서는 그 어떤 (화해의) 가능성도 찾아 보기가 어렵다. 그러나 예나에 도착하면서부터 헤겔은 동등한 중요성을 철학에도 부여했다. 절대이성이 자기 자신에 대한 의식에 도달할 수 있도록 해 주는 것은 철학이다. 또한 예술작품에서처럼 각각의 위대한 철학 체계에서 「이성은 그 자신에 적합한 형식으로 제시되었다.」「따라서 철학사란 무한히 다양한 형식들로 제시되는 순수하고 영원한 이성의 역사이다.」[24] 《정신현상학》에서 헤겔은 보다 덜 셸링의 영향하에 있으며, 또한 그는 철학을 더 이상 독립된 예술작품에 비교하지 않는다. 그는 이제 철학에는 「선구자도 없고, 후계자도 없다」는 자신의 말을 거두어들이고, 오히려 그가 유기적 발생에 비교한 전개과정을 언급한다. 「꽃봉오리는 활짝 피어난 꽃으로 소멸되거니와, 이때 그 꽃봉오리는 꽃에 의해 반박되었다고 말할 수 있다.」이러한 형식들은 서로가 구별될 뿐만이 아니라 덧붙여 그것들은 상호 양립할 수 없기 때문에 상호배척하기도 한다. 「그러나 동시에 그 유동적 본성으로 인해 이러한 형식들은 유기적 통일의 계기들이 되는 바, 여기서 그것들은 상호배척할 뿐만 아니라 그 어느 것도 다른 것 못지 않게 필연성을 지니고 있다. 그런데 이와같이 동등한 필연성만이 전체의 생을 이루는 것이다」(PE, I, 6 ; PG, 10 ; 정신현상학, I, 58). 문화가 안고 있는 모순들을 해결할 수 있고 오성이 정신적 생의 계기들을 고정시켰던 바의 엄격한 규정성들을 화해시킬 수 있는 곳은 철학의 영역이다. 철학의 실존지반은 헤겔이 《정신현상학》에서 묘사하고 있는 개념이다. 그리고 《정신현상학》이 인간 경험의 결과로서 구명하고자 한 것은 바로 이러한 실존지반이다.

우리는 이미 이 지반의 특성들 몇 가지를 지적했었다. 개념이란 개별적인 동시에 보편적인 주체, 즉 이 특청한(개별적인) 자기의식인 동시에 보편적인 자기의식이다. 이 지반 속에서 정시된 것은 대상적인 지반이면서 행동하는 자기이다. 이런 이유로 이 지반의 완벽성은 오랜 역사를 경유함으로써만 얻어질 수가 있는 것이다. 자체 내에 유폐된

---

24) 〈Étude sur la différence des systèmes de Fichte et de Schelling〉, éd. Lasson, I, pp. 172 와 201. 헤겔이 철학을 문화의 현상으로서, 즉 문화의 제 대립을 사유할 수 있고 해결할 수 있는 것으로 간주한 것은 바로 이 논문에서이다.

개별적 자기의식은 「보편적 인정」의 場이 되어야만 했다. 바꾸어 말하면 개인은 그의 존재가 타인들의 인정을(노예에 의한 주인처럼) 그리고 모든 타인들, 즉 역사 전체의 인정을 전제하고 있음을 깨닫지 않으면 안 되었다. 이러한 지반이 형성되는 것은 역사와 전시대의 지식의 매개를 통해서이다. 따라서 지각의 사물(Ding)은 인간적 수준에서의 공통작품(die Sache selbst)이 되었으며, 그리하여 이 공통작품은 마침내 자각적 주체가 되었다. 자각적 주체란 그가 자체 내에서 본질 내지 추상적 보편자를 그의 자기의식의 유한성에 화해시키는 행위를 하는 가운데서만 주체인 것이다. [25] 개념——그것은 무한자와 유한자의 통일이기 때문에 그야말로 생동하는 모순이다—— 안에서, 인간적이며 시간적인 자기의식이 지양된다. 그것은 절대정신의 자기의식이 되는데 이는 그것이 절대정신을 성찰한다는 것이 아니라 오히려 그 정신을 산출한다는 것을 의미한다. 절대정신의 자기의식은 유한자와 무한자의 변증법적 통일이므로 개념 역시 인식(知)과 행동의 통일이다. 「이러한 개념은 자기의 그 자신 안에서의 행동이 일체의 본질성이며 일체의 현존재라고 인식하는 것, 이 주체를 모름지기 실체로서 그리고 실체를 주체의 행위에 대한 인식으로서 인식하는 것이다」(PE, Ⅱ, 302 ; PG, 556 ; 정신현상학, Ⅱ, 393). 훗날 마르크스가 「철학자들은 지금까지 세계를 다양한 방식으로 해석해 왔을 따름이다. 그러나 문제는 그것을 변혁시키는 것이다」라고 말했을 때 그는 결코 헤겔적 사유에 충실하지 않은 것이 아니었다. 확실히 마르크스는 헤겔적인 종합에 내재하는 평형상태를 파괴하여 행동의 측면으로 기울어졌다. 그러나 비록 헤겔이 자기知라고 할 행동과 행동이라고 할 자기知를 이룩했다고 주장할지라도 철학자의 사변적 사유는 그 자체가 인식(知)에 대한 선호를 가리키는 것이 아닐까? 「철학은 미네르바의 부엉이처럼 언제나 황혼이 질 때면 나타난다.」 말하자면 철학은 의지보다는 知에 가까울 것이다. 만일 우리가 못내 아쉬워 절대知로서의 자기에 대한 개념화에 「행동」이라고 하는 이름을 부여한다면 그것은 어떤 의미에서는 언어의

---

25) 事象 자체에 관한 본질적 장(PE, Ⅰ, 324 ff ; PG, 285 ff ; 정신현상학, Ⅰ, 468 ff)을 참조하라. 논리학에서 존재와 사유의 통일은 곧 事象 자체(die Sache selbst)이다. 이 장에 관한 논평으로는 제 Ⅵ부 5장을 참조하라.

남용이 아닐까? 우리는 무엇보다도 행동의 의미가 헤겔 철학에서 언제나 보다 심오한 이 자기知로——마치 최상의 목표가 바로 이 자기知인 것처럼——인도하는 것 같다고 말할 수 있겠다. 「목표, 즉 절대知 혹은 자기 자신을 정신으로 아는 정신에 이르는 도정은 어떻게 뭇 정신들이 그들 자체로 존재했으며 또한 그들의 (정신적인) 왕국의 체계를 완성했는가에 대한 기억으로 점철된 것이다」(PE, Ⅱ, 312 ; PG, 564 ; 정신현상학, Ⅱ, 408).

그렇지만 개념의 지반에서 이 절대知는 그것을 사유하는 주체의 행동 자체로 나타난다. 「로고스」로서의 자기知는 수동적인 성찰이 아니다. 왜냐하면 우리 자신이 스스로를 파악하고 정립하는 이성이며, 이 자기知 안에서 스스로를 인식하고 산출하는 대상이기 때문이다. 「이러한 지반 속에서 의식에 현상하는, 혹은 동일한 말이지만 그 속에서 의식에 의해 산출된 정신이 學인 것이다」(PE, Ⅱ, 303 ; PG, 556 ; 정신현상학, Ⅱ, 394). 개념이란 「자기의 산출행위」이다. 따라서 무한한 이성은 자기 자신을 인간적 자기의식 안에서 인식하며, 오직 자기 자신에 대한 이 유한적 知 안에서만 무한하다. 역으로 인간적 자기의식은 이 자기知 안에서 오직 자기 자신을 획득하여 현실적인 화해를 이룩한다. 이럴 경우에 비로소 정신은 절대정신이 된다. 즉 정신은 그것이 유한한 정신으로서의 자기 자신을 넘어서는 바의 행동 안에서만 절대정신이 되는 것이다.

이러한 화해는 사실상 종교에 의해서 표상되기는 하지만, 그러나 즉자태의 형식에서이다. 다시 말해서 화해가 종교적인 의식에게 하나의 내용으로 나타나기는 해도 그것은 그 자신의 작품이라기보다는 오히려 여전히 소원한 내용인 것이다. 「따라서 종교에서는 내용이거나 혹은 어떤 타자에 대한 표상의 형식이었던 것이 여기서는 모름지기 자기의 행동인 것이다」(PE, Ⅱ, 302 ; PG, 556 ; 정신현상학, Ⅱ, 343).

개념의 지반에서는 이와 대조적으로 이 개별적 주체, 이 유한한 자기야말로 스스로를 보편적인 자기에로 고양시킴으로써 더 이상 소원한 자기의 작용으로 보이지 않는 화해를 이룩하는 것이다. 의식의 자기의식에로의 복귀라는 이 계기는 어떤 측면에서는 공동체(교단)의 정신과 관련하여 종교에서 제시되었다. 종교공동체는 그리스도의 삶이

요, 죽음이요, 부활인 내용을 내면화시킨다. 정신(성령)이 살고 죽고 부활되는 것은 바로 이러한 공동체 안에서이다. 공동체 및 전통으로서의 종교공동체는 사변적 진리의 끊임없는 계시로 이루어져 왔으며 이 진리는 공동체 자신의 자기가 되었다. 그렇기 때문에 그것은 개념의 실존지반의 원형인데 여기서 사변적 진리는 더 이상 그것을 정립하는 자기에 소원한 것으로 나타나지 않는다. 만일 우리가 종교공동체에서의 이와 같은 추이를 헤겔이 어떻게 처리했는가를 돌이켜본다면 우리는 정신의 현상학에 기초하여 교부철학을 세련화시키는 것이 가능할 법도 하다고 말할 수 있겠다. 그러나 헤겔은 교부철학에서 마무리를 짓기보다는 계몽의 철학과 같은 인류의 추상적인 철학에서 마무리를 짓고 있다. 세계사의 한 계기로서 시간적인 계기를 즉자적으로 (그 자체에 있어) 비시간적인 진리와 화해시키는 절대知는 우리에게 극히 애매한 형식으로 제시되어 분분한 해석의 가능성을 열어 놓는다. 그러므로 정확히 어떤 해석이 헤겔주의의 진정한 유산을 계승하고 있는가를 지적하기가 어려운 실정이다.

　만일 종교가 사변적 진리를 여전히 자기의식에 외면적인 내용의 형식으로 표상했다면 아름다운 영혼은 대자적인 개념의 형식을 제공했을 것이다. 참으로, 그 영혼은 「신적인 것에 대한 직관」이 아니라 「신적인 것의 자기직관」(PE, Ⅱ, 299 ; PG, 554 ; 정신현상학, Ⅱ, 390)이었다. 그는 자기 자신을 확신하는 정신의 형태, 즉 절대적인 주체의 형태였던 것이다. 의식의 한 형태로서 그는 불완전한 의식, 그 자체의 주관성 안에 은폐된 채 내용을 결여하고 있는 의식이다. 그러나 「개념이 그 진리 안에서 존재하는 것은 오직 그 개념의 외화와의 통일 속에서」이다. 아름다운 영혼이 자신의 완고한 고집을 버린다면 그는 행동하는 정신이 된다. 그는 「그의 영원한 본질을 포기한 채 현존하는 말하자면 행동하는 것이다」(PE, Ⅱ, 300 ; PG, 554 ; 정신현상학, Ⅱ, 391). 개념 속에서 다시 취해진 이 행동, 그 행동 속에 스스로를 각인시켰고 그것을 번역함으로써 지양했던 자기에 의해 그 유한성 너머로 고양된 이 행동은 절대적 개념이 된다. 절대적 개념은 그 시간적 전개에서뿐 아니라 그 (공간적) 연장에 있어서까지 그 심연 속에 있다 (PE, Ⅱ, 312 ; PG, 564 ; 정신현상학, Ⅱ, 408).

종교에서 대차척이었던 이러한 화해가 의식에 대해서 생성되어 마침내 의식 자신의 행위가 된다. 「절대정신의 생을 실현하는 유일한」주체로서의 자기가 그 자신에 대해서 그 자신의 본래적 모습인 절대정신으로 생성되는 것은 엄밀히 이 계기에서이다. 「이제 처음에는 즉자적으로 생기하던 것이 의식에 대해서도 동시에 존재하여 그 자체가 이중화된다. 말하자면 그것은 의식에 대해서 존재하므로 그것은 의식의 대자적 존재이거나 의식의 행위인 것이다」(PE, Ⅱ, 301 ; PG, 555 ; 정신현상학, Ⅱ, 392). 보편적 자기의식은 이 개별적이며 역사적인 자기의식 속에 실존하면서 그 자신을 개념적으로 파악한다. 또한 이 역사적 자기의식도 절대적 생을 실현하면서 그 나름대로 자아=자아라고 하는 보편성 속에서 스스로를 확인하는 것이다.

Ⅵ. 사변철학에서 현상학, 자연 그리고 역사에로의 복귀

절대知 장에 제시된 구절은 우리가 이 보편적 자기의식이 시사하는 구체적인 의의를 상세히 묘사하는 것을 허용하지 않는다. 그 책의 마지막 장에서, 원시 종교공동체, 중세교회 그리고 근대철학이 절대知로서의 사변적 知를 위한 토대를 예비했음을 개략적으로 기술한 후 헤겔은 어떻게 이 철학이 《정신현상학》에로의, 자연과 역사에 관한 철학(마지막 페이지에서 《정신현상학》과 궤를 같이하여 《엔치클로패디》에서 정신철학이 차지하게 될 자리를 차지하는 듯한 철학)에로의 복귀를 허용하는가를 보여 주고 있다. 절대知는 세계정신의 현실적인 역사가 자기 자신에 대한 의식에 도달했을 때 비로소 등장할 수가 있는 것이다.

그러나 이 개념의 현존재에 관한 한, 정신이 이러한 자기 자신에 대한 의식에 도달하기 전에는 學은 결코 시간과 현실 속에 출현하지 않는다. 자기 자신이 무엇인가를 깨달은 정신으로서의 정신은 노동을 완수하기 이전에는 결코 어떤 식으로도 실존하지 않는다. 다시 말해 정신은 자신의 불완전한 형태를 극복하는 가운데 그것이 그 자신의 의식에 대해 그 본질의 형태를 창출하고 또한 그럼으로써 그 자기의식과 그 의식을 일치시키는 그런 노동

344

을 완수한 이후에만 비로소 실존하는 것이다(PE, Ⅱ, 303 ; PG, 557 ; 정신현
상학, Ⅱ, 395~96, 강조는 저자).

우리가 살펴보았던 것처럼 자기와 존재의 통일을 이루는 學——
로고스의 자기사유——「역시 그 자신으로부터 순수개념의 형식을 외
화시킬 필연성을 자체 내에 간직하고 있다」(PE, Ⅱ, 311 ; PG, 563 ; 정
신현상학, Ⅱ, 405). 따라서 學은 개념(개념으로서)의 의식(知와 존재의
구별로서)에로의 이행, 그리고 다음으로는 로고스의 자연 및 역사에
로의 이행, 즉 자연 및 역사에로의 로고스의 외화를 담고 있는 것이
다. 이처럼 요약적으로 로고스, 자연, 정신의 세 부문으로 이루어진
헤겔 체계의 미래상의 전도가 묘사된다. 그러나 우리는 이들 세 부문
중의 한 부문으로부터 다른 부문으로의 이행과 관련하여 중요한 점만
을 강조할 것이다. 헤겔은 로고스로부터 자연에로의 이행을 자의적으
로 단행했다고 하여 적지 않게 비판을 받았다. 게다가 이처럼 로고스
로부터 자연을 연역한 것은 도대체가 납득이 가지 않는다는 말도 있
었다. 순수사유에 지나지 않는 사유가 어떻게 자연을 산출할 수 있는
가? 그러나 이렇게 묻는 것은 그릇된 물음을 묻는 것 같고 게다가
이러한 비판은 헤겔 체계에 적용되지도 않는 것 같다. 로고스와 자연
은 서로간에 전제를 하고 있다. 그 어느 것도 다른 것이 없이는 정립
될 수 없는 것이다. 그러므로 자연을 산출할 법한 로고스 안에서 여
하한 종류의 인과성을 상정하는 것은 불합리하다. 헤겔은 말한다.
「창조라고 하는 말 자체가 표상에 속하는 말이다.」 철학자는 그가 자
연과 유한한 정신의 창조에 앞서서 순수사유의 지배를 언급할 때 이
표상적 언어를 고집한다. 이와 같은 식의 단언은 오해의 소지가 있다.
마찬가지로 우리가 「연역」이란 말의 통상적인 의미를 바꾸지 않는다
면 헤겔이 로고스로부터 자연을 연역한다고 말할 수도 없다. 그러므
로 이 자리에서 헤겔이 철학을 논리로 환원시키는 동시에 그와 같은
환원을 지양한다는, 앞서 언급된 패러독스를 설명해 보자. 無 없는
존재나 존재없는 無가 있지 않는 것처럼 로고스는 자연 없이는 존재
할 수 없으며 자연도 로고스 없이는 존재할 수 없다. 로고스나 자연
모두가 전체이다. 왜냐하면 그 둘 다 그 자신이면서 그 자신 이상이
기 때문이다. 그리고 이런 점에서 그것들은 정신인 것이다.[26] 로고스

는 그 자신을 자연으로서 부정하는 전체이다. 로고스는 그 자신을 순수사유로서 정립하고 또한 이와같이 자기 자신을 정립하는 가운데 자연을 배제하는, 그런 순수사유의 추상이다. 그런데 우리는 이미 이 추상——부정성 그 자체——이 단순한 인간 오성의 활동이 아니라 오히려 그것은 절대자의 내부에 있는 것임을 말한 바 있다. 절대知는 오직 이러한 부정성(그것이 순수한 부정성, 즉 그것이 부정의 부정의 점에까지 이르는 한 그것은 곧 자기이다) 안에서만 실존한다. 따라서 만일 절대자가 스스로를 로고스로서 정립한다면 이는 절대자가 스스로를 자연으로서 부정하면서 게다가 스스로를 자연에 대립시키기 때문이다. 절대자는 그 자신으로부터 자연을 배제함으로써 그 자연을 전제하여 그것을 자체 내에 담지한다. 마찬가지로 자연도 그 나름으로 스스로를 로고스로서 부정하며 그리하여 스스로에 대립하고 또 이 로고스를 전제하는 그런 전체이다. 그렇기 때문에「자연은 은폐된 정신이다.」즉자적으로 자연은 로고스이지만 자연 안에서 자기소외된 형식으로 존재하는 로고스이다. 아마도 이러한 도식은 납득하기 어렵다는 말도 있을 법하다. 이 경우 이해하기 어려운 것은 헤겔이「개념」이라고 말한 것, 즉「자신의 타재 속에서 자기 자신으로 남는 것(자기동일성을 견지하는 것)」, 모순인 동시에 동일성이고 그것이 동일성, 즉 구별된 것의 동등성이기 때문에 모순인 그런 동일성으로서의 개념이다. 헤겔적인 개념이란 자기 내 함축적인「총체 중의 총체(cet ensemble de tous les ensemble)」와도 같다. 그 개념은 자신의 개별화 속에서 자기 자신을 견지하며 이러한 자기 자신의 부분 속에서 그 자신을 발견하는 그런 보편자이다. 우리는 자연과 로고스를 하나의 類 안에 포섭되는 두 개의 種으로 생각해서는 안 된다. 만일 그렇게 생각한다면 로고스의 부정은 자연을 산출하기보다는 단지 비-로고스를 산출하고 그리하여 헤겔이 사변적 부정에 부여한 창조적 효능을 발휘할 수 없는 것으로 드러날 것이다. 로고스는 정신이다. 로고

---

26) 로고스는 존재와 자기의 직접적(따라서 단순하고 추상적인) 통일이다. 이러한 직접적 통일은 그것이 그것을 부정하는 것과, 필연적 매개와, 자연과 대립되기 때문에 단지 직접적이다. 이러한 매개 속에서 통일은 스스로를 구체적 통일로서, 즉 정신으로서 재발견할 것이다.

스는 전체요, 보편자이다. 그러나 로고스로서 그것은 자기 자신을 그 자신으로부터 추상한다. 바로 이와같이 자기 자신을 자연으로서 부정하는 것이야말로 로고스를 정립하는 창조적인 힘이다. 왜냐하면 그것은 내적 부정, 자기의 부정이기 때문이다. 바꾸어 말하면 그것은 주체를 이루는 부정성의 운동이기 때문이다. 그렇기 때문에 로고스는 자기 자신이어서 즉자적인 자연을 담고 있고, 그렇기 때문에 로고스는 철학 전체이며, 그렇기 때문에 우리는 헤겔이 철학을 《논리학》의 형식주의에로 환원시킨다고 말할 수 없는 것이다. 전체(헤겔은 「보편자」라고 부른다)는 언제나 그 규정성들(헤겔은 「특수자」라고 부른다) 각각에 내재해 있다. 그러나 그것은 전체이지 자기이거나 친정한 개별성으로서의 부정의 부정을 통해 스스로를 부정하고 재구성하는 가운데 자기규정하는 소원한 오성이 아니다. 따라서 자연을 산출하게 될 로고스의 인과성을 거론한다거나 (「왜냐하면 만일 순수 사유만 있다면, 사유는 전혀 없을 것이기 때문이다」), 분석적인 연역의 의미 내지 심지어 수학적인 연역——헤겔에 따르면, 여기서 증명의 추상작용은 사상 자체(die Sache selbst)[27]의 운동이기보다는 오히려 파악하는 정신의 활동이다——의 의미에서 자연의 연역을 거론할 하등의 이유가 없는 것이다. 이러한 맥락에서 본다면 헤겔 철학 안에는 특정한 이원론이 내재하는 셈이며 우리 역시 그것을 인정하지 않으면 안 된다. 왜냐하면 만일 그렇지 않을 경우 이 체계는 「진지성, 고통, 인내 그리고 부정적인 것의 노동」(PE, Ⅰ, 18 ; PG, 20 ; 정신현상학, Ⅰ, 73)을 모를 것이기 때문이다. 그러나 이러한 이원론은 두 가지 실체 이를테면 로고스와 자연의 병치가 아니다. 요컨대 그것은 자기 자신을 정립하는 자기, 즉 그 자신을 하나의 규정 속에 정립하는 한 자기 자신과 대립하는 그런 자기의 작품인 것이다. 그러나 그것은 언제나 자기 자신을 규정성 속에 정립하는 자기라는 바로 그 이유에서, 그것은 또한 이 규정성을 지양한다. 그리하여 자기 자신과 일치한 부정으로서, 즉 부정의 부정으로서 그것은 이 규정성의 한 가장자리에 머물러 있는 자기 그 자체이다. 따라서 로고스와 자연의 변증법이란

---

27)《정신현상학》의 서설에서 철학적 사유와 대립된 수학적 사유에 관한 구절(PE, Ⅰ, 36 ff ; PG, 35 ff ; 정신현상학, Ⅰ, 97 ff)을 참조하라.

그것들의 생동하는 통일, 즉 정신의 영속적인 자기정립의 과정인 것이다. 절대자는 헤겔이 이미 자신의 최초의 철학적 저서에서 말했던 것처럼 동일성과 비동일성의 동일성이다. 그러므로 정신——혹은 절대자——은 동일성일뿐 아니라 그에 못지 않게 (자연과 로고스의) 모순이며, 그리하여 이 동일성과 이 모순의 동일성인 것이다. 게다가 이러한 논리적 형식들은 하나의 사유에로, 즉 분석(합리주의 철학자들에게 애용되는)의 이상과 총합(경험주의 철학자들에게 애용되는)의 이상을 다시금 통일시키는 사유——우리가 이 책을 진행해 나가는 과정에서 끊임없이 되돌아갔던 정신의 생에 대한 심오한 직관——에로 어렵지 않게 번역된다.

그러므로 만일 우리가 로고스, 즉 직접적으로 존재와 동일한 사유를 정립한다면 우리는 《정신현상학》의 출발점이었던 知와 존재 사이의 대립을 자기에 대한 知의 첫번째 외화를 통해 재발견하게 될 것이다.

자기 자신을 인식하는 정신은 그것이 자신의 개념을 파악하고 있다는 바로 그 이유에서 자기 자신과의 직접적인 동등성이다. 이 동등성은 그 자체의 (개념 속에 담긴 내적) 구별 속에서 직접태에 대한 확신이거나 혹은 우리가 출발했던 시원으로서의 감성적 의식이다. 그런데 이와같이 정신이 자신의 자기라고 하는 형식으로부터 그 자신을 유리·방면시키는 행위야말로 최고의 자유이자 정신의 자기知에 대한 보증인 것이다(PE, Ⅱ, 311 ; PG, 563 ; 정신현상학, Ⅱ, 405).[28]

로고스는 우리를 다시 의식에로 인도한다. 왜냐하면 동시에 자기확신이기도 한 진리는 이러한 자기의 외화——자기의 타자가 되는 과정——를 포함하기 때문이다. 이 외화를 통해 정신은 객체와 주체, 진리와 확신이라는 의식의 관계 속에서 그 자신을 자기소외된 자로 발견하는 것이다.

그러나 이러한 관계에서 외화는 완성된 것이 아니다. 「이 외화는 여전히 불완전하다. 외화는 자기의식의 대상과의, 즉 그것(대상)이 관

---

28) 자기에 대한 이 직접知에서 직접적인 것에 대한 知로의 이행을 논평한 것으로는 제Ⅱ부 1장을 보라.

계 속에 놓여 있다는 바로 그 점에서 아직 자신의 완전한 자유를 획득
하지 못했던 대상과의 관계를 표현하는 것이다」(PE, Ⅱ, 311 ; PG, 563 ;
정신현상학, Ⅱ, 406). 知는 자기 자신을 그 자신으로부터 외화시키는
데, 이 외화가 곧 「자연」과 「역사」로 명명된다. 자연에서 정신은 공
간 속으로 확산된 존재가 됨으로써 자기로부터 외화되었다. 자기 자
신을 상실한 것은 모름지기 정신이다. 또한 자연 역시 그 자체의 존
속의 항구적인 외화이며 주체를 회복하는 운동에 다름 아니다. 그러
나 우리는 이러한 운동이, 말하자면 존재——직접적인 생성—— 속
에 고찰된다는 것과 존속이라고 하는 형식을 지닌 자연은 「역사를 지
니지 못한다」[29]는 것을 알고 있다.

　「정신의 생성의 또 다른 측면, 즉 역사는 知 안에서 자기 자신을
실현하는 생성(자기 자신을 인식하고 매개하는 생성)이다」(PE, Ⅱ, 311 ;
PG, 563 ; 정신현상학, Ⅱ, 406). 역사는 더 이상 자연으로서의 정신의 직
접적인 생성이 아니다. 역사는——자유로운 우연사의 형식으로——자
기 자신을 외화시킨 정신이 그 자신의 외화를 외화시킴으로써 그 자
신을 정복하는, 그런 수단이 되는 매개과정이다. 역사는 「부정적인
것이 자기 자신에게 부정적이 되는」방식을 명시해 준다. 현실적인
역사 속에서 정신은 정신으로서의 그 자신에 대한 의식에로 고양된
다. 헤겔이 사용한 비유로 표현하자면 정신은 자기 자신을 상실했기
때문에 다시금 그 자신을 발견할 수 있으며 더우기 정신이 자기 자신
을 본래적인 정신으로 만드는 것은 다시금——이러한 결과 안에서——
그 자신을 발견함으로써만이다. 이와 같은 정신의 생성과 관련하여
헤겔은 그가 《정신현상학》의 서설에서 말했던 것을 다시금 되풀이하
고 있다. 역사의 각 계기마다에서 정신은 자신의 실체의 풍부함 속으
로 침투해 들어가야만 한다. 마치 라이프니츠의 모나드가 그 나름의
관점으로부터 절대자를 반영했던 것처럼 여기서 정신은 일정한 측면
하에 온전히 현시되고 있다. 세계정신의 모든 형태는 이전의 형태로

---

29) 제 Ⅳ부 2장을 참조하라. 헤겔이 여기서 제시하고 있는 그의 미래의 체계에 대한
　서술은 그가 《엔치클로패디》에서 수행했던 것과는 전혀 다른데, 아마도 《정신현상학》
　은 그 당시 그 속에서 특수한 위치만을 차지할 뿐이지 더 이상 일정한 관점에 입각하
　여 체계 전체를 구성하지는 않을 것이기 때문이다.

부터 탄생되었으며 그것을 자체 내에 담지하고 있다. 그것은 이전 형
태의 부정이지만 창조적인 부정이다. 창조적 부정이란 언제나 어떤
규정된 형식 속에 차폐된 것, 즉 어떤 특정한 방식으로 현존하는 것
으로서의 자기 자신을 부정하는 전체이기 때문에 이 창조적 기능을
지닌다. 이와같이 부정된 현존재는 세계정신의 새로운 실체 안으로
내면화되며 그리하여 정신은 자기 자신에 대한 보다 심오한 인식(知)
에 이르는 것이다. 정신이 겨냥하는 최상의 목표는 이러한 자기知,
즉 「심연의 개시로서의」 知인데, 이제 정신은 이 (공간적) 연장의 한
복판에서 자기 자신 안에 깊숙이 침잠한다. 「심연의 개시는 정신의
시간적 현현, 즉 이러한 외화가 자체 내에서 자기 자신을 외화시키며
그리하여 그 (공간적) 연장에서나 그 (내적) 심연에서나 자기 속에 깃
들어 있는, 그런 정신의 시간인 것이다」(PE, Ⅱ, 312 ; PG, 564 ; 정신현상
학, Ⅱ, 408).

　역사란 시간상에서 계기적으로 이어지는 뭇 정신들의 계열이다. 이
들 정신의 개념적 편제라고 하는 측면에서 본다면 역사는 현상知에
관한 學(《정신현상학》)이다. 헤겔이 《현상학》으로부터 구별한 이 두
측면(우연성과 필연성)의 통일이 엄밀히 말해서 역사의 철학, 즉 개
념적으로 파악된 역사를 산출한다. 따라서 이러한 역사는 지엽말단,
절대정신으로부터 유리된 그 무엇, 신 자체에는 관심 없는 신에로의 여
정이 되기보다는 「오히려 현실, 진리 그리고 (절대정신의) 왕좌――그
것이 없다면 절대정신은 활기를 상실한 고독한 자가 되리라――에 대
한 확신을 형성하는 것이다」(PE, Ⅱ, 313 ; PG, 564 ; 정신현상학, Ⅱ, 409).

불란서에서의 헤겔 철학의 수용과정

제 2 차 세계대전이 끝난 직후 불란서에서 헤겔에 대한 관심이 고조된 현상은 마르크스주의의 물음과 접맥되었는데, 이는 공산당이 드골 (de Gaulle) 정부에 참여함으로써 더욱 강화되었다. 헤겔 문제는 역사적 내지 지적 호기심의 문제를 훨씬 뛰어넘는 현실의 문제였다. 당면한 관심사는 헤겔 자체라기보다는 그의 저작들이 이용될 수 있는 용도, 즉 헤겔은 마르크스주의에로의 인도자로 간주되어야 할 것인가 또는 反-마르크스주의의 최후의 보루로 간주되어야 할 것인가였다. 이 문제를 전형적으로 대변하고 있는 것이 1946 년에 쓰여진 알렉상드르 코제브(Alexandre Kojève)의 논문에 나타난 진술이다.

따라서 우리는 당분간 헤겔에 대한 어떤 해석도, 만일 그것이 쓸잘데없는 수다 이상이라면, 투쟁과 작업의 강령(마르크스주의는 이와 같은 「강령들」 가운데 하나로 불린다)일 뿐이라고 말할 수 있다. 그리고 이는 헤겔 해석가의 작업이 정치적 선전책의 작업과 진배없음을 의미하는 것이다. [1]

헤겔에 관한, 특히 불란서에서 이루어진 최근의 성과도 비슷한 관심사를 보여 주고 있다. 장 이뽈리뜨(Jean Hyppolite)는 그가 1968 년 죽기 직전에 썼던 마지막 논문에서 다음과 같은 진단을 내렸다. 「우리 시대는 마르크스주의에 관한 새로운 물음들에로, 다시 말해 레닌의 해석과 분리될 수 없는 마르크스의 저서들 및 기본적인 텍스트들로 되돌아가는 추세에 있다.」[2]

---

1) Kojève, 〈*Hegel, Marx et le Christianisme*〉, 《*Critique*》, no. 7(1946 년 12 월), p. 366.

2) J. Hyppolite, 〈*Le「Scientifique」et l「idéologique」 dans une perspective marxiste*〉, in 《*Figures de la pensée philosophique*》 (Paris, 1971), p. 360.

우리가 관심을 기울이지 않을 수 없는 중심적인 문제는 이뽈리뜨의 저작이 헤겔의 《정신현상학》에 관한 「객관적인」 주석서인가(사실상 이것은 불가능하다)가 아니라, 오히려 (다른 사람들 가운데서도) 이뽈리뜨의 해석이 역사적으로 규정되어 있는 그 정도이다. 어느 정도 모든 세대, 모든 경향은 그것이 모색했던 것, 즉 「현상학적」 헤겔, 「실존주의적」 헤겔, 「마르크스주의자」 헤겔 등을 헤겔 안에서 발견했다. 문제는 주어진 헤겔 해석이 자의적이라든가 또는 그것이 원전과 일치하는 동시에 오늘날의 상황에 의해 규명된 특정한 경향 내지 측면을 시대적으로 반영하고 있는가이다.

이뽈리뜨의 《헤겔 정신현상학의 생성과 구조(Genèse et Structure de la Phénoménologie de L'sprit de Hegel)》의 영역판이 발간됨으로써 제기될 문제들의 대부분은 확실히 그것이 처음 발간되었던 제 2 차 세계대전 직후의 시기에 논의되었던 문제들과 어느 면에서 유사성을 띠게 될 것이다. 그러므로 그 책에 대해서나 이뽈리뜨의 《정신현상학》 불역판을 둘러싼 어떤 논의도, 만일 그것이 역사의 진부한 반복이라는 비난을 받지 않으려고 한다면 이와 같은 역사적인 물음들을 고려하지 않으면 안 된다.

헤겔 《정신현상학》의 이뽈리뜨 불역판은 이 책뿐만이 아니라 헤겔의 원전들에 대한 불역판들이 거의 전무하다시피 한 실정에서 헤겔 전반(물론 《정신현상학》을 통해서 보여진 모습이지만)에 이르기까지 불란서인들이 어렵지 않게 접근할 수 있도록 해 주었다. 1939 년에서 1941 년에 걸쳐 《정신현상학》의 불역판이 발간된 후, 그 효과는 전쟁이 끝나고나자 즉각적으로 느껴졌다. 이뽈리뜨의 주석서가 1946 년에 등장했고, 잇달아 1947 년에는 알렉상드르 코제브가 1933 년에서 1939 년 사이에 소르본느 대학에서 강의했던 강의노트가 《헤겔강독입문 (Introduction à la lecture de Hegel. Leçons sur la Phénoménologie de l'Esprit)》이라는 제목으로 발간되었다. 비록 전후의 시기가 대체로 장 폴 사르트르(Jean-Paul Sartre)와 모리스 메를로 퐁티(Maurice Merleau-Ponty)라는 인물로 대변된 「실존주의」의 득세와 연결되었을지라도, 본래 실존주의의 득세란 엄밀히 헤겔적인 형식에 비추어 본다면 그 몰락기에 다름아니었던 것이다. 왜냐하면 1945 년 10 월에 간행

된 《현대(*Les Temps modernes*)》지 창간호의 저 유명한 선언은 사르
트르와 메를로 퐁티가 에드문트 훗설(Edmund Husserl)과 마르틴 하
이데거(Martin Heidegger)를 벗어나 헤겔과 마르크스를 향한 하나의
전회(轉回)를 예고했었기 때문이다.

이 시기의 역사에 있어서 이뽈리뜨의 입장과 그의 저작들의 역할,
더 나아가서는 1949년에서 1954년에 걸쳐 소르본느 대학에서 행한
헤겔과 마르크스에 관한 강의들, 그리고 전쟁 기간 중 앙리 4세 및
루이-르-그랑 국립고등중학교에서 행한 《정신현상학》에 관한 강의들의
입장과 역할을 충분히 이해하기 위해서는, 우리는 戰後 헤겔에 대한
관심의 확산을 준비했었고 또한 가능케 했던 전개과정들에로 거슬러
올라가 보지 않으면 안 된다.[3]

1930년대의 불란서에서 이루어진 다양한 철학적 유파들, 특히 현
상학의 전개는 강단철학과 그리고 파시즘의 발흥 및 그에 대한 대응
이라는 이중적인 배경 하에서 보아야만 한다. 마르크스와 엥겔스 이
래의(또한 그들을 통한 헤겔 이래의) 강단철학과 사회학의 주류는 때
때로 무의식적일지라도 (예를 들어 니체에 있어서) 마르크스와 헤겔
에 대한 대안을 모색하기 위한 노력으로 점철되었다. 이를테면 막스
베버(Max Weber), 게오르그 짐멜(Georg Simmel), 에밀 뒤르켕(Emile
Durkheim), 칼 만하임(Karl Mannheim), 앙리 베르그송(Henri Bergson)
등은 누구보다도 이러한 전통 속에 포섭될 수 있다. 또한 장 발(Jean
Wahl)이 지적했던 것처럼 불란서에는 언제나 희미하나마 헤겔적인
전통이 있어 왔음에도 그의 영향력은 상대적으로 보잘것없는 것이었
다.[4] 우리는 에밀 메이어슨(Emile Meyerson)의 몇 안 되는 논문들,
샤를르 앙드레(Charles Andler)나 알랭(Alain)(이뽈리뜨에 대한 그의
영향은 아마도 그가 헤겔을 번역하게 된 원인이 되기까지 했을 것이

---

3) Hyppolite 의 개인적 전망(1957년에 쓰여진)은 그의 저작 모음집 《*Figures de la
    pensée philosophique*》, pp. 230~41에 있는 〈*La Phénoménologie de Hegel et la
    pensée française contemporaine*〉 속에 담겨 있다.

4) 1972년 5월 12일의 대담. 최근에 세상을 떠났던 Wahl 부인은 하잘것없어 보이기
    는 해도 실은 Hyppolite 와 그가 차지했던 위치를 총체적으로 조망하는 데 중요한 요
    소들을 제공해 주는 시간을 내줌에 있어 대단히 관대했다. 나는 또한 Dina Dreyfus
    부인, Emmanuel Levinas 부인, Jacques D'Hondt, 그리고 특히 Jean Hyppolite 부
    인과 Jacques Derrida 에게 사의를 표하고 싶다.

다)의 강의들을 지적할 수 있다.[5] 그러나 그 계보는 참으로 미미한 것이다. 당시 베르그송과 레온 브룬츠빅(Léon Brunschvicg)의 양대 산맥으로 대변되었던 불란서의 강단철학에 대한 가장 중대한 도전은 현상학이었다. 헤겔과 마르크스에 대하여 현상학——홋설, 막스 쉘러(Max Scheler), 니콜라이 하르트만(Nicolai Hartmann) 및 하이데거——이 지니는 관계는 여타의 강단철학이 지니는 그것보다 훨씬 복잡한 것이었다. 예를 들어 아도르노(T.W. Adorno)는 헤겔 이후에 홋설이 「두번째로 북극을 발견했다」고 말했다. 하지만 독일의 창시자가 문제시되는 한, 이 자리에서 현상학의 헤겔 및 마르크스와의 관계를 탐구하지는 않겠다. 우리는 단지 이러한 관계가 불란서에 영향을 주었던 한에서 그것을 구명하는 것에 한정하겠다.[6]

대략적으로, 1927년에 하이데거의 《존재와 시간(Sein und Zeit)》이 발간되면서부터 현상학과 「실존철학」, 특히 홋설과 하이데거에 대한 관심이 급속도로 확산되었다. 1929년에 장 카바이레(Jean Cavaillès)와 모리스 드 강딜락(Maurice de Gandillac)은 다보(Davos)에서 불-독 철학 간담회를 개최하여 독일측 인사로 에른스트 카시러(Ernst Cassirer)와 하이데거를 초빙했고, 불란서측 인사로는 불란서 강단 합리주의의 주도적 대변자인 레온 브룬츠빅과, 그리고 후일 유력한 《철학연구(Recherches philosophiques)》지의 창간인이 된 알베르 스페이어(Albert Spaier)를 초빙했다.[7] 또한 이 자리에는 카바이레와 강딜락을 따라 현상학과 마르크스주의의 중심지 가운데 하나가 되었던 에콜 노르말 고등사범학교 출신의 학생들도 다수 참석했다. 그 직후 불란서 학생들간에는 독일로 유학가서 홋설과 하이데거(조금은 칼 야스퍼스)와 더불어 연구하고자 하는 분위기가 적지만 지속적으로 유지되었다. 강딜락, 엠마누엘 레비나스(Emmanuel Levinas), 사르트르 그리고 메를로 퐁티는 그 가운데서도 특히 잘 알려진 인물들이다.

---

5) Emil Meyerson, 《De l'explication dans les sciences》, 2 vols. (Paris, 1921). Ⅰ, p. 9~180. Charles Andler 는 1920년대에 Sorbonne 대학에서 그리고 1928~29년에는 Collège de France 에서 각각 강의했다. Alain 은 1920년대에 수험준비반(khâgne)의 그의 유명한 강의에서 헤겔을 가르쳤다.

6) 방향에 관해서는 《Que Sais-je》의 연속 간행물로 나온 Jean-François Lyotard 의 소책자 《La Phénoménologie》, (Paris, 1954)를 보라.

7) E. Levinas 와의 1972년 5월 10일의 대담.

1930 년에는, 알렉상드르 코이에(Alexandre Koyré)가 하이데거를 최초로 불어로 번역한 작품을 《分岐(Bifur)》지에 게재했고, 엠마누엘 레비나스는 그의 중요한 소저 《훗설의 현상학에 있어서의 직관의 이론(The Theory of Intuition in Husserl's Phenomenology)》을 발간했다. 《철학연구》지는 첫번째 간행물(1931)로 하이데거의 텍스트를 발간했으며, 또한 훗설의 《데카르트적 성찰(Cartesian Meditations)》의 불어판이 레비나스와 가브리엘 뻬페(Gabrielle Peiffer)의 공역으로 1931 년에 출간되었다.

대부분의 학생들이나 레비나스처럼 현상학과 「실존철학」에로 전향했던 소장 철학자들이 그럴 수 있었던 것은 시대적 연관을 상실했고 부르조아적이며 체제의 일부처럼 보였던 불란서 강단철학의 두드러진 결함 때문이었다. 그것은 레비나스가 시사했던 것처럼 아름답게 짜여진 레이스와도 같아 겉으로는 사람을 끌어당기는 매력이 있어 보이지만 헝클어지기 쉽고 실상은 레이스라기보다는 거미집에 가까운 쓸모없는 것이었다.[8] 불란서 철학이란 척결되지 않으면 안 될, 소멸 직전의 관념론을 대변했다. 이에 비하여 현상학은 현실로 되돌아온 중차대한 것처럼 보였다. 「사태 자체로 돌아가라」는 저 유명한 호소는 마치 시대적 연관성에의 호소처럼 보였던 것이다. 그것은 「믿을 수 있는 어떤 것」(레비나스)을 제공해 주었는데, 이는 그것이 지닌 힘인 동시에 취약점이기도 했다. 마르크스주의와 기타 극히 다양한 형태들의 현상학이 공동으로 참여했었고, 외견상으로는 어울리지 않는 동맹관계를 설명해 주는 것도 바로 이러한 反주관주의적 관념론 투쟁이었다. 따라서, 예를 들어 불란서 공산당의 주도적 지식인들 중의 한 사람인 조르쥬 폴리체(Georges Politzer)는 베르그송(Bergson)에 관한 그의 초기 저서 안에서 현상학에 대하여 일정한 공감을 표시하고 있다. 즉 그는 훗설과 베르그송을 체계적으로 대결시키는 가운데 「비록 훗설이 신은 아니라 해도 두 사람을 비교한다는 것이 베르그송에게 득될 것은 없을 것이다. 그러므로 우리는 그(베르그송)가 심리학으로부터 인식론과 형이상학에로 이행하기 위하여 어떤 계책을 사용하고 있는가를 알게 될 것이다」[9]라고 말하고 있다. 현상학에 관

---

8) E. Levinas 와의 대담.

심갗게 된 대부분의 사람들에 있어서(이뿔리뜨가 예외라는 사실은 주
목할 만하다)[10], 베르그송을 탈피한다는 문제는, 그것이 모름지기 관
념론으로부터의 탈피를 나타냈기 때문에도 중요했었다.

　대학의 훈고학에서 현상학으로의 전회는 1931년에 코이레 푸에쉬
(H. Ch. Puech) 및 스페어(Spaier)에 의해 창간된 《철학연구》지에서 구
체화되었는데, 그것은 마지막 호(제 6 호)가 간행된 1936년에 이르기까
지 매년 5백여 페이지를 상회하는 책으로 간행되었다. 그곳에 정기적
으로 기고했거나 그곳에서 저서가 발간되었던 사람들의 명단만 보아
도 그 중요성이 드러난다. 이를테면 앙리 구이에(Henri Gouhier), 가
스통 바슐라르(Gaston Bachelard), 가브리엘 마르셀(Gabriel Marcel),
발, 코제브, 아롱 구르비치(Aron Gurwitsch), 에릭 바일(Eric Weil), 칼
뢰비트(Karl Löwith), 피에르 클로소프스키(Pierre Klossowski), 베르
나르 그뤼튀센(Bernhard Groethuysen), 레비나스, 코이레, 강딜락, 에
티안느 수리오(Etienne Souriau), 조르쥬 바타이(Georges Bataille), 하
이데거, 레이몽 아롱(Raymond Aron) 등이 그렇다. 또한 그것은 사르
트르의 첫번째 저서 《상상(Imagination)》에 대한 서평과 편집중에 관
한 자크 라캉(Jaques Lacan)의 논문, 그리고 쉘러, 하르트만, 그뤼튀
센의 《민주주의의 변증법(Dialektik der Demokratie)》, 에른스트 블로
흐(Ernst Bloch), 야스퍼스 등을 담고 있었다. 특히 그것은 그뤼튀센
의 유력한 논문 〈시대의 단면들(De quelques aspects du temps)〉(제 5
호), 에릭 바일의 〈역사에서 우리가 취하는 관심(De l'intérêt que l'on
prend à l'histoire)〉, 그리고 뢰비트의 〈헤겔을 통한 고전철학의 성과
와 마르크스 및 키에르케고르에 있어서 그 해체(L'Achèvement de la
philosophie classique par Hegel et sa dissolution chez Marx et Kier-
kegaard)〉(제 4 호)를 실었었다.

　《철학연구》지의 현상학적 방향성의 근저에는 헤겔에 대한 관심과
그리고 「실존주의적」 헤겔 해석이 깔려 있었다. 장 발의 헤겔 연구서,
《헤겔 철학에 있어서의 의식의 불행(La Malheur de la conscience dans

---

9) Georges Politzer, 《La Fin d'une parade philosophique: Le Bergsonisme》(Paris,
　 1929. 재판 1968), p. 13.
10) Hyppolite, 〈Du Bergsonisme à l'existentialisme〉 in 《Figures de la pensée
　 philosophique》(Paris, 1971), pp. 443~58 을 보라.

*la philosophie de Hegel)》*은 1929년에 등장하여 사르트르에게 현저한 영향을 미쳤다. 게다가 코이에는 헤겔에 관한 두 편의 주요한 논문을 발간했는데, 즉 《철학평론(*Revue philosophique*)》지의 1931년 헤겔 특집호에 실린 〈헤겔의 언어와 용어에 관한 고찰(*Note sur la langue et la terminologie hégéliennes*)〉과 《역사와 종교철학 평론(*Revue d'histoire et de philosophie religieuses*)》(1934)[11]에 실린 〈예나 시절의 헤겔(*Hegel à Iéna*)〉이 그것이다. 특히 후자는 처음으로 《정신현상학》에 이르기 전의 1803〜6년 시기의 헤겔 텍스트들로부터 발췌·번역한 많은 부분이 들어 있다. 이 저작들의 중요성은 확실히 다른 사람들에 못지 않게 이뽈리뜨에게 컸었다. 그는 훗날 다음과 같이 말한다.

　감히 말하건대, 진정한 의미의 첫 충격은 장 발로부터 받았으며, 또한 《헤겔 철학에 있어서의 의식의 불행》을 읽었던 것은 일종의 계시였다. ……〈예나 시절의 헤겔〉을 읽는 일은 (시간에 관한 텍스트의 번역과 함께) 나에게는 《헤겔 철학에 있어서 의식의 불행》만큼이나 기본적인 것이었다.[12]

「헤겔적인 〈변증법〉은 하나의 현상학이다」는 코이에의 진술이 증거하듯이 헤겔을 「현상학적으로」 해석하는 것은 크게 무리가 아니다. 이 점에 대해 그는 즉각적으로 각주에서 다음을 덧붙인다. 「우리는 지금까지의 분석을 통해, 상당한 오류임에도 불구하고 해석가들이 헤겔적 방법의 기초를 간파하고자 했던 바의 저 유명한 삼각도식——정립·반정립·종합——이 그의 현상학적 노력에 있어 전혀 중요한 역할을 담당하지 못함을 알 수가 있다.」[13]

1930년대 중반의 이 시기에, 초현실주의나 혹은 파시즘의 발흥을 등한시한다는 것은 어려운 일이었다. 초현실주의자들의 존재와 영향은 여전히 막강했다. 브르통(A. Breton)은 헤겔에게서 무엇보다도 가

11) 《*Etudes d'histoire de la pensée philosophique*》(Paris, 1961), pp. 175〜204, 135〜173에 재발간됨.
12) 《*Hegel-Studien*》특별간행물 3 : 《*Hegel-Tage*》(Royaumont, 1964), p. 11, Jean Wahl의 책의 실제 제목을 「La conscience malheureuse」로 바꾼 것은 그것이 Wahl이 의식의 일반적 문제로 본 것을 의식의 특수적 형태로 바꾸어 놓았기 때문에 충분한 해명이 요구된다.
13) Koyré, 《*Etudes*》, p. 164.

장 위대한 놀이로서의 변증법의 거장뿐만 아니라 해방을 위한 강력한 힘을 봄으로써, 특히 헤겔에 관심을 기울였다. 이러한 관심은 가장 중요한 헤겔 텍스트들의 대부분을 불어로 접할 수 없었던 탓에 주로 형식적이기보다는 현실적이었다. 특별히 장 발과 조르쥬 바타이(그는 일정 기간 초현실주의자들과 교제했었다)에게 있어서 초현실주의자들은 중요한 위치를 차지했었다. 이뽈리뜨는 지방에서 교사생활을 하는 동안에 초현실주의의 입장들에 매우 친숙해졌고, 또한 최근에 와 그의 작품들이 재발견되었던 로제르 비트락(Roger Vitrac)을 알았었다.

그 당시, 초현실주의자들은 랭보(Rimbaud)와 마르크스를 접맥시키는 가운데 그들의 문학 활동과 정치적 행동주의를 통합시키려는 과감한 노력을 계속 견지하고 있었다. 「마르크스식의 〈세계의 변혁〉, 랭보식의 〈생의 변화〉——이 두 말은 우리에게는 하나에 다름 아니다.」[14] 이러한 노력은 브르통이 일리야 에랑베르(Ilya Ehrenburg)를 제멋대로 취급했다는 이유로 1935년 6월에 작가동맹에서 축출될 때까지 지속되었다.

히틀러의 독재가 본격화되면서부터 사회적인 문제들에 대한 관심이 철학자들 사이에서 더욱 뚜렷해져 갔다. 그리하여 짧은 기간이지만(1933~4) 하이데거가 나치 당에 참여했던 전력의 문제는 확실히—— 그 이래로 거듭 되풀이되었듯——현상학자들로 하여금 명시적으로 정치적인 문제들뿐만 아니라 심지어는 철학적인 입장들 속에 담겨 있을지도 모를 정치적 함축들까지 취급하도록 강요하는 계기를 마련하는 데 기여했다.[15] 비록 그 관심이 처음부터 잠재되어 있었고 또한 에릭 바일이나 그뤼튀센같이 몇몇 독일계 유태인 피난민들에 의해 강조되었기는 해도 그것은 나치즘을 피해 유입된 피난민들, 특히 발터 벤야민(Walter Benjamin)과 「프랑크푸르트 학파」——아도르노, 헤르

---

14) Maurice Nadeau, 《History of Surrealism》, (New York, 1965), pp. 193~95를 참조하라.
15) 《Les Temps modernes》(1946년 1월)에 실린 Alfred de Towarnick와 Maurice de Gandillac의 제 논문, 그리고 同誌(1947년 7월)에 실린 Alphonse de Waehlens와 Eric Weil의 제 논문을 보라. 또한 《Critique》, nos. 234(1966년 11월), 237 (1967년 2월), 242(1957년 7월) 및 251(1968년 3월)에 실린 Jean-Pierre Faye, François Fedier, 그리고 François Bondy의 제 논문도 보라.

베르트 마르쿠제(Herbert Marcuse), 막스 호르크하이머(Max Hork-
heimer)──가 파리에 등장함으로써 실질적으로 논의되었다.

벤야민은 그 집단의 핵심적인 인물이었는데, 이는 그가 가장 영민
했었고 또한《철학연구》지의 주변 인물들(예를 들어 아도르노를 벤
야민의 「상주 경비견」으로 느낄 정도였다)과 가장 밀접한 관계를 맺
고 있었기 때문이 아니라, 벤야민 자신이 주로 프랑크푸르트 학파의
마르크스주의를《철학연구》지의 많은 성원들──특히 레비나스와 강
딜락──사이에서 공감대를 이루고 있었던 신비주의에 대한 실질적인
관심과 접맥시켰기 때문이다. 벤야민(또한 그 당시 「좌파에」속했던
레이몽 아롱)은 프랑크푸르트 학파의 정기간행물인《사회연구(*Zeitsch-
rift für Sozialforschung*)》지를 위해《철학연구》지의 간행물에 대한
서평을 썼으며, [16] 코이에, 바일, 부그레(C. Bouglé) 그리고 R. 아롱
등《철학연구》지의 정기적인 기고가들은 이따금씩《사회연구》에 글
을 실었다. 비록 지적인 공감대가 미약했었고 심지어는 노골적인 적
대감(예를 들어 아도르노는 발의《키에르케고르 연구 *Etudes Kierkeg-
aardiennes*》를 강력히 공격했었다) [17] 조차 없었던 것이 아니지만, 그
들 두 집단은 동일한 인물들──훗설, 키에르케고르, 헤겔──에 대
하여 (다소 독점적인) 관심을 나누었다.

초현실주의, 프랑크푸르트 학파, 파시즘에 대한 적절한 대응의 문
제──이 모두가 마르크스주의의 문제와, 또한 그것과 더불어 불란서
공산당의 문제를 제기했다. 앙리 르페브르(Henri Lefebvre)가 헤겔로
부터 발췌·번역한 것, 그의《변증법적 유물론(*Dialectical Materialism*)》
(1936), 그리고 특히 노르망 구테르망(Norman Gutermann)과 함께 편
집한 레닌의《헤겔 변증법 노트(*Notebooks on Hegels Dialectic*)》(1935)
는 헤겔 좌파에 관한 오귀스트 코르뉘(August Cornu)의 논문과 더불
어 널리 인정받았다. 레닌이 제1차 세계대전의 와중에서 헤겔을 읽
는 데 6개월을 소비했다는 사실은 그 당시 유포되었던 그에 대한 스
탈린적 이미지를 바꾸어 놓지 않을 수 없었다. 게다가 레닌이 헤겔에
부여했던 명백한 중요성은 스탈린적 이미지와 배치되었을 뿐만 아니

16) Ⅵ(1937), pp. 41 과 173.
17)《*Zeitschrift für Sozialforschung*》, Ⅷ(1939), pp. 232~35.

360

라 많은 비마르크스주의자들의 철학적 선입견들과도 조화를 이루었었다. 널리 알려진 구절 가운데 두 가지만을 인용해 보자. 「헤겔의 《논리학》 전체를 철저히 연구하고 이해하지 않은 상태에서 마르크스의 《자본론》을, 특히 그 제1장을 이해한다는 것은 완전히 불가능에 가까운 일이다. 따라서 반 세기가 흘러가도록 마르크스주의자들 가운데 아무도 마르크스를 이해하지 못했다!」 「현명한 관념론은 우둔한 유물론보다 현명한 유물론에 보다 가깝다. 현명한 관념론 대신에 변증법적 관념론을」[18]

비록 좌파 지식인들 측에는 폴리체, 르페브르, 오귀스트 코르뉘와 같은 몇몇 CP 지식인들에 대한 존경심이 없었던 것은 아니지만 불란서 공산당을 위한 어떤 진지한 발전은 아마도 당 내의(de riqueur)였던, 조야한 형태의 스탈린화된 마르크스주의에 의해 효과적으로 차단되었을 것이다. 현상학자들이 민족주의 및 그 파시즘과의 관계를 공격하는 동안에 폴리체와 같은 주도적인 CP 지식인들은 현상학자들과 「실존철학자들」을 「반계몽주의자들」, 「신비주의자들」, 「반동분자들」(그들 가운데 몇몇 인물은 확실히 여기에 해당되었다)로 매도하는데 열중하고 있었다. 이러한 공격은 불란서 민족주의라는 이름으로, 즉 (추잡한 독일인 les sales Boches의 사유와 반대되는 것으로서) 언제나 「이성」의 사유였던 불란서 사유(la pensée française)라는 이름으로 단행되었다.[19] 하지만 다소 진지한 마르크스주의자에게 있어서, 폴리체가 그랬던 것처럼 데카르트를 훗설이나 혹은 심지어 하이데거의 우위에 올려놓는다는 것은 아무런 의미가 없다. 우리는 단지 폴리체의 몇몇 텍스트들을, 예를 들어 지식인들과 초현실주의자들의 집단인 「반격(Contre-attaque)」의 텍스트들과 비교하기만 해도 알 수가 있다.

1. 우리는 모든 수단을 동원하여 단호한 태세로써 자본주의적 권위와 그 정치적 제도들을 전복시키고자 결정한 모든 사람들에게 어떤 형태를 취하든 민족이나 조국의 사상을 우선시하여 혁명에 지장을 주는 모든 경향에 대해

18) Lenin, 《Complete Works》, XXXVIII, (Moscow, 1963), pp. 180, 276.
19) Georges Politzer, 〈La Philosophie et les mythes〉, in 《Ecrits》(Paris, 1969), Ⅰ, pp. 178~79(초판은 1939년에 간행됨).

　격렬한 적대감을 표시할 것을 선언한다…….

　2. 우리는 그 지도자들이 부르조아적 제도의 틀 내에서 권력을 장악하게
될 것이 확실시되는 인민전선(Popular Front)의 현 강령은 실패하지 않을
수 없다고 말한다. 인민정부의 조직, 공공 안전지도부의 조직은 武裝大衆
의 斷乎한 獨裁를 요구하고 있다.[20]

　이 선언문에는 그 중에서도 특히 브르통, 조르쥬 암브로시노(Geor-
ges Ambrosino), 조르쥬 바타이, 로제 블랭(Roger Blin), 폴 엘루아르
(Paul Eluard), 피에르 클로소프스키, 그리고 벵자맹 페레(Benjamin
Peret)가 서명했다.

　하나의 사조를 구체화하기 위한 방편으로서 잡지류의 저작 형식들
이 중요하기는 해도, 그것은 다소간 지배적인 지적 분위기에 뒤떨어
져 있다. 이러한 분위기를 포착하고 규정하기란 극히 어려운 일이다.
그럼에도 불구하고 그것은 중차대한 일이다. 헤겔과 실존철학에 대
한 가장 중요한 관심의 초점들 가운데 두 가지는 코제브에 의해 행해
진 헤겔의《정신현상학》강의와 가브리엘 마르셀의 집에서 이루어진
사교 모임이었다.

　코제브의 신화적인 강의들은, 그가 전임이 아닌 시간강사에 지나지
않았던 탓으로 소르본느 대학에서 어렵게 이루어졌다. 더우기 러시아
의 亡命者이며「세상에서 가장 강력한 인간」[21] 스탈린의 소비에트 러
시아의 동조자였던 알렉상드르 코제브니코프(Alexandre Kojevnikoff :
코제브의 러시아식 이름)는 본토박이 불란서 대학의 교수들, 예를 들어
그 당시 영향력을 행사하던 레온 브룬츠빅과 같은 인물들에게는 아뭏
든 불편한 존재였을 것이다. 코제브——코제브니코프의 강의에는 그
중에서도 특히 훗날 그 강의록을 발간했던 레이몽 께노(Raymond
Queneau)와 메를로 퐁티, 에릭 바일, 라캉, 레비나스, 코이에 그리
고 사르트르가 참석했었다. 이들은 형식적으로 수업이 파한 후에는
근처의 카페에서 커피나 맥주를 들며 코제브와 토론을 계속했던 집단
의 중심인물들이었다.

---

20) 《La Position politique du surréalisme》(Paris, 1971) 속의 반박.
21) E. Levinas 와의 대담.

코제브의 강의는 주로 《정신현상학》에 대한 번역과 유려한 주석으로 이루어졌다. 그 당시에는 불어 번역판이 없었기 때문에 학생들은 강의 노트와 그 강의중 받았던 인상들에 의존할 수밖에 없었다. 께노의 것과 같이 완벽한 강의 노트의 경우에서조차도 대부분의 학생들은 코제브의 해석을 헤겔의 텍스트와 대조하여 검토하기가 어려운 실정에 놓여 있었다. 이와 같은 제약에도 불구하고 그 강의는 제 2 차 세계대전 후 헤겔에 대한 진지한 관심이 부활하는 데 없어서는 안 될 준비역할을 해냈다. 대체로 코제브가 이뽈리뜨의 번역서 및 주역서의 독서 인구를 창출했다고 말하는 것은 정당하다.

코제브는 여타의 많은 사람들과 당시 헤겔의 「실존주의적」해석으로 간주되었던 것을 공유하고 있었다. 코이에의 중요한 논문들뿐만 아니라 1929 년에 발간된 장 발의 저서도 초기 헤겔, 즉 예나 시절의 헤겔에 역점을 두었다. 대학에서 수용된 입장이 오로지 《논리학》과 《엔치클로패디》(그당시 불란서에서 접할 수 있었던 몇 안 되는 책들 중의 하나)에 치중했었던 데 반해, 현상학과 「실존철학」에 관심가졌던 그들은 《정신현상학》을 《논리학》과 대립된 것으로서 그 우위에 두는 경향이 있었다. 그렇지만 돌이켜보면, 우리는 「실존주의」에 관심가졌던 자들이 불란서에서 지배적인 기존의 헤겔 해석들을 타파하려는 공통된 노력에서보다는 오히려 그들 내부에서 보여지는 현격한 차이들로 인해 더욱 놀라움을 갖는다. 하나의 극으로서 코제브의 헤겔은 절대자를 배제한다(혹은 절대자를 인간과 동격시한다). 그의 해석은 주인-노예 변증법에 대한 미학적, 인간학적 해석을 그 중심으로 강조하고 있다. 나는 뒤에 가서 상이한 해석들의 문제로 되돌아갈 것이다. 여기서는 당분간 코제브가 마르크스적 경향을 띤 뚜렷한 극을 대변한다고 말할 수 있는 것으로 충분하다.

해석의 상반된 극, 즉 헤겔의 종교나 혹은 적어도 그의 철학이 도달한 절대자를 강조하는 자들은 언제나 헤겔을 마르크스와는 반대로 사용하는 경향을 띠었다. 이 견해는 「의식의 불행(le malheur de la conscience)」을 헤겔 해석의 관건으로 본 장 발이나 공식적인 헤겔 대회(Hegel Congresses)에 참여한 예수회의 신부들(가스통 훼사르 Gaston Fessard 와 앙드레 레니에 André Régnier 등), 그리고 다수의 신비주의자들 등 여러 부류의 사람들에 의해 옹호되었다. 어쨌든 초창기에 많은 현상학자들과 「실존주의 철학자들」이 전개시켰던 것은 바로 이런 방향에서였는데, 그것은 좌파로부터 그들에게 가해진 갖가지 공격의 빌미가 되기도 했다.

그 당시 「신비적인」(종교적이라고까지는 할 수 없어도) 극은 가브리엘 마르셀의 집에서 가진 저녁 모임(soirées)으로 대변되었다. 이들은 그들이 사르트르나 그뤼튀센과 같은 무신론자들과 마르셀과 같은 명백한 종교인, 심지어는 자크 마리탱(Jacques Maritain)과 같은 신 토마스주의자들을 한 자리에 모았고 또한 그들 양극 사이에서 다소 복잡한 입장들을 차지하고 있었던 바타이, 블라드미르 양끌레비치(Vladmir Jankélévitch), 클로소프스키, 밍코프스키(Minkowski)와 같은 저술가들에 의해 중재되었다는 점에서 기묘한 혼합체였었다.

이러한 역사적 자료들을 징후인으로 간주함으로써 우리는 전쟁이 끝나기 바로 직전 1944년 3월에 열렸던 이상한 토론회가 이러한 모임들이 지적인 정점에 도달했음을 나타낸다고 말할 수 있다. [22] 토론의 주제는 조르쥬 바타이가 기독교도와 비기독교도가 뒤섞인 청중들 앞에서 행하고자 했던 「죄(le péché)」에 관한 강연이었다. 참석자들 가운데는 기독교측 인사로 가브리엘 마르셀, 마르셀 모레(Marcel Moré), 장 다니엘르(Jean Daniélou), 도미니꼬 뒤발레(Dominique Dubarle), 그리고 오귀스탱 메이듀(Augustin Maydieu)가 있었으며, 비기독교측 인사로는 사르트르, 메를로 퐁티, 모리스 블랑쇼(Maurice Blanchot), 강딜락, 이쁠리뜨, 클로소프스키, 미셸 레리(Michel Leiris), 그리고 장 폴랑(Jean Paulhan)이 있었다. 바타이는 「죄」를 역설적이게도 부정성, 몰락, 「無(le néant)」의 모색으로 간주하는 동시에 긍정적으로는 필연적이며 해방적인 것, 최고의 도덕이 기초해 있는 추동력으로 간주했다. [23] 바타이는 죄라는 말이 함축하고 있는 여러 가지 다른 의미들을 교묘히 이용했다. 왜냐하면 그는 기독교도도 아니고 완전한 무신론자도 아닌 입장을 견지하고자 했기——그리고 이쁠리뜨

---

22) 《Dieu vivant》, no. 4 (1945), pp. 83~133에 실림.
23) Bataille의 텍스트는 그의 《Sur Nietzsche》(Paris, 1967)의 보록으로 재발간되었다.

가 토론회에서 지적했던 것처럼 견지할 필요가 있었기——때문이다.
이뽈리뜨와 사르트르는 합세해서 바타이에 대해 비판을 가했다(바타
이도 나중에 이 비판에 동의한다고 말했다). 그들은 다양한 의미들의
이용이 아니라 바타이의 어휘 선택에 있어서의 애매성과, 그리고 그
의「비기독교적 신비주의」를 간파했다. 사르트르는 그 문제를 다음과
같이 정식화했다. 즉「우리는 충만하여 우리가 모색하는 것은 無이거
나, 또는 우리는 공허하여(vides) 우리가 모색하는 것은 존재이거나
이다.」바타이는 첫번째 입장을 취했고 사르트르와 이뽈리뜨는 두번
째 입장을 취했다. 그런데 후자는 죄를 초월을 향한 노력이나, 혹은
바타이가 애매하게 말하는 것처럼 타자(l'Autre)나 의사소통을 향한
노력으로서가 아니라 단순히 부정으로 본다. 바타이는 절대자 안에서
궁극적인 결사에 관심가졌던 반면, 사르트르와 이뽈리뜨는 현실적 조
건들의 부정성에 대한 현상학적 분석에 관심을 기울였다. 따라서「불
행한 의식」과 또 그것을 통한 절대자 안에서의 궁극적인 (비록 인간적
으로는 불가능할지언정) 화해를 강조하는 바타이의 헤겔적인 죄의 해
석은 코제브나, 혹은 어느 정도 다른 방식에서 사르트르나 이뽈리뜨
에 상반된 극을 이루는 것이다.

이뽈리뜨의 헤겔《정신현상학》의 번역판이 발간되고 제 2 차 세계대
전이 발발하기까지에 이르는 기간을 돌이켜보면, 수많은 사상가들이
진지한 철학적 뿌리들에로——그것들이 독일의 현상학자들 속에서 등
장했건 또는 그 밖에서 등장했건——복귀를 시도함으로써 불란서 대
학의 무기력 현상과 불란서인의 지적 삶을 지배했던 쇼비니즘에 반
발했던 것은 분명하다. 그들은 다소 어렴풋하기는 해도 훗설이《유럽
학문의 위기(Crisis of European Sciences)》속에서 표출한「위기」감
을 나누고 있었다. 한편으로 정치적 사건들이 그들을 좌파에로 그리
하여 마르크스주의에로 내몰았지만, 다른 한편으로 그들은 불란서 CP
의 편협한 애국심의 쇼비니즘에 의해 배척당했다.

따라서 그들이 모든 부르조아 철학자들 중에서도 가장 위대한 불란
서 혁명의 철학자, 즉 게오르그 빌헬름 프리드리히 헤겔(Georg Wil-
helm Friedrich Hegel)을 부여잡게 되었다는 것은 자연스럽고도 불가
피한 현상이었다.

이 시기의 지적인 격동(혼란이라고까지 할 수는 없어도)의 와중에
서, 장 이뽈리뜨는 여타의 주요 집단들의 입장과는 구별되면서도 동
시에 전형적인 입장을 차지했다. 《르 몽드(Le Monde)》지에 실린 그
의 사망 기사가 지적했듯, 그는 「우리 시대의 양심(la conscience de
notre temps)」의 역할을 해냈다. [24]

1907 년에 태어난 이뽈리뜨는 수학과 철학에 그의 능력을 결집시킴
으로써 에콜 노르말 고등사범학교에 무사히 입학할 수 있었다. [25] 비
록 그 역시 다른 많은 학생들과 마찬가지로 시험준비반(khâgne)에
있었을 당시 알랭의 헤겔 강의를 들었을지라도 그가 헤겔에 진지한
관심을 기울이게 되었던 것은 1929 년에 에콜 노르말을 떠나면서부터
였다. 이뽈리뜨가 당시 모든 사람이 선망하는 불란서 대학으로 진출
할 수 있는 지름길이었던 지방의 국립고등중학교(lycées)에서 교사생
활을 시작했을 때, 그는 1929 년 리모쥬(Limoges)에서 헤겔을 진지하
게 읽기 시작했다.

하지만 당시에는 특별히 《정신현상학》은 말할 것도 없고 헤겔의 번
역판이 거의 전무한 실정이었으며, 게다가 이뽈리뜨 자신도 독일어를
몰랐었다. 그러므로 그는 《정신현상학》을 독일어 원전으로 읽어 가면
서 독일어를 독학하기 시작했던 것이다! 그는 군복무에 종사하던 「여
분의 기간」(1930~1) 중에, 그리고 사실상 향후 6 년에 걸쳐 부단히 독
일어 원전과 씨름했다.

1930 년대 말엽, 이뽈리뜨는 파리 국립고등중학교에 부임하는 행
운을 얻었다. 파리에서 그는 스스로 고백했던 것처럼 「영향받지 않을
까 우려해서」 코제브의 강의에 참석하는 것을 신중하게 피했다. [26] 그
자신이 나중에 두 가지 자극제로서 언급했던 장 발과 코이에의 논문
들에 고무되어 1936 년경 이뽈리뜨는 출판업자와의 계약이나 그 보장
이 전혀 없는 상태였음에도 《정신현상학》을 번역하기로 마음 먹었다.
그는 혼자 헤겔을 읽으면서 독일어를 습득했다. 그는 그의 번역을, 즉

---

24) 《Le Monde》, 1968 년 10 월 31 일.
25) 이것과 그리고 대부분의 다른 전기적 정보를 나는 Hyppolite 부인의 관대와 온정
에 힘입었다. Hyppoloite 는 당시 철학의 필수 과목이었던 희랍어를 택하지 않고,
그것을 수학으로 대체했다.
26) Hyppolite 의 부인.

고립 무원의 상태에서의 「다년간에 걸친 연구(travail de Bénédictin)」[27]
를 시작했다.

이뽈리뜨는 모리스 드 강딜락과 같이 독일어에 능숙했던 친구들과
용어를 의논하면서 급속도로 작업을 진행시켜 나갔다. 그리하여 1 권
은 제 2 차 세계대전이 발발했던 1939 년에 간행되었고, 2 권은 1941
년에 간행되었다. 1941 년에 들어서면서 이뽈리뜨는 파리의 앙리 4
세 및 루아르-르-그랑 국립고등중학교에서 시험준비반을 가르쳤다.
전쟁 기간과 나치 점령 기간 중, 그는 시험준비반에 있는 그의 학생
들과 더불어 뒤에 「헤겔 정신현상학의 생성과 구조」라는 제목으로 발
간되었던 《정신현상학》에 관한 그의 주석서를 다듬었다. 그의 反파쇼
적 헤겔 해석과, 그리고 헤겔에 있어서 「우리가 보편자를 추구하는 한
우리는 모두가 유태인이다」와 같은 언명들은 많은 학생들에게 감명을
주었다. 전쟁이 끝난 직후 이뽈리뜨는 슈트라스부르그(Strasbourg)
대학에 취임했다. 1949 년에 그는 소르본느 대학의 교수로 임명되었
으며, 여기서 에콜 노르말 고등사범학교의 교장이 되었던 1954 년에
이르기까지 강의를 계속했다. 그는 10 여 년 동안 에콜 노르말의 교
장직을 지키다가, 1963 년에는 콜레쥬 드 프랑스(Collège de France)
의 교수로 자리를 옮겼다.

이뽈리뜨의 직접적인 영향은 선생으로서의 그의 역할 못지 않게 《정
신현상학》의 불역판이나 혹은 그 책에 관한 그의 주석서의 발간에서
비롯되었다. 부단히 변전하는 불란서 지식인 스타 군단의 현재 서열
속에 들어 있는 가장 유명한 인물들 가운데 몇몇은 한두 가지 면에서
이뽈리뜨의 제자들이었다. 그러니까 미셸 푸코(Michel Foucault)와 질
들뢰즈(Gilles Deleuze)는 시험준비반에서 이뽈리뜨의 수업을 통해 헤
겔에 접했고, 자크 데리다(Jacques Derrida)는 에꼴 노르말에서 이뽈
리뜨 밑에서 연구했다.

이뽈리뜨의 주요 작품들——번역서, 주석서 및 《논리와 실존(*Logique
et existence*)》——은 헤겔에 대한 관심의 정점과 일치했다. 이뽈리뜨,
코제브, H. 니엘, E. 바일 등의 주요한 헤겔 연구서들은 대부분 1945
년부터 1950 년까지 이르는 기간에 쓰여졌거나 발간되었다. 이뽈리뜨

27) Hyppolite 재산의 문서관리자인 Dina Dreyfus 부인과의 1972 년 5 월 19 일의 대담.

의 《논리와 실존》(1953)과 《마르크스와 헤겔 연구(*Studies on Marx and Hegel*)》(1955)는 모두 이 기간의 연속성을 나타내 준다. 후자의 경우에 모든 논문들은 1952년 이전에 쓰여졌다. 따라서 이 당시는 헤겔에 대한 관심의 집중적인 분출기였다고 말하는 것이 정확할 것 같다. 더우기 1950년경 이후부터는 분위기에 있어 하나의 명백한 변화가 일어났었다. 즉 1949년 9월과 1950년 10월 사이에 있었던 《비판》지 발간의 일시적인 중단 현상에 수반해서, 헤겔 연구로 이어지던 파도의 위세도 한풀 꺾였던 것이다. 1950년경 이후에는 《현대》지 역시 직접적인 의미에서의 철학적 주제들에 대해 완전히 등을 돌렸다. 게다가 다음 세대라고 할 부류들에 의한 최초의 논문들이 《현대》지와 《비판》지에 등장하기 시작한 것은 1950년대의 첫번째 해였다. 이를테면 클로드 레비·스트로스(Claude Lévi-Strauss), 조르쥬 풀레(Georges Poulet), 장 스타로뱅(Jean Starobinsk) 외에도 알랭 로브·그리에(Alain Robbe-Grillet)와 미셸 뷔토(Michel Butor)의 소설들이 그것이다. 롤랑 바르트(Roland Barthes)의 《습작 온도 제로(*Writing Degree Zero*)》는 1953년에 등장했다. 이뽈리뜨가 에꼴 노르말로 갔을 때쯤 해서는 헤겔 연구의 첫번째 파도도 끝났다. 이것은 헤겔에 대한 관심이 사라졌다고 말하는 것이 아니다. ——왜냐하면 에꼴 노르말에서 이뽈리뜨는 다음 세대와 접촉했기 때문이다——오히려 그것은 앞으로 살펴보게 될 것이지만 다른 형태를 띠고 1960년대에 재등장했다고 말하는 것일 뿐이다.

그러면 헤겔에 대한 관심이 정점에 달했던 제2차 세계대전의 종식과 한국 전쟁의 발발 혹은 다소 그 이후 사이에 있어서 해석의 추된 노선은 무엇이었는가?

첫번째로 강조되어야 할 것은 관심들의 폭넓은 범위이다. 우리는 이미 전후의 비등을 위한 길을 준비했던 30년대의 저변을 흐르는 관심을 지적한 바 있다. 《정신현상학》에 대한 코이에의 논평(앞의 pp. 31~2)은 그 전형적인 예이다. 사르트르가 그의 존재론을 전개하는 과정에서 헤겔에 진 빚은 이 자리에서 더 설명하는 것이 불필요할 만큼 충분히 논급되었다. 마지막으로 설령 훗설이 헤겔에 관해 전혀 무지했다고 치부된다 해도, 그것은 하이데거에게는 해당되지 않을 것이다. 그는《존재와 시간》의 말미에서 중요한(다소 애매하기는 하지만) 부분을 시간과 정신(Geist)(§ 82)의 관계에 대한 헤겔의 견해를 밝히는 데 할애했다. 그 외에도 하이데거의 헤겔에 관한 주요 논문인 〈헤겔의 경험 개념(Hegels Begriff der Erfahrung)〉도 다소 시간적으로 나중에 이루어지기는 했지만 그에 못지 않게 중요한 것이다.

전쟁이 끝나자, 현저히 상이한 입장들을 견지했던 지식인들간에 하나의 합의가 있었다. 코제브는 우리가 이 논문의 첫머리에서 인용했던 구절을 다음과 같이 계속하고 있다. 「실제로 세계의 미래와, 그리하여 현재의 의미 및 과거의 그것은, 궁극적으로 분석해 본다면 헤겔의 저술들이 오늘날 어떻게 해석되는가의 방식에 달렸다는 것이 가능할 법하다.」[28] 전쟁이 끝난 직후에, 《비판》지의 창간인이며 배후의 추진 인물이었던 조르쥬 바타이는 다음과 같이 적었다. 「엄밀한 의미의 계급투쟁에 있어서 역사에 대한 경제적 해석은 이미 헤겔 속에 나타나 있다.」[29] 또한 마르크스와 키에르케고르를 화해시키려는 시도의 일환에서 바타이는 말한다.

사유에 대한 생의 우위는 다음의 두 가지 형태를 취한다. 즉 마르크스는 필요의 우위를 인정한다. 그런데 필요의 충족을 넘어서 있는 욕구의 우위는 키에르케고르의 입장 속에 나타나 있다. 나는 먼저 (필요의 우위처럼, 그것이 경제적인 소여들로 환원될 수 있음을 보여 주기 앞서) 욕구의 우위에 관해 말하겠다.[30]

공산주의를 「미래의 종교」와 동일시하고자 한――또 그런 근거에서 그것을 「진보적인 것」으로 간주한――브리스 파랭(Brice Parain)은 전혀 다른 분위기에서 「마르크스는 좌파 헤겔주의자일 뿐이다」고 결론 짓는다.[31] 《현대》지에서 메를로 퐁티는 이뽈리뜨의 강의를 요약하면서(이뽈리뜨보다는 메를로 퐁티에 더욱 가까운 요약) 다음과 같이 적었다. 「헤겔은 지난 세기에 있어 철학에서 위대한 모든 것의 발원지

28) Kojève, 〈Hegel, Marx et le christianisme〉, pp. 339~66.
29) 〈De l'existentialisme au primat de l'économie〉, 《Critique》, no. 21(1948년 2월), p. 139.
30) Ibid., no. 19(1947년 12월), p. 517.
31) Brice Parain, 〈Critique de la dialectique matérialiste〉, 《Dieu vivant》, no. 5 (1946), p. 11.

이다.」[32] 마지막으로 코이에는 1961년에 이 시기를 회고하면서 헤
겔 연구가 르네상스를 맞이한 수많은 이유 가운데서는 「소비에트 러
시아가 세계적인 강국으로 등장한 것과 공산군 및 이데올로기가 승리
한 것이 최후의, 그러나 결코 적지 않은 이유였다. ……헤겔은 마르
크스를 낳고 마르크스는 레닌을 낳고 레닌은 스탈린을 낳았다」[33]고 결
론지었다.

전통적으로 좌파 헤겔주의자의 입장으로 명명되어 왔던 것에는 공
통적인 일치가 있었던 것 같다. 그러나 이러한 통일은 주로 부정적인
것이었다. 다시 말해서 그것은 관념론과 反공산주의 모두에 반대하
는 통일이었다. 어떤 이유에서건 「좌파」와는 거리가 먼 에릭 바일 조
차 《비판》지에다 反공산주의 교과서 및 팜플렛에 치명적인 타격을 주
는 여러 편의 논문을 실었다.

전후의 시기의 주요한 지적 특성으로는, 이를테면 「무신론적」 실존
주의와 「종교적」 실존주의의 대변자로서 사르트르와 가브리엘 마르셀
의 차이를 지적하는 소리가 따로 없는 것은 아닐지라도 실존주의가 대
세를 이룬다는 것이 일반적으로 받아들여지고 있다. 이와 같은 특징
묘사는, 또한 예를 들어 이뽈리뜨의 실존주의에의 「유착」을 포함한
헤겔 연구에도 드물지 않게 적용된다. 그렇지만 세밀히 검토해 본다면
이러한 특징 묘사는 설득력이 없다. 적어도 관념론과 反공산주의에
반대하는 나약한 부정적 통일에 못지 않게 헤겔 해석상의 차이도 중
요하다. 여기서 세 가지 주요한 해석의 경향을 나누어 볼 수가 있을
것이다.

첫째로, 헤겔을 절대적인 것, 신비적인 것, 종교적인 것에 관한 철
학자로 강조하는 자들이 있는데, 전통적으로 「우파 헤겔주의자들」이
그렇다. 그의 개인적인 태도에 비추어 본다면 다소 놀랍기는 해도 장
발의 《헤겔 철학에 있어서의 의식의 불행》은 청년 헤겔의 텍스트들을
소개·강조함으로써 이러한 입장을 다시금 활성화시켰다. 발의 책은
헤겔에 대한 관심을 재삼 새롭게 하는 데 있어 극히 중요한 위치를 차
지했다. 그러나 그것이 그렇게 했던 것은 근본적으로 종교적인 맥락

---

32) 《Les Temps modernes》(1946년 4월), p. 1311.
33) Koyré, 《Etudes》, p. 228.

안에서였다. 발의 「실존주의적」 해석은 헤겔로부터 키에르케고르로 가는 것이다. 게다가 《헤겔 철학에 있어서의 의식의 불행》 이후에 나온 발의 다음 책은 《키에르케고르 연구》였다.

따라서 발에 있어 「분리, 죄, 고통이라는 주제는……서서히 화해와 행복이라는 주제로 바뀌어졌다. 」[34] 그리고 만일 헤겔이 전통적인 기독교를 넘어선다면, 그것은 새로운 인간의 종교——그러나 「기독교적 화해의 깊은 뜻이 희랍적 상상력의 아름다움(美)과 화해하게 될」[35] 바로 그런 종교——를 지향할 것이다. 마지막으로 발은 불행한 의식과 「부정적인 것의 거대한 위력」을, 그것들이 효과적으로 중화되도록 제시하고 있다.

> 따라서 그(헤겔)에게 있어 부정적인 것이란 절대적으로 긍정적인 어떤 것이다……영혼의 고통만이 정신을 증거하지는 않는다. 그것만이 신의 현현에 대한 믿음을 통해 이루어진 긍정은 아니다. ……불행한 의식만이 행복한 의식 속에서 그 위치를 발견하는 것은 아니다. ……오히려 그 이상으로 우리는 불행한 의식이 행복한 의식의 어두운 이미지에 지나지 않는다고 말할 수 있다. [36]

그리하여 종교적 해석들은 보다 명시적으로 발의 책 속에서 지지를 얻을 수 있었다. 엠마누엘 무니에(Emmanuel Mounier)와 《정신(Esprit)》지를 중심으로, 전후 《살아있는 神(Dieu vivant)》지를 중심으로, 그리고 물론 예수회를 중심으로 헤겔을 종교 안으로 거두어들이고자 한 많은 노력들이 있었다. 1945년에 발간된 앙리 니엘의 《헤겔 철학에 있어서의 매개에 관하여(De la médiation dans la philosophie de Hegel)》는 아마도 가장 중요한 저서들 가운데 하나로 꼽힐 수 있을 것이다. 비슷한 계열의 논문들이 《살아있는 신》지에 게재되었다. 모리스 드 강딜락은 코제브에 관한 그의 서평 속에서 「그 자신이 기독교로 간주했던 것을 넘어서고자 한 (헤겔의) 노력은 기독교들 자신에게 풍부함을 제공해 주었거나, 혹은 적어도 그들의 전통에 대한 귀중

---

34) Jean Wahl, 《La Malheur de la conscience dans la philosophie de Hegel》(Paris, 1929), p. 29.
35) Ibid., p. 149.
36) Ibid., pp. 147~48.

한 차각(prise de conscience)을 제공해 주었다」[37]고 결론지었다. 이러한 계열의 추리는 브리스 파랭에 의해《살아있는 신》지에 게재된 논문 〈유물변증법 비판(Critique de la dialectique matérialiste)〉에서 그 논리적 결론에까지 수행되었다. 파랭은, 종합에서 정점에 이르는 체계라면 참으로 어떠한 체계이든 근본적으로 종교적이라는 것과, 또한 종합은 절대적이기 때문에 실제로 신에 대한 은유라는 것을 (올바르게) 논구한다.[38] 그러나 마르크스주의를 전통적인 형이상학적 의미에서의 「체계」로 오해했기 때문에 파랭은 「마르크스는 좌파 헤겔주의자이다」는 의외의 명제로 결론짓고 있다.

둘째로, 인간학적이고 무신론적이며 심지어는 마르크스로 인도하는 유물론적 헤겔을 강조했던 자들은 주로《정신현상학》에 그들 자신을 근거짓고——그리하여 다시금 이뽈리뜨의 번역판의 중요성을 보여주고——있었다. 따라서 메를로 퐁티는 이뽈리뜨에 관하여 다소 경향성을 띤 요약을 하고 있다. 「1827년의 헤겔이 관념론으로 비난될 수 있을지언정, 우리는 1807년의 헤겔에 대해서도 동일하게 말할 수는 없다.」[39] 이 부류의 사람들 가운데는 물론 누구보다도 먼저 헤겔의 무신론을 집요하게 주장했던 코제브가 있었다. 「사실상 신학은 언제나 무의식적인 인간학이었다. 다시 말해서, 인간은 깨닫지 못하는 사이 그가 스스로에 관해 지녔던 관념을 피안에 투사했던 것이다.」[40]

만일 장 발이 의식의 불행을 헤겔 해석의 중심으로 만들었다면, 마찬가지로 코제브는 주인-노예 변증법에 특권을 부여했다. 코제브의 강의는 헤겔로부터 이용될 수 있는 것은 취하고 그 나머지는 극소화하는 등 솔직이 편파적이었다. 따라서 코제브는 체계의 종착점, 즉 절대知를 신학으로보다는 인간학으로 해석한다. 「기독교적 신 개념의 유일무이한 실재성은 이 철학에 있어서는 자연의 한계 내에서 그 역사적 진화의 총체성 속에서 취해진 인류이다.」[41] 또는 다시금 주인-노예 관계와 관련해서(그리고 이와 같은 인용들은 얼마든지 댈 수가

37) 〈Ambiguité hégélienne〉,《Dieu vivant》, no. 11(1948), p. 144.
38) Brice Parain, 〈Critique de la dialectique matérialiste〉, pp. 98, 11.
39)《Les Temps modernes》(1946년 4월), pp. 1312~13.
40) Kojève, 〈Hegel, Marx et la christianisme〉, p. 345.
41) Ibid., p. 340.

372

있다),

완전하고 절대적으로 자유로운 인간이란……자신의 예속을 「극복한」 노예
일 것이다. 나태한 주인이 막다른 골목이라면, 이와는 대조적으로 근면한
노예는 모든 인간적・사회적・역사적 발전의 원천이다. 역사는 노동하는 노
예의 역사이다……자연적으로 소여된 가공되지 않은 세계 속에서, 노예는
주인의 노예이다. 그러나 자신의 노동에 의해 변혁된 기술세계 속에서, 노
예는 절대적 주인으로서 군림하거나——혹은 적어도 언젠가 군림하게 될 것
이다. 그리고 노동으로부터, 즉 소여된 세계와 이 세계 속에 소여된 인간의
진보적인 변혁으로부터 유래한 이러한 지배는 주인의 「직접적인」(무매개적
인) 지배와는 전적으로 다를 것이다. 따라서 미래와 역사는 호전적인 주인에
게 속하는 것이 아니라……노동하는 노예에 속한다. ……만일 호전적인 주
인을 대신하여 노예에게 육화된 죽음에 대한 공포가 역사적 진보의 필요조건
(sine qua non)이라면, 오로지 노예의 노동만이 그것을 실현시키고 또 완
성시킬 것이다. [42]

마지막으로, 대부분 지적인 분위기 안에서 존속했었으며 그 흔적도
거의 남기지 않았던 세번째 주요 경향은 현상학적 마르크스주의(phe-
nomenologico-Marxism)로 명명될 수 있을 것이다. 비록 이것이 이탈
리아에서는 여전히 중요한 경향으로 남아 있고 또한 현재로는 미국에
서《목적(Telos)》이라는 잡지로 대변된다고 할지라도 불란서에 있어
주요한 저작은 단연코 트란 둑 타오(Tran Duc Thao)의 《현상학과 변
증법적 유물론(Phénoménologie et matérialisme dialectique)》이다. 타
오는 그의 서문에서 단언적으로 말한다. 「마르크스주의는 현상학 자
체에 의해 제기된 문제들에 대하여 생각할 수 있는 유일한 해결책으
로 우리에게 부과되었다.」 또는 다시금——많은 사람들이 동의했을
법한 말——「현상학의 중요한 장점은 관념론의 지평 그 자체 안에서
형식주의를 결정적으로 해체시켰고 가치의 문제들을 구체성의 장 속
에 정립하려고 했다는 사실에 있다.」[43]

----
42) A. Kojève, 《Introduction to the Reading of Hegel》, ed. Allan Bloom, trans.
   James H. Nichols, Jr. (New York; Basic Books, 1969), pp. 20, 23. Kojève 의 주
   석의 이 부분은 《Mesures》, no. I (1939 년 1 월)에도 실렸다.
43) Tran Duc Thao, 《Phénoménologie et matérialisme dialectique》, reprint ed.
   (Paris, 1971), pp. 5, 19.

장 프랑소아 리오타르(Jean-François Lyotard)는 현상학과 마르크스주의의 관계를 다음과 같이 규정하고자 했다.

(현상학의) 비역사주의, 그의 직관주의, 그의 근본적이고자 하는 의도, 그의 현상주의 등은 수많은 이데올로기적 요인들이어서 필연적으로 위기의 실재적인 의미를 은폐시키고 불가피한 결론의 유도를 회피시키지 않을 수 없다. 관념론자도 유물론자도 아닌 (훗설이 말했듯이 「객관주의자」도 「심리학적」도 아닌) 「제3의 길」은 이와 같은 애매한 상황의 반영이다. 「애매성의 철학」은 그 나름의 방식에서 철학의 애매성을 부르조아 역사의 이와 같은 상태로 번역하고 있다. 그런데 이것은 지식인들이 이러한 애매성을 존속시키고 있는 한, 그리고 이러한 철학이 그의 실재적인 의미를 은폐시킨 채 그의 이데올로기적 기능을 만족스럽게 수행하고 있는 한, 왜 그들이 그 철학을 확실한 지식으로 인정하는가에 대한 이유이다. 따라서 이 두 철학간에는 어떠한 화해도 진지하게 시도될 수 없다는 것이 명백하다.[44]

확실히 우리는 사르트르와 메를로 퐁티의 저서들 가운데 많은 부분이 (결코 직접으로 헤겔을 원용하지는 않았어도) 훗설과 하이데거로부터 곧바로 마르크스에로 가고자 했던 이와 같은 경향에 의해 형성되었다고 보지 않을 수 없다. 사르트르나 메를로 퐁티 누구도 우리가 관심 가졌던 대부분의 사람들이 했던 식으로 헤겔에 대한 직접적인 주석서들을 쓰지는 않았지만, 그럼에도 불구하고 그들의 저서들은 헤겔이라는 존재에 의해 영향받았다. 사르트르의 분석의 많은 부분들이 헤겔을 전제하고 있다는 것은 주지하는 바이다. 만일 우리가 헤겔에 대한 사르트르와 메를로 퐁티의 관계 문제를 제쳐놓는다 하면, 그것은 이 문제가 지나치게 장황한 설명을 요구할 뿐만 아니라 극히 자주 다루어졌다는 데도 그 원인이 있다.

이뽈리뜨는《정신현상학》에 관해 언급하는 가운데 헤겔에 대한 현상학적 마르크스주의자들의 태도를 정확히 그려 내고 있다. 그는 다음과 같이 말한다. 「물론 그 책(정신현상학)이 실존을 거세해 버리는 듯한 절대知와 더불어 끝을 맺고 있는 것은 사실이다. 하지만 그것은 구체적인 세부 과정들 및 의식의 여정의 복잡성 때문에도 고려해 볼

44) Jean-François Lyotard,《La Phénoménologie》, pp. 114~15.

가치가 있다.」[45]

헤겔과 마르크스의 관계에, 즉 헤겔이 마르크스에 이르는 방식에 역점을 두었던 헤겔 해석가들은 하나의 딜레마에 봉착했다. 만일 헤겔이 마르크스에 이르는 징검돌이라면, 왜 그들 자신을 헤겔에 국한시키며 왜 마르크스주의자가 되지 않는가? 코제브나 이뽈리뜨와 같은 사람들은 궁극적으로는 마르크스주의자가 되기를 거부했다. 반면 사르트르와 같은 사람들은 명목상으로는 마르크스주의자임을 자처했다. 또한 극소수에 불과하지만 루이 알튀세(Louis Althusser)나 트란 둑 타오와 같은 사람들은 공산당에 직접 참여했다.

전쟁 직후의 시기에 있어서 철학(특히 헤겔)과 마르크스주의의 관계를 고려할 경우에는 스탈린주의의 문제를 염두에 두지 않으면 안된다. 스탈린의 러시아는 전쟁을 통해 상당한 군사적 내지 정치적 명성을 획득했으며, 불란서의 CP는 레지스탕스라는 월계관을 썼다. 스탈린의 서방세계와의 협상과 불란서 CP의 기회주의(레지스탕스의 무장을 해체시키고 부르조아 국가를 재건하는 과정에서 그들이 보여준 적극성, 드골 정부 내에서 그들이 취한 행태)에도 불구하고 스탈린주의자들은 강력한 정치적 세력으로 보여졌다. 다른 한편, 스탈린주의의 문제는 아르투르 퀘스틀러(Arthur Koestler)의 통렬한 反공산주의적 비방, 냉전의 개시, 그리고 메를로 퐁티가 《현대》지에 실린 그의 논문——그것은 1947년에 《휴머니즘과 테러(Humanism and Terror)》로 발간되었다——속에서 모스크바의 시도를 변호한 행위 등으로 첨예하게 부각되었다. 메를로 퐁티의 논문은 언제나 자유주의자들을 곤경에 빠뜨렸던 정치권력의 문제를 정치적 관점뿐만 아니라 철학적 관점으로부터도 제기하고자 한 시도였었다. 정치적인 영역 안에서는 드골이 CP를 1947년에 정부로부터 성공적으로 축출할 수 있었는데, 이는 CP의 정책들이 드골로 하여금 그렇게 하도록 허용 내지 심지어 북돋아주었기 때문이었다.

우리는 스탈린주의적 러시아의 구체적인 실행들로부터 그들 자신을 분리시키지 않을 수 없다고 느꼈던 친마르크스주의자의 논문들을 거듭 발견한다. 《비판》지에 실린 메를로 퐁티의 《휴머니즘과 테러》에 대

45) 《Figures de la pensée philosophique》, p. 264.

한 롤랑 카이르와(Roland Caillois)의 서평은 그 좋은 예이다. 불란서 CP 의 영향을 논급하면서 그는 다음과 같이 말한다. 「프롤레타리아의 의식은 어떻게 변모되었는가? 그것은 자신의 숙제를 하면서도 더 이상 이해하려고 노력하지 않는 어린 학생의 의식이 되고 말았다.」[46] 그는 계속해서 말한다.

물론 자본주의 세계에 대한 비판은 여전히 타당하다. 그리고 마르크스주의를 개인주의적이며 자유주의적인 유심론의 이름으로 비판하는 여하한 「휴머니즘」도 프롤레타리아적 휴머니즘에 접근해 있다. 하지만 그것은 마르크스주의를 미래의 과학으로 보지 않고, 또 역사의 종말이라는 이름으로 어떤 것도 정당화하지 않는다는 조건에서만 그렇다.[47]

비슷한 인용문들은 얼마든지 제시할 수 있다.

스탈린적 관료제로 인해 마르크스주의가 덮어 썼던 건강부회는 극히 명백한 것이었다. CP 에 잔류하기 위해 계속적으로 투쟁하고 있었던 앙리 르페브르와 나치에 총살 당하기 전의 조르쥬 폴리체의 경우가 그 좋은 예이다. 마르크스주의는 하나의 신학이 되어 버렸다는 거듭된 비판은, 비난을 가했던 자들에게는 자구책의 일환이었을지언정 「일국 사회주의」의 이론과 실천 안에서 매우 충분한 근거를 확보하고 있다. 「사회주의는 러시아에서 결정적으로 확립되었다」고 1936 년에 행한 스탈린의 무비판적인 단언, 「사회주의적 리얼리즘」을 향한 태도, 노동자 계급의 당은 「필연적인」 역사적 힘을 「구현했기」 때문에 오류에 빠질 수 없다는 단언——이러저러한 입장들은 숙명론적 색채를 띠고 있으며 그리하여 궁극적으로는 신학적인 색채를 강하게 띠고 있었다. 그들이 CP 의 사회적 애국심——연합군이 파리에 입성했을 당시(1945 년 8 월 25 일) 《인류(L'Humanité)》지를 「불란서여 영원하라(Vive la France immortelle)」라는 표제로 장식했던 것——과 결부될 때, CP 가 정책적으로 골수 좌파 지식인들을 배척했던 사실은 그다지 놀라운 일이 아니다.[48]

46) Roland P. Caillois, 〈Destin de l'humanisme marxiste〉, 《Critique》, no. 22(1948), p. 249.
47) Ibid.
48) 많은 지식인들이 CP 의 실패에서 그들 자신이 행동하지 않은 것의 편리한 구실을

불란서의 상황을 감안한다면 지적 갈증으로 가득찬 지식인들이 게
오르그 루카치(Georg Lukács)처럼 상대적으로 업적도 풍부하고 게다
가 현학적이었던 스탈린주의자를 환영한 것은 어렵지 않게 이해될 수
가 있을 것이다. 메를로 퐁티가 동·서 지식인 회의에, 즉 제네바에
서 1947년에 개최된 국제회합(the International Encounters)에 루카
치가 참여한 사실을 열정적으로 묘사한 것은 그 전형적인 예이다. 비
록 메를로 퐁티 자신은 실제로 마르크스주의자임을 자처하지는 않았
지만, 그는 어떤 논쟁에서건 부르조아 및 反공산주의 적대자들을 당
당히 패퇴시키던 루카치의 능력을 긍정적으로 흡족히 바라보았다. [49]
마찬가지로 루카치의 《청년 헤겔(Der junge Hegel)》(1948년 쮜리히와
비엔나에서 발간되었다)에 대한 서평들도 다소 제한된 면이 없지는 않지
만 전반적으로 그와 같은 상황을 보여 주는 것이다. [50]

불란서 CP 지식인들의 절망적인 상태를 감안해 본다면, 루카치의
저서가 스탈린주의의 지적 평판을 회복하는 데 상당한 기여를 했음은
의심할 여지가 없다. 왜냐하면 메를로 퐁티나 《현대》지에 실린 클로드
르포르(Claude Lefort)의 몇 편 안되는 논문(《원시 집단에서의 사회
주의 Socialisme ou barbarie group》)을 제외하고서는 유일한 마르크
스주의적 대안으로 트로츠키(Trotsky)와 레닌의 《헤겔 변증법 노트》
라는 유산을 넘어서 스탈린에 호소하는 경우가 없었기 때문이다. [51]

마르크스주의와 소비에트 러시아의 실질적인 업적에 매력을 느꼈으
면서도 스탈린화된 당에 의해서는 배척되었으며 게다가 CP의 정책에
대한 정치적 내지 철학적 대안이 전무한 상태에서는 「지적 마르크스
주의」, 즉 지성지(《현대》, 《비판》, 《원시 집단에서의 사회주의》)를 통
해 격론을 불러일으켰으면서도 필자들의 개인적인 명성 외에는 정치

모색하여, 어떤 경우든 공산주의자가 되지 않았다는 사실은 비판의 가치를 변경시킬
수 없다.
49) Merleau-Ponty의 〈Pour les recontres internationales〉, 《Les Temps modernes》
(1947년 4월), pp. 1340~44를 보라.
50) Pierre Bonnel, 〈Lukács contre Sartre〉, in《Critique》, no. 27(1948년 8월), pp.
698~707 ; Eric Weil, 〈Lukács:「Der junge Hegel」〉, 《Critique》, no. 41(1950년 9
월), pp. 91~93를 참조하라. 그리고 물론 Hyppolite의 논평도 참조하라.
51) 왜 트로츠키주의로의 전회가 없었는가라는 문제는 여기서 다루기에는 지나치게
복잡하다.

적으로 조직화된 세력을 갖지 못했던 사르트르식의(à la Sartre) 마르
크스주의가 유일한 해결책인 것처럼 보였다.

　다른 많은 사람들과 마찬가지로, 이뽈리뜨 역시 공산주의 운동에
관여하고자 하는 의지나 능력이 없는 상태에서 마르크스 및 마르크스
주의의 문제에 매력을 느꼈다. 사실상 그는 의도적으로 자신을 주
석가의 역할에 한정시켰던 까닭에, 헤겔과 마르크스 사이의 긴장은
순수하게 지적인 해결책을 발견했다고 자처하는 사람들의 책 속에서
보다는 아마도 그의 책 속에서 더욱 두드러지게 나타날 것이다. 마르
크스를 거부함에 있어 그는 결코 마르크스와 헤겔 사이에 화해를 이
룩했다고 주장하지 않았다. 이와는 반대로 그는 그들 사이의 필연적
인 관계를 보았다. 1951년에 쓴 루카치의 《청년 헤겔》에 대한 서평
을 시작하면서 그는 다음과 같이 적었다. 「헤겔에 대한 이해, 게다
가 그의 철학에 대한 다양한 해석들은 우리로 하여금 마르크스주의와
의 대결을 불가피하게 만들고 있다. 마르크스는 가장 탁월한 헤겔의
주석가 가운데 한 사람으로 인정되지 않으면 안 된다.」[52] 또한 그가
1968년에 죽기 바로 직전에 썼던 논문에서 그는 다음과 같이 말했
다. 「우리 시대의 작금의 상태는 마르크스주의에 관한 새로운 문제들
로, 즉 레닌의 해석과 불가분적 관계에 있는 마르크스의 저작 및 기
본 텍스트들로 되돌아가고 있다.」[53]

　1949년 소르본느 대학의 교수로 임명된 후에 이뽈리뜨는 마르크
스를 불란서 대학의 신성한 강당으로 끌어들였으며 하이데거와 헤겔
을 강의하기도 했다. 그의 학생들과 동료들은 한결같이 그의 주된 특
질 가운데 하나는 마르크스와 헤겔의 관계, 다시 말해서 이뽈리뜨 자
신이 《논리와 실존》 속에서 논급하고 있듯이 《정신현상학》과 《논리
학》의 관계와 유사한 연관성의 다양한 가능성들을 추적할 때 보여 준
그의 개방적인 태도와 능력이었다는 사실에 동의한다. 「헤겔주의의
중심적인 난제는 《정신현상학》과 《논리학》, 혹은 오늘날 우리가 말
하듯이 인간학과 존재론 사이의 관계이다.」[54] 그의 전 저작을 통해서

---

52) 《*Figures de la pensée philosophique*》, pp. 122~45, 123에 다시 실림. 영역판은
　《*Studies on Marx and Hegel*》(New York, 1969), p. 70.
53) 〈*Le「Scientifique」et l「ideologique」dans une perspective marxiste*〉, *Ibid.*, p.
　360.

이뽈리뜨는《논리학》과 절대적인 것에 비중을 두어 헤겔을 종교적으로 해석한다거나,《정신현상학》과 주인-노예의 인정의 변증법을 우위에 놓음으로써 마르크스주의에로 경도되는 해석을 취한다거나 하는 분명한 입장을 선택하기를 거부하고 있다.

그렇지만 불가피하게 선택하지 않을 수 없을 경우 이뽈리뜨가 후자의 접근방식에 기울고 있다는 것은 의심할 여지가 없다. 그가《논리학》이 아닌《정신현상학》을 번역하고 주석서를 썼다는 사실 자체도 의미심장하다. 비록 이뽈리뜨 자신은《정신현상학》을 번역하기로 한 그의 결정의 의미를 반드시 의식한 것은 아니었다 해도 번역했다는 사실 자체는 여기서 대략적으로 기술된 사건의 증거력이 된다. 그가 구체적으로 그 자신을 주석가의 역할에 한정시킬지라도 그의 주석이 헤겔에 대한 인간학적 해석의 방향으로 기울고 있는 예는 거듭 나타나고 있다. 이 점은 당시의 사람들에게는 명백한 것이었다. 따라서 이뽈리뜨는 해석에 들어가면서도 짐짓 그렇지 않은 체한 데서(H. 니엘)[55], 또한 그의 해석을 충분히 전개시키지 않은데 대해서(로제 르카이르와)[56] 교대로 비난받았던 것이다.

루카치의《청년 헤겔》에 대한 그의 서평 속에서 이뽈리뜨는 보다 명시적으로「자본주의 사회의 발흥에 대한 헤겔의 탁월한 묘사……이 사회 속에 나타난 모순들에 대한 헤겔의 예언적인 전망……헤겔이 그토록 심원한 방식으로 감지했던 자본주의 사회 내에서의 모순들의 해결……불가능성」[57]을 이야기하고 있다. 그러니까 바로 이러한 견지에서 우리는 1944년에 행해진, 죄에 관한 바타이의 진술을 둘러싼 논의를 보아야 한다. 여기서 이뽈리뜨는 사르트르와 합세하여 궁극적인 해결에서——비록 바타이에 있어서는 기독교적인 방식과는 전혀 거리가 먼 해결이기는 해도——정점에 이르는 헤겔적인 죄의 해석에 반대

---

54)《Logique et existence》, (Paris, 1953), p. 247.

55) H. Neil, 〈L「Interprétation de Hegel」〉《Critique》, no. 18(1947년 11월), pp. 426~37.

56)《Les Temps modernes》(1948년 4월), pp. 1898~904에 실린 Roger Caillois의 Hyppolite의《Genèse et Structure de la Phénomenologie de lèsprit de Hegel》에 대한 논평.

57)《Figures de la pensée Philosophique》, p. 130 ;《Studies on Marx and Hegel》, p. 76.

한다.

사실 이뽈리뜨의 「개방성」과, 그리고 「해석가」이기보다는 「주석가」가 되고자 한 그의 선택은 이미 하나의 해석을 함축하는 것이다. 외견상으로는 다소 전통적인 범주의 테두리를 벗어나 있으면서 이뽈리뜨는 부정성을 헤겔의 중심부에 위치시킨다. 「헤겔의 철학은 부정의 철학이요, 부정성의 철학이다.」[58] 거듭 되풀이해서 이뽈리뜨는 「부정적인 것의 거대한 위력」과 「부정적인 것의 진지성, 고통, 인내 그리고 노동」에 관한 헤겔의 언급을 인용하고 강조한다. 게다가, 여기서 이뽈리뜨는 그 자신이 공감하고 있음에도 불구하고 그를 마르크스로부터 떼어 놓는 경계선을 명백히 긋고 있다. 다시 말해 그는 마르크스의 「대상화」보다는 헤겔의 보편적인 「외화」에 더욱 비중을 두는 것이다.

이뽈리뜨가 부정성을 헤겔에 있어 관건개념으로 주장한다는 사실이 그를 어떤 형태의 유심론과도 단호히 대립시키는 한에서 그는 유물론적 분석을 따를 수 있으며 동맹을 맺을 수도 있다. 바로 이와 같은 방향 설정이 루카치에 대한 그의 대체로 호의적인 서평과 마르크스의 방법을 《자본론》에서 파악할 수 있는 그의 능력을 설명해 준다.

　이 책(《자본론》)이 헤겔의 《정신현상학》을 알지 못하는 사람들에게 이해될 수 없다는 것은 명백하다. 왜냐하면 《자본론》은 《정신현상학》에 대한 생동적인 반응이기 때문이다. 《정신현상학》에서는 절대정신이 그 자신의 대상이 되어 스스로를 자기의식에로 고양된다. 반면에 《자본론》에서는 스스로를 현상화시키고 또한——만일 우리가 적절한 용어를 고안해본다면——스스로를 프롤레타리아의 의식에 현시하는 것은 소외된 사회적 인간, 이 총체적 생산물 내지 이 인간의 공통노동, 요컨대 자본이다.[59]

여기서 다시금 우리는 마르크스, 헤겔 및 현상학 사이의 연관, 즉 관념론과 투쟁하려는 욕구를 발견하는 것이다.

그러나 이뽈리뜨가 「부정성」을 강조하는 것은 일정한 한계를 지닌다. 그는 코제브나 장 발 모두의 편파성을 정확하게 분석할 수가 있

58) 《Logique et existence》, p. 135.
59) 《Studies on Marx and Hegel》, p. 103.

다. 다시 말해서 그는 철학의 「위기」를 진단할 수가 있는 것이다. 그러나 그것이 실천적인 문제일 경우, 그는 그가 1930 년대 말엽이나 인도지나에서 벌어진 불란서 전쟁이 끝나갈 무렵에 그랬듯이 해방을 위해 인민 전선이나 Mendès-France 에 호소한다. 장 발 역시 다소 수사적으로 「이와 같은 부정에의 관심은 우리 시대의 위기를 나타내는 징표인가? 그 문제는 적어도 질문을 던져 볼 가치가 있다」[60]고 물었을 때, 그는 무의식적으로 무엇이 문제인가를 포착한 것이다. 이뽈리뜨의 접근은 정확히 시대의 징표이지 그 이상도 이하도 아니다. 그는 적절한 질문을 던질 수는 있지만, 그러나(놀라운 것이 아니다) 그것들에 대한 답변은 갖고 있지 않다.

어떤 평자가 「겸손」이라고 명명했듯이 이뽈리뜨가 주석가의 역할에 스스로를 한정시킨 것 역시 그는 헤겔주의자로 남아 있지 마르크스주의자가 되지는 않는다는 것을 지시해 준다. 만일 이뽈리뜨가 그의 입장에, 즉 「그의 의지에 반하는 헤겔주의자」에 불편을 느꼈다면 그는 마르크스주의자로는 더 더욱 불편을 느꼈을 것이다. 이뽈리뜨의 입장은 그가 마르크스보다 헤겔을 우위에 둔, 루카치에 대한 서평의 끝머리에서 분명하게 드러난다. 부정성 외에도 이뽈리뜨의 해석의 또 다른 중심점은 소외(외화)의 문제이다. 마르크스에 있어서 소외란 단지 대상화(物化)가 자본주의 하에서 등장하는 바의 특수한 형태이며, 그리하여 필연적이기보다는 역사적으로 결정된 것인 데 반해서 헤겔에 있어서 그것은 그 이상이다. 마르크스는 헤겔이 소외와 대상화를 동일시했다고 비난했다.

그러나 이뽈리뜨에 따르면 헤겔은,

자본주의 체계에 의해 도달된 시기나 단계의 경제적 구조 속에서 발견될 수 있는 것들 외에 어떤 타당한 이유도 없이 인간 정신의 역사적 소외를 대상화와 혼동할 수는 없었다. 스스로를 문화, 국가 및 인간 노동 일반 속으로 대상화시킴으로써 인간은 동시에 스스로를 소외시키고 스스로에 타자가 되며, 그리하여 이러한 대상화 속에서 여하튼 그가 극복하고자 노력하지 않을 수 없는 극복하기 어려운 타락을 발견하는 것이다. 이것은 실존과 분리

60) Jean Wahl, 〈La Situation présente de la philosophie française〉, in 《L'Activité philosophique contemporaine en France et aux Etats-Unis》, (Paris, 1950), Ⅱ, 55.

될 수 없는 긴장이다. 그것에 관심을 유도하면서 그것을 인간적 자기의식의
한 가장자리 속에 보존했던 것은 헤겔의 장점이다. 이에 비하여 마르크스주
의가 당면한 커다란 난제들 가운데 하나는, 그것이 이러한 긴장을 다소 가
까운 미래에 극복할 수 있다고 주장하여 그것을 역사의 특정한 국면에 귀속
시킨다는 점이다.[61]

명백히 이것은 이뽈리뜨가 마르크스에 반대하여 헤겔 편에 확고하
게 서 있는 지점이다. 하지만 그의 선택은 철학적이기보다는 인간적
인 것처럼 보인다. 왜냐하면 헤겔을 선택함에 있어 그는 헤겔과 마르
크스 사이의 긴장을 해소시켜 줄 철학적 해결책을 주장하는 것이 아
니기 때문이다.

그런데 궁극적으로는 이뽈리뜨가 서 있는 입장이란 전통적으로 좌
파 헤겔주의자의 그것과 동일시된다. 한편으로 비관념론자, 준유물
론적 헤겔을 고수함으로써 그는 부르조아에 반대한다. 다른 한편 마
르크스의 입장에로 나아가는 것을 거부함으로써 그는 어쩔 수 없이
부르조아의 압력에 민감한 반응을 보이지 않을 수 없게 된다. 인민
전선과 제2차 세계대전 후의 사르트르의 RAR, 그리고 1950년대
초기의 Mendès-France 에 대한 그의 지지가 좋은 증거이다. 그러므로
이뽈리뜨가 이와같이 궁극적으로 견지하기 어려운 입장으로부터 가능
한 최대의 철학적 성과를 끌어낼 수 있었던 것은 그의 명예이기도 한
것이다. 우리가 그의 딜레마를, 딜레마로부터 벗어나기를 원했으며
1952년과 1955년 사이에 마르크스에 대해 글을 쓰지 않을 수 없었던
고뇌에 찬 헤겔주의자의 그것으로 보느냐, 아니면 자신의 기획을 위
해 논리와 실존의 화해를 이룩했던 자의 그것으로 보느냐는 하나의
공감의 문제이다. 말하자면 그 딜레마는 동일한 것이다.

이뽈리뜨의《논리와 실존》이 발간되었던 1953년은 현상학을 받아
들였고 헤겔에 경도되었던 세대가 역사적인 문제들을 수용·탐구하는
가운데 그들의 주요 저작들을 발간했던 해이다. 그렇지만 언어에 관
한《논리와 실존》의 제1장은 그러한 문제들의 지양(dépassement)이
시작됨을 알리고 있다. 만일 실존주의의 득세 못지 않게 그 소멸의

---

61)《Figures de la pensée philosophique》, pp. 141~42 ;《Studies on Marx and
Hegel》, p. 87.

시기라면 그러한 시기——사르트르가 스스로를 마르크스주의자로 선 언했던 때——는 또한 새로운 탄생의 시작을 명시했을 것이다. 그것 은 엄밀히 말해서 그릇된 해결책을 주장하지 않으면서도 마르크스에 대한 헤겔의 우위를 선택한다는 사실인데, 확실히 이것은 1945 년에 서 1950 년까지의 지배적인 헤겔 해석들——이뽈리뜨 자신도 가장 적 절한 예 중의 하나이다——의 범위를 넘어선 발전들을 지적할 수 있 는 이뽈리뜨의 능력을 설명해 주는 것이다.

지나치게 개인주의적이거나 혹은 휴머니즘적인 이와 같은 해석들에 반발하여 1950 년대 말엽과 1960 년대 초엽에는 「구조주의」의 발흥과 그에 따른 헤겔의 거부현상이 나타났다. 《구조주의 인류학(Structural Anthropology)》속에 모아진 레비-스트로스의 논문들을 필두로 구조 주의는 급속도로 다른 분야까지도 잠식해 들어갔다. 특히 《마르크스 에 있어서(For Marx)》와 《자본론 강독(Reading Capital)》속에 모아 진 알뛰세 및 그의 제자들의 논문들은 헤겔과의 첨예한 결별을 장식 했다. 알뛰세에게 있어서 마르크스는 헤겔의 변증법적인 연속이 아니 라 오히려 첨예한 결별을 웅변하는 것이다. 더우기 그 결별의 정도가 심각하기 때문에 양자를 하나의 관계 속에 집어넣는다거나 헤겔을 면 밀히 검토한다는 것은 아무런 의미가 없다. 알뛰세의 反휴머니즘적 인 마르크스 해석은 과학의 이름으로 거부되어야만 하는 휴머니즘적 인 헤겔 해석을 전제하고 있다.

그렇지만 이러한 「과학」은 형식주의로의 후퇴를 은폐시키는 경우 가 적지 않다. 프랑소아 샤틀레(François Châtelet)의 《로고스와 실천 (Logos et praxis)》과 미셸 푸코의 《광기의 역사(History of Madness)》 및 나아가서는 《말과 사물(Les Mots et les choses)》은 「헤겔은 죽었 다」고 선언했던 조류를 연장시켰다.

그러나 최근에 들어서 구조주의에 대한 반발과 일치하는 헤겔 및 헤겔——마르크스 관계에 대한 관심의 뚜렷한 부활이 이루어져 왔다. 이러한 경향의 중요한 징표는 르페브르가 편집한 레닌의 《헤겔 변증 법 노트》의 발간과 헤겔 해석가로서의 레닌에 부여된 점증하는 중요 성이었다. 헤겔의 재해석을 발전시키고자 하는 최근의 시도들은 소쉬 르(Saussure)와 구조주의 언어학으로부터 물려받은 방법들을 이용하는 경향이 있다. 하지만 이것은 헤겔이나 마르크스에 대한 「휴머니즘적」
해석으로 복귀하려는 시도이기보다는 오히려 유물론적 언어 이론을
전개하고자 하는 시도인 것이다.

　1930년대의 현상학자들이나 헤겔 모두가 의식의 문제에 집중하는
데 반해서 최근의 연구는 언어의 문제에 집중하고 있다. 헤겔은 의식
으로부터 시작하여 궁극적으로는 절대知에 도달한다. 이에 비해서 최
근의 연구는 주체를 사상한 채 언어에서 시작하여 언어로 끝난다. 예
를 들어, 《조화의 이론(*Théorie d'ensemble*)》속에 들어있는 구(J.-J.
Goux)의 논문은 《자본론》에서 마르크스가 분석한 소외로서의 화폐의
발달과 평행하여 언어를 소외로서 해석하고자 한다. 보다 직접적으로
헤겔과 관련을 맺는 것으로 자크 데리다의 《우물과 피라미드 ; 헤겔
기호학 입문(*Le Puits et la pyramide; Introduction à la sémiologie
de Hegel*)》역시 중요한 논문이다. [62] 그런데 이러한 것은 단지 지금
에 와서야 탐구되기 시작한 방향이라는 점이 강조되어야 할 것이다.
헤겔에 대한 보다 전통적인 강단연구의 어느 것도 중단되지 않았으
며, 또한 종교지향적 연구도 희망을 포기하지 않았다. 그러나 이와
같은 발전들에 비추어본다면 이뽈리뜨의 《논리와 실존》이 다시금 매
력을 끌게 된 이유를 간파하는 것은 어렵지 않다.

　이뽈리뜨는 헤겔에 있어서 「언어는 정신의 현존재이다」[63]는 사실을
강조한다. 게다가 언어란 어떤 다른 것의 대체물이나 반영물이나 파
생물이 아니다. 「언어는 말할 수 없는 형태로 사전에 소여되지 않은
상태에서도 스스로를 드러내고 규정한다.」「언어는 오직 그 자신만을
지시한다.」「언어(langue) 속에 나타나는 바로서의 의미, 말(parole)
속에서의 개념의 생성으로서의 의미는 그것들의 발생원인처럼 보이는
운동과의 관계에서 우선한다. 언어가 없다면 의미도 없다.」[64]

　그것은 마치 전후의 주요한 헤겔 연구의 도달점이 그 헤겔 연구의
재탄생을 위한 출발점이 된 것과도 같다. 이 점은 과거에 대해서도
적용된다. 그러니까 나는 이뽈리뜨와 그가 연구했던 분위기를 알고

---

62) 《*Hegel et la pensée moderne*》(Paris, 1970), pp. 27～84.
63) 《*Logique et existence*》, p. 23.
64) *Ibid.*, pp. 26, 38, 28.

있는 다양한 사람들과 대담하는 동안에 각 세대——장 발, 엠마누엘 레비나스, 자크 데리다로 대변되는——는 스스로가 헤겔을 발견했다거나 혹은 재발견했다고 느끼는 것을 보고 적지 않이 당황했다. 《정신현상학》 전체에 대한 주석서로서의 역할을 대변하는 이뽈리뜨의《헤겔 정신현상학의 생성과 구조》는 헤겔을 보다 가까이 하는 데 도움을 줄 뿐만 아니라 헤겔을 끊임없이 재해석해 나가는 과정에서《정신현상학》의 계속적인 「재발견들」의 적합성을 측정하고 평가하기 위한 하나의 지침서로서도 그 소임을 다할 것이다.

존 헥크만(John Heckman)

용어 대조표

행위, 행동	*acte, action, opération*	*Handlung, Tat*
현실성	*effectivité*	*Wirklichkeit*
실현하다	*réaliser*	*verwirklichen*
사념, 의도하다	*viser*	*meinen*
소원한	*étranger*	*fremd*
외화	*aliénation*	*Entäusserung*
생성	*prendre conscience*	
	le devenir	*das Werden*
타자존재	*l'être-autre*	*Anderssein*
인식	*prendre connaissance*	
우연적	*contingent*	*zufällig*
현존재	*l'être-là*	*Dasein*
작품	*oeuvre*	*Werke*
규정된	*déterminé*	*bestimmt*
규정성	*détermination*	*Bestimmheit*
부등한	*inégal*	*ungleich*
변위	*déplacement*	*Verstellung*
불안	*inquiétude*	*Unruhe*
항(項)	*terme*	
	l'Un	*das Eins*
소외	*extranéation*	*Entfremdung*
존재자	*l'existant*	*das Seiendes*

대자	*pour soi*	*für sich*
교양, 형성, 도야	*formation*	*Bildung*
목적	*but*	*Zweck*
여기	*l'ici*	*das Hier*
자아	*le moi*	*das Ich*
직접적	*immédiat*	*unvermittelt*
개별자, 개인	*individu*	*Individuum*
개별(체)성	*individualité*	*Individualität*
	en-soi	*an sich*
통찰	*intéllection*	*Einsicht*
직관	*intuition*	*die Anschauung*
인식하다, 알다	*connaissance, savoir*	*kennen, wissen*
분열	*déchirement*	*Zerrissenheit*
매개된	*médiate*	*vermittelt*
의미	*sens*	*der Sinn*
지금	*le maintenant*	*das Jetzt*
근원적	*originaire*	*ursprüngliche*
타자	*l'Autre*	*das Andere*
특수자	*particulier*	*eigen*
표상	*représentation*	*Vorstellung*
정립하다	*poser*	*setzen*
자극감수성	*irritabilité*	*Irritabilität*
반성	*réflection*	*Reflexion*
자기	*le Soi*	*das Selbst*
감각적	*sensible*	*sinnlich*
감성	*sensibilité*	*Sinnlichkeit*
의의	*signification*	*die Bedeutung*
개별자	*singulier*	*einzelne*
개별성	*singularité*	*Einzelheit*
지양	*suppression*	*Aufhebung*

사유하다	*penser*	*denken*
이것	*le ceci*	*das Diese*
지양하다	*dépasser*	*aufheben*
보편자	*universel*	*Allgemein*
세계행정	*cours du monde*	*Weltlauf*
세계관	*vision du monde*	*Weltanschauung*

역자 후기

1

J. 이뽈리뜨의 《헤겔의 정신현상학의 생성과 구조》의 전반부가 번역·출간된 것은 그러니까 이 땅에서 민족·민중 운동의 현저한 증대에 조응하여 과학적 운동 이론의 정립 필요성이 「한국 사회 성격」 논쟁을 둘러싸고 뜨겁게 달아오르기 시작하던 1986년 봄 무렵이었다.

올바른 변혁 운동의 전개는 현실에 대한 과학적 인식을 요구하고 그 사상적 토대 위에서 변혁을 매개하는 구체적 실천의 전략과 전술을 수립한다. 역으로 구체적인 변혁 운동의 경험은 이론의 객관적 타당성을 비판적으로 확증할 수 있는 기회를 가질 뿐만 아니라 그 이론이 안고 있는 한계·결함의 수정가능성의 방향어를 제시해 주기도 한다. 그리하여 현실 변혁이라는 통일적 場을 중심으로 이론과 실천의 양 축은 어느 때보다도 서로를 확증하고 거부하는 변증법적 긴장 관계를 강화·발전시켜 오면서 이념 편향의 교조나 현장 매몰의 경험이라는 양 극단을 배격할 수 있었다. 이 과정에서 우리 시대의 변증법적 현실인식은 이미 헤겔의 「관념 변증법」을 훨씬 뛰어넘어 사실상 현재에 와서 헤겔은 「죽은 개」 취급당하고 있다 해도 과언이 아닐 것이다.

헤겔에 대한 관심이 고조되었던 것이 70년대 말에서 80년대 초반에 걸쳤던 현실이었음을 감안해 볼 때 그간 우리 시대의 현실 변혁의 경험과 그 이론적 천착의 과정이 얼마나 급격하게 진행되었는가는 이제 개별 연구자의 독자적 평가의 범위를 크게 벗어나 있는 실정이다. 몇해 전만 해도 변증법 연구의 수준이 관념변증법, 특히 헤겔 관계의 번역서 내지는 조잡한 일어 번역서들에 대부분 의존되어 있었지만, 지금에 이르러서는 유물변증법 관계의 원전들이 적지 않게 번역되어 있을 뿐만 아니라 그 이론의 현실적 적용과 반성 그리고 제 이론 상호간의 실천적 논쟁을 통해 얻어진 연구 성과가 특히 사회과학 분야에서는 상당 부분 축적된 것으로 인정받고 있다. 게다가 현금의 학술 운동 내지 과학 운동을 주도해 나가고 있는 진보적 연구 단체들을 중심으로 주체적·변혁적 세계관에 기초한 철학과 사회과학의 통합의 필요성이 무시 못할 수준으로 절감되면서 그 현실화를 위한 구체적 작업이 진행되고도 있다.

그런데 이처럼 변화·발전된 상황에 부합할 만큼 헤겔 철학 나아가서는 이 땅의 철학이 현실 변혁에 적극 동참하여 시대의 제 모순을 자기 것으로 동화·극복하려는 주체적 노력을 보이고 있는가에 대해서는 참으로 반성의 여지가 많다고 할 것이다. 사실상 이 땅의 강단 철학은 한국의 사회 성격에 대한 상식적 수준의 인식조차 매개하지 못함으로써 부르조아적 세계관에 철저히 매몰된 상태에서 공허한 개념적 도구들의 조작에 집착하고 있거나 혹은 현실 변혁의 거대한 운동 앞에서 절망감 내지 무력감만 곱씹으며 스스로의 정체성마저도 상실해 가고 있다. 그리하여 헤겔 철학에 국한시켜 본다면, 한국의 현실에서 그것은 청년 마르크스의 헤겔 비판 이래로 순수 강단 철학의 세련되고 사변화된 秘敎(Esoterik)의 본산지로 안주하지 못하고 그렇다고 해서 치열한 변혁 운동의 이론적 무기의 역할은 더더욱 감당할 수도 없는, 그야말로 양 극단 사이에서 부단히 동요해야만 하는 딜레마에 빠져 있다. 헤겔 철학이란 그러므로 헤겔 자신의 말을 빌어 표현한다면 「불행한 의식」(《정신현상학》)이거나 혹은 「자기 자신의 타자」(《논리학》)에 다름 아닌 상황을 연출하고 있다 하겠다(물론 이것은 헤겔이 사용하는 의도와는 달리 그 말의 부정적 의미에서만 그렇다). 이러한 사정은 헤겔 연구자에게도 동일하게 해당되어서, 개별 연구자는 거대한 사변의 체계 속에서 현학적인 문헌학자들이 작성한 정밀지도를 바탕으로 미로를 하나하나 확인하는 희열감에 자족하거나 혹은 저 낡은 사변의 무덤 위에 마르크스라는 십자가(?)를 박아 놓고 뒤도 돌아보지 않은 채 떠나가는 양자택일의 갈림길 위에서 결단하지 않을 수 없는 것이다. 거센 현실의 물살이 사변의 「종합」보다는 「이것이냐, 저것이냐」의 선택에 익숙해질 것을 강요하고 있다. 그러므로 이제 우리 시대는 일찍기 알렉상드르 코제브가 주장한 것처럼 현실에 대한 정치적 입장의 차이가 헤겔 해석의 지평을 규정하는 그런 단계로 접어든 것이다.

2

마르크스가 「헤겔 철학의 탄생지요 비밀」이라고 지적한 《정신현상학》은 의식·자기의식·이성 장의 전반부와 정신·종교·절대知 장의 후반부로 구성되어 있는데, J. 이뽈리뜨의 이 두번째 책은 그 후반부에 대응하는 해설서이다(전반부에 대해서는 제 I 권 참조).

이성 장까지의 부분이 정신의 직접적 현존재, 즉 정신의 현상인 의식이 자신의 본질인 정신에 도달하기 위한 과정이었다면, 이제 정신 장으로 시작하는 부분은 더 이상 의식이라는 현상이 아니라 자기 자신에로 복귀한 정신, 즉 절대적·실제적 본질로서의 정신이 세계사를 무대로 자기 자신을 전개해 나가는 과정이다. 따라서 정신과의 관계에 비추어 볼 때, 지금까지의 의식의 모든 형태는 단지 정신의 추상태에 지나지 않는다.

그것들은 자신을 분석하고 자신의 계기들을 구별하여 그 각 계기들 속에 머무는 정신을 전제로 해서만 그리고 그 정신 안에서만 존립이 가능하다. 정신은 그것들의 실존의 근거이자 본질인 것이다. 하지만 이처럼 의식의 제 형태를 자체 내로 복귀시킨 본질로서의 정신도 처음에는 추상적 직접성에 매몰되어 있기 때문에 다시금 절대적 매개에 이르기까지 스스로를 형성·도야해야만 한다. 이러한 도야의 과정이 정신의 세계사적 노동인 바, 그것은 먼저 희랍의 인륜적·직접적 정신(참다운 정신)에서 근대 세계의 분열된 교양(문화)의 정신(자기소외된 정신)을 거쳐 독일 관념론의 도덕의 정신(자기확신적 정신)으로 전개되고, 다음으로는 정신의 자기의식의 전단계로서 간주된 종교——자연종교(동방의 종교), 예술종교(희랍의 종교), 계시종교(기독교)——를 거쳐 절대知에서 완성된다.

그런데 이처럼 세계사의 전개를 자신에 대한 참다운 인식에 도달하려는 절대정신(이념)의 거대한 노동으로서 파악한 것은 한편으로 「사적 유물론」에 대비되어 이념의 물질적 토대를 부차적 요소로 치부하거나 혹은 모든 것을 이념의 운동으로 채색한 「사적 관념론」에 다름 아니다.

여기서는 추상적·정신적 노동이 만물의 형성 원리가 된다. 그러므로 마르크스가 비판한 것처럼, 《정신현상학》에서의 소외의 역사 전체와 소외의 폐지 전체는 추상적·절대적 사유의 생산의 역사, 논리적·사변적 사유의 생산의 역사에 다름 아니다. 또한 다른 한편으로 그것은 노동을 정신의 자기실현이라는 자기목적성에서 파악하여 노동의 긍정적 측면을 보았지만 그 노동의 부정적 측면, 즉 노동의 생산과정에서 생산물이 생산의 주체에게 적대적으로 대립되어 나타나는 소외된 노동의 측면을 간과하였다. 여기서는 노동의 소외조차도 그 소외의 극복을 위한 계기로서만 의미가 주어지기 때문에, 헤겔은 국민 경제학적 노동관을 한치도 벗어나 있지 않다는 비판을 모면할 수가 없는 것이다.

3

J. 이뽈리뜨 책의 제 Ⅱ권을 간행함에 있어 Ⅰ권과 대비해서 몇 가지 차이점을 지적해 두고자 한다. 첫째, 헤겔 원전의 인용문은 Ⅰ권과 달리 한국어판이 인용문의 전·후 문맥에 적절하지 못하다는 판단 하에 전면적으로 수정되었다. 이 작업은 헤겔 원전을 토대로 이뽈리뜨 자신의 불역본을 참조하여 이루어졌다. 둘째, 읽는 이의 이해를 돕기 위해 가능한 한 생소하면서도 중요한 인명·문예사조·작품 등에 대해 역주를 붙였다. 세째, 불란서 현대 철학의 전개과정에서 나타나는 헤겔 철학의 영향사와 이뽈리뜨 자신 및 그의 작품의 위상에 대한 객관적 평가를 위해 J. 헥크만이 쓴 이 책의 영역판 서문을 「불란서에서의 헤겔 철학의 수용과정」이라는 제목으로 실었다. 이것은 한 나라의 철학이 다른 나라에 옮겨지면서 나타나는 영향과 수용과정을 서술한 독립된 형태의 논문으로, 비슷한 처지를 경험하고 있는 우리로서도 다소간 참조해 볼 가치가 있으리라 믿는다.

번역이란 다른 문화권의 철학을 이해하는 데 있어 필수적이면서도 기초적인 작업의 하나이다. 이 점을 유의하여 적지 않게 노력했음에도 만일 오역이 있다면 옮긴 이의 천학과 비재에 모든 책임을 돌릴 것이다. 바쁜 가운데 번역 원고를 원문과 대조·검토해 준 김우철 학형과 원고 정서를 도와 준 이정은 양에게 이 자리를 빌어 고마움을 표시하고 싶다. 또한 어려운 사정에도 불구하고 이 책의 출판을 가능케 해 준 문예출판사의 전병석 사장님과 언제나 격려의 말을 아끼지 않는 김석만 편집부장 이하 여러 편집부 직원들에게도 깊은 감사를 드린다.

1988 년 4 월

역 자

옮긴이 **이종철**

연세대학교 정법대학 법학과 졸업
동 대학원 철학과 석사과정 졸업
동 대학원 철학과 박사과정 수료
강릉대, 국민대, 홍익대, 연세대 명지대에서 철학강의
역서로는《헤겔의 정신현상학》Ⅰ·Ⅱ(장 이뽈리뜨)
《위대한 철학자들의 사상》(윌리엄 사하키안)
《철학의 이해》(S. 모리스 엥겔)
《마르크스주의 인간론》(페도세에프 외) 등

헤겔의 정신현상학 Ⅱ

1판 1쇄 발행 1988년 5월 20일
2판 재쇄 발행 2021년 5월 10일

지은이 장 이뽈리뜨 | 옮긴이 이종철
펴낸곳 (주)문예출판사 | 펴낸이 전준배
출판등록 2004. 02. 12. 제 2013-000360호 (1966. 12. 2. 제 1-134호)
주소 03992 서울시 마포구 월드컵북로 6길 30
전화 393-5681 | 팩스 393-5685
홈페이지 www.moonye.com | 블로그 blog.naver.com/imoonye
페이스북 www.facebook.com/moonyepublishing | 이메일 info@moonye.com

ISBN 978-89-310-0029-0 93100

◦ 잘못 만든 책은 구입하신 서점에서 바꿔드립니다.

⚇문예출판사® 상표등록 제 40-0833187호, 제 41-0200044호